# 民国医事纠纷

## （1927～1949）研究

龙伟 ⊙著

人民出版社

# 国家社科基金后期资助项目
## 出版说明

  后期资助项目是国家社科基金设立的一类重要项目,旨在鼓励广大社科研究者潜心治学,扶持基础研究的优秀成果。它是经过严格评审,从接近完成的科研成果中遴选立项的。为扩大后期资助项目的影响,更好地推动学术发展,促进成果转化,全国哲学社会科学规划办公室按照"统一标识、统一版式、符合主题、封面各异"的总体要求,组织出版国家社科基金后期资助项目成果。

全国哲学社会科学规划办公室

夫江河之大,不弃细流;医虽小道,可见时势。

——张赞臣

# 目　　录

# 图表目录

# 序

　　人作为生物学意义上的存在,无不追求生命的长久延续,远离病痛,但自然规律难以抗拒。瑞典著名病理学家福尔克·汉申(Folke Henschen)说过:"人类的历史即其疾病的历史。"某种意义上,疾病及与疾病的抗争同人类如影随形,构成其社会生活中不可去除的重要内容。于是,医生及医药派上了用场。不过,由于医疗技术的局限,医学与疾病抗争始终麻烦不断。医疗活动既有成功也有失败,成功固然可以给病人及家属带来一时的喜悦,失败则可能导致医患纠纷,严重的甚至诉诸法律,成为"医讼"。

　　我没有考证过古代医界医事纠纷的状况,只是作为现实生活中的普通人,了解甚至有时会切身感受到医事纠纷已成为今日构建"和谐社会"需认真诊治的痼疾。人本来就害怕疾病,然而在今日的医疗环境与医疗行政架构内,人们似乎更害怕"治病",这种无奈给"讳疾忌医"平添了新的含义。与普通病人稍有不同的是,史学者时常向历史追问,我们为何会落入如此的两难处境(dilemma)? 现代医学缘何变得这般不近人情? 龙伟博士的《民国医事纠纷研究(1927—1949)》一书,用心所在,即在给出答案。该书以史学界关注较少的民国"医事纠纷"为考察对象,分析探讨斯时医事纠纷的特点及成因,并结合近代卫生行政体制的确立及医学职业化进程这一宏观语境,分析国家、社会与医患之间的互动,虽未必圆满回答了上述问题,但所作努力,至少有助于人们从历史的维度展开思考。

　　自从19世纪初经由传教士将其传入,西方医学在中国的生存发展已历两个世纪。20世纪30年代,南京国民政府以西医为主导在中国建立起近代医疗行政体制。这不仅深刻地影响了后世医学的发展格局,而且在一定程度上决定了今日中国的医疗模式和国人的医药观念。与此同时,医药观念、医药环境也受到国家政治、社会习俗的反向制约和影响。现今医学社会史话语(discourse)中的"医学",显然已非传统科技史研究者所理解的那样,只是一种旨在完成对疾病征服的单纯技术手段。在更宏大的语境中,技术只是医学之一途,讨论医学与政治、社会的关系似乎更为适切。本书的一大特点便是将医事纠纷纳入国家社会的广阔背景中,从社会史的立场出发,勾勒医学、政治、社会之间的互动关系。譬如在讨论医师业务过失问题时,作者将刑法中"业务过失"罪放在具体的社会实践中加以分析,发现民国医讼案件中存在的医患互控及反复上诉与"业务过失"罪的界定不清有着内在联系。在刑法规范未变的情况下,民国医界一方面呼吁变革,另一方面则在医疗实践中做出调整,以为因应。这样的分析显然突破了传统医史的书写范式,明显带有社会史的味道。由于突出法制与人事等"侧面"问题,有时读者会感觉难以判断作者到底是在作医学社会史抑或法律社会史的书写。然而这正是本书之所长。寻求在学科交叉点上推进学术,是现今具有多学科训练背景的年轻学者应当致力的学术方向。全书以技术性的"医事"为经,以法学意义的"纠纷"为纬,言在"医讼",关照却在国家、社会对医学近代性的构建,正应了民国中医名家张赞臣所言:"江河之大,不弃细流;医虽小道,可见时势"。

历史学是一门人文学科,虽然一些受过科学训练的史学者对叙事的"零度风格"(zero style)津津乐道,标榜客观中立,但优秀的历史著述几乎无不潜藏着研究者的人文寄寓与关怀。在这方面,本书亦属差强。作者特意将日常生活中屡见不鲜的"医事纠纷"或"医讼"剥离出来作专题讨论,时间限定在1927～1949年这一段,讲述的"故事"虽为"医讼",从中却可明显看到研究者对社会问题的关注和对生命的尊重。这种人文关怀一旦与学术研究契合,展现的就不只是研究者的科学眼光与学术创见了。广义地讲,还包含了作者深切的现实寄望及其肩负的社会责任。

当然,史学家仅有人文关怀尚远远不够。培根(Francis Bacon)说历史使人聪明,反过来说,能够使人聪明的学问一定是包含智慧的学问。如是,则对于历史的思考亦构成对历史著作优劣判断的重要依据。作者当然不致自我标榜聪明智慧,但运思却堪称独特。书中一些事实描述和分析读来饶有兴趣,给人以启发。例如作者发现,民国时期,虽现代医院及医疗制度已广泛建立,但有时一个环节出现问题,就会导致整个制度运作崩溃。作为医事诉讼审理程序中重要一环的司法鉴定,由于受司法习惯、当事人利益等因素的影响,法医与法官及检验史之间存在着严重冲突,加之医界各团体对"鉴定权"争执不休,医患双方缠讼不断,社会各方对鉴定机构的权威性充满质疑,司法鉴定的准确性及权威性大打折扣。这些因素常常诱导人们从整体上反思民国现代医疗制度的基础建构。然而实际上,问题往往只是出现在诸如司法鉴定这样的单一环节,牵一发动及全身而已。再如,在医患关系问题上,作者将其置于社会及法律规范的架构中加以考察,认为医患关系的核心在于彼此权利与义务的边界划定。正是因为医患双方对彼此的权责边际存在认识上的分歧,才导致大量医事纠纷的出现,甚至造成司法诉讼。这一看法虽未必全新,但是将民国时期的医患关系看作一个双向互动的演化过程,当事各方经斗争和妥协,不断划定彼此之间的责权边界,这一观察问题的独特角度,较好地把握了民国时期医患双方互动的实质。此类分析,俯拾即是。书中既有高远宏阔的思想写意,又有洞幽烛微的心灵感悟,不少论述可谓视有所见,思有所得。

历史研究需要超越常人的观察认知能力,同时也需要丰富的史料支撑所论,毕竟史学是一个实证性极强的学科。傅斯年说"史学就是史料学",虽为讲求诠释的一派学人诟病,要其维护史学生存基础的良苦用心,未可抹杀。就民国医事纠纷研究而言,据我对近代史研究现状的了解,相关史料少而分散,初事这一领域研究,迹近辟荒。为避免为炊无米,作者在材料方面下足了工夫,不仅查阅了大量行政、卫生档案,而且对民国时期散佚各处的期刊、报纸、笔记、小说作了广泛梳理。全书旁征博引,除了将过去历史学者囿于传统方法不甚重视的医药类书刊(报刊30余种,专书200余种),予以直接利用,对一些常见报刊,也下了近乎竭泽而渔的工夫。以《申报》为例,因论域偏重沪上,书中使用《申报》材料甚多,且时间跨度极大,上自晚清同治年间,下至20世纪40年代,均有采获。作者曾自言在《申报》五花八门的文字栏目及广告中,爬梳一年,可见用功之勤。正是有了丰富的史料支撑,书中所论皆有充分根据,避免了浮泛空论之弊。如果有人称该书为目前学界研究民国医事纠纷及医患关系相对具有系统性及实证特征的著作,应该不是溢美之辞。

作者龙伟,蜀中绵州人,与我相识已逾10年。大学本科在成都狮山四川师大从我学习历史,研究生毕业时,恰逢我转到锦江河畔的四川大学治学从教,又门前门后三年,相与切磋学问,直到获得博士学位。回想起来,时间过得真快。10年前的龙君还是一介少年,如今已入"而立"之年,成了小"家",致思立"业"。本书是龙君承担的第一项国家社会科学基金课题的终端成果,是他过去10年辛勤耕耘的见证,也是他在学术上为自己立下的最初基业。作为师长,我为他能有如此的成就而感到高兴,但愿他能志存高远,脚踏实地,将学业建立在更加牢固的基础上,获取更大的成就。

谨序

杨 天 宏

2011年春于成都江安寒舍

# 导　论

## 一　问题的提出

在 1807 年伦敦会传教士马礼逊（Robert Morrison）来华之前，中国虽偶有过金鸡纳霜和西洋种痘术的传入，但流传范围甚为有限。1835 年 11 月 4 日，美国公理会传教医师伯驾（Peter Parker）在广州新豆栏街开设了一家眼科医局，被视为近代西医来华之肇始。不过出乎传教士预料的是，在近 200 年的时间里基督教并没有成为中国人普遍信仰的宗教，但是随之而来的西医却得到了不同的礼遇。同样是"骑着炮弹来到中国"，历史的结果证明西医较之基督教更普遍地为中国人所接受。从伯驾（Peter Parker）、德贞（John Dudgeon）、雒魏林（Dr. William Lockhart）、胡美（Edward Hicks Hume）、启尔德（O. L. Kilborn）这些传教医师胆颤心惊、小心翼翼地在华行医，到今天"凡有人居处，皆有西医"的局面，西医在华似乎完成了惊人的转变。这一转变不仅仅是西医成功本土化、变得更易为中国人所接受的过程，也是中国人在"科学"的世界观指引下接受并建立信仰的过程，更是中国病人与西医遭遇后相互作用的结果。从根本上讲，近代西方医学是伴随资本主义全球化的扩张与中国发生接触的。西方生物医学全球扩张的过程中，虽然在"科学"的号召下有意无意间弱化了其"殖民"的色彩，但作为不同的文化体系，它与世界各地"民族医学"的对立与冲突却似乎并未在根本上得以消弭。中国人普遍接受西医的背后，事实上也蕴含着传统的医疗体系、卫生观念、医患关系的近代转型，这种

— 1 —

转型直接影响和塑造了今日中国人的医疗观念甚至是生存样态。

古代中国绝大多数地区都采用一种传统的经验医学，即我们现在称为中医的那套治疗方式。在传统医界，因医药行政的不健全，民间业医者往往处于自由无序的状态。① 在这种医药制度之下，民间自发的业医者似乎蒙上了一层自由的色彩，中医与病人的关系也往往被描述成一种融洽和谐的理想状态。② 但自 19 世纪以来，作为"福音婢女"的西方医学逐步使中国传统医学陷入近代危机。二百年间，医生与病患原有那种温情脉脉的面纱已经荡然无存了。③ 今天，大多数的病患者只能无奈地躺在手术台上，任凭贴着"科学"标签的手术刀割开自己的身体。许多身受其苦的患者，他们最希望由医学史中得到的洞察，恐怕正在于我们是如何陷入今日这种医疗体系之中的？ 即使病人有再多的不满，我们对自己的病情却是如此的无能为力，伴随病者左右的唯有等待与忍耐(be patient)。④ 同样，关注民国医疗史的研究者，在内心深处可能也在追问同一个问题，即当下的医疗体系是如何历史地形成？ 我们怎么去理解自我的身体及其今日的处境？ 当然，无论是与过往的历史，还是与同时代其他地区的医疗体系相较，今天的医疗体系并不能简单粗暴地被拔高或贬低。想要理解现在，最好的办法莫过于回到过去并对之作出仔细考察。

人作为生物学意义上的存在，生、老、病、死乃是人生的常态。人类虽然不断追求生命的健康长久，但"病痛"却从来也不曾远离人类。疾病不仅让

---

① 就清代的文献与典籍来看，清朝的医疗行政只涉及宫廷太医院、御药房及各级衙门负责治疗狱犯的"官医"，并没有对大多数民间行医者进行约束与管理。关于清代的卫生行政概况，可参见马允清：《中国卫生制度变迁史》，天津益世报馆，1934 年，第 111～125 页；陈邦贤：《中国医学史》，商务印书馆，1937 年，第 200～221 页。民国时期俞松筠回顾说："在西洋医药还没有闯入我国的医药领域，及近代意义的卫生行政还没有开始以前……我国过去虽然也有医药机关，且其制度也相当完备，其性质大体只是替君主及公卿士大夫当差的，兼及于医官的教育与考试，对于人民可以说无甚意义"。俞松筠：《卫生行政概要》，正中书局，1947 年，第 20 页。

② 古典医籍中的医家形象往往是视病如亲，仁心仁术，其表现的医病关系较为和谐。这种和谐的医病关系自然也是中国传统医疗伦理的追求目标。所谓"不谓良相，当为良医"、"医乃仁术"、"医者仁也"，传统的医疗伦理反映出传统医家所追求的理想形象。

③ 事实上，传统的中医治疗模式下，医患关系也并非融洽和谐。不过，自西医与中医发生竞争与对抗之后，两者相较，西医受到的批评似更甚于中医。

④ 雷祥麟：《〈医学简史〉中一个有趣的留白》，若伊·波特著：《医学简史》，王道还译，台湾，城邦出版集团，第 13～14 页。

个人饱受痛苦，甚至也关系并左右人类社会的发展。① 在自然科学领域，关于病的科学或已达到异常精细化的程度。但是在人文社会科学领域，关于"病"的讨论则相对薄弱。这种现象可能与人们对病的认识有关。科克汉姆指出："任何社会对患病（illness）的定义都是在其特定的文化模式下形成的，因此衡量社会发展程度的方法之一，就是观察患病的文化意义。原始社会的人们，将患病看成是一种独立的力量或'存在'（如罪恶魂灵）攻击并侵入了人体中，造成人的痛苦和死亡。在中世纪，患病被定义为对罪孽的惩罚，对疾病的治疗被视为具有宗教意义的关爱。现代社会把患病定义为某种疾病或病态的状态，这个定义依据的是现代科学的观点，即认为患病是由特定病因所导致的、具有一系列症状特征的、并且有治疗方法的生物学异常变化或精神紊乱。"②显然，人们的"疾病"观并非天生，而是由社会文化逐步生成的。可能正因为现代社会对"病"的理解为"科学"所主导，故而往往忽视了病的人文社会属性。生物医学研究者往往将病视为某种科学诊断的状态，与之相关联的便是一整套疾病分类表、符号论式的体系，而相关的研究则相应侧重于如何寻找到杀死病菌的"魔术子弹"，相关联的"医学史"也就成为一次次征服和攻克疾病的技术清单。但显然，这种看法存在极大的偏见，或者说它更多地体现了现代生物医学工作者头脑中的医学图景。至于病人，他们对病的理解则充满了各种各样的文化色彩。在这个意义上，病人们的"医学史"可能更多地包括了个人的病历，患者的苦痛，就医的遭遇以及最后的治疗效果。③ 这种"医学史"让人不自觉地想起"病历卡"或者体格检查表"已往病史"的栏目，但无疑其所包括的内容远较"病历卡"或"已往病史"更为丰富。因为除

① 学界已有较多著作探讨疾病与社会的关系，其中较有影响的如 Jared M. Diamond, *Guns, Germs, and Steel: The Fates of Human Societies*, W. W. Norton & Company, 1999. 中译本为《枪炮、病菌与钢铁：人类社会的命运》，谢延光译，上海译文出版社，2006 年；William H. McNeill, *Plagues and Peoples*, Anchor, 1998. 中译本为《瘟疫与人》，余新忠译，中国环境科学出版社，2010 年；[英]卡特赖特：《疾病改变历史》，陈仲丹等译，山东画报出版社，2004 年。
② [美]威廉·科克汉姆：《医学社会学》，华夏出版社，2000 年，第 142～143 页。
③ 相应地，医家与病家对"病"的理解也完全不同。西医对"病"的判读可能主要依据于各类检测工具，但病人对"病"的理解却往往是自己那个漫长而坎坷的"故事"。

了"病历卡"可以视为病人的病史外,病者关于病的自述,对病的自我理解等亦同样可以纳入这一范畴。①

毫无疑问,因为视角的不同,关于"病"的历史可以有多种不同的书写模式或叙事版本。除医生与病人的视角外,事实上也还存在另外的视角。在医患关系中,医生和病人也并非是唯一的因素,希波克拉底在《流行病》中提示说:

> 宣示过去,诊断现在,预见将来,实践这些行为。至于疾病,要形成两个习惯——提供帮助或至少不做伤害。这门艺术具有因素:疾病、病人和医生。医生是这门艺术的仆人,病人一定要同医生合作来战胜疾病。②

据此,恩格尔哈特认为有技艺的专业——艺术也是医生和病人之外影响医患的重要因素。这种艺术以专业的方式体现,"专业试图对什么将算作标准的问题和适当的医学干预设立标准"。③ 在传统社会,对医学专业的控制相对较少。然而,随着这门艺术从业群体的兴起,专业标准的设立渐趋重要,标准的设立在近代社会也越来越受到国家权力的规范与控制。在政治闯入纯粹的医学领域后,"治愈疾病"的历史无疑同时也是医师群体专业化的过程,是国家医疗制度变迁的历史,是国家采取何种医疗模式对民众进行规训、保障健康的历史。医学史开始迈出生物医学史或技术史的狭小空间,进入政治史的范畴。④ 19世纪的流行病学家鲁道夫·佛尔楚

---

① 后者的史料非常广泛,但却非常的不系统。民国较为有名的是陈果夫的《苦口谈医药》。此外,梁启超对北京协和医院误割肾脏的大度与宽容,胡适对中医态度的"语焉不详"都可以视为病者的医病史数据。但显然,这一视角的历史并未引起足够的重视,病历卡的作用也大多体现在专业医师的诊断参考上,并没有成为疾病社会史研究的重要资源。

② 转引自[美]恩格尔哈特:《生命伦理学基础》,范瑞平译,北京大学出版社,2006年,第290~292页。

③ [美]恩格尔哈特:《生命伦理学基础》,范瑞平译,北京大学出版社,2006年,第291~292页。

④ 现代的一些学者已注意到"疾病"已非一个纯粹的生物学或医学的概念,对"疾病"有了新的认识。他们认为"疾病"是一个含混的实体,不仅仅只是一个躯体状态、一个生物学事件,它也反映出医学知识和医学制度进化的历史,反映出社会对待疾病的态度和人们所信奉的疾病观念,而这些态度和观念又影响着卫生政策和立法,影响着医患关系。(张大庆:《中国近代疾病社会史》,山东教育出版社,2006年,第14页)尽管这样的看法亦有值得商榷之处,但这一看法所体现的社会学视野却无疑赋予了疾病史更广阔的意义。

就曾说:"医学就是政治,政治不过是更大的医学"。① 从这个意义上讲,医学哪里只是简单的生物治疗过程呢? 近代医学"政治史"的重要性已是不言自明。

就近代中国而论,南京国民政府时期是近代医学与政治接轨、交融,并催生出近代卫生体制的关键时期。南京国民政府成立后,逐步推进了一整套近代医疗卫生制度,这一进程在传统的医学史中已有较清晰的描述。然而与之相关的问题是,民国政治又是如何透过医学发生作用? 它对民国医界、医疗模式及医患关系又有怎样的影响? 这些问题事实上并未得到很好的回答。

本书注意到民国的医事纠纷可能会是观察这一过程不错的例子。只要有医疗活动的时代,就总会产生医事纠纷。民国医事纠纷的发生,免不了在医家(及其群体)与病家(及其群体)间产生一系列医学观念与认识上的争执,严重的甚至引发医疗诉讼,导致国家司法的参与。同时,为防止医、患间滋生纠纷,南京国民政府司法、行政部门也出台了相应的举措对医界进行规范、干预与控制。围绕医事纠纷,有关民国的政治制度、医疗观念、医患关系等问题都有可能得以呈现。本书即试图通过对民国医事纠纷的研究,观察民国医患关系的演进过程,讨论政治、医学与病患间的互动性关系。

## 二　学术史回顾

近代中国的社会转型过程中,医学与政治的相互结合意义极为重大,因为由此结合而确立的医疗制度和医疗模式基本上决定了其后医学的发展道路,并影响到今日中国病患的医药环境。不过遗憾的是,就当前相关的研究来看,民国医疗史的研究并不令人满意。过往的民国医疗史如果不是一部

---

① 转引自邵京:《说与做:医学人类学批判的尴尬》,载《视界》第13辑,河北教育出版社,2004年,第115页。

纯粹的自然科学技术史的话①,那么,多半就是一部卫生制度的典籍汇编②。前者暗示了近代中国是如何受到"科学"、"近代"的影响而逐步被一套"科学"体系所征服。③ 后者则反映出在近代"民族国家"的形成过程中,国家承担的卫生责任以及国家在卫生领域对社会的控制。这样的典籍汇编虽然总是以包罗的法令、规则及章程齐全而著称,但却基本属于民国卫生制度的"官方表达"。在这类"官方表达"中,不但很难读出社会与民间的影子,也难以看到其具体践行的实际效用。因此,以往研究中虽然纯粹的医药史研究已是汗牛充栋(学界又将之称为"内史"),但针对医生群体或病患群体(将医药纳入具体的社会背景中考察)的社会史研究却为数甚少。④ 这种情况直到20世纪末,受西方医学社会学⑤、医学社会史⑥和后现代关于"身

---

① 我国的近代医疗史开始于20世纪初,早在1909年陈援庵即在《医学卫生报》上发表《肺痨病传染之古说》,系统性的论著在民国时期也渐有出版,较重要者如陈邦贤《中国医学史》,伍连德、王吉民所著《中国医史》(*History of Chinese Medicine*)。20世纪80年代以来,医药史的研究得到进一步发展,其中较重要的研究者有邓铁涛、李经纬、廖育群等人。参见陈邦贤:《中国医学史》,商务印书馆,1937年;K. Chimin Wang & Wu Lien-Teh, *History of Chinese Medicine*, Second Edition, Shanghai: National Quarantine Service,1936.邓铁涛:《中医近代史》,广东教育出版社,1999年;范行准:《中国医学史略》,中医古籍出版社,1986年;赵璞珊:《中国古代医学》,中华书局,1983年;廖育群:《中国古代科学技术史纲·医学卷》,辽宁教育出版社,1996年;李经纬等:《中国医学通史》,人民卫生出版社,2000年;文库:《移植与超越:民国中医医政》,中国中医药出版社,2007年。

② 类似的典籍汇编多以史料集或官方法令汇编的形式出现,如国民政府卫生部编印的《卫生法规》即是典型代表。国民政府卫生部编印:《卫生法规》第一册,1928年。

③ 这之中应该至少应包括中国传统技术的萎缩,痛苦的转折与愉悦地接受这一过程,这类科学技术史所展现的不仅是该类科学技术本身的历史,更是"科学技术"的逻辑与观念的历史。

④ 罗志田教授指出:"包括中西医在内的整个医生群体多是近代史研究的薄弱环节,他们在我们的学术语言中基本可以算作失语的群体"。罗志田:《新旧之间:近代中国的多个世界及"失语"群体》,《四川大学学报》1999年第6期。

⑤ "医学社会学"一词起源于19世纪末。1894年,麦金太尔(Charles Mcintire)在论述社会因素对健康的重要作用的一篇论文中首次使用了"医学社会学"一词。但直到1927年,斯特恩(Bernard Stern)才出版了第一部从社会学角度讨论医学社会学的著作《医学发展中的社会因素》。早期医学社会学的研究大多就医患问题进行社会学的统计,进而分析数据模型做一种现象的分析与讨论。

⑥ 国际上医学社会史较具代表性的著作有:H. E. Sigerist, *Civilization and Disease*, Ithaca, New York:Cornell Univ. Press, 1945; Charles E. Rosenberg, *The Cholera Years*, Chicago and London: The University of Chicago Press,1962; Brandt, Allan M., *No Magic Bullet: A Social History of Venereal Disease in The United States Since 1880*, New York:Oxford University Press, 1985; M. N. Cohen, *Health and the Rise of Civilization*, New Haven and London:Yale Univ. Press, 1989; Charles E. Rosenberg and Janet Golden eds., *Framing Disease: Studies in Cultural History*, New Brunswick, N. J.:Rutgers University Press,1992; W. H. McNeill, *Plagues and Peoples*, Anchor, 1998.

体"反思的影响①,中国传统医史研究方才有所变化,出现了所谓"医学社会史"的新倾向。②

　　中国史学界从社会学的视角研究"医学与社会"的风气起于 20 世纪 90 年代前后,这既是受西方医学社会学的影响,也是历史学界在新的环境下不断反思不断探索的结果。1987 年,台湾学者梁其姿发表了两篇重要的医疗社会史的论文:《明清预防天花措施之演变》和《明清医疗组织:长江下游地区国家和民间的医疗机构》。1992 年夏,台湾成立专门的"疾病、医疗与文化"研讨小组,积极从事医疗社会史的研究。③ 1997 年,台湾"中央研究院"历史语言研究所成立"生命医疗研究室",主要从疾病的社会文化维度切入

---

　　① 在后现代关于身体的反思方面,最杰出的代表莫过于法国哲学家福柯。福柯通过《疯癫与文明》、《规训与惩罚》、《临床医学的诞生》等著作系统揭示了医学、精神病学、犯罪的惩罚等与身体有关的权力运作机制。福柯之后,"身体"成为西方社会科学界研究的热点。历史学界同样也受到了这一思潮的影响,开始出现大量的身体史著作。其中有关身体与医疗的著作如芭芭拉·杜登的《肤下的女人:十八世纪德国一位医生的病患》、罗塞林·雷伊的《疼痛的历史》、费侠莉的《藩息之阴:中国医学史中的性别,960～1665》等都是身体史研究中的上乘之作。参见福柯:《疯癫与文明》,刘北成译,三联书店,1999 年;《规训与惩罚》,刘北成译,三联书店,2003 年;《临床医学的诞生》,刘北成译,译林出版社,2001 年。Duden, Barbara, translated by Thomas Dunlap. *The Woman beneath the Skin : A Doctor′s Patients in Eighteenth-century Germany*, Cambridge, Mass. : Harvard University Press,1991. 罗塞林·雷伊:《疼痛的历史》,孙畅译,中信出版社,2005 年;费侠莉:《繁盛之阴:中国医学史中的性别,960~1665》,甄橙译,江苏人民出版社,2006 年。英美关于医疗史的研究可参见赵秀荣:《英美医疗史研究综述》,载《史学月刊》2007 年第 6 期。
　　② 目前"医学社会史"的使用虽然频繁,但何谓"医学社会史"仍有待进一步研究。因定义的难以界定,因而类似的称谓还有身体史、疾病史、医疗社会史、生命医史、人群生命史等等,这也基本上代表了目前"医学社会史"研究的几个热点分支。余新忠认为医学社会史是从社会史的视角探讨历史上疾病,医疗及相关问题的分支学科,是中国社会史的重要组成部分。这一研究关注的不是技术本身,而是将疾病医疗作为一个切入点,借此来考察社会文化的变迁,因此它应该主要由历史学者承担。余氏的概念虽系目前史学界对医学社会史较为成熟的定义,但余氏更关注医疗活动中最直观的"疾病",并选取了疾病中最流行,影响深远的"瘟疫"进行研究。显然,余氏所言的与疾病,医疗"相关的问题"所包含的内涵应该极为广大。杜志章提出,医学社会史是从社会史的角度,运用多学科的研究方法,通过对历史上人们医药活动的考察来认识社会(文化)的形态及其变迁的学科,是历史学的分支学科。它的研究范围涉及历史上人们认识和干预人的身体及生命过程的一切社会活动和社会关系,包括"认识"和"实践"两个范畴,包括"技术"、"制度"和"观念"三个层次。本书认为这一概念较全面系统地阐释了医学、社会学与历史学几者的相互关系,概念的内涵也相对清楚。关于"医学社会史"的学科定位、研究对象和研究方法的简要阐释可参见杜志章:《关于医学社会学的理论史考》,《史学月刊》2006 年第 2 期。
　　③ 该组主要从事以下课题的探讨:1,中国人对身体的认识及赋予的文化意义。2,医家的族群和学术归类。3,男妇夫妇与幼幼老老的家庭史。4,从医学看文化交流的问题。5,疾病医疗所反映的大众心态。

审视医学与社会文化的互动。① 在相关机构的推动下,近几年从事这一领域的研究者越来越多,并在各自不同的领域研究中取得了不俗的成绩。② 随着研究的持续深入,近代医疗社会史的研究也成为其中较突出的部分。具体到近代中国医疗社会史的研究,台湾学者的研究主要有两个思路:其一是考察近代医学与中国社会的互动,其二是透过医疗活动考察近代的医药观念及文化形态。前者较典型的代表有李尚仁著《治疗身体,拯救灵魂——十九世纪西方传教医学在中国》。③ 后者代表文章有雷祥麟著《负责任的医生与有信仰的病人——中西医论争与医病关系在民国时期的转变》及《卫生为何不是保卫生命? 民国时期的另类的卫生、自我与疾病》,黄克武著《从申报的医药广告看民初上海的医疗文化与社会生活,1912—1926》等文。④ 台湾学者在医学社会学上的研究成绩斐然,然而"医疗与社会"空间广阔,值得讨论的问题还甚多。

与台湾相比,大陆从事相关领域的研究相对滞后。在内容上,大陆传统的医学史著作多偏重于典籍制度及医学技术的描述。在研究取向上,大陆学者多着眼于医学知识的内在流变,很少有从文化史和社会史的角度,考察医疗体系和整个中国的政治、社会、文化网络之间的互动。⑤ 不过这种情况在近几年来已有所好转,不少历史学者已经注意到疾病与医学在人类社会中的意义,开始将研究目光投向医学社会史的研究。但或许是因为疾病社会史的研究主

---

① 李建民主编:《生命与医疗》,台湾学者中国史研究论丛,中国大百科出版社,2005 年。

② 台湾目前有较多学者从事医疗社会史的工作,主要的有杜正胜、梁其姿、林富士、雷祥麟、李贞德、李尚仁、祝一平、李建民等。1995 年前台湾的研究情况可参见郭文华:《台湾医疗史研究的回顾:以学术脉络为中心的探讨》,《台湾史料研究》1995 年第 8 期。

③ 李尚仁:《治疗身体,拯救灵魂——十九世纪西方传教医学在中国》,亚洲医学史学会第二次会议暨《宗教与医疗》国际研讨会论文,台北,2004 年 11 月 16~20 日。

④ 雷祥麟:《负责任的医生与有信仰的病人——中西医论争与医病关系在民国时期的转变》,《新史学》1995 年第 6 期,14(2003)45-96。Hsiang-Lin Lei, *When Chinese Medicine Encountered The State:1910—1949*, PHD Dissertation, Chicago, Illinois, June 1999. 雷祥麟:《卫生为何不是保卫生命? 民国时期的另类的卫生、自我与疾病》,《台湾社会研究季刊》,54(2004)17-59。黄克武:《从申报的医药广告看民初上海的医疗文化与社会生活,1912—1926》,台北中央研究院近代史研究所集刊,第 17 期下册,1988 年 12 月。

⑤ 较特别的是赵洪钧及马伯英的研究,两人多偏重于医学文化史的讨论。参见赵洪钧:《近代中西医论争史》,安徽科学技术出版社,1989 年;马伯英:《中国医学文化史》,上海人民出版社,1994 年;马伯英、高晞:《中外医学文化交流史——中外医学跨文化传通》,文汇出版社,1993 年。

要是步武"他人",故而还处在探索的阶段。南开大学冯尔康说:"像人群生命史,处于试着做的态度,往哪里做,怎么做,都还在摸索之中。"①总的来看,这几年的学术研究,其研究领域多集中在麻风、瘟疫、鼠疫之类的疾病史、医学传教、中西医之争等问题上②,从事医疗社会史工作的学者主要有杨念群、张大庆、曹树基、余新忠、高晞、李玉尚、何小莲、邓杰、李传斌、郝先中等人。③

　　本书以医事纠纷为中心,而医事纠纷因其自身的特点,所论势必会涉及民国司法史的内容。传统的司法史长期以来处于"政治史"的研究范畴,往往偏重"典章制度"的研究,以静态式的宏大叙事展现民国司法史的制度建设与不足。直到近几年来,这一领域的研究视野才逐步拓展,研究的问题逐步走向具体,迈向基层,并注意到司法体制、政治制度与社会的互动。例如美国学者黄宗智长期关注的即是中国法律史中的"实践"与"表达"的互动与分离。④ 黄氏的研究虽然引起颇多争议,但其研究的方法与路径却无疑

---

　　① 　冯尔康:《社会史研究的探索精神与开放的研究领域》,周积明、宋德金:《中国社会史论》上卷,湖北教育出版社,2000 年,第 93 页。

　　② 　参见余新忠:《关注生命——海峡两岸兴起疾病医疗社会史研究》,《中国社会经济史研究》2001 年第 3 期;余新忠:《20 世纪以来明清疾疫史研究述评》,《中国史研究动态》2002 年 10 月;余新忠:《从社会到生命——中国疾病、医疗史探索的过去、现实与可能》,《历史研究》2003 年第 4 期。

　　③ 　各自代表性的著作有杨念群:《再造"病人"——中西医冲突下的空间政治(1832—1985)》,人民大学出版社,2006 年;张大庆:《中国近代疾病社会史》,山东教育出版社,2006 年;曹村基、李玉尚:《鼠疫——战争与和平:中国的环境与社会变迁(1230—1960 年)》,山东画报出版社,2006 年;余新忠:《清代江南的瘟疫与社会一项医疗社会史的研究》,中国人民大学出版社,2003 年;高晞:《德贞传:一个英国传教士与晚清医学近代化》,复旦大学出版社,2009 年;何小莲:《西医东渐与文化调适》,上海古籍出版社,2006 年;李玉尚:《环境与人:江南传染病史研究(1820—1953)》,复旦大学博士论文,2004 年,未刊;邓杰:《基督教与川康民族地区近代医疗事业:边疆服务中的医疗卫生事业研究(1939—1955)》,2006 年,四川大学博士论文,未刊;李传斌:《基督教在华医疗事业与近代中国社会(1835—1937)》,苏州大学博士论文,2001 年,未刊;郝先中:《近代中医废存之争研究》,华东师范大学博士论文,2005 年,未刊。

　　④ 　参见黄宗智:《清代的法律、社会与文化——民法的表达与实践》,上海书店,2001 年;黄宗智:《法典、习俗与司法实践:清代与民国的比较》,上海书店,2003 年。对于"实践",黄氏后来曾说:"中国法律历史的研究多偏重理论、表达或制度,而我近 20 年的研究则一贯强调从诉讼档案出发,亦即从法律实践的记录出发,由此来提炼分析概念。'实践'在这里表述的是三个交搭而又不完全相同的含义:相对理论而言的实践、相对表达而言的实践以及相对制度结构而言的实践(或实际运作)。'实践历史'则不仅包含这三种实践的历史,也包含它们经过与理论、表达和制度之间的互动而体现于实践的历史。"参见黄氏 2007 年 11 月 28 日在中国政法大学法学院和 2008 年 3 月 11 日在中国人民大学法学院所作题为《中国法律的实践历史研究》的讲座。

为学界所认同,实为法学史的研究开辟了新的道路。此外,职业团体与国家权力的互动问题也是近几年学者聚焦所在。严格而言,这类研究并不能粗率地归入司法史的研究,但因其与司法史关系密切,其对拓展民国司法史的研究不无意义。徐小群著《民国时期的国家与社会——自由职业团体的兴起,1912—1937》一书中主要章节讨论了医师、律师职业群体的兴起及其与国家职业规范之间的互动。郑成林著《中华民国律师协会与1930年冤狱赔偿运动》主要讨论了民国时期由律师协会发起的影响颇大的冤狱赔偿运动。李严成著《民国时期的律师、律师协会与国家法律机关——以20世纪30年代天津律师公会李景光退会案为中心的考察》则从具体的个案出发讨论了律师、律师协会以及国家法律机关间的相互关系。上述诸文大多从职业群体的角度立论,注意到职业群体在国家与社会之间的互动性问题,这些研究对我们"再认识"民国社会无疑提供了新的案例。① 此外,值得注意的是朱英、魏文亨著《行业习惯与国家法令——以1930年行规讨论案为中心的分析》,是文着眼于30年代的行规讨论,考察了民国行业习惯法与国家法令的相互关系,为民国司法史的研究开拓了极新颖的道路。② 大致说来,民国司法史的研究已悄然趋向精细微观的路向,但同时我们也注意到,民国司法史的研究还有许多尚待开垦的领域。以医事领域言,民国涉及医事的专门法规若何,民国的医疗诉讼有何特征,这些医事法规在具体的实践中又存在怎样的问题,如何进行调整,对医患活动有何影响,这些都是有待深入的问题。

具体到本书关注的医事纠纷而言,虽然史学界尚未有学者对此问题展开深入研究,但部分由"医"入"史"的医史学者对此问题则有些初步的讨论。1936年,东南大学教授陶炽孙发表有《中国新医受难史序论》,是目前

---

① 徐小群:《民国时期的国家与社会——自由职业团体的兴起,1912—1937》,新星出版社,2007年;郑成林:《中华民国律师协会与1930年冤狱赔偿运动》,《江汉论坛》2006年第8期;李严成:《民国时期的律师、律师协会与国家法律机关——以20世纪30年代天津律师公会李景光退会案为中心的考察》,《江苏社会科学》2006年第4期。

② 朱英、魏文亨:《行业习惯与国家法令——以1930年行规讨论案为中心的分析》,《历史研究》2004年第6期。

所见最早针对医事纠纷的分析。① 北京大学医学史研究中心的张斌在 2003 年完成了一篇名为《浅析民国时期的医事纠纷》的文章，通过典型案例的剖析，分析了造成医事纠纷的原因。② 该文所论虽过于约略，且是以典型个案论及整个民国，结论是否周延亦可商榷，但却是近年来学界首次对民国医事纠纷进行讨论的文章，具有较重要的意义。2004 年，张斌还发表了《中华医学会医业保障委员会的建立与影响》一文，着重讨论中华医学会医业保障委员会的业务及其作用。该文虽是讨论"医业保障委员会"的运作，但因此机构直接参与民国的医事纠纷，故而该文也可视为研究民国医事纠纷的相关文章。③ 2006 年，北京大学医学史研究中心张大庆教授出版《中国近代疾病社会史（1912—1937）》一书，系统考察了中国近代疾病的构成与流行趋势，分析了近代疾病观念的转变与社会文化变迁的关系，多维度地审视了中国近代疾病的社会文化意义。张氏专辟一章讨论"疾病模式转变中的医患关系"（第七章），着力讨论了民国的医事纠纷，并在案例分析的基础上探讨了影响医事纠纷转归的因素。④ 该书是目前所见对民国医事纠纷讨论最为系统的论著。作者虽有社会史的自觉意识，也注意到了医疗、社会与国家之间的互动，但从所设置的章节标题中即可知其关注的重心还在疾病模式的转变及由此引发的医患关系的变迁，对医学与社会、国家关系的研究似尚有深入的必要。

## 三　概念的界定

本书既以南京国民政府时期的医事纠纷为研究对象，因而有必要先就

① 陶炽孙：《中国新医受难史序论》，《中华医学杂志》第 22 卷第 11 期，1936 年 11 月。
② 张斌：《浅析民国时期的医事纠纷》，《中国医学伦理学》第 16 卷第 6 期，2003 年 12 月，第 22～24 页。
③ 张斌：《中华医学会医业保障委员会的建立与影响》，《中华医史杂志》，第 34 卷第 1 期，2004 年 1 月，第 49～53 页。
④ 张大庆：《中国近代疾病社会史（1912—1937）》，山东教育出版社，2006 年。因张大庆教授系张斌的指导老师，张斌亦直接参与是书第七章的编写工作，故该书第七章"疾病模式转变中的医患关系"与张斌的前两文有诸多雷同。

医事纠纷的概念作一界定。事实上,要在概念上对"医事纠纷"给出准确的定义非常困难。即使在今天的法学界,何谓"医疗犯罪"、"医事纠纷"仍然未得定论。① 长期以来,"医事纠纷"的内涵和外延在理论、实践及司法判决中均没有得到统一的认识。虽然民国知识界反复使用"医事纠纷"、"医疗犯罪"这类词汇,但是多是在约定俗成的意义上使用。即使就民国的法律来看,各类律法条文也未对医事纠纷作出明确界定,在各种法典中也并不存在"医疗犯罪"这一类罪。但总的说来,"医事纠纷"一词还是表明了医疗行为中某些共同的特征。一般说来,医疗行为是指治疗、矫正或预防人体疾病、伤害、残缺或保健为直接目的所为之诊察、诊断或治疗,或基于诊疗、诊断结果,以治疗为目的所为之处方或用药等行为之一部或全部的总称。医事纠纷则泛指病患及其家属在求医过程中,对医务人员所提供的医疗行为、过程及后果无法接受或不满意,而与医疗机构或医务人员发生的冲突。针对这一概念,学界也提出医疗纠纷有广义与狭义的区分。广义的医疗纠纷,泛指医疗过程中所有医病双方的不和谐。医疗行为中,医家与病家之间的人际关系难免龃龉,甚至演变成纠纷乃至诉讼。狭义的医疗纠纷,则主要是指医家与病家对医疗行为的认识分歧进而导致冲突。一般来说,医事诉讼案件中多以狭义医疗纠纷的案件为主。

在医疗不甚发达的民国时期,医疗过失在所难免,由此引发的纠纷或诉讼自然大量存在。但因为情形复杂,各案往往存在较大差异,故而哪些案件属于本书的研究对象,哪些案件应该排除在外便成为一个问题。将"医事纠纷"的定义作为一把标尺来衡量民国时期围绕医事的纠纷,事实上很难精确适当地包括研究对象。例如1934年发生在南京鼓楼医院的郑祖穆与孙廉医师妨害公务案,即并非是医家与病患间的冲突,按上述之定义自然不能归入其中,但这一案件在当时却被视为一起医事诉讼案件。面对这种情况,本书采用了广义的医事纠纷的概念,以尽可能地包罗研究对象。但需要说明的是,尽管广义的医事纠纷能够尽可能包括研究对象,但狭义的医事纠

---

① 臧冬斌:《医疗犯罪比较研究》,中国人民公安大学出版社,2005年,第3～7页;练育梅:《医疗纠纷概念的法理探讨》,华东政法学院,2005年,未刊硕士论文。

纷无疑才是医患纠纷的核心,故而本书的论述主要还是围绕狭义的医事纠纷展开。

学术研究似乎不必太多纠缠于"定义"性的问题,而应该更多地去了解和发现"是什么"的问题。基于这样的考虑,本书采取从史料出发的原则,藉此来把握和分析所欲讨论的问题。本书基于所调查的史料,将南京国民政府时期的医事纠纷进行了分类。就相关的材料来看,这一时期的医事纠纷大致有以下三种类型:第一,在医疗过程中医方(医家或医疗机构)与患方(患者或者患者近亲属)因对医疗行为的认识分歧而产生的侵权与赔偿纠纷。这类医事纠纷大多表现为病家追咎医家的业务过失,这类纠纷有可能在医疗过程中得以解决,也有一些纠纷会超越纯粹的医疗过程,甚至诉诸法院造成医疗诉讼。第二,医家可能并未对患者造成伤害,但因其行为违反了某些医事法规,如无照行医、非法行医、医德低下、坑蒙拐骗等问题,而被检举、揭发。此类案件中医家主要涉嫌违反相关的医事法规,故多由卫生局、警察局行政处理为主。第三,医家未对患者造成伤害,但因其行为违反其他刑、民事法律及各部门、专门法规而引起纠纷。如 20 世纪 40 年代,国民政府在各县开设县立医院或诊疗所,但因缺乏制度保障导致各县立医院或诊疗所腐败孳生,从而引发地方民众对县立医院或诊疗所医生的对立。狭义地讲,只有前两种类型的医事纠纷是医病双方因医事行为而产生的纠葛,算得上是严格意义上的医事纠纷。这些纠纷虽然大多数通过医患之间的私下调解得以解决,但也有情节较为严重的纠纷进入行政处理范畴,更甚者则转化为医事诉讼。这些因医疗过错导致的医事诉讼,通常表现为病家以业务过失、堕胎、玩忽业务等罪名为由控告医家。因为医事诉讼集中反映了医患之间的矛盾和冲突,展示了近代社会医疗体系转型过程中的问题与困难,构成医事纠纷中最为核心的部分,故而本书将以此为重点加以讨论。至于第三类医事纠纷,因其相当大部分的案件并非是病家与医家个人间的矛盾,而涉及群体与群体的对立。但因为这类案件毕竟只是犯罪的主体与医生有关,并不涉及医生的医疗行为,严格地说并不能将其纳入医事纠纷的范畴,故而本书对此仅略作说明,并不作详细讨论。

本书所研究的时段以南京国民政府时期为限,始自 1927 年,止于 1949

年。南京国民政府成立之后,开始逐步推进近代卫生行政体制。整个南京国民政府时期,卫生行政的近代转型伴随始终。在此背景下,通过对南京国民政府时期医事纠纷的观察和讨论,当更能发现医事领域"体制转型"的诸多问题。不过,任何研究都有其内在的时间逻辑,并不完全与通常从政治角度作出的历史分期相吻合。本书所处理的医事纠纷也是如此,医疗制度的转型并不与新的国家机器的诞生同步,新的医疗体系的确立也不仅仅是医疗卫生行政部门的更迭和变化。事实上,本书也很难说明 20 年代后期与 20 年代中、前期的医事纠纷到底有多大程度上的区别,故而本书的时间界限只是标明一个大致的讨论时限,具体的论述并不严格拘囿于上述时间段。特别需要指出的是,本书的研究以南京国民政府时期为限,但在 1937 年至 1945 年间,因日寇的入侵,东南大片国土陷入敌手,南京国民政府的控制力已是鞭长莫及。虽然大后方仍在国民政府统治之下,但其时国府的重心已在抗敌救国,至于医事纠纷的处置,特别是有关司法诉讼的要求往往不得保障。不可否认,这一时期仍然存在大量的医事纠纷,但是因为相关档案文书的不足,以及该时期医事纠纷的处置有可能采取了非常手段,故而本书的讨论并未涉及这一时期医事纠纷的情况。

# 第一章　清代的医患关系与医事纠纷

在西医入华之前,中医在传统社会一直居于统治地位,直至民国,中医在人数上仍占据绝对优势。清代的医疗环境大致可以鸦片战争为界分为前后两个时期,在鸦片战争之前,清代的医疗环境与明代并无明显差别。鸦片战争之后,虽然医界仍然因循旧制,但国门洞开,传统封闭的医疗环境已不得不面对"西风欧雨"的浸蚀,这无疑对传统医患关系和医药观念造成了新的影响和冲击。

## 第一节　清代传统医界的医患关系

清代医政基本上沿袭明制,清前期的医疗机构主要由太医院和御膳房组成,意在为皇家服务。① 社会医疗服务则由各地育婴堂、养慈院等社会抚恤组织承担,主要为儿、贫、老、病等人提供医疗救助,另设有粥厂与药局,多在灾荒与疾疫发生时施医施药。② 清末新政时期,清政府效仿日本进行改革,其中便涉及医政的革新。光绪三十一年(1905),清政府设巡警部,部内设警保司,司下设卫生科。③ 卫生科之职能为计划及审定一切卫生、保健章程等。翌年,清政府预备立宪厘定官制,改巡警部为民政部,颁行违警章程,

---

① 关于太医院与御膳房之组织情况,可参见陈邦贤:《中国医学史》,商务印书馆,1937年,第208~221页。
② 文庠:《移植与超载:民国中医医政》,中国中医药出版社,2008年,第38页。
③ 曹丽娟:《试论清末卫生行政机构》,《中华医史杂志》2001年第2期,第87页。

办理公共卫生。地方上也渐有革新,例如北京市府州县就各设巡警局所,此举被视为奠定了"中国公共卫生之基础"①。尽管新政实施以来清政府的卫生行政重心有所下移,但因其仅在部分地方实施,对民间业医者尚难奢言"管理"。在这种医政制度之下,民间的业医者开业、行医都显得极为随意,医疗水平也难得制度保障,这直接导致了清代医界的混乱和医患关系的恶化。

## 一、庸医杀人

若对晚清的舆论稍加留意,读者便会发现当时报刊上不时刊载有"庸医杀人"的报道,也常有社会精英针砭时弊,就医界的弊端黑暗作辛辣深刻的批评。这些文章对清季医界抨击之猛烈,对医家医德医术质疑之严重,实属罕见。就《申报》来看,晚清医道衰落,医家品德低下,已成为舆论共识。医德既已沦丧,医家之地位自然也就一坠千丈,以致有人竟将医家视为最低贱的职业,"肆其骄慢之气,役医如吏,藐医如工,家有病人,遂促其调治,并以生死之权责成之"②。更有人将医家与妓者等而视之,一篇《谈医》的文章就称:"尝见其小说言地狱中有十万八千催命鬼,阎摩王欲悉令投生人世以问判官,当令生作何项人?判官曰,男可行医,女可为妓。"③小说作品中的观念虽不能完全等同其时的社会心态,但亦可从其中反观彼时医家的地位。

虽然不可以偏概全地认为清季医界全然若此,但从舆论对医界的批评声中,当不难推断民众对医家的态度与清季医界的基本情况。晚清舆论对其时医界弊端的批评主要集中在以下几个方面:

首先,医无门槛导致医家泛滥、水平低劣。晚清并无专业的医疗行政机构对医家进行管理,医家开业、行医并无任何门槛,以致"医"道成为人人可为的职业。"今之为医,厥有两种。一则祖传父代,略识之无,家有方书几部,便自号为世医。一则附名读书子弟,仅宗论孟,老大无成,谋生乏术,不若强记

---

① 马允清:《中国卫生制度变迁史》,天津益世报馆,1934年,第128页。
② 段逸山、孙文钟:《新编医古文》,上海,上海中医药大学出版社,1998年,第177页。
③ 《谈医》,《申报》,光绪十五年六月初三日,第5817号。

汤头数篇,脉决一首,便可糊口四方,乃竟成儒医"。① 这两种医家的产生途径无疑都颇有问题。特别是借医道以谋生者,情况更为糟糕。"计其心本无救世之志,究其术则又乏治病之方,诘其病情之若何,应以何药治之,则固游移无定也,操此术以行医道,其不为其所危者几希。"②显然,因卫生行政的缺失以致"医"无门槛,任何人只要读得几本医书,或者背得几篇汤头歌诀就可开业行医,这势必导致医界整体水平的下降,并诱发一系列连锁反应。

其次,医德、医品败坏。晚清舆论对医家的抨击较多集中在医家品德败坏,特别是有不少医家趁着病者"急病盼医"的心态高收诊金,欺世盗名,这往往为士人所不齿。郑观应批评一些医家本无实学却自傲勒索:

> 出门则先索谢金,一元至四元;入门则先求挂号五十至八十。轿钱非一千亦少至七百,跟班无三钱也要二钱,贫富相同,亲邻不减。偶遇一症,便生见利忘义之心,甚至以为奇货可居,而暗为所害者不可以胜计。③

郑氏的观察显然并非个案,《申报》对此亦有刻画:

> 请封必重,舆金、号金罔不从丰而位置自高,来必以夜。其有果因请视者多无暇拔早者尚属情有可原。乃有本无敦请之人,而故意迟迟吾行以自高其声价,不顾病症之轻重缓急,特以此自装牌子,则尤为可恶之甚矣。④

许多医家遇到请诊之人诊金不足便拒不出医,置病者生死于不顾。同治壬申十月《申报》登载了上海四马路梁某病亡一事,就颇能说明一些问题:

---

① 《医不可不学论》,《申报》,光绪丙子八月十九日,第 1366 号。
② 《振兴医学议》,《申报》,光绪廿一年正月初九,第 7824 号。
③ 罗浪山樵(郑观应):《议遍考医家以救生命论》,《申报》,同治壬申八月廿三日,第 127 号。该文也收入郑观应著《救时揭要》中,见夏东元编:《郑观应集》上册,上海人民出版社,1982 年,第 25~26 页。
④ 《论天津增设医院并及扬州考试医生事》,《申报》,光绪辛巳闰九月初十日。

十月二十六日晚九点钟,时有四马路友人梁某身患急病,慕名往请医士陈曲江先生以图急救。讵料曲江以时候已迟不肯出门。再四恳求,曲江云必须先付洋蚨,方允前往。梁之来人忽猝延医,实未携带。请其前往诊治后定当如数奉酬,而曲江谓必须回去携洋再来相请,辩论恳求直至一点钟之久,来人泪下哀鸣,岂曲江坚执不移。梁之来人无法,只得望抛球场另请余叔陶先生往诊。余先生好行方便,立刻起身。讵料时候耽延太久,竟未及抵家,已知其人告毙矣。①

两天后,一位署名"珠江织烟散人"的读者撰文回应,抨击陈曲江为"贪利之辈","蛇蝎其心,豺狼其性",更对上海医界深表失望,称"上海之为医者,大半皆陈曲江一流人物"。② 就在"珠江织烟散人"借陈曲江之事批评医界恶习后两日,《申报》又刊有《论名医陈古愚先生》一文,该文以陈曲江为反例为陈古愚大唱颂歌。文章称陈古愚"不沾沾于利","有急病者,虽深夜往请亦即赴诊,并不较看金之多寡",实为当世"名医"。③ 本来为医救世,大医精诚,不沾沾于利乃是医家最基本的医德,不料却一跃成为了"名医"的招牌之一。由此可见,晚清的医家大多已身陷"利"中,其形象较人们理想中的形象已相去甚远。

此外,医家的医务水平低下亦饱受批评。由于行医并无门槛,许多医家只是为了维持生计,并未专门习业,因此医务水平普遍不高。医家对医学典籍用功不深、望闻问切不知病情虚实、文理不通、脉案模糊,凡此种种皆是医家医术不精的表现。中医讲究望闻问切,目的在于清楚判断病情,若病情不明,势必差之毫厘失之千里,所以医道一向被视为至精至微之事。然而,清季的医家显然并不如此审慎精细。郑观应曾公开批评某些医家对医道了解太过肤浅,胡乱治病。他说:

---

① 鴈湖居士:《医生勒索误致人命》,《申报》,同治壬申十月卅日,第184号。

② 珠江织烟散人:《论医士勒索误人性命事》,《申报》,同治壬申十一月初二日,第184号(笔者按:此期申报馆编号有误,与前期重复)。

③ 《论名医陈古愚先生》,《申报》,同治壬申十一月初四日,第186号。

今以至精至微之事,行之于至粗至浅之人,道听途说,不涉猎群书,未得其旨趣,竟盈而益之,虚而损之,通而激之,塞而壅之,寒而冷之,热而温之。头疼医头,脚痛医脚,是重加其病。而欲望其生,吾见其死矣。岂不哀哉! 岂不痛哉!①

虽然也有一些医家颇有名声,但仍难获得认可。"近来之所谓名医时医,类多以声气相高,以标榜为尚。按其实,在其中未必有也。偶有一二人适然奏效,则声价即因之而起。求其读书有获,与古为徒,诊治精明开方切当者,盖不可多得矣。"②"所称名医时医者,大抵皆粗识之无,略知字体,从师一二载,便思出其技以售钱,傥有声誉大噪于时而药单上尚劣不成字者。犹忆昔年有人身患疮毒,求某名医施治,医书疮口未敛四字误敛作廉,直告以误,则医即改廉为敛。若此者,比比皆是。"③更有人以"时医"相讥,认为医者暴得大名完全是碰运气,实际并没有多少真才实学。"今世之医,恃技者少,恃运者多,故谚有之,趁我十年运,有病早来医,是以有时医之称也。"④清季医界混乱如此,以致时人感叹医道犹如广陵散,自姑苏叶天池之后,早已寂然无问。⑤

## 二、清代的医患关系

医家德艺低劣的直接受害者是病家,病患在承受病痛的同时,还往往陷入庸医遍市、良医难觅的苦境。一般来讲,病人患病之后会采取保守的自我治疗,若不能控制和缓解病情,则会考虑延请医家。当病家决意延请医家时,病家便需要面对形形色色的医家"择医而治"。

择医看似简单,但面对各色医家,病家实际上要冒相当大的风险。清代

---

① 罗浪山樵(郑观应):《议遍考医家以救生命论》,《申报》,同治壬申八月廿三日,第 127 号。该文也收入郑观应著《救时揭要》中,见夏东元编:《郑观应集》上册,上海人民出版社,1982 年,第25~26 页。

② 《论天津增设医院并及扬州考试医生事》,光绪辛巳闰九月初十日,第 3055 号。

③ 《谈医》,《申报》,光绪十五年六月初三日,第 5817 号。

④ 《论医》,《申报》,光绪丙子六月廿七日,第 1322 号。

⑤ 《时医论》,《申报》,光绪十四年二月初四日,第 5352 号。

名医徐灵胎曾说:

> 疾病为生死相关,一或有误,追悔无及。故延医治病,乃以性命相托也,何可不加意慎择。如无的确可信之人,宁可不服药以待命。[1]

徐氏之言确然,如果请到良医,自然可以药到病除,但是如果不幸请到庸医,那病者不但要损失诊金,更有可能搭上性命。

一般而言,若病家有选择的可能,那他们主要会从以下几个角度进行权衡。首先,病家的经济承受能力。医家的诊费通常与其名望和医技相关联,经济状况有限的病家面对高昂之诊费往往无能为力。因此若确有延医必要,病家首先要考虑医家的诊金是否在自己的承受范围之内,量力而医。清季不少贫户小家即因无力担负诊费,"只得束手待毙以嗟其命"。[2] 其次,医生的名望与医技。在条件许可的前提下,备选医家的名望和水平也是病家考虑的因素之一。毕竟,医家的名望建立在医家的道德、水平与口碑之上,声名显赫者治愈的把握显然更大。再次,人情、经验等因素。传统的医家多靠口碑行医,因而许多病者也是通过他人介绍方知某医,而民间也不乏乐于"荐医"的热情。每当病者告病,自然有三姑六婆四处荐医。此外,如果以往延请过某位医生,那么就要考虑验与不验的问题。如果下药不验,那么就可能另择高明。如果药到病除,那么极有可能继续延请。

不过,上述几条择医标准也受到广泛批评。时人便注意到,"世俗以请封之多寡定医家之高下,甘受其愚,被杀不悔"。[3] 病家的这一心理也造成医家偶遇求诊救治之人,亦不能轻率答应,否则就有被"轻视"的可能。因此,提高看封,俨然也成为"自高身价"的一种常用手段。"风俗势利每以看

---

① 徐灵胎:《慎疾刍言》,载刘洋主编:《徐灵胎医学全书》,中国中医药出版社,1999年,第367页。

② 其时官方也意识到贫民治病的难处,时常在疫时通过施医等手段确保社会秩序的稳定。比如,1872年,上海道宪即告示五月初一日在药王庙施医,其理由就是"届夏令贫民染恙渐多,无力延医,每至不治,殊堪悯惜"。施医虽可暂解一时之急,但患病却是时有之事,显然并不能依靠慈善的力量获得稳定的保障。

③ 《市医论》,《申报》,同治癸酉九月廿四日,第476号,第1页。

封之厚、与服之盛以定医生之优劣。至庸医之徒亦得以炫耀夫庸众之耳目,以售其孳孳为利之一涂。使夫富者能出重赀则治之,贫者不得重赀则听之。"①同样,病家延医主要通过乡邻亲戚口碑介绍,自己对医家的医技并没有直接认识,故而往往"以耳为目,不考其实学何如,治疗何若,闻人称说,即延请施治"②。如此一来,某些沽名钓誉的医家便利用这一点大做文章,想方设法来提高自己的知名度。《医界镜》曾载某医刚开业时生意寥寥,"他便花些本钱,买了一顶轿子,雇两个轿夫,每日吃过中饭,便叫轿夫抬了轿子,不论东西南北城厢内外,总拣热闹地方抬去。轿子背后挂着两个大灯笼,贴着'虞山于多一医室'七个大红字。人家见他日日出轿,想必是个有本领的郎中。"③在清季报刊兴起之后,一些有条件的医家也大打广告,宣传自己是妙手圣医。例如《申报》1872年的一则广告,就用"世袭岐黄,包医诸症,临症用药,百治百效"等语来称赞医家医术之高明。④ 至于三姑六婆四处荐医,病家难拒人情,勉强试医,则更被讥为"拿性命当人情"。即使延请之医果系名医,因敦请不易,病者也往往要冒延误病情的风险。时人感叹说:"名医者,声价甚高,敦请不易,即使有力可延,又恐往而不遇。即或可遇,其居必非近地,不能旦夕可至。故病家凡属轻小之疾,不即延治;必病势危笃,近医束手,举家以为危,然后求之,夫病势而人人以为危,则真危矣。"⑤

　　因病家择医的心理常为沽名钓誉的医家所利用,故而病家要物色到良医甚为困难。病家为庸医所困已成平常,庸医杀人的悲剧便常有发生。由于庸医遍市,病家缺乏足够的识别能力,故多居于不利地位,病家除了感叹医界黑暗之外,唯有告诫他人"延医宜慎"。《申报》就不时刊有"延医宜慎"的报道,其中一篇文章便谆谆相劝说:

① 《论医士勒索误人性命事》,《申报》,同治壬申十一月初二日,第184号,第1页。
② 徐灵胎:《慎疾刍言》,载刘洋主编《徐灵胎医学全书》,北京,中国中医药出版社,1999年,第367页。
③ 儒林医隐:《卫生小说——医界镜》卷三,上海,商务印书馆,1908年,第9页。
④ 《新到名医》,《申报》,同治壬申六月十一日,第66号,第6页。
⑤ 徐灵胎:《医学源流论》卷下,版本不详,第15页。

六月初,第二孙女患身热不凉,延请诸医诊治,势已不救。于十九日有亲戚荐城隍庙西天□堂药店主人金秋泉先生来诊,急用通关散祛痰清暑,不数日而立起沉局。可知,药能对病,即可转机。愿告同人凡有小儿女病者,慎勿为庸医所误也。①

考虑到一些势利医家高抬诊金骗取名声的做法,时人也提醒病家要注意考查医家的医品,"大抵侈口自高者,必无实学,虚心本色者,时有真才"②。清代名医徐灵胎则颇为无奈地为病家择医提供了一个不是办法的办法,"惟有不务虚名,专求实效,审察精详,见机明决,庶几不以性命为儿戏矣"。③ 不过,这些办法显然并不具备太强的可操作性。病家在择医之时除了所谓的"审慎"外,有效的办法并不多。

除了病家"择医而治"之外,传统医家也时常"择病而医"。医家在病家延请时,通常会初步了解病者的病情和家庭状况,并作出是否出诊的决定。在延医时,医家与病家因种种问题未能达成一致,医家拒绝出诊的情况比比皆是,前述陈曲江拒诊一事即为一例。暂不论陈曲江的"勒索刁难",陈曲江拒诊一事尚有其他两点值得注意。第一,陈曲江没有必须出诊的义务。传统的医家并不是接到延请后就确保出诊。传统医界并没有较为强硬的制度来确保病者能够获得及时有效的医治。虽然传统医家倡导"救死扶伤",但这仅仅是道德约束而非制度规定,因此出诊与否乃是医家的一项"自由"。第二,医家的适当拒诊也是晚清业医的策略之一。一篇署名为"鸥湖居士"的文章就评论说:"陈曲江本是庸医,虽一请即去亦未必能有起死回生之技。盖渠即闻急病,早已胆战心惊,特借此勒索刁难,以为藏拙之地耳"。④ 可见,拒诊乃是一种"藏拙"的手段。如果病患病情过于严重,医家极可能借此推诿,即所谓"特借此勒索刁难,以为藏拙之地耳"。揆诸史实,

---

① 《延医宜慎》,《申报》,同治壬申七月初九日,第89号,第2页。

② 《市医论》,《申报》,同治癸酉九月廿四日,第476号,第1页。

③ 徐灵胎:《慎疾刍言》,载刘洋主编:《徐灵胎医学全书》,北京,中国中医药出版社,1999年,第367页。

④ 鸥湖居士:《医生勒索误致人命》,《申报》,同治壬申十月卅日,第184号。

"拒不出诊"的情况在清季医界并不少见,而拒诊的重要原因之一就是要尽量避免在自己手上发生"死症"。老于行医的医家,见到死症,便会回绝病者,拒绝开方,或是故意延误出诊,使病家将死因归罪于前一位开方医生。①甚至有些医生,"听风声不好,此时竟自己告起病来,不肯去看"。因为"此时群医满座,过去必遭此驳诘,此病凶多吉少,倘有不测,谤在一人身上"。②

医家"择病而医"的情况不仅发生在延医之前,也不时发生在治疗过程之中。医家若遇棘手病症,常会拒开其方。但若逼于无奈,非要下药,医家在拿捏不准时,往往避重就轻,用药以温和为主,不敢冒用猛剂。《医界镜》里的上海名医贝祖荫开方就极平极浅,专讲究和缓一路功夫。他说:"古时良医,名为和缓,替人家治病,总宜用和剂缓剂,若用峻利的方,万一病情看不准,吃错了,要把谤毁的。"③这样做的妙处就在于不会开出峻利的方子,弄出人命来,"横竖地开的方子,总是和缓一路,即不中病,亦不要紧,不过使轻者不能即好,缓缓变重;重者慢慢地死而已。"④徐灵胎也曾观察到传统医界这等医家的"巧术",不无感叹地评论说:"世又有获虚名之时医,到处误人,而病家反云此人治之而不愈,是亦命也。有杀人之实,无杀人之名,此必其人别有巧术以致之,不在常情之内矣。"⑤

清季医界,病家的"择医而治"与医家"择病而医"都是普遍存在的现象。无论是"择医而治"还是"择病而医"都反映出医、患之间彼此的顾虑与担心。事实上,"择医而治"的核心乃是病家对医家的"信任"问题,而医家"择病而医"的问题则集中于医家敏感的"责任意识"。⑥病家对医家本应抱充分信心,将病体交付医家,与医家共同努力,治愈疾病。但是因为清季

---

① 儒林医隐:《卫生小说——医界镜》卷三,上海,商务印书馆,1908年,第75页。
② 儒林医隐:《卫生小说——医界镜》卷三,上海,商务印书馆,1908年,第104页。
③ 儒林医隐:《卫生小说——医界镜》卷三,上海,商务印书馆,1908年,第2页。
④ 儒林医隐:《卫生小说——医界镜》卷三,上海,商务印书馆,1908年,第2页。
⑤ 徐灵胎:《名医不可为论》,载《医学源流论》下卷,刘洋主编:《徐灵胎医学全书》,中国中医药出版社,1999年,第156~157页。
⑥ "责任"一词至少有两种意义。其一,是指医家出于人道主义及医家治病救人的原则的职业道德。另一种意思则是指医家则有治病之责,同时又要承担医疗事件的责任,对医疗行为负责。

医界鱼龙混杂,良莠不齐,以致病家不得不有所顾虑,自诫"择医宜慎"。在医家的立场,因病家对医家颇多猜疑,医患关系恶劣,若医家稍有大意,即可能招致医患纠纷,这又往往导致医家"择病而治"以避其罪。病家与医家在彼此合作的外表下各怀心思,这样的结果对"疾病"的治愈显然并无帮助。①于是,晚清的医患双方在医疗互动中颇有陷入恶性循环的可能。这种恶性循环也显示出清季医患关系极其脆弱的一面。如果医家药到病除,那医家和病家自然皆大欢喜。但是在医疗水平整体低下的情况下,医患双方就医疗过程未能达成一致的情况时有发生,特别是医疗事故发生之后,医家与病者间往往便会对簿公堂。

## 第二节　清代的医事纠纷及其调解

病无可治,病家定然悲痛忿恨,但既起纠纷,病家除状告庸医以平私愤,部分医家还意有所图。纠纷的处理大致可以分为两类:一种是民间通过私下的方式得以协商,另一种则是上告官府造成医讼。不过,因为清季的诉讼成本颇高,上告官府也不能确保获得实质性的好处,故而病家往往不会轻易上控,而医家方面自然也愿大事化小,不愿闹到官府,所以成讼的案件只占到医事纠纷中极小的比例,大量纠纷主要还是通过医病双方私下的协商得以解决。通常而论,中国传统社会提倡的"息讼"之风以及民众对疾病的认识观念是影响清季医事纠纷走向最重要的两个因素。

### 一、息讼之风

中国传统社会是一个以伦理和礼法为中心的社会。在传统社会中,法的成分和因素即使得到强调,也往往视为达到社会"和谐"的补足手段。中

---

① 以病家为中心的医病关系下,医家"欲其术之行,势必曲从病家之意"。这样做的好处就在于,病家"偶然或愈,医者自矜其功;如其或死,医者不任其咎。病家因自作主张,隐讳其非,不复咎及医人"。进而医者曲从病家,竟成"邀功避罪之良法也"。

国人历来将法律看作是由于个人行为违反道德规范或宗教仪式，以及由于暴力行为而引起社会秩序紊乱的补救手段。① 在这种观念主导下确立的中国传统司法体系，无处不体现着"和谐"和"息讼"的特点。子曰："听讼，吾犹人也，必也使无讼乎？"作为社会理想之一，"无讼"成为中国传统法律文化的终极目标和基本价值取向。负责地方秩序的父母官，维持礼治秩序的理想手段是教化，而非折狱。②

在司法实践的层面，"息讼"也往往是基层官员秉持的为政圭臬之一。知县被称为"父母官"，息狱讼、求"无讼"、维护社会的和睦安定，是其首要职责。"为政之道首在安民，安民之要必先除弊，夫弊之最重者莫如词讼一项，故欲除弊亟须清理词讼。"③除了职责所在之外，讼案的多少不仅关系到官员的行政能力考核，也是官员治内是否民风淳朴、教化有方的直接反映。因此，官方亦设法规劝乡民"息讼"，以营造或维护地方的有序和谐。在清代，地方官员常常发布劝讼文，规劝乡民不要恶意争讼。清光绪己卯（1879），重庆府沈镛青太守履任后即出示晓谕，劝民息讼：

> 为剀切示谕劝民息讼事照得川省好讼之风甲于各省，而重庆各属为尤甚，实缘地方富庶风气嚣凌，小民好胜争强，些须小事就听讼棍摆布经官告状。须知词讼一事，无论曲直输赢，终是有损无益。口岸讼费要花多少银钱，候批听审要误多少活计，交结书差要失多少身分，屈膝低头官呵吏骂要受多少委曲，还要连累家中父母妻子，人人着急，个个担心，这种苦况就是理直情真也不能免，若增减情节轻事重报或捏词诬告陷害善良，轻则责打，重则流徒，不但家破人亡，还要被人笑骂，事到其间，追悔无及。本府爱民甚切，嫉恶如仇，除访查讼棍并将诬告习徒遇案严办外，合行出示劝谕，为此示仰阖属军民诸色人等知悉，尔等嗣后凡遇户婚田产账债口角等事，总宜化大为小，化小为无，小者忍耐一

---

① ［美］莫里斯：《中华帝国的法律》，朱勇译，江苏人民出版社，1995 年，第 31 页。
② 费孝通：《乡土中国·生育制度》，北京大学出版社，1998 年，第 54 页。
③ 《息讼文言》，《申报》，光绪廿九年十一月二十日，第 11036 号。

刻,认吃点亏,免得缠讼取累,身家不保。若事情稍大实在忍耐不下,吃亏不起,宜邀团邻戚族自相理论,城厢场镇都有公正绅者,断不能颠倒是非,混淆黑白。纵然明中委屈,自占暗里便宜,且你居心仁恕,忠厚待人,不但神明佑你,乡党敬你重你,即匪类也不敢欺你,切不可听讼师习唆主摆,轻于涉讼,自贻伊戚。若有人劝你告状,就是要你花钱,你须想到遭殃惹祸这一边,不可存了出气报仇的妄念。拿定主意,自不致被人愚弄。至于诈财诬告尤为不可,就是法纲幸逃,天理断不容恕,试观健讼之人,其子孙有昌炽者否。本府轸念民隐,期在除暴安良,苦口婆心,谆谆告诫,各宜凛遵,毋违特示。①

光绪廿九年(1904),云南昌县知县江云卿亦颁有类似的劝讼文,揭示仪门,文曰:

> 宣圣有言听讼犹人必使无讼,盖民以稼穑为宝,勿以讼狱争胜。本县悬挂铜锣于大堂,原备紧急不白之冤,非言语所能形容,而迫不及待命□呼吸方准鸣击。至若毫毛细故,仍当三八告期遵式具呈。孰意有等习民狡猾异常,不论小故□□成莫须有之事,动辄赴署任意□□,迨至审问半属子虚,直以本县良法美意变成刁民肆意赖要。言念及斯,深堪痛恨,合行院谕,为此示仰士民人等知悉,尔等须知讼则终凶,古人所戒。终有鹬蚌鼠雀之争,户婚田土之争,须先经中调处,如不得已,亦当遵用状式三八告期,当堂呈递至所。敲铜锣必系实在真冤急枉,方准鸣击。自此示谕之后,倘再任意乱敲,一经审虚,加等重办,本县志在息讼,尔等务各仰体凛遵。②

官方劝民息讼显然并非清代的个别现象,通过"息讼"达到"无讼"乃是地方官僚追求的目标之一。正所谓"州县官为民父母,上之宣朝廷之德化,以移

---

① 《劝民息讼事》,《申报》,光绪己卯五月初五日,第2207号,第2~3页。
② 《息讼文言》,《申报》,光绪廿九年十一月二十日,第11036号。

风易俗。次之奉朝廷之法令,以劝善惩恶,听讼者所以行法令而施劝惩者也。明是非,剖曲直,锄豪强,安良懦,使善者从风而向化,恶者革面而洗心,则由听讼以训致无讼,法令行而德化亦与之俱行矣"。① 这可以看作是清代州县父母官教化民众,劝善息讼的最好写照。

在案件上控之前,官衙力主通过民间"团邻戚族"的调处来平息事态。即使上控成讼,州县官员也要反复"敦促原告和被告私了"。《听讼要旨》就明确指出当"不能遽使人无讼"而诉至官府时,"莫若劝民息讼"。② 甚至到案件的审判时,官衙仍努力促成两造自愿息讼具结。清代名幕汪辉祖说:

> 词讼之应审者,什无四五。其里邻口角,骨肉参商,细说不过一时之气,冒昧启讼,否则有不肖之人,从中播弄,果能审理平情,明切譬晓,其人类能悔悟,皆可随时消释。间有准理后亲邻调处,吁请息销者,两造既归辑睦,官府当予矜全,可息便息,宁人之道,断不可执持成见,必使终讼,伤同党之和,以饱差房之欲。③

清康熙年间四川道监察御史陆陇其任县知事时,曾处理过一起兄弟争财之讼,"不言财产之如何分配,及谁曲谁直,但令兄弟相呼","此唤弟弟,彼唤哥哥","未及五十声,已各泪下沾襟,自愿息讼"。④ 滋贺秀三称中国传统县官的处理本着一种"教谕的调停"(didactic conciliation)原则,"父母官"更像是一位调停子女争吵的仁爱父母,而非执法严厉的裁判官。⑤ 清人魏息

---

① 《钦颁州县事宜·听断》,转引自韩秀桃:《司法独立与近代中国》,清华大学出版社,2003年,第66页。

② 刘千俊:《听讼要旨》,中国文化服务社,1947年,第16页。

③ (清)汪辉祖:《佐治药言·息讼》,清同治十年慎间堂刻汪龙庄先生遗书本,载刘俊文主编:《官箴书集成·佐治药言》,黄山书社,1997年,第317页。

④ 《陆稼轩判牍·兄弟争产之妙判》,转引自张晋藩:《中国法律的传统与近代转型》,法律出版社,1997年,第280页。

⑤ [日]滋贺秀三等:《明清时期的民事审判与民间契约》,法律出版社,1998年。即使黄宗智在后来对滋贺的这种看法提出质疑,认为县官们在处理民事纠纷时事实上是严格按照清律的规定来做的。但黄宗智还是承认只要可能,地方官确实乐于按照官方统治思想的要求,采用庭外的社区和宗族调解。黄宗智:《清代的法律、社会与文化:民法的表达与实践》,上海书店出版社,2001年。

圆曾编辑一本《不用刑审判书》，专门记载历史上以道德教化、劝诉息讼的典型案件。① 同样，基于"息讼"的追求，各级官府衙门还采取种种息讼的手段以阻止辖区内民众可能提出的诉讼事件，包括正常的上告和越级上告。这些手段包括对案件的拖延处理、拒绝受理和设立教唆词讼罪名等，清朝法典也明文规定越级告诉必须治罪。②

与官府衙门倡导的息讼相对应，民间亦存在浓厚的息讼观念。普通民众通常认为惹上官司便是招惹上是非，绝不是普通人所愿为的。在礼治社会中，打官司也成了一种可羞之事，意味着教化不够。③ 在乡民不愿缠讼的同时，民间对讼棍也极为鄙视，一说起"讼师"，大家就会联想到"挑拨是非"之类的恶行。④ 出于清讼的考虑，士民乡绅更有严惩讼棍的呼吁。一篇《严惩讼棍》的文章就写道：

> 讼师之名不知起于何时，大抵前人质朴欲讼而不谙格式，情识者代庖，于是乎尊之为师。讵知恶习相沿，变而加厉至以唆讼为生涯，以刀笔为学问，深文尖刻，颠倒是非，乡愚无知为其所惑，荡产倾家不知凡几，所以宰官莅任必先严禁讼师亦除暴安良之意也。⑤

另外，传统社会司法体系中，由于门签家丁衙役需索不低，百姓一旦涉讼，往往花费不菲，这也是民众不愿上控的因素之一。《申报》即记载说，"尝见乡民进城投控，肩负青蚨三数千，顷刻间为书差茶酒用尽，比及结案而所费已不赀矣。故曰愚人官断，明人自断。"⑥普通民众"一经入讼，人财两失，甚至两造俱各妻离子散家破人亡"⑦，因此往往不敢轻言诉讼。

---

① （清）魏息圆：《不用刑审判书》，商务印书馆，1907年。
② 马作武：《古代息讼之术探讨》，《武汉大学学报》（哲社版），1998(2)，第47～51页。
③ 费孝通：《乡土中国·生育制度》，北京大学出版社，1998年，第56页。
④ 费孝通：《乡土中国·生育制度》，北京大学出版社，1998年，第54页。
⑤ 七十二叟稿：《讼棍宜惩》，《申报》，光绪乙亥十二月初九日，第1135号，第5页。
⑥ 《小窃息讼》，《申报》，光绪丁丑正月廿九日，第1495号，第3页。
⑦ 《息讼说并附损伤方》，《申报》，光绪乙亥八月初九日，第1033号，第2～3页。

## 二、病家的疾病观念

与其他案件相同,大量医事纠纷往往因"息讼"的社会风气而通过民间调解的方式处理。但是颇为不同的是,在传统医事活动中,病家的疾病观念往往也是影响医事纠纷走向的重要因素。

一般而言,我们把生理或心理上出现的不正常、非健康的状态称之为"病"。[①] 传统医学也有类似的认识,《医学源流论》说:"凡人之所苦,谓之病。"[②]梳理古典文献对"病"的理解,我们惊奇地发现,古人对病的定义更多是从致病之因的角度来阐释的。荀子认为病就是个人的自然天性受损,所以他说"性伤谓之病"。《易》则从阴阳的角度来理解,故曰:"一阴一阳谓之道,若偏阴、偏阳皆谓之病"。对于病因,传统医学普遍将之归咎于一种不协调或者冲突,比如说"六淫"、"内伤七情"、"饮食失宜"、"劳逸过度"等等。传统医学认为人之所以"患病",正是上述原因导致机体阴阳失调,脏腑组织损伤和生理功能失常的结果。

"偏阴、偏阳皆谓之病",这仅仅是传统医学的理论阐释,普通民众虽然会部分地认同这一观念,但是在遭遇病痛时往往还会产生其他的解释。《申报》曾载上海同善堂外科医生黄菊泉遇到一名病人,该病人"疮痕遍体,每一疮孔内有一鸟头,约百余处,号呼婉转,痛痒异常。常须用刀捲刮,血流遍体,方觉适意"。黄问其何业? 答云:"向以打鸟为生,今已起家,久不作此生涯矣。"黄曰:"子乃杀业过重,故得此奇疾。惟有力行放生以赎前愆或可。苟延医能治病不能治冤孽,此症虽庐扁复生,亦无术以疗之"。黄遂辞之。[③] 这则消息虽过于荒诞,难以让人确信,但其所反映的社会观念却相当明确。社会舆论丝毫不怀疑黄菊泉的医务水平,关注的重点反而在病人

---

① "Disease."An impairment of the normal state of an organism that interrupts or modifies its vital functions. http://search. eb. com/eb/article-9030628. Encyclopedia Britannica. 2007. Encyclopædia Britannica Online. 但据逻辑学的知识,我们判断这类定义并非科学。因为逻辑学上的科学定义即"属加种差"定义法,是指被定义概念的属概念加上被定义概念的种差的一种定义方法,而分类、比喻、成因之类的定义方法皆非科学定义。

② 徐灵胎:《医学源流论》,载刘洋主编:《徐灵胎医学全书》,中国中医药出版社,1999年。

③ 《杀生孽报二事》,《申报》,同治壬申四月廿八日,第29号,第2页。

"不治之疾"与杀业间的因果循环关系。即便是在医家（黄菊泉）的专业解释中，佛教的"因果报应"也代替了医学解释。虽然这种联系看上去甚为附会，但却被时人视为最合理的解释。人们相信，正是因为此人杀孽太重，才导致了他的疾病。1887 年《申报》还载有另一则消息，"宁波姓妪专作水贩，其诱坏孀妇贫女实不可以数计。乃今秋忽得一疾，腹渐膨脝，未几红肿而溃，洞见肺腑，痛苦万状，延至前日而死，人咸谓恶贯满盈，天之所以报也。"①这则消息并不从医学角度判断病人所患何病，因何患病，而是首先叙述此人"诱坏孀妇贫女实不可以数计"，继而论及其病，谓"人咸谓恶贯满盈，天之所以报也"。在小说般的叙述模式中，丝毫看不到对病人因病而死的同情与悲悯，反而清晰地展示了社会舆论是如何从道德层面去阐释病人因病致死的道德正确性。

在清代，人们对大多数疾病的致病原因还不甚清楚或存有误解，因此一旦患病，便可能妄自猜测病情是妖术或中邪引发的结果。美国史家孔飞力曾经研究过发生在乾隆三十三年（1768）间的"叫魂"事件，妖术之所以会引发群体恐慌，关键在于妖术可以通过一种防不胜防的方式伤害受害者，而受害者一般会因此致病或致死。② 清光绪二年（1876），在江浙一带也同样发生了一场以妖术惑人、剪其发辫的风潮。从细节看，各种传言可能多少有些出入。但是各种传言中都包含了一个共同的信念，即被妖术所惑，或被剪辫的受害者若不能迅速地破除妖术，必定病重或毙命。③ 相应地，病人一旦患病，也会下意识地将自身的病情与妖术相联系，怀疑是妖术令病人中邪患病。

无论是在中国传统的医家还是病者那里，病都不是一个简单的身体问题（或言个人事件）。它虽然是身体的非常态，但却往往寄寓了更深刻的社

---

① 《奇疾述闻》，《申报》，光绪十二年十二月初八，第 4928 号。

② 孔飞力著：《叫魂》，陈兼、刘昶译，上海三联书店，1999 年。

③ 此次由妖术引发的剪辫风潮在 1876 年的《申报》之中有相对集中篇幅的记载和报道。涉及讨论光绪二年（1876）以剪辫风潮为主的妖术事件的文章有苏萍：《清代妖术恐慌及政府的对策：以两次剪辫谣言为例》，载《二十一世纪》，2002 年 12 月号，第 74 期；吴善中、周志初：《"妖术"恐慌中的民教冲突》，《扬州大学学报》第 8 卷第 3 期，2004 年 5 月；吴善中：《清光绪二年"妖术"恐慌述论》，《江海学刊》，2004 年 2 月。

会问题,甚而包含了传统道德隐喻性的判断。"病"除去生理上与之相伴随的疼痛外,还要在传统社会经受道德与礼法的评判。① 在传统社会,民众对世界和身体的认知直接受到某些宗教、民俗甚至迷信观念的影响,并进而决定了他们对"病"的理解,形成了一套与社会秩序关系密切的"病"的观念。佛教的部分观念,迷信和当时的风俗,以及在生活中沉积的传统医学常识可能有机地造成了普通民众的"疾病"观念,塑造出一种以道德和个人自律为基础的关于疾病认识的医学文化。②

　　医家及病家对"疾病"的理解与认识在根本上决定了其治疗的方式与手段的选择。若是病者认为患病乃是孽报和中邪,那么往往会通过巫术、迷信等手段来寻找帮助。在清代,每遇疾患,求神拜佛和延请巫觋之类的行为,广泛存在且十分盛行。③《申报》曾载:"吴越闽人每遇疾病不就医治,而辄事祷禳,或名保福或名借寿,更有所谓拜大利市者尤为荒诞。"④"江浙之风气则往往不信医而信巫,凡遇疾疢之来不先舆以医药而延一看香头者视之。"⑤若这类疗法失效,病家转而求医,即使就医不治身亡,病家也只能追悔平日孽报太多,或是归咎于施邪术者,绝不会质疑医家的医疗水平。因为此种死亡乃命中注定,医治无效实在病家预料之中。

---

　　①　关于赋予疾病道德含义的现象并非在传统东方社会层出不穷,在西方社会也是如此。苏珊·桑塔格描述说:"在《伊利亚特》和《奥德赛》中,疾病是以上天的惩罚,魔鬼附体以及天灾的面目出现的。对古希腊人来说,疾病要么是无缘无故的,要么就是受了报应(或因个人的某个过失,或因群体的某桩罪过,或因祖先的某起犯罪)。随着赋予疾病(正如赋予其它任何事情)更多道德含义的基督教时代的来临,在疾病与'受难'之间渐渐形成了一种更紧密的关联。把疾病视为惩罚的观点衍生出疾病是一种特别适当而又公正的惩罚的观点"。苏珊·桑塔格:《疾病的隐喻》,程巍译,上海译文出版社,2003 年,第 40 页。

　　②　医学人类学家罗伯特·汉(Robert Hahn)在他的著作《疾病与治疗:人类学怎么看》(*Sickness and Healing:An Anthropological Perspective*)中清晰地描述了其它医学体系对疾病的认识观念以及在此观念指导下相应治疗模式的确立。参见[美]罗伯特·汉著:《疾病与治疗:人类学怎么看》,禾木译,东方出版中心,2010 年,"上编:人类学如何看待疾病与治疗",第 3 ~ 156 页。

　　③　有关清季广泛存在的民俗医疗行为,较近的研究参见余新忠:《清代江南的民俗医疗行为探析》,载余新忠主编:《清以来的疾病、医疗和卫生》,三联书店,2009 年。这种行为虽一向被视为"愚昧"与"迷信"的典型遭到批评,但不可否认的是,这种民俗医疗却有着强盛的生命力,时至科学发达的今日,在不少地区亦可见到。近年来对这一问题的关注甚众,但却少有论者注意到病家的疾病观念才是致使清季民俗医疗行为盛行的重要原因。

　　④　《敝俗宜革》,《申报》,光绪丙子二月十六日,第 1187 号,第 2 页。

　　⑤　《巫医缓急辨》,《申报》,光绪辛巳闰九月廿四日,第 3069 号,第 1 页。

　　传统的病家往往有一种宿命论的观点,"惟知审脉理以穷其病之所由来,用药物以救其病之所必至,病之治与不治,皆委之于命而已"①。如此一来,病家"惟咎己病之难愈,不咎医者之贻误"。清代名医徐灵胎也说:"知人之误药而死,半由于天命,半由于病家,医者不过依违顺命,以成其死,并非造谋之人。故杀人之罪,医者不受也。"②在这种疾病观念之下,病家往往忽略医家的过失与错误,放弃对自我权力的维护。

### 三、调解的管道与问题

　　病者多持宿命论的观点而不追究医家责任,这在很大程度上降低了医事纠纷的可能性。加之传统社会息讼之风颇甚,故而即使纠纷发生,上控成讼的数量也不多见,大量的医事纠纷乃是通过民间调解的方式得以解决。③

　　就通过民间调解的医事纠纷而言,其处理的方式大致可以分为两类:一是由医病双方直接协商,二是由第三方居间调停,第三方调停人通常是保正、里甲或有德望的士绅乡耆,但也可能由街邻、友人等充任。医患纠纷事起,病家除发泄义愤外,往往都有自己的诉求。纠纷的焦点通常都是(但并不总是)物质利益。通常在医家犯有明显过失,医家自觉理亏的情况下,医病双方通过直接对话,达成某种协议从而解决纠纷的可能性较大。如清光绪己卯(1879),苏州关外幼科某医就不慎毙某翁独子,医家自知遗误,为避免病家上控于官,即自愿以其次子过继某翁。④ 在此纠纷中,病家明显处于支配性的有利地位,医家为避讼而屈从于病家。但若医家并不能满足病家要求,或者并不认为医治存在过失,病家又纠缠不止,双方对彼此责任存在观念分歧,则通常由第三方居中调解。光绪乙亥(1875),苏州某蓆工因小

---

　　① 《医论》,《申报》,同治壬申四月十七日,第20号,第1页。

　　② 徐灵胎:《医者误人无罪论》,载刘洋主编:《徐灵胎医学全书》,中国中医药出版社,1999年,第159页。

　　③ 相较于因医疗水平低下而多发的医疗事故,通过民间调解的医事纠纷数量仍是相对有限。其中很重要的原因是在中医的治疗模式中,病家对"医疗事故"的认定显得非常困难。即便是医家药死了人,病家也往往忍气吞声无法实施,只有较强硬的病家,才"以私人的资格和医生捣乱一番。出出闷气罢了"。张少轩:《第三者之医讼观》,《现代国医》1931年第1期,第4页。

　　④ 《庸医杀人》,《申报》,光绪己卯十月十二日,第2361号,第2页。

孩患病延医医治,结果小孩经医无效身死,蕰工夫妇认为医生医治不当,欲发难于医,结果"经众调处罚医洋三十元,彼此各书息约,事遂完结"。① 同治甲戌(1874)八月,三泰码头吴某患疾,延张某医士"包医"。张医投以攻泻之剂,岂知吴某体素阴虚,力不能支,遂致绝命。吴某友人对医士怀恨在心,"拟鸣官科以应得之咎,随经医士之友王某排解,议罚洋银十元以作延僧礼谶之费,始得寝事"。②

　　若是医疗事故发生致使医患之间产生医事纠纷,医家免不了要"舍钱消灾",助上一笔丧费,方可消弭纠纷。而病者业已身故,人死不能复生,病家也颇为无奈,只得拿了银子了事,早早将死者入土为安。若病家与医家私下不能达成一致,那就只能上告官府,造成医讼。③ 但最后的结果多是官府对医家申斥一番,然后令医家赔一笔银子给病家。虽然大清律例规定"严惩庸医杀人",但官府的通常观念仍是"医生替人家治病,生死乃是常事,从来没有加罪的"。④ 当然,送官成讼往往也是病家胁迫医家的一种方式,医家若于理有亏,往往不愿见官而愿出一笔银子了事。同治癸酉(1873),嘉禾梅会里某医为一农妇开刀治喉蛾,结果竟割断喉管。病家邻户闻之,"几欲拳脚相加送官抵命"。医家再三央求,希望私下了断,"颊因妇家系农户小家,因劝以给钱收敛埋葬并为其丈夫另娶,共费朱提五百金,方得无事"。⑤ 总的来看,诚如黄宗智的对清代民事纠纷处理的判断,民间调解制度以和谐与秩序为目标,其主导原则乃是妥协,除了社区内对于是非对错的共识外,官方司法制度也在某种程度上发生作用。⑥

　　中医的治疗特点决定了其治疗效果很难有"立竿见影"的成效,这使得

---

　　① 《庸医》,《申报》,光绪乙亥十月廿三日,第1096号,第2页。

　　② 《庸医误人》,《申报》,同治甲戌八月十三日,第738号,第2页。

　　③ 《大清律例》规定:凡庸医为人用药针刺,误不如本方,因而致死者,责令别医辨验医饵穴道,如无故害之情者,以过失杀人论,(依律收赎给付其家)不许行医;若故违本方,诈疗疾病而取财物者,计赃准窃盗论;因而致死及因事故用药杀人者,斩监候。据笔者对巴县档案与《刑案汇览》等档案资料的观察,真正以此庸医杀人罪获刑的案例非常之少。

　　④ (清)儒林医隐《医界镜》,内蒙古人民出版社,1998年,第60页。

　　⑤ 《记疡医治喉蛾竟断喉管事》,《申报》,同治癸酉十月廿二日,第500号,第2页。

　　⑥ [美]黄宗智:《民事审判与民间调解:清代的表达与实践》,中国社会科学出版社,1998年,第75页。

中医的"医疗事故"往往成为认识论上的难题。只要病者不是服药遂死,那么开方下药对身体的伤害就难以准确界定。中医特定的医疗模式决定了清代发生的医疗纠纷具有普遍性的特征:即大多医事纠纷都是因为病者不治身亡,医家有明显的处理失当被病家抓住把柄。《医界镜》一书中,胡正荣之所以跑到钱塘县去告贝仲英医死他儿子,就是他看出贝仲英开的方子,"昨日用热药,今日用寒药,杂乱无主",因而据方断定他儿子"一定被他(贝仲英所开之药)吃死的了"。①

在病人身死的情况下,病家虽然隐忍不控,但无论是采用哪一种调解办法,其调解过程都显得火药味十足,从而存在着激起新矛盾的可能。虽然纠纷的最终解决是医病双方彼此"协商"的结果,但就其手段而言,病家与医家的"协商"则更似"胁商"。1875年,上海开铁店之朱姓子素患疯病,请某医包治,结果不治而亡。病家次日骗请医家上门诊治,随即以铁链将医生锁于死者足上,以此胁迫。②该事件经当地地保谢某与王某"挽友劝其了结",最后病家收洋钱二十元买馆成殓。③同年,某病家在病者死后,"秘不发丧,明日仍延其(医)到家医治,出轿之后引之登楼。舆夫在外守候良久而不见其回,心窃疑之,入内窥探,则楼梯已拔去矣。知必有异,遂奔告其家恳人与病家再三调处,赠银三百两以助丧费,方得寝事"。④在这种"胁商"关系中,病者究竟因何而死实际并不清楚,医家是否需要对死者负医治过失之责也大可商榷。病家虽然悲痛激越,但也不排除有借死者向医家勒索的可能。某些病家甚至通过强绑勒索、拳脚相加等方式对医家强行勒索与侮辱。清光绪五年(1879),合江张天翔为刘新年医脚,结果刘新年不幸身死,其弟刘润连串同地痞,以看别病为由,骗张天翔出城,并将其私押索银,并饱以拳脚。⑤医家若不幸遇上病家谤医,处境之难可想而知。一些医家若果因药

① (清)儒林医隐:《医界镜》,内蒙古人民出版社,1998年,第57页。
② 《庸医误人》,《申报》,光绪乙亥七月初十日,第1008号,第2页。
③ 《医误劝息》,《申报》,光绪乙亥七月十二日,第1010号,第2～3页。
④ 《续述庸医》,《申报》,光绪乙亥七月十一日,第1009号,第2页。
⑤ 清巴县档案,全卷号:006—40—18307,本城张天翔行医以刘润连借病故图搪骗其出城私押索银并凶殴等情具告一案,四川省档案馆藏。

不对症,致人身死,为避免官司偿命,甚而只有赔儿赔女才能息讼。《医界镜》中曾载,一名叫药师的医生,先是医死高岸西首张姓家的产妇,赔了自家的大女儿以息医讼。不料两个月后,药师给高岸西首李大郎媳妇看孕时,又误用了打药,落下身孕不说,还致使李家媳妇血崩而亡。李姓虽穷,却是大族,人丁众多,于是邀同族数十人,到药师家内乱嚷,要他偿命。药师磕头如捣蒜,情愿将二女儿赔偿与他做媳妇,才能完结。①

　　病者身死,本来咎责不明。病家一遇病者身死,往往激于愤忿而对医家大加侮辱。若医家自认医疗过程中并无过失,用药亦本方而行,不仅不愿满足病家漫天要价的勒索,也难以忍受病家的苛责与侮辱,医患双方则可能引发新的冲突,导致医事纠纷的升级和冲突的转化。光绪戊寅(1878),上海租界妓馆常熟朱氏妇人,其子全观娶有某氏为妻,某氏因患疯癫,朱氏与儒医卢云秋商议以洋八十元包医,结果医治无效致使某氏毙命。全观岳母以女被卢云秋医死投上海县署控请究办,在投案候质期间,卢云秋遭到妓馆龟鸨妇女诸般羞辱。最后官方断定卢云秋应还包医费洋三十五元,但卢云秋世代书香,此番却遭龟奴羞辱,心实不甘,遂上控于松江府反诉病家侮辱。②卢云秋的反诉表明原本因医疗行为而引发的医患冲突已经发生了转换,形成了新的冲突样态。清代巴县档案中亦有相当医病互控的讼案,引人深思的是这些医事互控案件反而是医家率先上控病家恶意勒索或百般凌辱。这表明医病协商过程中病者采取的手段过于激化对医家造成了新的伤害,导致双方协商破裂,从而引起官司。

## 第三节　清代的医疗诉讼及其处理

　　医事纠纷发生后,除了通过民间调解协商的方式加以解决外,在调解失效的情况下也往往上控成讼,这类案件的数量虽然不多,但颇能反映医事诉

---

① (清)儒林医隐:《医界镜》,内蒙古人民出版社,1998年,第84~85页。
② 《辱医》,《申报》,光绪戊寅十二月廿一日,第2064号,第3页。

讼案件的某些特点。本节主要依据清代巴县档案及《刑案汇览》中所包含的医讼案件,分析清代医疗诉讼案件的基本形态。

## 一、基层衙门:以巴县档案为中心的分析

清代巴县档案约11.3万余卷,上自乾隆二十二年(1757),下迄宣统三年(1911),是我国地方政权历史档案中保存较完整的一部档案。巴县档案中有相当大一部分的卷宗是关于各种诉讼案件的,生动地反映了清代地方基层衙门司法审理的情况。不过,具体就医事诉讼案件而言,巴县档案中这类案件的数量并不多见。笔者于其中收集到的医讼案件共9例,详见表1.1①。

表1.1　清代巴县档案中医疗诉讼案件表

| 案件 | 情由 | 时间 |
|---|---|---|
| 桑正明为人放痘病故被控案 | 王副爷控医生桑正明为其子放痘致其病故 | 道光十三年二月 |
| 朱奎控任正大等案 | 朱奎以子被殴伤请医遭张草药乱加药味害子昏毙性命难保等情控任正大等 | 道光廿五年四月 |
| 李张氏告熊代钎案 | 李张氏告熊代钎欺氏女医治病不给谢资银 | 道光三十年 |
| 余才贵告余文氏案 | 余才贵告余文氏因患病医治无效病亡 | 咸丰三年 |
| 李春芳控王吉士案 | 李春芳控王吉士用错药杨定干身死 | 同治四年 |
| 张天翔与刘张氏互控案 | 张天翔控刘张氏借刘润连病故骗其出城私押索银并凶殴。刘张氏控张天翔庸医杀人 | 光绪五年正月 |
| 李观成与刘子荣互控案 | 李观成控刘子荣借子病故强勒钱财,刘子荣控李观成庸医误伤孩命 | 光绪十四年五月 |
| 李明堂与肖金镛互控案 | 李明堂控肖金镛借出痘小孩病死百般凌辱,肖金镛控李明堂为其子出痘致其身死 | 光绪十五年三月 |
| 钟声明与曹学东互控案 | 曹学东以子病,给钱让钟声明包医,子病故要钟还钱产生口角。钟声明控曹学东勒索钱财 | 光绪十七年正月 |

---

① 笔者主要依据四川省档案馆所藏清巴县档案缩微片目录,进行多次多主题检索,以尽可能将此类案件收罗殆尽。但考虑到目录有时并不能完全准确反映卷宗内容,因而遗漏之处在所难免。

巴县档案中的医事诉讼案件虽然数量甚少,但这些有限的案件还是能够大致勾勒清代基层处理医事纠纷的程序,并部分地反映清代的医疗观念。从这些诉讼案件状告、调查和具结过程来看,清代地方医事诉讼有着鲜明的特点:其一,原告一方往往有病人身故,上述9例案件中,其中8例出现原告家有病人身死。唯一例外的"朱奎控任正大"一案,朱奎之子也是"昏毙",几至"性命难保"。这一特点揭示在医事诉讼中,只有在病人出现重大意外的情况下,病家才有可能据医治前后病情的变化认定医家责任。其二,即使病家认定病人可能是因医致死,也多采取民间调解的方式,此类调解一般由保正居间"理剖"说和。在双方协商失效的情况下,才上诉官府,造成医讼。李观成帮刘子荣小孩出痘,结果小孩不幸死亡。小孩死后,十八监保石玉堂、观音场的监正郑新齐均参与调解。刘子荣要求李观成赔给棺木钱,但李观成认为刘子荣孩死系"天行痘殇",自己不应承担责任。数次纠葛双方仍争执不下,最终才控至官府形成讼案。① 其三,此类案件多为医、病互控。在上控之前,医病双方多为协商调处,若协商失败,则必定医病之间已积怨甚多。双方争执不下甚至拳脚相加,最后导致医、病互控的状况。如张天翔与刘张氏互控案,李观成与刘子荣互控案,钟声明与曹学东互控案皆属此类。这类案件病家往往控诉医家庸医杀人,而医家则多反诉病家勒索敲诈。其四,就控告案件的具状呈诉来看,诉求的目标依然是民事性的钱财赔偿,医家是否犯有刑事性的庸医杀人罪则并非案件的焦点。李观成与刘子荣互控案中,刘子荣即称"似此庸医误伤孩命,蚁已忍埋"。而之所以控告,主要则是因为李观成"听唆颠架借串押搕诬控"在先。② 钟声明与曹学东互控案中,钟声明医治曹先礼脚疾产生纠纷,曹学东借曹先礼身死要求钟声明"出钱十千,方可无事"。双方于医事责任和赔偿问题未达成一致,最终形成

① 清巴县档案,全卷号:06—34—7619,永川县太坊行医人李观成因医疗刘子荣女儿事故诉讼及巴县讯结,四川省档案馆藏。
② 清巴县档案,全卷号:06—34—7619,永川县太坊行医人李观成因医疗刘子荣女儿事故诉讼及巴县讯结,四川省档案馆藏。

互控。①

尽管纠纷大多调解了事，但如果医病双方最终协商失败上控官府，医讼就无法避免。不过，在州县官吏对医学知识甚为缺乏、医学鉴定仍本《洗冤录》为圭臬的情况下，能否获得足够证据证明病家之身故与医家之治疗具有因果性的关系乃是清代基层司法的一大困难。再加上这类案件大多有前期旷日持久的协商，往往迁延甚久才上控，这也给案件审理带来难度。因而，即便这些纠纷上控公堂形成医讼，最终审结也很难完全弄清是非曲直。于是，这些案件的审结多成为公堂上平衡的艺术，其结果往往是医家被申斥一番，然后由医家赔给病家一笔银子。就前述巴县档案医讼案例来看，在9例案件中档案显示最后具结的仅有2例，此2例案件也只经过简单的调查口供，然后具结。张天翔一案中最后的结案即判定"病者因病身死，并没别故，令张恒益帮给刘润连钱四千文以作埋葬，张天翔不应构讼予掌责，各结完案"。② 李观成案结案则称李观成"不应细故控案，应责从宽，姑念两造系属故友，各结完案到此"。③ 这两起案件中，病家都有病人致死。在医讼案件中，病患身故与医者的医疗行为是否存在必然因果本应成为案件的关键所在。若病人果真因医而死，则按律医家至少要以过失杀人论处。但是就巴县档案卷宗来看，官方并未着意去取证医家是否存在过失，而是将主要精力放在处理医病双方的民事纠纷上。在未对尸体进行充分检验以获取证据的情况下，批文往往是一句"因病身死，并没别故"，由此可见地方医讼审判中州县官员们的基本观念若何了。

## 二、刑部：以《刑案汇览》为中心的分析

清巴县档案中医事诉讼的概况为我们展示了医讼案件在基层的大致状况。若病家拿不出确切的证据确定病者之死与医家有必然之关系，那么这

---

① 清巴县档案，全卷号：006—09—05136，临江坊曹学东以子病他包医该给他钱子病故要他还钱口角喊控钟声明至控一案，四川省档案馆藏。

② 清巴县档案，全卷号：006—40—18307，本城张天翔行医以刘润连藉病故图搕骗其出城私押索银并凶殴等情具告一案，四川省档案馆藏。

③ 清巴县档案，全卷号：06—34—7619，永川县太坊行医人李观成因医疗刘子荣女儿事故诉讼及巴县讯结，四川省档案馆藏。

类医事诉讼多按民事纠纷调解具结。不过,清代确因医家过失而致病家身死之事也有发生,由此而引起的刑事重案也非鲜见。清代将刑部保存的档案进行整理,编纂过六种主要的案件汇篇,以供后世参考。① 在这些案件汇编中,《刑案汇览》篇幅最大,最为引人注目。这部案例汇编实际上包括了三种各自独立的汇编,即《刑案汇览》、《续增刑案汇览》和《新增刑案汇览》。② 《刑案汇览》共收集案例 7600 余件,起于乾隆元年(1736),下至光绪十一年(1885),主要案件集中于 1811～1830 年的二十年间。就三本《刑案汇览》来看,其中涉及因医疗事故而致讼的案件为数并不多,仅 19 件,其中《刑案汇览》15 件,《续增刑案汇览》4 件,《新增刑案汇览》未收相关案件。这 19 起案件主要涉及清中叶乾、嘉、道三朝,乾隆朝 2 起,嘉庆朝 9 起,道光朝 8 起。各案列表 1.2:

表 1.2　清《刑案汇览》中医事案件一览表

| 名目 | 判案标准 | 名目 | 判案标准 |
|---|---|---|---|
| 医生采买药石不精误毙两命 | 庸医杀人 | 为人用药打胎致人堕胎身死 | 斗杀罪 |
| 庸医治病毒毙三命 | 庸医杀人 | 扶乩治病 | 拟绞律 |
| 针刺治病姜汁点眼汗涌身死 | 庸医杀人 | 为人治病受谢私参夹带进关 | 偷刨人参 |
| 铺户卖药辨认不真误毙人命 | 庸医杀人 | 听从兄带回私参为父治病 | 偷刨人参 |
| 妇女瞧香治病针扎误毙人命 | 违制律 | 为人治病画符针刺致毙人命 | 斗杀律 |
| 妇女假托神灵涂画假符治病 | 红阳教供奉飘高老祖拟军例 | 收生妇女不谙逆生致毙人命 | 庸医杀人 |

---

①　参见[美]D. 布迪 C. 莫里斯:《中华帝国的法律》,江苏人民出版社,1995 年,特别是第五章有关《刑案汇览》的详细介绍。

②　(清)祝庆祺等汇著:《刑案汇览全编》,法律出版社,2006 年。《刑案汇览》由祝庆祺与鲍书芸编辑,收案例 5650 件,案起乾隆元年(1834),下至道光十四年(1834)。《续增刑案汇览》共 16 卷,祝庆祺编辑,鲍书芸补充并作序,收案件 1680 件,案起于道光四年(1824),下迄道光十八年(1838)。《新增刑案汇览》16 卷,潘文舫、徐谏荃编,收案件近三百件,案发时间在道光二十二年(1842)至光绪十一年(1885)间。可以看出,三本汇编所收案件大多出于道光朝。本节所采案例皆出自以上三书,后文不再引注。

| 名目 | 判案标准 | 名目 | 判案标准 |
|---|---|---|---|
| 妇女诓称蛇精附身焚香治病 | 邪术医人未致死拟流例 | 图与妇女通奸代为画符求子 | 异端法术医人未致死例 |
| 描画通书丁甲符箓骗钱治病 | 邪术医人未致死拟流例 | 妇女念咒书符给人治病 | 异端法术医人未致死例 |
| 令人朝天磕头数日唱歌治病 | 异端法术医人未致死例 | 照玉匣记画符治病骗钱 | 异端法术医人未致死例 |
| 学习圆光治病骗钱 | 异端法术医人未致死 | | |

较之清代地方有关医事诉讼的审结,《刑案汇览》所涉的19起案件有很大的不同,具体表现在:第一,从病家的情况来看,19起案件中有不少案件病家并未发生意外,之所以犯罪乃是因医家以邪术医人。如嘉庆二十四年的两起案件,丁沙氏诓称蛇精附身,为人治病,图骗钱文。吴东周将鳌头通书所刊镇煞符箓及丁甲形像照画出,为人治病,借此诓惑骗钱。这些案件中病者并未因医疗行为而发生意外,病家也并未与医家因治疗效果发生意见分歧,似并无发生诉讼之可能。之所以当事人受到重罚,主要原因是治病者利用邪术医人。第二,从"医家"来看,医讼案件的被告主体较为复杂,有医生及其相关的药铺,也有普通妇女和符箓治病者。其中通过巫术、符箓等非医药手段进行治病引发医讼的比例甚高,在19件医讼案件中占到了半数以上。第三,从案件的形式上看,许多案件并非以控告形式出现,而是一种禁止性的刑事处罚,集中反映出清代官方的意志色彩。第四,作为刑事重案,依律所做的惩处力度都更为严厉。

显然,并非所有的医讼案件都缺乏证据而以民事纠纷处理。在部分的刑事案件中可以看到,医生的确犯有明显的过失,进而造成病家身亡,这类案件即需按《大清律例》中的相关刑律惩处。在《大清律例》中,有专门针对医家过失杀人的"庸医杀人"律,该律规定:凡庸医为人用药针刺,误不如本方因而致亡者,责令别医辨验药饵穴道,如无故害之情者以过失杀人论(依律收赎,给付其家),不许行医。若故违本方,(乃以)诈(心)疗(人)疾病而(增轻作重乘危以)取财物者,计赃准窃盗论,因而致死及因事(私有所谋害)故用(反症之)药杀人者,斩(监候)。①《刑案汇览》所载 19 例医事案件中,其中有 5 件即是依据或比照《大清律例》"庸医杀人"律来执行的。但是因各案案情不同,在执行"过失杀人"罪时往往也根据各案具体情况并比照他律有所增减。李秀玉因采买药石不精误毙两命,以过失杀人科断,但用药误杀,律例内并无作何加重明文,亦无任何成案。"惟查车马碰轧毙二命之案向止照律收赎,间因情节较重,于追银给主之外酌加枷号示儆。此案李秀玉误医吴贵祥等致毙二命,该督拟于倍追赎银之外从重仗一百,加枷号三个月。"乾隆十年,丁二娃为张成见治病,致误毒张成见等三人先后殒命。因丁二娃并无故伤情事,应依律以过失杀人科断。但虑及误毙三命,情节较重,除追赎银三分外再加枷号三个月,仗一百。

值得注意的是,医疗讼案中通过巫术、符箓等非医药手段进行治病引发医事案件的比例甚高。在处理这类案件时,清代司法并不依"庸医杀人"律进行量罚而是比照其他律例进行判罚。就《刑案汇览》所载案件处理审结所据律令来看,这类通过非正常医疗手段对病人施治的案件大抵又可分为三类。第一类系依"依邪术医人未致死拟流例"进行审结。如嘉庆二十四年,丁沙氏诬称蛇精附身,图骗钱文,为人治病,近于邪术医人,依邪术医人未致死拟流例量减一等,仗一百,徒三年,照律收赎。第二类则依"异端法术医人未致死例"判罚。《刑案汇览》中共有 5 例类似案件,其中以"学习圆光治病骗钱"一案最为典型。此案杨生春从已故之刘灿学习圆光治病,画符得钱,李绪宗代为传播,分得钱文。据陕抚讯明,此案并无另有邪术、经卷及聚众烧香情事,自不得以左道惑众定拟。设为首之刘灿未经病故,亦仅止圆光画符治病,并未医人致死,自应于异端法术医人致死罪上酌减问拟满流。其为从之杨生春、李绪宗自应于刘灿罪上再减一等,拟为满徒,方足以示区别而昭平允。杨生春、李绪宗均应改照端公道士作为异端法术医人致死,照斗杀绞罪量减一等拟流,为从再减一等,拟杖一百,徒三年。第三类系比照"红阳教供奉飘高老祖,拟军"例判罚,此类案件已前述两类案件不同

---

① 张荣铮等点校:《大清律例》,天津古籍出版社,1993 年,第 465 页。

之处在于案犯与某些宗教团体存在联系。如嘉庆二十二年,冯张氏供奉伊姑所遗纸像,复用茶叶抱龙丸等物给人治病,称有武当老祖,并涂画假符疗病。此案最后比照"红阳教供奉飘高老祖,拟军"例上量减一等,杖一百,徒三年,不准收赎。这三类案件有着某些共通的特点:第一,案件虽都与医疗活动有关,但施治者并非普通"医家",多是借医之名以非正常的医药手段施治以图他利,都带有巫术或宗教的色彩。第二,各案件中不一定出现病人身死或重伤的情况,也未必由病家提起控诉。施治者之所以犯罪,主要是因为其所行类似"邪教",与清政府黜邪崇正、查禁邪教的宗教策略相违背,触犯了相关律例。

## 第四节　西医的传入与文化的冲突

清代医学的另一个典型特征即是西医的传入。西医早在清初即随天主教传教士传入中国。1835年,美国公理会传教医师伯驾(Peter Parker)在广州新豆栏街开设眼科医局,成为新教基督教在华医疗事业的开端。第二次鸦片战争后,西医的传入得到迅速扩张。西医的传入为中国带来了新的医疗技术,输入了近代医学观念,推动了中国近代医学事业的发展。但同时,因西医"耸人听闻"的医疗方式,初传入华的西医也与传统社会旧有医疗观念发生强烈冲突,成为引发晚清教案的重要原因。这种冲突不仅是中、西医学的冲突,更是近代中、西文化冲突的缩影。

### 一、传教医学来华

清初,随着天主教耶稣会士来华传教,西方医学知识即渐入中国。康熙三十一年(1692)康熙身患疟疾,法国传教士张诚(P. Joan Franciscus Gerbillon)和葡萄牙传教士徐日升(P. Thomas Pereyra),用锭剂减轻了他的病痛,以后法国传教洪若翰(P. Joames Fontaney)和刘应(Mgr Claudusde Visdelou)又将一磅从印度寄来有金鸡纳皮送入宫中,"皇上以未达药性,派四大臣亲验。先令患疟者服之,皆愈。四大臣自服少许,亦觉无害,遂请皇上进用,不日疟瘳"。康熙"特于皇城西安门赐广厦一所(即西什库北堂,又称救世堂)"。①

康熙二十九年(1690),康熙命法国传教士白晋(P. Joach Bouvet)和巴多明(P. Dominicus Pareniu)进宫讲解人体解剖学,两人引用十七世纪法国著名解剖学家韦尔内(Guichrd Josephdu Verney)的著作、戴尼(Dienis)的著作和丹麦解剖学家、哥本哈根大学教授托马斯·巴托林(Thomas Bartholin)的《新的普遍观察》(De Unicorn Observarions Novae),编译成满文的讲义,附有大量插图,康熙传旨将讲义及插图用满文整理缮写,并装订成册,共计九卷,并定名为《钦定格体全录》。《钦定格体全录》内容包括解剖、血液循环、化学、毒物学和药物学等方面。

康熙晚年虽行禁教,但清廷任职的传教士仍得以留京。禁教前后,在华活动的传教士医生有罗德先(B. Rhodes)、罗怀忠(J. Casta)、安泰(E. Roasset)、樊继训(P. Frapperie)等人。雍正二年(1724)二月十一日礼部正式发布禁教命令,天主教传教士零星东传的医学沟通自此停滞。禁教政策一直持续到鸦片战争之后,道光二十六年(1846),道光帝颁布上谕:"天主教既系劝人为善,与别项邪教迥不相同,业已准免查禁"。虽然天主教从此成为合法并继续传播西医,但是在整个 19 世纪,新教传教士却成为西方医学传播的主角。

1807 年,英国伦敦会马礼逊牧师(Robert Morrison)来华,这通常被视为新教来华的开端。马礼逊曾在英国伦敦圣巴座罗买医院学习医学,来华后又与东印度公司的李文斯顿共同探讨过中国医药学。1820 年,马礼逊为更方便接触华人,与李文斯顿(David Livingstone)在澳门合开了一家诊所。不过,马礼逊设立诊所的初衷仅仅是为了加深对东方医学的了解,马礼逊也非正式的传教医生。1835 年 11 月 4 日,美国公理会传教医师伯驾(Peter Parker)在广州新豆栏街开设眼科医局,又称"新豆栏医局",这成为基督教在华医疗事业的开端。伯驾在广州眼科医局期间,采取了西方较先进的医学技术。1847 年,伯驾引入乙醚麻醉法在他的医院第一次试用,两年后又引进氯仿麻药使外科手术有了重大进步。1836 年,英国医生郭雷枢

———————————

① 樊国梁:《燕京开教略》中篇,《救世堂》,光绪三十一年,第 37 页。

(Thomas R. Colledge)出版《关于任用医生作为对华传教士商榷书》一书,呼吁基督教差会"派出医务界的善士们,进行有益的工作以获取人们的信任,由此而为逐渐接受那纯洁美妙的基督教信仰开辟道路",郭氏的著作在英美引起了一定反响。① 1840 年鸦片战争爆发,1842 年签订的《南京条约》被迫开放广州、厦门、福州、宁波、上海五处为条约通商口岸。《南京条约》虽然没有涉及基督教与医务的相关条款,但却为早期的传教事业提供了便利和保障。1844 年签订的《望厦条约》和《黄埔条约》,允许外国人在五口自行租地建屋,设立医院、教堂。此后,传教医生的活动从广州一隅向其他通商口岸推进。基督教差会也陆续差派传教医师来华,积极谋求在口岸城市设立诊所,开展医事活动。到 19 世纪 60 年代,陆续来华的西方传教医师共有 30 人,分属 14 个差会,诊所与医院合计开设了 32 处。②

《天津条约》后,传教士得以自由传教,各差会在华势力迅速扩大并向内地渗入。这一时期基督教差会在各地成立的医院、诊所甚多。"凡是有传教士的足迹,就有西式诊所和医院"。③ 但是这一时期的医院和诊所,大多是诊所、住所与教堂三位一体的混合体,规模相对较小,手术条件也很有限,而且不断的战乱也使得这些诊所的工作时断时续。直至太平天国运动之后,社会暂趋稳定,各差会在内地的医疗事业才得以真正发展。进入 19 世纪 70 年代,教会医院、诊所的数量有了较快增长,专职的传教医生队伍不断壮大,医院规模和设备水平也有较大的提高。女传教医生也在这一时期来华,1873 年,第一位女传教医生冠慕贞(L. L. Comb)来华,开启了女传教医生来华的时代。仅 70 年代,就有 10 位女传教医生来华。70 年代后,基督教会向内陆地区扩展,至 19 世纪 90 年代,基督教医疗事工已深入西部并触及边疆地区。在西部四川,美以美会于 1892 年创办了四川第一所教会医院重庆宽仁男医院,同年加拿大英美会创办了成都仁济医院。之后各教会医院在川陆续建

---

① Thomas R. College, "Suggestions with Regard to Employing Medical Practitioners as Missionaries to China", *Chinese Repository*, Vol. IV, From May 1935 to April 1936, pp. 386~389.

② 马伯英等著:《中外医学文化交流史——中外医学跨文化传通》,文汇出版社,1993 年,第343 页。

③ 《中华监礼公会年议会五十周年纪念刊》,1935 年,第42 页。

立,较著名的有乐山仁济医院(1894 年)、成都存仁医院(1894 年)、阆中仁济医院(1895 年)、重庆仁济医院(1896 年)、仁济女医院(1896 年)。

1900 年,义和团运动致使教会医院遭受沉重打击,基督教在华医疗活动几乎陷入停顿。基督教开始对传教策略进行反思,同时受该时期盛行的社会福音思潮影响,基督教明显偏重于社会事工的努力,因而在 20 世纪初迎来了医疗传教新的高峰。1877 年、1890 年、1907 年,基督教在华召开了三次全国性的大会,这三次会议对医疗传教的统计清晰地展现了基督教在华医疗传教的扩张进程。1877 年在华基督教传教士第一次大会召开时,新教在华共计有医院 16 处,诊所 24 处。① 来华传教医生人数也不断增长,1881 年为 34 人,1887 年达到 60 人左右。1887 ~ 1890 年的 3 年间,来华医学传教士有 46 人,而此前的 1834 ~ 1887 年的 53 年间,总共有 150 名医学传教士来华。② 至 1890 年第二次全国传教士大会时,来华的 40 余个差会中有 21 个开展了某种形式的医药工作,③共计开设 61 所医院,44 间诊所。其中英国系统差会开办了 28 所医院,16 间诊所;美国系统差会开办了 32 所医院,18 间诊所。④ 1900 年以前,教会在华医疗事业的规模一般都很小,数量也不多,通常都是附设在教堂里的诊疗所,即使是正式医院,收容能力也相对有限。截至 1900 年庚子事件前,当时在华男女传教士总数达 1800 人,传教医生占到 10%,为 181 人,其中男医生 122 人,女医生 59 人。⑤ 庚子事件中,传教事业虽受重创,但"庚难"之后传教力量迅速恢复并呈现扩张之势。到 1905 年,在华教会医院已达到 166 所,诊所 241 间。⑥ 在华医学传教士达 298 人,英国系统差会差派传教医生 149 人,美国差会差派传教医生 143 人,隶属欧陆传

---

① *Records of the General Conference of the Protestant Missionaries of China held at Shanghai*, May 10 ~ 24, 1877, p. 486.

② *The China Christian Year Book*, 17th issue, 1931, p. 358.

③ Kwang-Chining Liu edit, *American Missionaries in China: paper from Harvard Seminars*, Harvard University Press, 1966, p. 105.

④ *Records of the General Conference of the Protestant Missionaries of China held at Shanghai*, May 7 ~ 20, 1890.

⑤ *Martyred Missionaries of the China Inland Mission*, London, 1901, pp. 316 ~ 323.

⑥ "A Century of Protestant Missions in China (1807—1907)", *Being the Centenary Conference Historical Volume*, pp. 670 ~ 671.

教会的 6 人。298 人中,男医生为 205 人,女医生 93 人。①

传教士在清代从事的医学活动主要集中在以下几个方面:其一,开展具体的治疗工作。其中包括巡回性的医疗活动,上门施诊,为中、外病人治疗病患,开设诊所和开设医院。其二,培养和训练中国助手,开展医学教育。为了方便开展工作,外国医师需要培养和训练一部分中国本土的护士和医务人员,以提要工作效率。最初培养学徒的模式主要是师徒相传,后来则衍生出正规的学校教育。其三,出版和翻译医学著作,引进西医技术和介绍西医理论,也包括少量的对中国医学的西译。其四,开展慈善、公共卫生以及社会风俗改良工作。其五,开展医学调查和医学研究。

## 二、西医的介入与新的医患关系

两种异质文化的接触并冲突,最容易互相发现的乃是器物的或外在的东西。近代西医的传入,在外在主要体现在为西式医院的建立、西式医疗方式(诸如体温测量、外科手术等)的施行。随着西医的传入和扩张,西医独特的“空间感”、“制度化”、“契约化”特点与中国传统社会的隔阂与冲突日益凸显。

近代意义上的“医院”,除了表面上人们所熟知的,一个包括候诊室、门诊室、住院部、隔离病房、手术室、药房等在内的医疗场所外,也应该是“医学教育和研究的中心,它们成了医学知识的庇护所、医学职业结构中不可或缺的重要机构,医学权力的堡垒”。“以医院为基础的医学教育、以医院为中心的医学实践以及系统的病历记录”,在启蒙运动以后渐成为西式医院的特征。② 伴随传教运动渐入中国的西式医疗无疑是西方医疗体制部分的“移植”。1865 年来华的德国传教士花之安对中国及西方医院设立情况作了一个大致对比,在此基础上,花之安提出中国宜设立西式医院。花氏说:

---

① 汤清:《中国基督教百年史》,道声出版社,2001 年,第 596 页。一说是 301 人,但所见统计并没给出详细分类统计,故从 298 人一说。见赖德烈:《在华差会史》,1932 年,英文版,第 652 页。"A Century of Protestant Missions in China(1807—1907)", *Being the Centenary Conference Historical Volume*, pp. 670~671.

② [英]威廉·F. 拜纳姆:《19 世纪医学科学史》,曹珍芬译,复旦大学出版社,2000 年,第 33 页。

中国医士甚众,俱是私设,任人延请。贫者无力,则有善士捐资设医院以治之,然亦寥寥无几。即以羊城之大,仅得一二所,或赊医送药而已,并无房舍可栖止。而为就医之地者,间或有之,然地方浅窄,亦不能容住多人。故道路之中,常多病民。又有东主见伙伴病势危笃,无亲属可归,则异之出外,遂不医治。不独客惜钱财,且嫌拖累,忍心穷理,莫此为甚,而竟相率效尤……泰西每城必设医院,多则十余间,至少者亦数所。院中约延名医十余位,内可容病者数百人,凡一切药料、医具、食用器皿与及服役人等俱备,分上、中、下三等,贫富皆有。盖医院地方广阔,屋宇幽静轩爽,易于调治。若属贫穷之辈,日中薪水及病殁窀穸棺木,亦归医院妥办,故通衢大道罕见有病人矣。此医院之宜设也。①

在花氏的观察中,中国与泰西医院最大的不同在于泰西医院每城必设,且院中器具、服役人等一应俱全,医院广阔,环境幽静,便于病人康复。换言之,花之安的心目中,泰西诸国的医疗行为是在"医院"这一"空间"中完成的。

与医院这种"空间"相匹配,西式医院还建立起一整套近代医疗"制度"。诸如"挂号"、"住院"的这类制度事实上将传统的医、患之间温情脉脉的人际关系转化为一种"契约性"的商品交换。与西方比较,传统中国并不具有专门从事医疗活动的"空间",在西式医院建立之前的医疗行为基本上都发生在病患"家庭"。杨念群观察到,中国人的头脑中自古就缺乏外在于家庭的医疗空间的概念,遑论保健与护理的现代医学意识。一般而言,中国的医疗与护理程序均以家庭为单位,治疗过程也是围绕家庭进行。现代医疗系统的嵌入则是在家庭之外另立了一个对于普通中国人来讲完全陌生的空间,其形式具有不兼容于中国传统社会的边缘性质。② 因此,医院制度输入中国本土就相当于在"国家"与"社会"之间嵌入了一个陌生的"公共空间"。③ 这无疑是影响中国病患接纳西医的重要因素,也是导致中国患者怀

---

① [德]花之安:《自西徂东》,上海书店出版社,2002年,第7页。
② 杨念群:《杨念群自选集》,广西师范大学出版社,2000年,第412页。
③ 杨念群:《杨念群自选集》,广西师范大学出版社,2000年,第375页。

疑西医,甚而引发医患冲突的内在原因之一。

作为有别于传统中医的新型医疗模式,西医的来华不仅让中国病患一时难以接受,而且西医在面对新的病患时,也不得不对医疗样式作出某些妥协甚至让步。胡美(Edward H. Hume,1876—1957)在长沙初设雅礼时,他遇到的第一位住院病人即面临病危,这时医院华籍司务周师傅跪下请求他将病人送回家。胡美对这感到不可思议,"为什么呀?"胡美问。作为在约翰霍普金斯大学医学院接受近代医学教育的毕业生,胡美的观念完全基于医生"救死扶伤"的天职,他说:"是的,他病得很重。但正是如此,我们才要想办法救他呀!"在胡美的观念中,病患来到医院,就意味着医生承担了治病救人的责任和义务。但是周师傅的回答最终让他无奈地接受了他的建议。周说:"嗯,是的,先生,你是对的。但是我知道街上的人怎么说我们。我知道他们的想法。你不明白的,先生。如果他死在我们医院的话,那么你过去几周所做的所有工作和努力都白做了。"①最后,胡美只能屈服,劝走病人。在这之后的两年里,胡美都只敢做一些"医治缺唇,白内障和脓疮,做一些简单的接补残损的外科手术,但是没尝试过较大的开刀"。② 同样的事情也发生在其他各地,19世纪来华的传教士都相互告诫要"小心捡选求诊的病人,尽全力避免一切有失败危险的案例"。③ 加拿大英美会的启尔德医生在成都开设医学事业时,最初的很多年,都要极力避免"死症"。启尔德非常清楚,特别对传教士医生来说,医死一位病人可能就会引发一场排外的灾难。④ 对西医来说,置病者于不顾的做法显然与近代医家的责任意识相冲突,但胡美与启尔德最终在中国人传统的这种医患关系中作出了让步。

---

① *Doctors East, Doctors West: An American Physician's Life in China*, New York: W. W. Norton & Company, Inc., 1946, pp. 60~61.

② *Doctors East, Doctors West: An American Physician's Life in China*, New York: W. W. Norton & Company, Inc., 1946, p. 44.

③ Harold Balme, *China and Modern Medicine: A Study in Medical Missionary Development*, London: United Council for Missionary Education, 1921, p. 64.

④ Kilborn, *Our West China Mission, Being An Extensive Summary of The Work during the First Twenty-Five Years of the Canadian Methodist Mission in The Province of Szechwan, Western China*, Toronto: Kessinger Publishing, 1920.

　　整个清季,西医与普通民众都处在一种彼此试探性的接触之中,这种试探性的接触影响并调整了彼此关系的维度。晚清许多的反教风潮,同样也是医患关系超越自身张力的体现。胡美在雅礼医院第一次手术时,是病家主动上门求医,而且签署了同意书。但病人手术后死于医院,全院上下仍然非常紧张,深恐长沙城会发生暴动。胡美一方面请巡抚派兵保护医院,另一方面为医者送去了一幅上等的棺木以示歉意。在忐忑之中,死者的父亲却为胡美的棺木登门致谢,"自那一天起始,我们不怕医院内有人死亡了,医院内的死亡率慢慢开始增高"。① 但其他的传教医生或许并不这样走运,他们往往在那种"天职"的责任观念支撑下冒险一试,随后就不得不迎来一场区域性的反教风潮。成都四圣祠教堂传教士医生孙绍鸿(David W. Stevenson)在某妇女家属的要求下,为某妇女接生。接生行为触动当时一些人津津乐道的女阴部位及男女大防。随后,该妇女患病,延请英美会赫尔(H. M. Hare)实施手术。术后不久,该妇女因其他疾病死去。好事之徒就联系前事,各种谣言接踵而至,散布在成都大小街道,流传各阶层中,成为动员民众的口实。② 纵观整个清季教案,"医死病人"、"挖眼掏心"乃是暴力事件发生时惯常的非难之词。

### 三、医疗谣言引发的民教冲突

　　近代医院与中国社会存在的"疏离"感是造成晚清民教冲突的重要原因之一。作为一个陌生的"公共空间",不可避免地会导致"误读"的出现。晚清民众对突然存在于传统社会中的"陌生空间"需要一个长期的接受过程,在变"陌生"为"熟悉"之前,必然是怀疑顾虑、猜忌百出。

　　随着教会医院在华的扩张,教会医院在"医学殖民"的过程中也遭遇到中国本土文化的强烈抵抗。有学者统计在 344 个近代教案样本中,由谣言引发的教案有 202 起,这 202 起教案中,因怀疑教堂迷拐幼孩是用来挖眼剖心做药引而引起的教案占到 48 起,将近全部教案的四分之一,而且这类教

---

　　① *Doctors East, Doctors West: An American Physician's Life in China*, New York: W. W. Norton & Company, Inc., 1946, p.44.

　　② 《教务教案档》光绪二十一年闰五月十四日成都将军恭寿致总理衙门函文。转引自秦和平:《清季四川若干重大教案的辨析》,载阎纯德:《汉学研究》第 8 集,中华书局,2004 年 10 月。

案造成的后果在力度上要比其他原因导致的教案更为严重。①

表1.3　反教谣言的内容分类

| 内容 | 案数 | 比例 |
|------|------|------|
| 采生折割 | 48 | 23.76% |
| 诱奸妇女 | 20 | 9.90% |
| 诬教民为匪 | 16 | 7.92% |
| 迷药 | 14 | 6.93% |
| 投毒 | 12 | 5.94% |
| 冒充官员名义发布反教檄文 | 7 | 3.47% |
| 剪辫 | 6 | 2.97% |
| 诬教堂藏军火 | 5 | 2.48% |
| 教堂大门紧闭起疑 | 4 | 1.98% |
| 诬传教士刨挖坟茔 | 2 | 0.99% |
| 冒充西方使节发布反教檄文 | 2 | 0.99% |
| 内容不明 | 66 | 32.67% |
| 合计 | 202 | |

资料来源:转引自苏萍:《谣言与近代教案》,上海远东出版社,2001年,第32页。

　　我们通过表1.3似乎看不出医患冲突在何种程度上导致了教案的发生。但事实上,所谓"采生折割"多与民众对近代西方医学的误读有内在的关系。社会上流传着种种关于西医挖眼、剖心、熬药、摘取红丸、蒸食小儿等谣传,在民间造成了极大的误解。如1887年,山东兖州士民就揭帖"洋教迷拐童男童女,剖心挖眼,以为配药点引之用"②。再如1870年6月爆发的天津教案,也是由这种误读直接引发的。天津民间一直传言,说传教士买通中国教徒诱拐婴孩至天主堂,修女们将他们害死,挖眼剖心,制作各种迷魂药。③ 恰逢当时时疫流行,天主堂育婴堂中有三四十名儿童因患病死亡。

---

　　① 苏萍:《谣言与近代教案》,上海远东出版社,2001年,第217页。
　　② 王明伦:《反洋教书文揭帖选》,齐鲁书社,1984年,第158页。
　　③ 某些谣言就称:"有些婴儿失踪了,被传教士买通的人们给拐去了;修女们把他们害死,挖出他们的眼睛和心脏,备作迷魂药和各种奇怪药物之用。"参见马士:《中华帝国对外关系史》中册,三联书店,1958年中译本,第266页。

民众即误认为孩童是被天主堂挖眼剖心害死,一时间群情哗然。民众开始围聚天主堂,最终酿成震惊中外的天津教案。对于这次教案,容尚谦评论说:"那次教案之起因完全是由于我国之迷信过深,我国人始终未能明了教会中人对中国所作出的贡献,以致一般民众都会相信教会中人领去收养的孩子其实都是骗了去挖眼珠以供药用和宗教礼节之用的诬陷之词。这种胡说甚至远传至广州。这种谣言在天津越传越广,以致中国人民大为愤怒,顿时集成暴众焚毁和捣毁了许多所教堂、医院和孤儿院,并杀害了好几个女教士。"①

　　这类由"采生折割"引发的民教冲突反映了西医与中国本土文化资源存在着某些相斥的要素。在西方视为"科学"的近代医学,却被中国民众视为"妖术",观念的差异和彼此的"误读"最终酿成悲剧。在新文化运动鼓吹"科学"之前,西医虽为部分精英所认同②,但却更多地遭到猜疑和质问。在西医的诸多相异于传统的"举动"之中,最引发中国人恐慌的恐怕要算西医"解剖"及"标本保存"。由于中西文化巨大差异的背景,西医从一开始就与中国许多传统观念产生碰撞。西医学的外科手术,早期曾让中国民众望而生畏,而他们对人体进行解剖以及保存人体标本用于科学研究的做法,更在中国社会中造成恐慌。在近代以思想开明著称的魏源,在《海国图志》中记载说:

　　　　凡入教人,病将死必报其师,师至则妻子皆跽室外,不许入,良久气绝,则教师以白布裹死人之首,不许解视,盖目睛已被取去矣。有伪入

　　①　容尚谦:《创办出洋局及官学生之历史》,载陈学恂编:《中国近代教育史资料汇编(留学教育)》,上海教育出版社,2007 年,第 124 页。
　　②　随着西方医学的渐次传入,科学理性当然可以逐渐消除误解。西医以其治病救人的实际疗效,在传入之初还是得到了部分精英的认可。早在 1840 年,传教士即描述了广东人虽然"平常尽皆恨恶我等",然而中国人对医学仍"颇肯信之"。参见《澳门新闻纸》,1840 年 7 月 11 日,转引自邓铁涛主编:《中医近代史》,广东高等教育出版社,1999 年,第 26 页。1892 年,曾出洋考察的薛福成针对"天主教徒迷拐孩童,挖眼剖心,用以制药"的传闻指出,他"出洋以后,留心访查",发现这种传闻"并非事实"。(清)薛福成:《分别教案治本治标之计疏》(1891 年),丁凤麟、王欣之编:《薛福成选集》,上海人民出版社,1987 年,第 390～394 页。

教者欲试其术,乃佯病数日不食,报其师至,果持小刀前将取睛,其人奋起夺击之,乃踉跄遁。闻夷市中国铅百斤,可煎纹银八两,其馀九十二斤,仍可卖还原价,惟其银必以华人睛点之,乃可用,而西洋人之睛不济事。①

或许魏源的看法只代表了中西文化初相接触时,中国部分士人对西医的观念。然而到20世纪二三十年代,仍有部分民众对西医以"机械"加于"人身"的方式忧心不已。1929年爆发的中西医之争,仍有不少中医以此作为攻击西医的论据,认为西医不适合中国社会。由此也可以看到,尽管西医以"科学"相标榜一路高歌,但传统观念也如此根深蒂固,以致在不同的处境中难免再遭遇新的冲突。

除清季因对西医缺乏了解而造成的民教冲突外,"民族主义"也对近代西式医院的发展造成重挫。不过,这种重挫并非是因为个人的医事行为或医疗观念的冲突,而是在整个民族主义炽热的背景下,"排外"运动难免迁怒到有着"西学"背景的教会医院。特别是在五卅运动后,伴随着北伐的节节胜利,在民族主义的激荡之下,基督教被视为帝国主义侵略的工具,以致教会医院也一度遭到攻击。毋庸置疑,该时期的反教运动主要是受到民族主义情绪的刺激所为,然而这一时期的非教话语中恐怕也多多少少有利用排斥西医的"传统思想资源"的嫌疑。无论非基督教运动中,教会医院因何受到冲击,不可否认的是这一历史事件亦可同样视为医事纠纷的一种社会性的反映。

无论是清季非理性的教案,还是民国时期非基督教运动对教会医院的冲击,以及中、西医之间的殊死抗争,都可以视为一种广义的"医事纠纷"。只是这些纠纷并不是因为个别的医疗事故而引发。这些纠纷要么因为一套外来的医疗制度、医疗文化与中国的民族心理、社会文化等因素之间的冲突形成,要么是在特定的时代背景下,教会医院被指斥为"帝国主义"分子而受到冲击。1935年,陶炽孙以国民革命为界线将中国新医受难史分为两

① (清)魏源:《海国图志》中册,岳麓书社,1998年,第840页。

期,陶氏认为在国民革命之前新医受难的特点大多为外籍医师、医院被捣乱。后期的特点则是西医、医院被捣乱少而诉讼增多。[1] 陶氏的分期虽有过于简单的嫌疑,但无疑抓住了南京国民政府成立前后西医医事纠纷的主要特征。

---

[1]　陶炽孙:《中国新医受难史序论》,《中华医学杂志》第22卷第11期,1936年11月,第1135页。

# 第二章　民国时期的医事纠纷概况

## 第一节　民国医生群体的素描

何为医者？医家的身份认同在今天看来已经有着非常清晰的职业界定。每位执业的医生都需要获得国家卫生行政部门颁发的业医执照，因此人们很容易对医生的身份加以识别。但在民国时期，特别是在医家执业制度尚未建立及建立初期，医界实际上极为混乱。按照不同的分类方式，"医"（或者按今天的术语称之医务人员）可以有多种不同的类别，且在不同的历史时期，"医"的内涵和外延也随着文化语境的变化而随之变化。譬如，江南地方称医生为郎中，上海人因其用国产药，又称"国医"，这种地域性的称谓，其差异之处恐怕并不能简单归结为称呼方式的不同。又如，据1937年统计，上海有郎中三千多人。他们有的自设诊所，挂牌行医；有的在马路边弄堂口挂起一个布幔，俗称"马路郎中"，尤以"太阳伞拔牙"为多；也有走街穿巷，到病家送医的，称为"走方郎中"。① 可见即便是最常用的"郎中"一语，其指称的对象范围亦非常广泛。传统之"医"的问题已然如此，然而随着西医的进入，"医"所指称的对象范围则再度扩张。诚然也不尽是扩张，在某些时期，"医"之所指也会发生收缩。最典型的便是在医事制度愈发规范后，官方所界定的"医"实际上就远较普通民众观念中的"医"要狭窄

---

① 夏林根编:《旧上海三百六十行》,华东师范大学出版社,1989年,第78页。

得多。由是我们注意到,何为"医"者? 这不仅涉及医家的自我认同,也与国家、病患等"他者"的认同密切相关。在"他者"的眼光中,因不同的背景、经验与立场,医家的形象和认同自然是五花八门,"医"的类型和指涉范畴亦天壤有别。因此,若试图以一个客观确定的"医"的定义或标准去衡量和界定民国医界中这些操持医药者就变得异常困难。这种"一刀切"的评判若不是导致"医"的概念被无限放宽,就可能会否认或忽视医界中部分广泛存在的医疗实践。民国的医疗实践也表明,对"医"的厘定不清也恰是民国卫生行政推进执业制度颇感困难,屡受诟病的缘由之一。国家、社会、医者自身、乃至于作为医疗对象的病患,在不同主体的视域与眼界中,何为医者成为一个彼此交织与冲突的重要问题。要弄清民国"医"的概念并清楚展示民国时期医务生体的状况并不容易。下文仅从个别的类群出发对民国的医生群体作一简要的概述,旨在说明医界的混乱是导致民国医事纠纷频频发生的重要原因。

## 一、华籍西医群体之概况①

民国时期,西医大致可以分为华籍西医和外籍西医两类。因英美等国在华尚享有领事裁判权,外籍医师与患者的医事纠纷往往涉及对外事务,故需分而论之。至于华籍西医,清末旅居上海的陈伯熙就指出:"吾华近年研究东西各国医学者日众,其在本国各医校中毕业者固不乏人,在他国留学得博士、学士以归者亦复不少,皆自称曰西医。"②由此看来,华籍西医的来源又可以大致分为两类:第一类是中国本土培养的医学生,第二类是留学医学生。

---

① "西医"之概念事实也引发了大量的争执,比如其中的一些观点就认为,医疗作为一种技术并没有国界,因此不赞成诸如"西医"、"国医"之类的称谓。但作为一个历史客观存在的术语,而且在今天仍被广泛使用,这一概念有着较为明晰的界限,故为行文方便,本文仍采用这一概念。此外还需说明的是,在民国时期,特别是在乡村社会,大量的中医也采用西医的治法,也行注射、解剖之术。而许多所谓的西医也并非经过严格的西医教育,在治疗过程中,也会采用中医的办法,这是中西医在方法上的混同。在身份上,更是存在大量的医生似中似西,又非中非西,在医师登记时,有西医领中医资格,也有中医混领西医资格。这种现象不仅反映出医者本人的身份认同,也反映出中、西医竞争处境下中、西医话语的态势转换。

② 陈伯熙编著:《上海佚事大观》,上海书店出版社,2000年,第359页。

中国本土培养的医学生按其培养机构大致有两个来源:其中一部分由在华外国医药机构(学校或医院)培养,例如外人在华举办的私立医校或基督教会医药机构;另一部分则由中国本土自办医校培养。民国以前,中国西医大多在教会医药机构(学校或医院)中接受培训。一般认为,中国近代西医学校始于1866年。该年,传教士嘉约翰在广州博济医院开设了"博济医校",这所学校招收的学生主要是教会学校和金利埠惠爱医局的学生及其他学生,也有开业的中医生。该校1868年收有12名学生,1870年又增收了几名,每周二和周六由教师给学生上两次课。① 博济创办之后,基督教在华陆续开设了一些医学校。著名的如苏州医院医学校(美以美会,1883年),广州广济医学院(美国安立甘会,1884年),盛京医学堂(司督阁,1884年),香港西医书院(英国伦敦会,1887年),苏州女子医学院(美国监理会,1891年)、广东女子医学校(美国长老会,1899年)。19世纪的医学教育带有明显的医院教育的特点,残留着以师带徒的形式,教学课程也相对浅近。庚子之后,传教士决定集中力量于一些学校,利用庚子赔款,由几个教会联合办学。北京协和医学院、南京金陵大学医科、华东协和医学校、共和医道学校等一大批医学院建立起来。基督教通过设立医学院,将在华西医教育迅速提高到正规化和体系化的层次,建立起一整套现代医学教育体系。据1915年基督教会的统计,当时共有383名外国医生,119名中国医生,509名中国医助,142名外国护士,734名中国护士,330所医院,13455张床位,223所诊所,年治疗病人约150万。②

中国人自己举办的近代医学教育最早可追溯到洋务时期同文馆开设的相关讲座。1867年,清政府于同文馆内设"科学系",逐渐引入西方自然科学技术。1871年设生理学和医学讲座,聘德贞(John Dudgeon)为教习。③

---

① K. Chimin Wang & Wu Lien-Teh, *History of Chinese Medicine*, Second Edition, Shanghai: National Quarantine Service, 1936. p. 247.

② K. Chimin Wang & Wu Lien-Teh, *History of Chinese Medicine*, Second Edition, Shanghai: National Quarantine Service, 1936.

③ 有关德贞在华的医学活动,可参考高晞:《德贞传:一个英国传教士与晚清医学现代化》,复旦大学出版社,2009年。

1881 年,李鸿章在天津创办医学馆,并于 1894 年扩充校舍改为北洋医学堂,开办近代第一所官办医学校。1902 年,袁世凯将北洋医学堂改为海军医学堂,同时还建立了北洋军医学堂。此后,各省也相继自办医学堂。民国成立后,教育部先后实行"癸丑学制"(1913 年)、"壬戌学制"(1922 年),将医学教育纳入了正规的教育体系。北京、直隶、江苏、浙江、广东等省先后设立一些国立或公立医学校。① 这一时期,中国还相继开办了一些私立医学院校,如 1909 年创办的私立广东公医医科专门学校(中山医学院前身);1912 年,张謇创办的南通医学专门学校(南通医学院前身);1918 年,黄胜白、沈克非等创办的私立同德医学专门学校;1926 年,上海郭琦元创办的私立东南医科大学(1930 年改称东南医学院)。② 据 1921 年 8 月的调查显示,中国当时共有 27 所医科专门学校,其中 14 所为中国人自办,11 所由外国人管理,2 所为中外联合管理。③ 这 27 所医科专门学校毕业生不超过 3000 人,再加上跟私人学习或在已停办的专门学校里学习过的学生,总数约计为四千或五千人,这个数目代表了在西方医学方面受过相当完全的个人或学校训练的中国人数目。④ 到 1935 年,中国的医科院校(包括国立、省立和私立)总计达到 31 所,国立 4 所,省立 6 所,私立 8 所,教会及外人设立 11 所,军医 2 所。⑤ 据陈邦贤 1937 年出版的《中国医学史》统计,其时全国共有医校 33 所,国立医校 5 所,军医学校 2 所,省立医校 7 所,私立医校 19 所,其中教会设立医校 13 所。各校医科学生总数达 3616 人,毕业学生 532 人,留学国外的医科学生 83 人。⑥ 1942 年 9 月,教育部发表统计,从 1912 年至 1941 年,专科以上学校毕业人数,医科毕业生 5554 人。⑦ 上述的各类统计

---

① 程之范主编:《中外医学史》,北京医科大学出版社,1997 年,第 129 页。
② 尹倩:《近代中国西医群体的产生与发展特点》,《华中师范大学学报》第 46 卷第 4 期,2007 年 7 月。
③ 《中华归主:中国基督教教育事业统计》下册,中国社会科学出版社,1987 年,第 948 页。
④ 《中华归主:中国基督教教育事业统计》下册,中国社会科学出版社,1987 年,第 951 页。
⑤ 江晦鸣:《一年来之中国医药卫生》,《医药评论》第 7 卷第 2 期,1935 年 2 月,第 38 页。
⑥ 陈邦贤:《中国医学史》,商务印书馆,1937 年,第 314 ~ 315 页。
⑦ 刘冠生:《战后公医制度的展望》,《东方杂志》第 40 卷第 11 号,1944 年 6 月 15 日,第 27 页。

虽在数据上难免有所偏误,但却大致反映了其时接受过较规范西医教育的中国西医数量。

医科留学生也是中国近代社会西医群体的一大组成部分。1856 年,留学英国爱丁堡大学的医学博士黄宽回国,黄氏是中国第一个留欧医学生。自洋务运动以降,留学生日渐增多。庚子之后,留日学生激增,学习医科的人数也随之增多。① 1904 年留日医学生在校人数为 23 人②,1907 年底达95 人③。据 1932 年《全国登记医师名录》统计,1929~1932 年,登记的医师全国共 3026 人,国内医校毕业者约占 87%,留学医学生共 367 人,约占13%。国外医校毕业生,又以留学日本者为最多,约占全体国外医校毕业生的 53%,美国次之,约占 20%,德国再次之,约占 11%。④

总的来说,清季西医的主要力量是传教医师,但随着中国医学教育的逐步建立以及大量中国学生出洋学习医学,华籍西医群体得到不断壮大。1915 年,中华医学会成立时,全国的西医不过五六百人,其中受过正规教育的也许不超过 300 人。这些人多在军界、教会医院、医校中供职,私人开业者极少。1920 年,中华医学会曾调查全国各医校毕业生,编写"医士姓名录"已得 1700 人。⑤ 据内政部卫生署编印《全国登记医师名录》统计,1929年至 1932 年,登记的医师全国共 3026 人,其中本国国籍者 2919 人,外籍登记者为 107 人。⑥ 当然,还有相当大一部分西医并没有进行登记,但是毫无疑问,华籍西医已在数量上占据绝对优势。据 1935 年的统计,在全国 5390名医师中,外籍医师共 752 人,占 13%,而在 4638 名本土西医人员中,毕业

① 庚子前,学习医科的留学生为数不多。1908 年清廷学部的奏折称"又医科一项,学理精奥,留学习之者更鲜"。参见瞿立鹤:《清末留学教育》,三民书局,1973 年,第 33 页。

② 李喜所:《近代中国的留学生》,人民出版社,1987 年,第 149~154 页。

③ 《留学日本医药学校同人姓名调查录》,《医药学报》,光绪三十三年十一月,1907 年第 6期,第 1~4 页。

④ 许世瑾:《全国登记医师统计》,《中华医学杂志》第 19 卷第 5 期,第 749 页。留日者又多毕业于千叶医专、爱知医专、长崎医科大学。女性西医留学者则多毕业于东京女子医专。在 367 名留学西医中,上述诸校的毕业人数分别为 45、26、16、15 人。

⑤ 俞凤宾:《以庚款一小部分遣派医学生之商榷》,载《中华医学杂志》1924 年第 4 期。转引自赵洪钧:《近代中西医论争史》,安徽科学技术出版社,1989 年,第 104 页。

⑥ 内政部卫生署编印:《全国登记医师名录》,1932 年。

于本国医校的有 3843 人,留学医学生 795 人。①

从 19 世纪初到南京国民政府时期,经过百余年的发展,贴着"科学"标签的西医逐步成为中国社会医药卫生力量的重要部分。在 1929 年,由西医主导的中卫会甚至提出"废止中医案",反映出西医在当时已渐有压倒性的优势。不过,当西医在华得以迅猛发展的同时,其发展也存在着诸多的问题。

首先,相较于中医来说,西医虽然取得了显著的进步,但在人数上完全处于劣势。在分布上,西医主要集中于大城市,分布极不均衡。每百万人口中平均医师数量极低,医不敷用的状况非常突出。以上海为例,据庞京周统计,至 1933 年 9 月底止,上海登记的华籍西医共 616 人,外籍医师 265 人,而旧医②则有 5477 人,旧医人数是西医(包括华籍和外籍)人数的 6 倍之多。旧医人数之盛固然与旧医登记相对宽松有关,但民国时期西医在人数上的劣势应是不争的事实。

表2.1　上海市新旧医师人数表(民国 22 年 9 月底止)③

| 种类 | 人数 | 附注 |
|---|---|---|
| 甲、华籍医师有执照者 | 616 | 内医师公会会员 375 人 |
| 乙、外籍医师在工部局登记者 | 265 | 此外尚有未登记者三四十人 |
| 丙、旧医领有卫生局执照者 | 5477 | 居然经过甄别试验云云 |
| 总计 | 6358 | |

在分布上,据内政部卫生署编印《全国登记医师名录》统计,自 1929 年

① 朱席儒、赖斗岩:《吾国新医人才分布概况》,《中华医学杂志》第 21 卷,1935 年第 2 期。

② 此所谓"旧医",即是指业中医者。晚清及民国,"医"的称谓颇为复杂,不仅有"中"、"西"医之谓,也有"新"、"旧"医之称,还有"科学医"、"国医"等说法。这些不同的称呼,当然不仅仅是不同群体分划与认同的标签,也反映出不同的词汇使用者对各群体态度与观念的差异。虽然这些称谓多样,但彼此指称的对象还颇为明晰。本文全文大多采用时下惯常使用的"中医"、"西医"来指称其所代表的对象群体,但在援引他文时,则以引文所使用称谓为准。

③ 上海市档案馆,卷宗号:Y8—1—31,庞京周:《上海市近十年来医药鸟瞰》,第 17 页。

至 1932 年,登记的医师全国共 3026 人,登记医师达 500 名以上只有江苏、广东两省,无一人登记之省区有察哈尔、绥远、宁夏、内蒙古、新疆、青海、西藏、西康。[①] 1935 年,朱席儒、赖斗岩对全国医师分布有新的统计,其时全国医师的分布如表 2.2 所示:

表 2.2 中国各省医师分布表(1935 年)[②]

| 省份 | 医师人数 | 百分比 | 人口(内政部估计) | 每一医师人口数 | 每百万人中医师数 |
|------|----------|--------|------------------|----------------|------------------|
| 江苏 | 2010 | 37.3 | 34125857 | 16978 | 59.0 |
| 广东 | 606 | 11.2 | 31433200 | 51870 | 19.3 |
| 河北 | 387 | 7.2 | 31232131 | 80703 | 12.4 |
| 浙江 | 350 | 6.5 | 20642701 | 58979 | 17.0 |
| 辽宁 | 352 | 6.5 | 15233123 | 43276 | 23.1 |
| 山东 | 244 | 4.5 | 30336001 | 124328 | 8.0 |
| 湖北 | 192 | 3.6 | 26699126 | 139058 | 7.2 |
| 福建 | 153 | 2.8 | 9744112 | 63687 | 15.7 |
| 江西 | 85 | 1.6 | 18108437 | 213040 | 4.7 |
| 四川 | 71 | 1.3 | 54010410 | 760710 | 1.3 |
| 安徽 | 63 | 1.2 | 21715396 | 344689 | 2.9 |
| 湖南 | 56 | 1.0 | 31501212 | 562522 | 1.8 |
| 吉林 | 56 | 1.0 | 6102489 | 108972 | 9.2 |
| 黑龙江 | 54 | 1.0 | 3724738 | 68977 | 14.5 |
| 山西 | 40 | 0.8 | 12228455 | 305704 | 3.3 |
| 河南 | 45 | 0.8 | 29090180 | 6466448 | 1.5 |
| 广西 | 13 | 0.3 | 8741293 | 672407 | 1.5 |

---

① 内政部卫生署编印:《全国登记医师名录》,1932 年。
② 朱席儒、赖斗岩:《吾国新医人才分布概况》,《中华医学杂志》第 21 卷,1935 年第 2 期。

续表

| 省份 | 医师人数 | 百分比 | 人口（内政部估计） | 每一医师人口数 | 每百万人中医师数 |
|---|---|---|---|---|---|
| 其他 | 76 | 1.4 | 57180637 | 752377 | 1.3 |
| 不明 | 587 | 10.0 | | | |
| 总计 | 5390 | 100.0 | 441849148 | 81976 | 12.2 |

表 2.3　中国各城市医师分布表（1935 年）①

| 省份 | 医师人数 | 百分比 | 人口（邮政局估计） | 每一医师人口数 | 每百万人中医师数 |
|---|---|---|---|---|---|
| 上海 | 1182 | 22.0 | 3558111 | 3010 | 3322 |
| 南京 | 275 | 5.1 | 902941 | 3283 | 3046 |
| 沈阳 | 216 | 4.0 | 889647 | 4119 | 2428 |
| 北平 | 252 | 4.8 | 1220832 | 4845 | 2064 |
| 哈尔滨 | 40 | 0.7 | 216833 | 5421 | 1845 |
| 厦门 | 63 | 1.2 | 473058 | 7509 | 1332 |
| 杭州 | 136 | 2.5 | 1136060 | 8353 | 1197 |
| 青岛 | 70 | 1.3 | 592800 | 8469 | 1181 |
| 济南 | 68 | 1.3 | 662642 | 9745 | 1026 |
| 广州 | 302 | 5.6 | 3156698 | 10453 | 957 |
| 香港 | 84 | 1.6 | 900812 | 10724 | 982 |
| 苏州 | 77 | 1.4 | 865800 | 11244 | 889 |
| 汕头 | 54 | 1.0 | 647652 | 11944 | 834 |
| 天津 | 83 | 1.5 | 1250539 | 15067 | 664 |
| 武汉 | 104 | 1.9 | 1948274 | 18773 | 534 |

---

① 朱席儒、赖斗岩:《吾国新医人才分布概况》,《中华医学杂志》第 21 卷,1935 年第 2 期。

| 省份 | 医师人数 | 百分比 | 人口（邮政局估计） | 每一医师人口数 | 每百万人中医师数 |
|---|---|---|---|---|---|
| 宁波 | 39 | 0.7 | 1041455 | 26704 | 374 |
| 福州 | 39 | 0.7 | 1508630 | 38683 | 259 |
| 长沙 | 17 | 0.3 | 1243044 | 73120 | 137 |
| 其他 | 1752 | 32.5 | 4196333 | 239517 | 41 |
| 不明 | 537 | 10.0 | | | |
| 总计 | 5390 | 100.0 | 441849148 | 81975 | 122 |

　　江苏、广东两省医师2616人，占全国医师总数的48.5%。除上述两省外，医师人数在百人以上者仅有河北、浙江、辽宁、山东、湖北、福建六省。每百万人口中医师数量方面，即便是医师人数最多的江苏，每百万人口对应的医师数量也仅为59人，而全国平均水平则仅为12.2人。换言之，每位医师平均要面对81976人，全国医师人数之不足，医药保障之落后可想而知。

　　大量的西医师都集于中城市，这之中又尤以上海、广州、南京、北平、沈阳，杭州等地的医师最为集中，这使得原本数量有限的西医在分布上极不均衡。上海是民国时期唯一号称"医师过剩"的城市①，共有西医1182人，占全国西医的五分之一强，医师与民众的比率为1∶3010。当时的模范县治——无锡，共有西医师100人左右，医师与民众的比率为1∶1943。② 然而类似上海、无锡这样的城镇显然为数极少。以泰兴为例，泰兴地处江北，虽然交通稍有不便，但离上海、南京都只不过12小时的行程，该处城内虽有旧医300多人，新医却只有10余人。③ 内地的情况就更糟糕，以甘肃为例，

---

　　①　所谓"过剩"意指竞争压力较大，西医就业困难，偶有失业的情况出现。但就其时的实际情况看来，当时上海西医医师与民众的比率约为1∶3010，离真正的"过剩"相去尚远。《上海医生过剩》，《申报》1933年3月7日。

　　②　过醒虎：《无锡新医药卫生概况》，《申报》1935年8月19日。

　　③　《泰兴县医事卫生概况》，《申报》1935年7月15日。泰兴距上海约180公里，距南京约160公里。原文并未指出是利用何种工具12小时可抵沪、宁两地，笔者估计是指行船。

即使在人口稠密、商业繁盛的平凉,除一两处教会医院外竟难找到几个合格的西医。①

其次,在西医师本来数量不足的情况下,西医群体也存在品流杂乱,业务水平良莠不齐的状况。虽然西医大多经学院培养,不过因教育力量投入不足以及受医疗水平限制,即使受正规教育的西医水平也多参差不齐。当然那些由医院实习、看护出身的西医以及借名冒充的江湖医生,其水平就更值得怀疑。即便是留学的医生,其水平也不能保证。中国医学生较多入日本医学专科学校习医。这些留学生一来学习时间甚短,二来语言等各方面尚有障碍,加之本来所学层次亦属不高,"日本学校当局对于中国留学生,向取放任主义"②,是以其业务水平究竟若何尚需存疑。民国也有部分入美、德等医学院获得医学硕、博士学位者,但这些人数量并不多,毕业返国后又多入政界或从事纯粹的教学或研究工作,真正开业行医者实为凤毛麟角。

再次,西医在农村的医药卫生力量极度匮乏,导致农村医药卫生落后。1932年10月,中华医学会指派李廷安为中国乡村卫生调查委员会主席调查中国乡村卫生状况。调查结果表明中国乡村卫生行政机关设立时间较晚,医师极度缺乏,且因经费有限以致乡村卫生状况落后。③ 除卫生行政推进不力,农村人对西医信仰有限也导致西医不受欢迎,进而诊务遇阻开业渐少,造成了医、患之间的恶性循环。《申报》注意到:

> 如上海的都市,据说医师的人数往往是有过剩之患的,但是在乡村——尤其西北一带的乡村,要找几个正式医师实在不容易。考查正式医师不能深入内地开业的最大原因是人民不信任新医,和一般贫穷的人民出不起医师诊治的代价,所以业务不能发达。即使有人能深入内地,也多是非常清淡,甚至日常生活都是难于维持。④

---

① 李康年:《科学医在甘肃平凉》,《申报》1935年3月11日。
② 喋喋投稿:《最近医界中的批评与漫骂》,《医事公论》1933年第1期,第26页。
③ 李廷安:《中国乡村卫生调查报告》,《中华医学杂志》第20卷第9期,第1113页。
④ 李康年:《甘肃天水的医药界》,《申报》1935年7月8日。

乡间民众之所以不信任西医,多与农村人的知识普及不足,迷信观念浓厚,巫医与江湖医生盛行有关。《医药评论》的一篇文章描写了乡村人请西医的状况,颇能反映乡间请医治病的图景:

> 除非到病入膏肓,旧医束手无策的时节,这才手忙脚乱地把新医请来。请了他来,还是不信任,只叫他"试试看"。医生所说的,他还是置若罔闻,医生所给的药,却又丢在一边。直到病人变了相,两道眼直射着,一口气急喘着,他们才说了一句"死马当活马医",送进医院里去罢。这样的病人送进医院来,医院怎能不失败? 幸而病有转机,他说"命不该死"。不幸而死去,则不归咎于从前医疗之错误及医疗机会之坐失,而反而说"医院也是如此",甚至还要归罪于新医之卤莽。于是街头巷尾,纷纷哗传"某人死于某医之手,某人死在医院里边……",新医冤屈不冤屈?①

当然,除民间对西医不太信仰之外,农村经济的破产也成为西医在乡间不流行的原因之一。《社会医药报》的一篇文章指出:"吃饭问题已难解决,又何能看顾医药"。②

通过上述对民国西医群体的简要描述,基本可以判断,西医人数虽呈逐渐增长的趋势,但人数上远逊于中医。西医的力量主要集中于各大城市,基本上将农村医药卫生拱手让予了乡间中医或江湖游医,即使有个别西医在农村开业,其处境也较为恶劣。

## 二、中医群体之概况

作为传统医学,中医在中国社会中扮演着非常重要的角色。中医人数之众,成分之杂皆远甚西医。1941 年 9 月,北平卫生局准发中医开业执照共 1315 份,而同月登记居民为 1819921 人,两者之比约为 1:1384。而同期

---

① 蠢人:《一个乡村医师的自述》,《医药评论》第 7 卷第 2 期,1935 年 2 月,第 14 页。
② 王世荣:《农村医学问题》,《社会医药报》第 3 卷第 2 期,1935 年,第 4 页。

西医登记者,仅得 320 人,约占中医人数的四分之一。[①] 另据四川青神县公安局 1931 年底统计,四川青神县 1931 年西医人数仅有侯保生 1 名,西药房 2 处,而助产士、药剂士、医院、医药团体、医药卫生行政机关等"新"式的卫生人员及设施全无;中医方面,同年中医人数共有 58 人,另有接生婆 8 人,中医行、药铺共计 34 家。[②] 很明显,中医的数量远远超过了西医的人数,中医在很大程度上掌控了病人的命脉。

不可否认,民国时期有不少中医医术相当精湛。例如上海专医伤寒症的张骧云,其医治伤寒,经验丰富,不论夹阴夹阳,重病剧症,十有八九会转危为安。张骧云之名在上海滩几乎家喻户晓。[③] 但就中医群体而言,其整体水平低下是不言而喻的。梁启超就认为"中国向来巫医皆贱",所以往往都是"学业无成,粗识之无之人充之"。在这种情况之下,"虽京师之大,至无医者,皆以士夫兼代之",至于"荒僻之壤,医者益疏浅"。[④] 如果说梁氏笔下的评论尚显空疏,那么傅崇矩对清末成都中医形象的勾勒就显得更为生动具体:

> 医无上等者。即中等之医,亦不多见,分摆摊、坐轿、官医、跑街等名目。摆摊、跑街者,价廉,然亦有中肯之方,高出于坐轿及官医者,亦有送诊贫苦,不索脉礼者,中等人户脉资或数十文至一百文不等,富户则随意加增。如坐轿闹派之医,只要病者之病与伊有缘,亦有应手而愈者。病家延诊一要忍得,一要受得,一要等得、耐得,最为医界之恶习。其轿则三人四人抬也,无论贫家富户,轿钱或一二百文至三四百文,或

---

① 李涛:《北平医药风俗今昔谈》,《中华医学杂志》第 27 卷第 12 期,第 785 页。
② 四川省档案,卷宗号 113—679,青神县新旧中西医师、接生婆人数调查表和西药房,旧药行药铺家数调查表。
③ 参见夏林根编:《旧上海三百六十行》,华东师范大学出版社,1989 年,第 78 页。此外,上海的丁福保、丁甘仁、丁仲英、恽铁樵、程门雪、秦伯未、顾渭川、夏仲方、蔡小香、徐小圃、陆南山、顾筱岩、章次公、陈存仁等中医也声望卓著。其他各地的名医也不乏其人,如北京的名医有孔伯华、萧龙友、施今墨、汪逢春、杨浩如等。天津的名医有张锡纯等。南京名中医则有张简斋、石云轩等。参见李明伟:《清末民初中国城市社会阶层研究(1897—1927)》,社会科学文献出版社,2005 年,第 330 页。
④ 中国史学会主编:《戊戌变法史料》第 2 册,上海人民出版社,1957 年,第 80 页。

五六百文不等。脉资之多寡,有定规也,寻常以二百文起码,或四五百文至一千文,或银一元者,贫人每每一病倾家,故病家愿死不愿求彼等医也。即延之诊脉,亦未必即能医愈。尤可恶者不管病者为急病、老病,往往先一夜招请之,彼等竟日不到者。即间有到者,或日已暮而病者增病矣,变症矣。其实雇之者甚少,彼等故作忙态,使人误为彼医高明,延者甚多,以增身价耳。故每每于午前十一二钟方起床,午后三四钟方出门,其写出之药方单上之字,草率不可言,多为药铺误认,以致药误伤人。或藉病销药,希图得价,多方要挟,不遂其欲不止者。①

虽然傅氏"成都乏良医也"的结论掺杂了复杂的个人情绪②,但可以断定的是,清末成都中医的整体水平不可高估。

清末维新之前,中医的产生途径主要靠师传或自修。维新以降,各新式学堂逐步建立,这也促使中医的培养朝向学校教育转变。1898 年,光绪帝在变法时下谕称"医学一门,关系至重,亟应另设医学堂,考求中西医理",并谕令医学堂应"归大学堂兼辖,以期医学精进",同时着孙家鼐详拟办法。梁启超对此评论说:"泰西大学医为一科,今特许增之,实为维新之一政也。"③1902 年,张百熙奏进学堂章程(即钦定学堂章程),大学专门分科课目,有医术一科。1904 年初,清政府颁行癸卯学制,大学堂章程规定,大学分本科及预科,本科有医科,修业三年至四年,预备科三年。高等学堂章程规定,高等学堂分为三类,第三类为预备入医科大学者治之,修业三年。④

除官方所办学堂外,清末还出现了一些民间办的中医教育机构,其中包

---

① 傅崇矩:《成都通览》上册,巴蜀书社,1987 年,第 195 页。

② 傅崇矩第三子租谷病风,误于医药而死,故傅氏对成都医家颇有微辞。傅崇矩:《成都通览》上册,巴蜀书社,1987 年,第 196 页。

③ 中国史学会主编:《戊戌变法史料》第 2 册,上海人民出版社,1957 年,第 80 页。

④ 张之洞:《奏定学堂章程》,近代中国史料丛刊第 73 辑,文海出版社。《医科大学章程商榷》(1905 年 8 月),潘懋元、刘海峰编:《中国近代教育史资料汇编(高等教育)》,上海世纪出版股份有限公司、上海教育出版社,2007 年,第 5～7 页。

括绍兴医学讲习社、中等医学堂等(详见表2.4)。①

**表2.4　清末民办中医教育机构一览表**

| 名称 | 简况 | 名称 | 简况 |
|---|---|---|---|
| 绍兴医学讲习社 | 1904年杜炜孙创于绍兴 | 中等医学堂 | 1908年恽毓鼎创于北京 |
| 女子中西医学院 | 1905年李平书、张竹君创办于上海 | 中国医学会附设讲习所 | 1910年蔡小香、丁福保创于上海 |
| 南洋中西医学堂 | 1905年创办于吴淞 | 函授新医学讲习所 | 1910年丁福保创于上海 |
| 山西医学馆 | 1907年周雪樵为教务长 | 镇江自新医学堂 | 1910年袁桂生创于镇江 |
| 中西医院附设研究所 | 1908年端方创办 | | |

医学校对中医的培养起到一定的规范和保障作用,但清末及民国的中医教育都面临着诸多问题,许多中医学校甚至得不到教育部的认可,学校毕业的医学生人数也相对有限。

整个民国时期,中医的成分非常复杂,既有中医学校毕业生,也有传统的师徒相授者,更有许多不知来源的医家操持医业。李涛观察说,"民国的中医出身一部是世医,一部是药铺学徒,一部是不得意的士子,一部是国医学校的毕业生"②。谢筠寿评论1928年4月南京特别市市政府公安局卫生课卫生行政汇报中的中医调查表说:

> 其中载中医之出身极光怪陆离之大观。有书前清通判、县丞、贡生、举人者,有书陆军部学医者,有书前清医会会员者,有书南京医药研究会或医药店学生者,有书儒业学界者,有书世传、祖传、某某传授者。后述数项,尚不离于医。前述数项,实不知其何处学得,更不知其所学

---

① 赵洪钧:《近代中西医论争史》,西医结合研究会河北分会,1982年,第130页。
② 李涛:《北平医药风俗今昔谈》,《中华医学杂志》第27卷第12期,第785页。

为何,而亦俨然以医自居。①

中医界这种混乱无序的状况无疑是导致其整体水平低劣的重要原因。待余生在《燕市积弊》中曾描述清末民初北京中医的情形,据此可以了解那些混迹医界的中医水平。他说:

> 现在的医家,只要念过一部汤头歌儿,半本儿药性赋,就称国手(如"八珍四物参苏饮,白虎柴胡建中汤"之类)。不过是腰痛加杜仲,腿疼加牛膝,头疼加白芷,疾盛瓜蒌皮。假如这个病人,浑身作烧,骨节酸痛,舌苔又黄,眼睛发怒,拿笔就开羌活,葛根,牛蒡子。要是皮肤枯瘦,干咳无痰,盗汗自汗,胃口不开,一定是青蒿,鳖甲,地骨皮。妇人调经养荣,小儿清热化痞,真正的拿手,就是朦事大吉。不信一个病人请十位先生,脉案准是十个样,往往真能大差离格儿,所以能够朦人者,就在不能得病就死,即便死活各半,十个人之中还有五个挂匾的哪。所以而今的医家,真不可胜计啦,大小胡同儿,无处没有挂牌行医的。②

城镇中中医的水平如此,偏远乡村的情况就更为恶劣。时人注意到乡村的医生,绝少受过科学的洗礼,多半是仅读几页汤头歌诀,或是几本简略的伤寒论,他们治病、诊断和病理,缺少科学根据,解剖也是根本不清楚,至于药物,只知效用,不明成分。中国内地的乡村,什九都有旧医存在,因为他们的产生太容易了,读了一篇药性赋或知道一二样草药,居然就挂起世代儒医的招牌,在那里拿人命作儿戏。③

## 三、在华外籍医师概况

中国近代西医群体中,外籍医师是比较特殊的组成部分。在西医初传入华时,近代西医群体的绝大部分即是各差会派遣来华的传教医师。1905

---

① 谢筠寿:《南京旧医出身之形形色色》,《医药评论》,1929 年创刊号,第 24 页。
② 待余生:《燕市积弊》,北京古籍出版社,1995 年,第 67 页。
③ 李涛:《北平医药风俗今昔谈》,《中华医学杂志》第 27 卷第 12 期,第 785 页。

年,在华教会医院就已达到 166 所,诊所 241 间,传教医师达 301 名。① 除传教士医师之外,亦有相当的外国医师在华开设诊所,从事诊务。比如最早在中国种牛痘的皮尔逊医生(Alexander Pearson,1780—1874),系英国东印度公司的高级外科医生。1805 年冬到 1806 年春,广东地区暴发天花之时,皮尔逊曾给数千人施种。② 另如郭雷枢(Thomas Richardson College,1796—1879),乃是东印度公司驻中国站的医生,早期在澳门及其附近的许多贫苦中国病人中进行治疗,并于澳门(1827 年)和广州(1832 年)开设过眼科医院。③

北洋时期,因中国政权尚未统一且受不平等条约束缚,政府无意于卫生行政,对医药卫生基本采取放任的举措。在华外籍医师不仅享有领事裁判权保护,且因中国人心理多崇拜外医,故而中国渐成外籍医师谋生场所。迨至 20 世纪 30 年代,外籍医师在华开展医务活动已是相当普遍的现象。1930 年,据 N. G. Lonnox 报告,235 所教会医院中,传教医师共有 304 人,外籍护士 711 人。④ 以上海论,《医事公论》的一篇文章观察说,"1933 年,外籍医在上海执行业务,向工部局登记者,计 260 余人,同时未登记者,闻尚有三四十人。此外,上海市一般医务状况,为华人公私立医院,计 30 处,病床共 3500 余张;外人立公私医院,计 17 处,病床共 2700 余张。按此比例,外籍医院,及收容数,虽不能与华人自办之医院,及收容数相上下,然已占三分之一有奇。"⑤据朱席儒、赖斗岩的统计,至 1935 年,在华的外籍医生共 752

---

① "A Century of Protestant Missions in China(1807—1907)",*Being the Centenary Conference Historical Volume*,pp. 670~671.

② K. Chimin Wang & Wu Lien-Teh,*History of Chinese Medicine*,Second Edition,Shanghai:National Quarantine Service,1936,p. 144.

③ *Chinese Repository*,Vol. II. p. 270;Wang & Wu,*History of Chinese Medicine*,1936,p. 171. 1836 年,郭雷枢出版了《关于任用医生作为对华传教士商榷书》一书,呼吁基督教差会"派出医务界的善士们,进行有益的工作以获取人们的信任,由此而为逐渐接受那纯洁美妙的基督教信仰开辟道路"。郭氏是书的出版深刻影响了基督教的医疗传教观念并在很大程度上改变了其传教策略。Thomas R. College,*Suggestions with Regard to Employing Medical Practitioners as Missionaries to China*,Chinese Repository,Vol. IV,From May 1935 to April 1936,pp. 386~389.

④ 《金宝善文集》,北京医科大学公共卫生学院编,1991 年,未刊稿,第 28 页。

⑤ 威嵩:《造成外籍医在华发展之因素》,《医事公论》1934 年第 23 号,第 18 页。

名,占全国登记医生的14%。①

外籍医师来华虽然对中国近代医学发展起到促进和刺激的作用,但是外籍医师也存在成分复杂的问题。外医虽都号为"西医",但彼此的背景、目的、动机千差万别。1932年,内政部卫生署曾编印《全国登记医师名录》一册,刊印了自1929年开始医师登记以来至1932年间在卫生署登记医师名单,据其统计,外籍医师登记仅得107人。以国籍视之,来华外籍医师以德国最多,美国次之。而日本医师,竟无一人登记。②

**表2.5 外籍登记医师按国别及性别统计表(自1929年至1932年)③**

| 国别及地区 | 德国 | 美国 | 朝鲜 | 坎拿大 | 英国 | 台湾 | 俄国 | 奥国 | 意大利 | 土耳其 | 印度 | 爱尔兰 | 波兰 | 新西兰 | 西尔美尼亚 | 总计 |
|---|---|---|---|---|---|---|---|---|---|---|---|---|---|---|---|---|
| 男 | 21 | 11 | 15 | 9 | 10 | 8 | 5 | 4 | 2 | 1 | 1 | 1 | 1 | | 1 | 90 |
| 女 | 2 | 6 | 1 | 3 | 2 | | 2 | | | | | | | 1 | | 17 |
| 总计 | 23 | 17 | 16 | 12 | 12 | 8 | 7 | 4 | 2 | | | | | | | 107 |
| 比例 | 21.5 | 15.9 | 15 | 11.2 | 11.2 | 7.48 | 6.54 | 3.74 | 1.87 | 0.93 | 0.93 | 0.93 | 0.93 | 0.93 | 0.93 | 100 |

尽管此次统计"与实际相差尤巨",但即使这百余名医师,亦来自于15个国家和地区,来源之杂乱,背景之复杂亦可见一斑。外籍医师成分复杂,业务能力参差不齐的状况在当时就引起中国医学界的关注。郭培青曾就20世纪30年代在华的外籍医生做过分析,他据外籍医师来华的目的将其分为五类:

(1)以传教为目的者。以传教为目的之外籍医师,其本身必为基督徒无疑,此辈人员颇能忍苦耐劳,且富有慈爱之观念。彼等多散处我国内地,以教会医院为根据地,各大都市则较少见。是等外籍医师出身

---

① 朱席儒、赖斗岩:《吾国新医人才分布概观》,《中华医史杂志》1935年第2期。
② 内政部卫生署编印:《全国登记医师名录》,1932年。因当时执业登记才开始不久,亦有相当多外籍医师或因资格不符,或出于他故未予登记,故而导致登记人数"与实际相差尤巨"。
③ 许世瑾:《全国登记医师统计》,《中华医学杂志》第19卷第5期,第751页。台湾其时为日本割占,故在该表中被列为国家。

学校,多为各该国省立或私立医校毕业者,毕业后志愿为教会服务,先在本国教会总机关登记,由该会指定到某国某地服务,至其待遇之优薄,多以服务年数或家庭负担为标准。(2)以捞利为目的者。此辈医师,几麋集于我国各大都市,利用国人拜外心理,联络各洋行买办,作彼等之介绍人,诊金奇昂,架子十足,终日营营逐逐,进出于各名人富贾之门,既无慈惠之观念,更乏廉耻之行为,凡足以达捞获金钱之目的者,即使欺骗奸诈,莫不可为,故此辈辄系私人开业,鲜有在医院服务者,与我国江湖医生,无甚差别。(3)以研究为目的者。外籍医生之在我国,恒有以研究东方病之目的而来华者。此辈医师,或在医院服务,或系私人开业,学问经验多有相当根底。抵华之后,常厕于名医之列,彼辈既以研究学问为目的,故对于普通病症并不多问,置诸不问。遇有疑难或罕见之病症,则不惜通宵达旦,潜心研究,以病人为研究材料,对患者作研究工具。但此辈外籍医师,在华人数较少,都市内地,皆有彼等足迹。(4)以谋生为目的者。以谋生为目的之外籍医生,近年来由各国来华者日见增多,是辈医师,多乏相当之资格。或系外国医院护士,或系医学教授助手,在国内既无人信仰,同时又乏吃饭之余地,因而不得不东渡中华,籍开业为谋生手段,其性质初与以捞利为目的者无甚轩轾,亦即外籍江湖医师之一种。(5)以服役为目的者。在华外籍医师,其能以服役为目的者,甚属少见,但亦不能武断其为绝无。各医学校教授,间有此辈医师之存在,然为数极少。观此则可知在华外籍医师之内幕,愿我国人切实打破拜外之心理,而知有所警惕乃可。①

外籍医师之中虽不乏精通业务、医德高尚之人。或者说,正因为那些医术高超的外籍医师,才使得中国人产生了强烈的崇外心理。但显然,外籍医师群体中也有不少以捞取金钱为目的业务碌碌者,"与我国之江湖医生,无甚差别"。汪企张同样也表达了对部分外籍医师的质疑,汪氏就来华外籍

---

① 郭培青:《在华外籍医师之质的分析》,《申报》1934 年 4 月 9 日。

医师性质,将这一群体划分为"含有政治性质之人物"、"含有宗教性质之人物"、"公职而兼营私业之人物"、"经济侵略之人物"、"解决生活就食海外之人物"和"政治关系亡命海外之人物"。在汪氏看来,若为民众健康计,大多外籍医生的业务能力实有待商榷。① 庞京周则更是针对外籍医生来华日多的现象,不客气地指出其中许多医师是来华混饭碗的。庞氏称:"近十年各医师到上海来的大增,如今竟有 265 人之多……又因各国医师造就之多,更来了一批并不高明而专向中国人方面来解决面包问题。"②至于这类外籍江湖医师的比例,虽未有确切的统计,但据对医界观察敏锐的宋国宾医师称,其中"江湖者实居其半"③。正是在这种质疑声中,不少中国医师呼吁国人不要太过迷信洋医。

## 四、江湖游医

民国时期,医师作为相对独立的自由职业出现,国家对医师也有相应的认证制度。但因为时局板荡,民国卫生行政存在相当大的漏洞,执行力度也大打折扣,因此获国家认可的正式"医师"仅仅只是民国的部分业医者。在这种情况下,日常所惯称的"医"实际上包含了一个边界模糊的群体,除正式的西医、中医及外籍医师外,也存在大量非法行医的江湖游医。

"游医"一词原本是指那些未固定地点坐堂行医的走方郎中,乃指一种行医方式,其义并无褒贬。民间行医的方式,可分为坐堂行医和串乡行医两种,串乡行医者经常走街串巷,流浪江湖,被称为铃医、走方郎中、草泽医人、江湖郎中等。传统中医往往是看病兼及制售药物,后来医、药才逐步分离,不少医家专挂牌行医,并不卖药。但江湖游医往往医疗兼顾制药和卖药,有时很难分清究竟是卖药为主还是治病为主。按其偏重,江湖郎中可分为两种:一种以处方看病为主,兼带卖药。另一种则是以卖药为

---

① 汪企张:《外籍医师概况》,《医事公论》1934 年第 17 号,第 17～20 页。
② 庞京周:《上海市近十年来医药鸟瞰》,上海市档案馆,卷宗号:Y8—1—31。
③ 宋国宾:《舶来之江湖医药》,《申报》1934 年 3 月 12 日。

主,兼带看病。① 城市之中,西医和坐堂中医较多,但也不乏一些江湖医生。时人观察到"内地各境多江湖医士(如卖拳兼卖膏药之伤科及露天牙医等)设摊营业,如上海之城隍庙、苏州之元妙观、南京之夫子庙等处尤为多见。"②以北平论,"北平的天桥,隆福寺,护国寺,白塔寺,土地庙以及朝阳市场等处,是平民会集的所在,仍然可见这一类江湖医生"。③ 仅在天桥一处,这类药摊,大约就在五十处以上。其中最著名的有专卖立止牙疼散的瑞馨堂,和卖菱瓜把眼药的亮光明。还有蟲子王,癣药刘,瘊子王等。有的手里玩弄着大花蛇,有的陈列着一支干瘪了的熊掌,有的用筷子支架成楼,有的将牙齿堆集成山,有的将自己的大腿割半尺长的大口,有的给病人在腿腰上贴上黑油油的膏药,还有的先练刀后卖膏药的,真是形形色色,无奇不有。④ 除城镇外,农村因缺医少药,江湖医生也极有市场。不过与在城镇摆摊不同,农村中的江湖医生多背或担着药担,手拿铃铛,行走乡间,一路叫卖。"这种人四处游荡,声称能包治百病,从他们的衣着可以看出他的身份。他们身着一件长及脚踝的、依稀可见其原本色为白色的长袍,手举一面花花哨哨地写满了他曾用治愈疾病而获得各种美名的白色旗子"。⑤

江湖医生中偶有医术高明者,但大多江湖医生并无多少医药知识,很多人对医术仅知皮毛,完全靠经验行医,有些甚而采用巫术迷信的方式治病,流入巫医。这些江湖医生多是借医谋生,行坑蒙拐骗之术以求黄白之物。"若辈惟一手段,先以卖拳为号召,继则专事出卖膏药、滥行医权、并施针灸、开刀割症等,甚致行穿胸穿腹等手术。此种类似卖艺之流,目不识丁,毫无学识,不悉消毒与传染,滥施手术,酿成险症,视生命如儿戏。横行无理,专事恫吓,诈取金钱。又有一般露天牙医,既不明拔牙学理,又不明技术与禁忌,以污秽器械为人拔牙,甚或钳骨,并滥施麻醉药品,不问其用量,不知

① 邱国珍:《中国民俗通志·医药志》,山东教育出版社,2005年,第148~149页。
② 《第三次全国医师代表大会提案》,《医事汇刊》,1934年第18期,1934年1月,议案,第78页。
③ 李涛:《北平医药风俗今昔谈》,《中华医学杂志》第27卷第12期,第784页。
④ 李涛:《北平医药风俗今昔谈》,《中华医学杂志》第27卷第12期,第784页。
⑤ [英]麦高温:《中国人的明与暗》,朱涛、倪静译,时事出版社,1998年,第197页。

消毒方法,滥事注射,更属危险。"①英国传教士麦高温甚而形象地把他们比喻为"聪明的流氓"。② 在民众观念中,也渐次将"江湖游医"用以专指那些水平低劣混迹社会的医生。"凡天下之欲以伪乱者,皆可谓之江湖","江湖云者任术而不任学之谓也,无其实而有其名之谓也,以不正当之手腕,济其贪婪之欲望之谓也"。③ 至于江湖医生的范围,则大致包括以下几类:绝无资格,本无读书,欺世盗名,悬壶开业,一也;资格虽具,营业不兴,夸大广告,招徕病人,二也;学识不充,喜为议论,荒唐谬妄,旨在欺人,三也;揭橥性病,自谓专家,投机之心,欲隐弥显,四也。④ 另外,民间也将一些小药小贩叫做"卖狗皮膏药的",这些小药小贩往往将一块黑色的药膏贴在患者的痛处或伤处。这些卖药人不断吹嘘治疗的效力,虽然他们能吸引不少顾客,但由于经常夸大其词而名声不佳。⑤ 随着西医的传入,业西医者也不乏江湖医生。王惠民就曾批评那些借西医名号混迹社会的"游医"庸医害人,以致"社会对于新医遂减低其信仰。"⑥

与民间对"江湖游医"的认识略有差异的是,官方对"江湖游医"的界定标准更为明确。在1905年巡警部警保司设立卫生科之前,传统社会并没有专门负责医疗卫生的常设机构。卫生科初设时,也没有相关的举措对医师群体进行规范。民元以后,随着医生数量日益增多,近代卫生行政意识的逐步增强,国家渐有对医家进行规范和控制的要求。在这一背景下,民国政府开始完备考医制度,并进一步推行医师执业制度。就民国政府颁布的一系列医师条例来看,要求所有医生都需具备一定的经验和业务能力,并在政府指定的机构进行登记,方能颁照,给予承认。那些未获得认可的医生自然被视为江湖游医,且在政府明令取缔的范围之内。但因为这些条例在实施过

① 《第三次全国医师代表大会提案》,《医事汇刊》1934年第18期,1934年1月,议案,第78页。

② [英]麦高温:《中国人的明与暗》,朱涛、倪静译,时事出版社,1998年,第189～200页。

③ 默:《释"江湖医药"》,《医药评论》第8卷第12期,1936年12月,第4页。

④ 默:《释"江湖医药"》,《医药评论》第8卷第12期,1936年12月,第4页。

⑤ 王笛:《街头文化:成都公共空间、下层民众与地方政治,1870—1930》,中国人民大学出版社,2006年,第120～121页。

⑥ 王惠民:《庸医杀人》,《医药评论》第7卷第2期,1935年2月,第16页。

程中因种种原因以致落实程度不够,贯彻不力,故而也造成大量本应具备资格的医生并没有获得证照,成为官方意义上非法行医的"游医"。尽管官方和民间对"江湖游医"的范畴认识稍有差异,但二者对"江湖医生"业务水平低劣的这一认识却是一致的。

江湖医生混迹医界,无疑加重了医界混乱程度。卫生行政部门虽多次颁布中、西医条例,要求业医者向政府注册,并在地方警局备案,颁给执照,以望整顿医界保障生命。对那些未领取执照者,则视为非法行医,明令取缔。这些举措虽然在某种程度上对江湖医生起到了限制作用,有利于医界的整顿和规范,但总的看来,民国卫生行政的执行力度存在诸多问题,这些举措的成效也非常有限。李涛敏锐地观察到,许多江湖医生面对政府法令时,其坑蒙获利的方式也在"与时俱进":

> 近年来卫生局按照成药规则,卖药者均须登记,这般江湖医生,也受了不少的限制。同时他们宣传的方法也随着时代进步了。例如,北平报纸上的广告版,四分之三是卖成药的,无线电放送的广告也多半是卖药的。这些成药之所以盛行,因为一般人的愚和穷。愚便不知道正当卫生的方法,穷便无力得到适宜的治疗。①

在"科学"成为新的崇拜后,一些江湖医生也纷纷以"科学"为标榜,以"科学"之名行"庸医"之实,这更增加了民众辨别的难度。宋国宾观察到:

> 现在灌输迷信的人物,是江湖医生和江湖药商,他们的目的是连知识都在灌输之列,灌输的工具不是神道而是科学。科学,是多么好听的名辞呢? 他们持着似是而非甚至完全违反科学的医药招牌,来做盗名牟利的工作。他们灌输迷信办法大都借重报纸的力量,在报纸上登着夸大的江湖性质的广告,说得天花乱坠,效验通神,有时捏造病人的病历和自己的治绩。江湖药品则更借着江湖医生的捧场,来取信于社会。

---

① 李涛:《北平医药风俗今昔谈》,《中华医学杂志》第27卷第12期,第785页。

江湖医生也常利用通信答病等等的机会，来为江湖药品介绍，诸如此类，举不胜举，都是灌输迷信的妙法啊！[①]

除江湖医生外，民国的巫医在民间也较为盛行。北平的巫医，普通称之为"瞧香的"，意思是病人烧香以后，经他看了香火燃烧的情形，以卜病人的体咎。其他地方也将巫医称之为"跳神的"或"端公"，这是因为烧香以后，须行跳舞假寐等手续的缘故。[②] 王笛在考察成都的街头文化时也留意到，在民国街头，端公的表演也很有吸引力，很多居民相信巫医能够治愈疾病，他们的街头演示会招来很多人围观。端公最常使用的方法是"观仙"、"画蛋"、"走阴"等。当一个端公施法时，他会一手舞动一束燃烧的符纸，一手摇一根圆杖，在一排点燃的蜡烛、水碗和长香前大声念咒，他们奇特的服装、工具、手势和语言都会引起观众的好奇心。[③] 虽然各时期政府都努力控制并取缔巫医，这些措施也曾起到一定的效果，但显然并不能从根本上一劳永逸地解决问题。

## 第二节　民国医事诉讼的形态与分类

### 一、医事诉讼的简要编年表

本书所收集的医讼案件主要来源于以下三个部分：第一，民国时期的报刊。《申报》、《大公报》、《中华医学杂志》、《医事汇刊》、《医药评论》、《光华医药杂志》、《上海医事周刊》等报刊都载有一些医事诉讼。这些医事诉讼在报刊上得以刊载，表明这些诉讼颇受时人关注，具有一定的代表性和影响力。本书查阅了民国时期较为重要的医药期刊及部分综合性的报刊，从中清理出了大量的医疗诉讼案件，相信这些诉讼案件至少可以局部地反映

---

① 恪三：《医药的迷信》，《医药评论》第 8 卷第 11 期，1936 年 11 月，第 2～3 页。
② 李涛：《北平医药风俗今昔谈》，《中华医学杂志》第 27 卷第 12 期，第 785 页。
③ 王笛：《街头文化：成都公共空间、下层民众与地方政治，1870—1930》，中国人民大学出版社，2006 年，第 121 页。

医讼案件的某些特征和当时的部分医疗观念。第二,相关医药行政、司法机关的档案中也有不少的医讼案件卷宗。这些医讼案件来源相对分散,笔者虽竭力收集,无奈时间和精力都相对有限,所收集的医讼案件难免不周,缺漏之处甚多。但此部分收集到的案件大多比较完整,有利于就研究对象深入讨论。第三,民国的医史研究者或医事机构所做的医事诉讼整理。20世纪30年代陶炽孙在上海东南医学院兼任医学史讲席,曾注意收集近代医事诉讼的史料以为研究之便。1936年,陶氏利用收集的材料撰有《中国新医受难史序论》一文。在文中,陶氏统计了从民国十九年(1930)至民国二十四年(1935)间的19件医师被讼史料(参见附录一)。① 30年代,为保障医权,中华医学会曾成立医务保障委员会,专门帮助会员处理医事纠纷。该会在1935年和1937年曾将其参与处理的医讼案件结集出版,以供研究。医务保障委员会编辑的两册《医讼案件汇抄》共收集医讼案件28件,集中了30年代较重大的医疗诉讼案件。② 通过上述三方面的资料收集,本书共收集到南京国民政府时期医事诉讼案件169起,医事诉讼发生时间起于1927年,终于1949年。③ 不可否认,这些案件只是民国医事诉讼案件的"冰山一角",但这些偶然凸露的部分则为我们提供了认识整个"冰山"的可能。兹以所收集医事诉讼案件为材料,对民国时期医疗诉讼的大致情况略作说明。

---

① 陶炽孙:《中国新医受难史序论》,《中华医学杂志》第22卷第11期,1936年11月,第1121~1135页。

② 宋国宾编:《医讼案件汇抄》第1集,中华医学会业务保障委员会,1935年9月;中华医学会业务保障委员会编:《医讼案件汇抄》第2集,1937年3月。

③ 虽然在1937~1945年间,中国部分区域落入敌手,但南京国民政府仍有大片"国统区",其行政、司法运作仍有连续性。这一时段因战争纷扰,正常申诉往往不得满足,医讼案件数量相对较少,本书偶有涉及也多采国统区内所发生的医讼案件为样本。需要指出的是,医讼案件的复杂性远远超越了事先的设想,每件讼案都有其自在的意义,故以何种标准对讼案进行整理与统计反而更显困难。本书在对这些讼案进行数量上的计量时采以下标准:1. 某件因医、患纠纷而引发的医疗诉讼之事实,无论其持续时间长短,及是否引起上诉,均作为一个案件;2. 有些病患向地方法院提出诉状后,医家同时也会对病家提出反诉,这类案件往往由法院作同案审理,因此在本书中也视为一个案件;3. 对于并未提起诉讼的纠纷案件不包括在本表之中,但对于部分案件病患上诉后再行撤诉,则计入其中。4. 因时人对"医"的理解颇有偏差,故而在本书中,凡因医事行为而致诉讼的案件都计入其中,其中的被告自然包括游医、稳婆甚至普通民众。还需说明的是,该表仅仅是本书用以分析南京国民政府时期医疗诉讼案件样态的一个样本,并不具备严格的统计学上的意义。

表2.6　南京国民政府时期医事诉讼案件样本统计列表(1927—1949 年)①

| 年份 | 具体案件 |
| --- | --- |
| 1927 | 浙江广济医院王吉人医讼案 |
| 1928 | 江苏常熟顾见山医讼案 |
| 1929 | 上海王紫绶医讼案,上海孔锦培医生与范茂华互控案,宁波郑蓉荪、董庭瑶医讼案,长沙梁鸿训医讼案,北平震旦医院医讼案,南京东南医院邹邦元医讼案 |
| 1930 | 九江邓清山医讼案,上海程立卿讼案 |
| 1931 | 上海袁文铎医讼案,上海蔡幼笙医讼案,上海张亭贵医讼案,兰溪陈哲卿医讼案,镇江汪元臣医讼案,上海宝隆医院医讼案,上海高戴氏、王陈氏案 |
| 1933 | 合肥郑信坚医讼案,连江邱邦彦医讼案,成都胡祖贻医讼案,上海葛成慧、朱昌亚医讼案,上海王何氏案,上海郑养山案,上海俞松筠案,江苏刘葆荣案,上海陈志余案,绍兴徐仙槎案,开封陈松坪案,上海祝阿巧、徐文耀、季郭氏案 |
| 1934 | 杭州裴伯壎案,上海柯圣沧案,上海亚兴斯克案,南京张芝佩、史久康案,南京孙伟案,上海恩格尔医师案,苏州余生佳医讼案,南京陈华、沈克非案,南京沈克非案,武昌叶克城案,成都杨技高案,南通尹乐仁案,南京王怡案,上海康视全案,上海张湘纹、葛成慧案,上海林惠贞案,上海吴旭丹案,芜湖王颐、王幼梅案,宿县赵元元案,南昌刘懋淳、叶立勋案,江苏吴县蒋渭伦案,南通施林生案,上海顾宗文案,南昌江明案,上海某王姓医讼案,梧州冼家齐案,上海沈仲芳案,上海鲍蕉芬案,上海吴县季森案,吴县吴阿福案,吴县殷震一案,上海陈宝庭案,上海窦伯雄案,上海杨大筛子案,上海杨张氏案,上海宋大仁案,上海张陈氏、陈苗氏、汤沈氏案,上海俞杨氏、王医生案② |

---

① 任何的医讼案件都包括了医疗行为的发生到案件的司法审结的过程,这一过程往往耗时甚长(如1930 年6 月程立卿为唐王氏堕胎致其身死,程氏被控后逃逸八年方才归案并由检察机关提起公诉),因此选取这一过程中的哪一时间点作为案发日期便颇费思量。一般来说作为医讼案件的统计,往往以病家的上控或法院的受理为准,以示此案件已由纠纷正式转为诉讼。但是,这一标准在文献资料的实践中颇有难度。因为在报刊或档案中很难看到案件的详尽记载,这些材料往往只展现了讼案的一个片断。故而,本书采取了下列标准来判定案发日期:第一,若有详尽的资料,则以病家的上控或法院的受理时间为准。第二,在缺乏足够的时间证据时,以材料中显示的此案件的任一时间(如医疗行为发生日、检验鉴定日、审结日等)为准。第三,不满足前两条者,以材料出版的年份认定为讼案发生的年份。显然,这样的做法在准确度上值得怀疑,但所幸的是本文的重点并不在考证所有讼案的精确时间。这样的做法仅仅是为了叙述上的方便并尽量展示南京国民政府时期的医事诉讼状况。此外,为了叙述的方便,本书多以涉讼医家或病家的姓名代称整个讼案,如王吉人医讼案。

② 其中,上海杨大筛子医讼案中,杨大筛子为原告,被告姓名不详,特此说明。杨张氏一案中,杨张氏请某老妪堕胎,致杨张氏身死造成讼案,被告老妪姓名不详,以"杨张氏案"代之。

续表

| 年份 | 具体案件 |
|---|---|
| 1935 | 上海倪丁氏案,北平协和医院案,上海司徒博案,上海朱叔屏案,香港胡惠德案,上海胡南山堂药店案,上海陈泽民案,上海陈炳威案,上海虞佐唐案,上海沈兆荃案,南京戚寿南案,上海刘王氏案,上海张百庸、马潘氏案,上海王兴根案 |
| 1936 | 上海邝步扬案,长安张哲丞案,上海张阿六案,上海俞赞臣案,汉口欧阳淑清案,上海陈澄案,上海张凤歧、张凤石案,上海王道仁案,上海印人加拉姆斯案,上海杨张氏案,上海张昇龄案,上海张秀钰案,上海宣仲甫、邵钧案,苏州王兰孙案,上海大东药方案,上海卢启如案,上海唐正余案,上海刘佑良案,简阳李王氏案,上海戴李氏、李吴氏案,上海苏宏开、钱谢氏、马于氏、王小妹案,上海陆吴氏、王张氏案,上海汪龙氏案,上海奚某讼案,上海鞠九华、周王氏、周陈氏案,上海王姓收生婆案 |
| 1937 | 上海钱文辉、万选青案,上海江二群夫妇案,上海许国钧、陈卓人案,上海诸心媛、杨钟氏案,上海王张氏、李俞氏案,上海严品征、顾少琴、薛克斌案 |
| 1938 | 上海漆霖生案 |
| 1939 | 西安唐文架案,上海王肇邦案,上海陈德龙案,上海蔡安华案,上海黄家驷、崔之义,上海盛今彦案,上海朱文芳案 |
| 1940 | 上海谢家树案,海门陈惠民案,上海张卜熊案,简阳毛玉膏、毛周氏案,上海周朱氏、姚维坤案 |
| 1941 | 昆明李宝实案,上海沈徐氏、郑姚氏案,上海徐钟氏案,成都黄如玉、梁凤林案,广汉余陈氏案 |
| 1942 | 成都张高氏案 |
| 1946 | 南昌高茂山案,无锡吴文华案 |
| 1947 | 南京许殿乙案,南京钱明熙案,上海李家忠、李兆亭案,上海仲菁荪案,重庆王几道、罗光采案,上海黄克芳案,上海西门妇孺医院,上海郭至德案,上海唐少云案,上海饶有勋案,上海陆坤豪案,上海李家忠案,上海胡顺庆案,上海曹斗才案,上海杨海钧案 |
| 1948 | 兰州康慕仁案,上海周镜清案,上海吴一鹗案,苏州陆宇安案,赵傑人案①,上海王以敬案,嘉善王蓝田案,杭州庄桂生案,上海黄英邦案,上海徐昌权案,太仓公医院讼案,无锡朱品三案,上海秦桂英案,上海柏尔医讼案,上海吴南华案,浙江处州王懋溥案 |
| 1949 | 上海王曾漪案,上海谭仲涛案,上海周霞珠案,上海李炳案,上海潘雍锷案 |

如前所述,这张医讼案件的编年表主要来源于民国时期的普通报刊、医

---

① 此案被告医师姓名不详,仅知赵傑人被医死,赵傑人家属遂控诉该医过失杀人。

学杂志、司法记录以及一些回忆录,共统计医疗诉讼 169 起。虽然这一编年已是目前对南京国民政府时期医讼案件最为详细的统计,但可以肯定的是,随着研究的深入和更多史料的发掘,还会有更详尽更全面的统计更新。以 1934 年的统计为例,该年的统计数据就呈现出不断攀升的历史。陶炽孙在《中国新医受难史序论》统计的 19 起医讼案件中,发生于 1934 年的医讼案件共有 11 起。宋国宾编《医讼案件汇抄》第一集中所统计的中华医学会业务保障委员会参与的 21 起医讼案件中,1934 年发生医讼案件共计 12 起。另据张斌等人在 2003 年的统计,1934 年发生的医讼案件达到了 21 起。[①] 而在本文的统计中,这一数据上升至 38 起。显然,要对 1934 年乃至整个南京国民政府时期医讼案件做数量上的精确统计几无可能。尽管这份统计的内容不甚完整,也并不具备统计学上的意义,但它却足够清楚地证明在南京国民政府时期医事诉讼是广泛存在的现象。另外,这些医疗案件也可以作为民国医疗案件的"标本"。透过这些案件,我们得以重新观察民国时期的医讼案件及其处理进程。

## 二、民国医事诉讼的概况

因为资料的不确定性,上表各年的统计数据不可能精确地符合历史事实。但是如果将各年发生的医讼数量略作统计,则不难判断各不同历史时期医疗诉讼发生的大致状况。

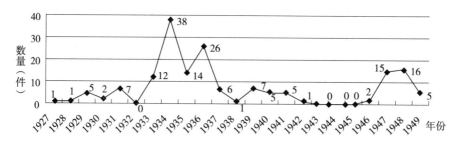

表 2.7　南京国民政府时期医事诉讼案件样本统计图(样本量:169 件)[②]

---

① 张斌:《浅析民国时期的医事纠纷》,《中国医学伦理学》第 16 卷第 6 期,总第 92 期,2003 年 12 月,第 22 页。

② 为更好地展示各时段的医讼状况,该表在制图中将未能收集到医讼案件的 1932 年、1943 年、1944 年、1945 年计为零(但这并不代表这些年份就没有医事诉讼案件发生)。

纵观这 169 起诉讼案件在年份横轴上的分布,不难看出医讼案件主要分布在两个时段:第一个时段即 1933 年至 1937 年间,这一时段共发生讼案 96 起,这一时段是南京国民政府时期医事诉讼案件的高发期。第二个时段则出现在 1947 年至 1949 年间,这一时期医讼案件在数量上较 40 年代初又有一定程度的增长,共发生讼案 36 起,出现了第二个高峰。两个时段中,又尤以 30 年代中期发生的医讼案件为最。其中,1934 年是南京国民政府时期医讼案件发生最多的年份,全年医讼案件高达 38 起,占到讼案总数的 23%。江晦鸣即评论说:"民国二十三年,可谓医事纠纷年,在此一年中,医事纠纷之多,实出吾人意料。其荦荦大者:如俞松筠,裴伯壎,沈克非,张湘汶,葛成慧,林惠贞,李元善,顾宗文等之被控案,可谓轰动全国。"①

南京国民政府时期的医事诉讼之所以主要发生在 20 世纪 30 年代中期与 40 年代末期,主要原因是受到民国政治的制约和影响。1927 年到 1937 年乃是民国的"黄金十年"。在此十年间,南京国民政府的政治构想得到较明确地表达,国家司法建设也逐步走上正轨,民众诉讼的正常化使得医疗诉讼要求得以满足,医讼案件的数量也逐渐增多。1937 年至 1945 年间,因战火纷扰、国事蜩螗,国民政府关注的重心已完全在抗日救亡,争取民族独立方面,对于国内司法建设颇有些无力顾及,且抗战期间最为繁荣之东南半壁多入敌手,正常的医疗诉讼请求往往不易得到满足。因此,这一时期的医疗诉讼案件数量较前一时期大为减少。② 至于 1946~1949 年,则因上海等沦陷区收复后,各地沿袭南京国民政府战前的种种政策,司法诉讼又逐步呈现出常态化的倾向,故而此间的医疗诉讼案件又再度增多。当然,造成这种现象的原因较为复杂,但客观的历史处境无疑是导致这一现象最根本的因素之一。

就上述 169 件医疗诉讼来看,民国医疗诉讼的被告成分较为复杂,其时营业的中医、西医还有其他江湖医生都曾涉讼。民国时期中医从业者数量

---

① 江晦鸣:《一年来之中国医药卫生》,《医药评论》第 7 卷第 2 期,1935 年 2 月,第 41 页。
② 抗战期间医讼案件的减少也与该时期的档案大量佚失损毁有关。本来上控法院的案件可能就相对较少,再加少很多档案的缺失,所以呈现出来的案件数量自然大为减少。

众多,地域分布极其广泛。除在城市行医外,在乡间行医的中医更是病患求医的主要对象。中医整体业务水平较差,社会上又多庸医盛行,由此导致的医疗诉讼便在所难免。另外,中医的治疗特点以及病家对中医的认识心态也为纠纷埋下隐患。沈凤祥注意到,"中医为形而上之学,聚讼所在,道旁筑舍,尤易授人乘虚攻击之柄。业医者更多未谙法律,遂致任人播弄,饮恨难伸。"①沈氏所言虽然侧重中医的治疗特点易授人口舌,但中医聚讼也与病人的"近代"眼光有关。萧俊逸就觉察到在30年代的民众观念中,西医已成为"科学"的化身,以致病人不敢轻易怀疑,而"中医"则成为落后与腐朽的象征,大有人人可欺的意思。② 由此亦可观见,医疗诉讼的发生并不纯粹是因业务与技术过失而导致,诉讼显然也受到社会观念、医疗模式的影响。当然,所谓"中医"的指称事实上也很值得商榷,特别是在乡村与城市街头的江湖行医者,他们采用的医疗方法虽大多是传统中医的方法,但这类业医者与真正中医的自我认同却截然不同。还有一些案例则表明在社会过渡时期,一些中医采用了西医的治疗手段,因为不当注射或贸然手术从而引发纠纷,这些案件的行为主体虽是中医,但却是因扩大业务、滥施手术等因招致纠纷。③

除中医外,民国时期城市中的西医也成为病人控诉的主体之一。西医

---

① 沈凤祥:《病家毁坏医生名誉之刑事责任》,《光华医药杂志》第1卷第5期,第33页。医患争讼的情况一般都发生在患者暴亡的背景之下,即使是医家的过失,但只要不致引起病患病症的急转而下,便不会受到"非专业"的病家的怀疑。医事纠纷中,绝大多数的情况都存在病者重伤或死亡的现象,这是医纠纷的典型特征。因此也有人注意到,同样是中医这种"形而上"的虚玄反而不易招致诉讼。因为中医用药大多不会发生速效,水平有限的医家大谈"形而上"的辩证,虽不能治愈病人,亦不会轻易医死病人。中医因其药无速效以致不易引起病人病症突转,故而病家最多只是怀疑其药效不灵,而不会质疑其庸医杀人。

② 萧氏言:"且病家之控告也,何独见于国医而不见于西医,岂西医之中,尽系高手,而竟无一误治者耶,无一玩忽业务者耶。噫,殆畏西而欺中软。不然,误治于国医彼即控告,误治于西医彼即缄默而甘于枉死也。窃国医者华人也,西医者亦华人也。同系华人,同系误治,但以其学术由西国而来,病家即畏而不敢较。噫,国人畏外心理如是之深,宜乎国势日蹙而濒于灭亡,愿我国人(指病家)其省诸。"参见萧俊逸:《病家应有的觉悟》,《医界春秋》第7年第12号第84期,1933年11月,第3～4页。

③ 虽然一些规章明确规定中医不得以注射、手术等西医的方式施治,但却引起了"科学化"中医的强烈反对。此外,一些案件表明一些中医之所以涉讼主要是在病家极度危险的状态下又找不到其他医家,中医只得贸然出手施治,结果致成纠纷。

多集中在大城市开业,绝少深入乡村。30 年代为推行公医制度,在政府卫生行政的干预和推动之下,虽陆续有西医在各地业医,但也多集中在县及县以上城市。西医的分布特征决定了西医涉讼的案件多发生在城市之中,其中又尤以东部沿海城市为多。据 1935 年统计,上海西医人数占到全国西医人数的 22%,因此上海发生的西医诉讼案件的数量也相对较高。前文统计的 1934 年发生的 38 起医疗诉讼案件中,在上海发生的即有 20 余起之多。西医治疗又追求速效,愈与不愈立竿见影,一旦发生事故,极易招致纠纷。西医医疗方式的特殊性无疑是导致西医诉讼案件频发的重要因素之一。40 年代末,上海市医师公会仍颇为无奈地说:"今国方新旧过渡,社会心理,糅杂不纯,加以中西医间,又各有主见,十九之脑,为数千年旧习所浸润,而重视方笺。于是持一针,执一刀,注药入体,剖腹摘疡,常以惊恐之眼,怀疑之态,环视于侧,偶有意外,攻击随之,是将不使西医中化而不已也。"①

民国时期因医事执业制度未得完善,故而存在大量的医家无照行医,这导致了医事诉讼案件中被告身份的复杂化。有许多的案件显示,施医者可能不是真正的"医",其身份颇为复杂,他们既可能是无照的江湖医生,也可能是"巫",也可能是病者的家人或亲属,此时"医"的概念已发生转换,并不是我们通常理解的业"医"之医。例如 1936 年的宣仲甫案,宣氏虽是挂牌坐堂但却没有执照,实属冒牌。② 在就医者及普通民众看来,宣仲甫无疑是一位医生,但若以严格的执业标准和法律条文来看,宣氏"医"的身份则并未被国家所认可。另外,民国时期因堕胎引发的讼案中被告身份的复杂更为典型。堕胎案多为公诉案件,其被告往往包括产妇、介绍人、稳婆等诸多人等,远远超出一般意义上"医"的范畴。事实上,就算是今日习以为常的中、西医的分划其时也还存在讨论的余地。因为在民国时期,有不少的医生中、西兼营,不自觉地在走上了"中西医结合"的道路,其自我认同和他者认同到底是"中"还是"西"都有待商榷。比如上海杨海钧一案的被告杨海钧

---

① 《本会对南京市立医院刁案之代电及宣言》,《医讯》第 1 卷第 3 期,1947 年 9 月 30 日,第 6 页。

② 《割包皮致人死命,假医生判罪》,《申报》1936 年 11 月 28 日。

原本即业西医,但因所在地区病家多信中医,故又转学中医以中医身份营业。

民国因主权的不完整,还存在外籍医师涉讼的情况。这类案件审理过程较为特殊,故有必要对此作一说明。外籍医师人数甚众,且因其成分复杂,业务素养参差不齐,对民众健康造成了潜在的危害。外籍医师与病患发生纠纷在民国时期并不鲜见,仅20世纪30年代就有多起涉及外籍医师的医讼案件发生,其中不乏轰动全国的案件。仅在1933～1936年间,在华外籍医师就至少涉及5起医讼案件。包括1933年4月,成都袁张玉坤控告四圣祠仁济医院英籍医师胡祖贻医死袁尚案。① 1934年2月,上海发生的俄籍立凡诺夫控告俄籍医师亚兴斯克业务过失伤害案。② 1934年3月,上海俄籍廉新小姐(Miss Reisin)控告德籍开业医师恩格尔施行乳房手术后有碍美观案。③ 1935年3月,北平美籍雷德(H. A. Raider)控告北平协和医院玩忽业务致其妻入院后子宫癌经久无效身死案。④ 1936年9月,上海市民徐长明控告印度医师加拉姆斯为其小孩治目疾,致其小孩服药后身死案。⑤各案具体情况详见表2.8:

**表2.8  在华外籍医师医讼案件表(1933—1936年)**

| 时间 | 被告 | 原告 | 受理机构 | 处理结果 |
|------|------|------|----------|----------|
| 1933年4月 | 胡祖贻(英) | 袁张玉坤(中) | 四川省民政厅转法院 | 不详 |
| 1934年2月 | 亚兴斯克(俄) | 立凡诺夫(俄) | 上海第二特区地方法院 | 被告无罪 |
| 1934年3月 | 恩格尔(德) | 廉新小姐(俄) | 上海第一特区地方法院 | 被告无罪 |

---

① 《袁张玉坤呈控诉仁济医院医生胡祖贻医毙军官袁尚案与四川省民政厅指、训令、批示》,四川省档案馆,卷宗号:113—515,1933年。

② 《医业保障》,《中华医学杂志》第22卷第7期,第609～610页。

③ 宋国宾编:《医讼案件汇抄》第1集,上海:中华医学会业务保障委员会编,1935年,第5～20页。

④ 宋国宾编:《医讼案件汇抄》第1集,上海:中华医学会业务保障委员会编,1935年,第366～368页。

⑤ 《印人为小孩治目疾,服药后忽死》,《申报》1936年9月11日。

| 时间 | 被告 | 原告 | 受理机构 | 处理结果 |
|---|---|---|---|---|
| 1935 年 3 月 | 北平协和医院（美） | 雷德(美) | 美国驻华按察史署 | 被告无罪 |
| 1936 年 9 月 | 加拉姆斯（印度） | 徐长明(中) | 上海第一特区地方法院 | 不详 |

这些诉讼案件发生后,许多外籍医生凭借领事裁判权庇护,往往咎不获罪,不受中国政府与地方医学团体的制裁与约束。宋国宾即观察道:"盖彼托庇于领署之下,一切行动,不受吾国政府与当地医会之制裁,为所欲为,肆无忌惮,毁谤华籍之同道,吸收富有之病人,使中国新医界之进展,受无形之打击。设不幸而遇过失杀人之罪发生,亦可安然逃于中国法网之外。虽各国领署对其在华之侨医,未必悉皆袒护,然病家之控诉外医于领署者几曾受理?"①在近代主权不完整的情况下,中国病人与外籍医师之间的诉讼案件无疑充满了尴尬与无奈。②

就 169 起医讼案件样本观察,南京国民政府时期的医讼案件最主要的两类案件是业务过失罪和非法堕胎罪。在 169 件案件中,因业务过失而被控的案件至少达 60 起以上,因堕胎罪而被控的也多达 30 余起。除此之外,也有因妨害名誉、医德败坏、手术手续不合等由进行控诉。作为医家,故意杀人的案件非常之少。在本书所收集的样本中,并没有见到故意杀人的案件。中国近代法医学的奠基人林几教授在 1946 的一篇文章中提到故意杀人者仅有一案,案情如下:

　　至于故意应用医术杀人者,仅于二十五年有某埠某医,为人堕胎,误致子宫穿孔,大出血。乃取妇夫血液,擅行输血,未检血型,致突身

---

①　宋国宾:《领事裁判权与中国新医界》,《申报》1937 年 4 月 27 日。
②　近代来华外籍医师不仅可能危害民命,更损害利权,引起华、洋医的同业竞争。为"救济民命、挽回利权、保障业务",中国医界开始呼吁加强对外籍医师的管理,民国政府也相应采取了一系列的措施对其进行规范。相关的研究可参见拙作:《论南京国民政府初期对外籍医师的监管》,《历史教学》(高教版)2008 年第 24 期。

死。遂再另取护士血液，注于该男。以致两人皆死。埋尸楼板下，潜逃旋获。此种案件，固极罕见。而有意应用引赤发泡药，或泻药，吐剂使病症增剧，企图病人肯信医人预告以遂需索敲诈之案件，与有意延误诊疗，漠视病情，临危不救，或夸大危机等，时常引起诉讼问题，是均涉医业道德，极易误罹法网。①

总的来说，医者仁术，病者治与不治关键在于其时的医疗条件与医务水平，以及医家在施治过程中是否恪守原则、避免过失。业务过失类诉讼的焦点主要在于认定医家的业务是否存在过失，而这一问题除却部分医家确实在医事实践中存在明显的过失行为外，更多的则在于医病双方如何理解与认定医家的"业务过失"。至于堕胎罪而导致的诉讼，则有着与业务过失罪不同的特点，更多地体现出国家追述的特征，反映出国家理想与社会实践之间的矛盾与冲突。

至于这169起案件的审结，因本书所采案件资料来源参差不齐，讼案事涉双方，各自说词不一，统计标准依次如下：一、结案。表示法院已作出明确的判罚结论。若该案由地方法院初审完结后，并未上诉，则以初审结论为结案标准。若两造在初审后又依法上诉，则依最终的上诉结论为依据。② 在全部169起样本案件中，有审结结果案件共有77起，占总数的45.6%。二、不详者。所谓"不详"表示或因资料不足，或确无下文，该案虽经法院受理，但是审理结果尚不可知。在全部的169例样本中，结果不详者有92起，占到样本案件总数的54.4%。当然，审理结果不详的主要原因是因为这些案件记载资料的缺乏，并不意味着法院审结率的低下。

任何的案件为法院受理进入司法环节后，一般存在着病家撤诉、不起诉处分、无罪及判罪几种结果。本书所采有明确审结结果的77件案件也可以作上述划分。其中，病家撤诉的案件有6起，检察机关作出不起诉处分的案

---

① 林几：《二十年来法医学之进步》，《中华医学杂志》第32卷第6期，1946年6月，第266页。

② 某些案件事实上已经上诉，但因资料的缺乏，却只存留了初审结论，此种情况则依初审结论为依据。

件有 11 起,被告无罪的案件 30 起,被告确实有罪并获判罚的有 30 起。无论是病家撤诉,还是检察机关作出不起诉处分,抑或是经法院审理最后判决被告无罪,这些案件中的被告最终都以形式上的"无罪"而结案。① 这些案件加在一起达到 47 件,占到 77 件中的 61%,而审结获罪的案件仅 30 起,占 77 起案件的 39%。如果再仔细分析这 30 起获罪案件的特点,则不难发现其中有多起是因为非法堕胎而致判罪,真正因医疗事故导致被告获罪的比率实际比较低。

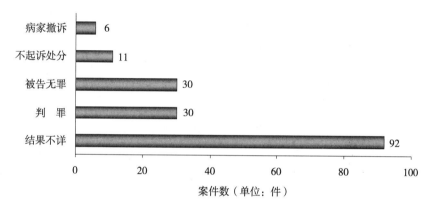

表 2.9 南京国民政府时期医讼案件审理结果分类表(样本量:169 件)

## 三、民国医事纠纷的特点

虽然仅据本书所采的 169 份样本案件,不能对整个民国医事纠纷轻下断言,但这些案件还是为我们提供了一个窗口,使得我们有可能洞察民国医事纠纷的某些特点。

第一,就上述 169 起医事诉讼来看,病家大多有一定社会背景。中国向来都有息讼的风气,争讼之所以被排斥,除争强好胜之风与传统的文化心理

---

① 这种"无罪"仅仅是法律裁判的结果,并不能据其简单地否定被告的事实犯罪。审结与事实高度吻合是司法机构的理想化追求,但在实践中,两者不可避免地存在一些背离。在本书中,我们显然无力对"过往的医事诉讼"作出精确的重新裁判,故而尽管在审结与事实之间可能存在距离,但本书仍只能基于审结的结果进行分析。

有所抵触外,一大原因就在于诉讼费用颇高,并非人人可为。169 起案件中,很少有基层乡村民众上控,这些控案大多集中在城市,原告大多有一定的社会背景为奥援。较典型的例子即是袁张玉坤控诉仁济医院胡祖贻的讼案,大量的社会团体参与其间,甚至在很大程度上,病家有操控社会舆论超越"程序正义"的嫌疑。① 另一起典型的案例是上海尚贤堂妇孺医院张湘汶、葛成慧两医师讼案,该案两造最后虽达成和解,但是为此案担任调解人的竟是马相伯、熊希龄、朱庆澜。② 透过这些案件,当不难看到原控话语的强势色彩。不可否认,"普通民众的声音"在档案材料中的微弱呓语、甚而"失语"可能会造成研究者的"误读",但可以确定在民国的司法体系下,对于多数普通民众来说,"诉讼"并不是件轻而易举的事。周琴舫评论 30 年代中央医院频发的医事纠纷时即说:"中央医院庸医杀人案,或为烈士后裔,或为名族子女,控告法院,层出不穷,是以昭昭在人耳目"。与这些有一定社会地位的病家相比,"其他如贫苦无告之死于非命者,均迫于严威,大都含冤地下,匿迹销声,吾人虽欲代算其总账,实无法统计矣"。③

　　第二,医家被判有罪的案件比例较低,病家败诉的现象极为普遍。民国的医讼案件中,医家真正获罪的案件甚少,病家败诉率较高。1934 年发生的 38 起医讼案件中,被告真正获罪的案件仅有 2 起。其中,苏州余生佳医生与徐镜清互控案中,判罚余生佳医生向徐镜清赔三千元,徐镜清则赔偿余生佳名誉损失一千元。④ 芜湖王颐、王幼梅案中,芜湖地方法院判决王颐、王幼梅二人各处有期一年。两人不服原判决,上诉至安徽高等法院,经安徽省高院审判,王颐无罪,王幼梅处罚金四百元。⑤ 除这 2 起案件被告存在过失被判有罪外,冼家齐医师一案上诉未详,其他案件最终撤销控诉的 1 起,和解 2 起,被告无罪的 10 起,其余案件审理结果不详。《医讼案件汇抄》所

---

　　① 《袁张玉坤呈控诉仁济医院医生胡祖贻医毙军官袁尚案与四川省民政厅指、训令、批示》,四川省档案馆,卷宗号:113—515,1933 年。

　　② 宋国宾:《医讼案件汇抄》,中华医学会业务保障委员会,1935 年,第 86 页。

　　③ 周琴舫:《一年来中央医院庸医杀人总结算》,《光华医药杂志》第 2 卷第 1 期,第 61 页。

　　④ 《苏州西医杀人案判决》,《光华医药杂志》第 1 卷第 6 期,1934 年 4 月。

　　⑤ 《钟寿芝医院讼案》,宋国宾编:《医讼案件汇抄》第 1 集,中华医学会业务保障委员会,1935 年,第 88~99 页。

录案件档案材料较为全面,更能反映民国医疗诉讼案件的这一特点。1937年,中华医学会业务保障委员会在刊印《医讼案件汇抄》第二集时,时任业务保障委员会主席的朱恒璧在弁言中欣慰地写道:"来会垂询之案凡九,除上海红十字第一医院一案和解,芜湖钟寿芝医院一案获不起诉处分外,其进行诉讼者得七;就中仅梧州冼家齐一案尚未结束;余案或判无罪,或予不起诉处分,均已得直,颇堪告慰"。① 可见涉讼的医师大多以"无罪"告终。揆诸实情,两集《汇抄》收录的18起被控业务过失致人于死的案件中,有5起案件医师被判有罪,6起案件判决被告无罪,3起案件最后由两造达成和解,另由检察官作出不起诉处分3起,病家撤销控诉的案件1起。被控业务过失伤害罪的4起案件,其中3起被告无罪,唯有汪元臣医师讼案一审被判有罪,经被告上诉后,刑事部分因大赦撤销,民事部分最后判决未详。② 医家被控获罪比例的低下说明医家主观上并无故意犯罪的意图,因"业务过失"获罪的医者甚少反过来恰恰证明"无辜被控"者甚多。因罪被控在理性社会的司法审判中无疑是理所应当的常态,而"有罪不得控"及"无辜被控"则反倒可能折射出更多超越司法范畴的社会问题。因本文所据者主要来源于各类司法文书,这种文书所载的控诉已属"既成事实",故而不能对民国社会是否存在"有罪不得控"的情况作无根据的妄言。不过,"无辜被控"者为数甚多则至少反映出在医讼案件中真正因业务技术导致的冲突比例甚小,导致医患关系紧张的关键因素可能更体现在"无辜被控"的案件之中。因此,弄清楚这些"无辜被控"的案件究竟因何上控成讼可能恰恰能说明其时影响医患关系的痼疾与病家的寄望所在。

　　第三,因不少诉讼系病家"无理上控",故而医家据理反诉的案件亦非鲜见。在通常的医患诉讼中,多是患者因病不治,遂向医家提起诉讼。但就民国医事诉讼来看,病家情绪用事,"无理上控"的情况也较为普遍。余岩就指出:"诸君请起来看看! 医事纠纷的事情,月必数起,有的是病家和医

---

① 　中华医学会业务保障委员会编:《医讼案件汇抄》第2集,1937年3月,弁言。
② 　《汪元臣医师讼案》,宋国宾编:《医讼案件汇抄》第1集,中华医学会业务保障委员会,1935年,第147～237页。

家作对,有的是流氓和医家作对,有的是官吏和医家作对,有的竟是医家和医家作对,在暗中挑拨主持。统计起来,起码有一半以上是无理取闹的。"① 此种情况下,医家为维护自身名誉,据理反诉的案件也很普遍。

民国病家上控的理由五花八门,很难洞悉其真实的动机。医家遭遇自认不公的控诉,自然含冤不平,饮恨难伸。特别是某些医事诉讼,病家为取得舆论上的优势,多在诉讼前通过报刊或其他渠道四处散播"庸医杀人"的信息,致使医家在诉案未得审结之前,名誉已受到伤害。民国著名医师俞松筠就说:"今之病医控案,每不循轨而进。而必先予公然之侮辱。……此种侮辱,实控案以外之不轨行为,非仅法律所不许,且为社会所痛恨"。② 这类医讼案件的频发,使得医家清誉、正常营业都蒙受极大损失。医界无可奈何之下,也鼓励医家拿起法律武器对意图勒索敲诈的"诬诉"对抗,反诉其"诬告罪"。沈凤祥即在《光华医学杂志》上载文探讨病家毁坏医生名誉应负的刑事责任,希望医家积极运用法律的武器维护自己的名誉。③ 在医界看来,医家的这种反诉并不仅是医家的个人行为,而关系到整个医界、社会的秩序。上海某医家的刑事辩诉状即称:

> 自诉人之捏词妄诉已如上陈,显见其必有所图,实假法律以逞其大欲,若不予无辜医生以法律之保障,则为医生者,无时无地俱可予人以可乘之隙,逞私之具。医之黠者,行用无足重轻之药,为明哲保身之计,实足以危害社会,故必治捏词妄诉以诬告之罪,庶足以明是非而彰公道,则直道在人,保彰有法,有稗人群,洵非浅可也,本案之须实究坐虚

---

① 余云岫:《大家团结起来》,《医讯》1947 年 9 月 30 日,第 1 页。客观地讲,在医家看来病家的上控可能是"无理取闹",不过在病家看来则属势所必然,至少并非所有"无辜被控"的案件都是因病家的"无理取闹"而造成。

② 俞松筠:《医讼应需公断——解决医病相讼之正轨》,《医事汇刊》1934 年第 20 期,第 315 页。

③ 沈凤祥:《病家毁坏医生名誉之刑事责任》,《光华医药杂志》第 1 卷第 5 期,第 33～34 页。另一位律师杨志豪也有同样的看法,她说:"病家对于医师,若任意攻评,致毁损其名誉暨妨害其业务者,亦应负刑事上责任。"杨氏鼓励医家积极运用法律之手段,对病家损害名誉的行为提起反诉。女律师杨志豪:《医师业务上过失与病家妨害名誉之刑罪合论》,《光华医药杂志》第 1 卷第 6 期,女医专号,1933 年 4 月,第 56～58 页。

也有如是者,事关社会至巨,初非个人之得失已焉。①

　　揆诸史实,民国医家面对此种侮辱,为保障自己的行医声誉,确不乏向病家提起反诉者。例如1934年的余生佳案,徐镜清妻患喉症,请余生佳医生为其打马血清,结果徐氏之妻不幸殒命,徐镜清遂对余生佳提起诉讼。针对徐镜清的诉讼,余生佳医生亦对徐镜清提起反诉,认为徐氏损害其名誉。② 就医生的反讼来看,其诉求点多在病家"毁坏名誉"上,医家的上控表明医家与病家对"过失"的认定存在严重分歧。更有甚者,医讼的造成却是因病家侮辱太甚,以致医家率先上控,最终形成两造互控。如1929年范茂华医师案,范氏承诺为孔锦培之子包医,结果孔锦培之子不治而亡。孔锦培心存不满,找范氏理论,并将其"招牌打破,满街叫骂"。范氏逼于无奈,控告孔锦培对其"公然侮辱,毁坏名誉"。待警署传讯孔锦培,孔氏又提起反控,控告范氏"庸医杀人"。③ 范茂华与孔锦培的互控反映出民国时期部分病家在诉讼过程中对医家造成了"过度"伤害,以致原本因医疗行为而引发的医事纠纷可能发生了转换,形成新的冲突样态。针对医病双方的互诉,时人亦提出了解决方案。姚惠安提出"以后凡引用法律的条款,来控业医者,必须有深知医学者出而作负责的证明,在司法方面,方可予以裁判或受理"。④ 俞松筠认为其时的医病纠纷,已偏离正轨,因而呼吁医、法二界迅速组织医事诉讼之"公断处"。凡正式医师之被控者,应先受"公断处"之公断,一经公断曲直后,再受法律之裁判。"若在控诉未判之前先公然侮辱者,应受相当之处罚"。⑤

　　第四,医讼出现机构化的倾向。与传统行医方式不同,近代西医往往以医院作为医疗活动的中心,在这种情况下,医疗纠纷也由以前单一的病患与医生之间的冲突扩展到病患与医院之间的冲突。特别是民国推行所谓的

---

① 沈镛:《刑事辩诉状举例》,《光华医药杂志》第1卷第3期,第39页。
② 《苏州西医杀人案判决》,《光华医药杂志》第1卷第6期,1934年4月。
③ 《庸医杀人与公然侮辱》,《申报》1929年3月16日,第20108号。
④ 姚惠安:《医界应请法律救济的一个重要问题》,《光华医药杂志》第3卷第1期,第20页。
⑤ 俞松筠:《医讼应需公断——解决医病相讼之正轨》,《医事汇刊》1934年第20期,第314～316页。

"公医制度",大量将西式医务人员纳入国家卫生公务人员序列,这些医务人员在各卫生医疗机构开展诊务造成的医患纠纷,往往容易导致患者与机构的对立。其中颇具代表性的例子是国民政府卫生署直属的南京中央医院。① 仅在 1934 年一年之间,南京中央医院因医疗事故引起的医事纠纷便多达数起,颇引人注目者如路毓祉之疗疮不起,安黔之牙患开刀,陈允之之剖腹闷死,许定文之抽血亡身,朱青莲之割胎殒命,杨超人之白喉枉死。② 因中央医院庸医杀人案件层出不穷,民众对其印象甚为恶劣。以致北平有谚曰:你若求死,速到"协和医院"去,南京之语则曰:你若厌世,快到"中央医院"去。因中央医院医师"平日态度傲慢,各界不满者最多",加之该院庸医杀人案件屡屡发生,因此监察委员曾对中央医院庸医杀人提出弹劾案。尽管如傅斯年所说,中央医院杀不杀人,应由有资格的医士检定,并非几个在事外的监察委员所能凭空断定的。③ 但是无疑,弹劾案反映出中央医院"庸医杀人"已造成了极恶劣的影响。国民政府当局显然也意识到这一问题的严重性,随即饬令相关部门对中央医院进行整顿。在中央医院开刀医毙安黔后,内政部即行派员调查,并饬卫生署严厉督促该院改良医务。此外南京特别市党部执委会,亦召开第九十七次会议,议决呈请中央对中央医院彻底改组,以重医政。其决议称:

> 查中央医院看护虐待病人,医师敷衍从事,及办理不善各情形,前经本会吁请中央澈底改组,嗣经该院长来函,声明接受本会意见,力谋改善在案。惟数月以来,该院对于上述各节,迄未改善。最近并迭次发

---

① 中央医院的前身是 1929 年 1 月筹建的中央模范军医院,它是国民政府卫生部部长刘瑞恒奉蒋介石之命建立的,主要目的在于收容伤病员,兼便市民就诊。该院于 1929 年 10 月 1 日开诊,1930 年 1 月,国民政府行政院决定将中央模范军医院改名为中央医院,并划归内政部下辖的卫生部(1931 年 4 月改为卫生署)直接管辖,由刘瑞恒兼任院长。1931 年,在获得南洋华侨胡文虎捐赠的银洋 37.5 万元后,国民政府拨款扩建了中央医院。在扩建之后,中央医院成为民国时期南京兴办的规模最大、设备最完善的国立医院。

② 周琴舫:《一年来中央医院庸医杀人总结算》,《光华医药杂志》第 2 卷第 1 期,第 61 页。

③ 傅斯年:《所谓"国医"》,《独立评论》1934 年 8 月 26 日,第 115 号。

见玩忽职务草菅人命情事,应呈中央迅予澈底改组,以重医政,而保人命。①

不过很不幸的是,国民政府对中央医院的重组似乎并不成功,其后中央医院仍旧事故不断,遭到舆论的猛烈抨击。时人曾专作一文,题为《一年来中央医院庸医杀人总结算》,痛斥中央医院之弊。作者指出中央医院庸医杀人案件屡屡发生,其主要原因有二:其一,在于中央医院有大批庸医,因某院长关系,多来自协和医院,是中央医院之"刽子手"。其二,中央医院作为卫生署直属国立医院,"官僚化"、"贵族化"作风浓厚,虽经监察院,内政部,及南京市党部,迭次弹劾,冀重新改组,而骄傲成性如故,怠忽职务如故,是以杀人累累,仍复如故。② 中央医院的案例清楚表明,医师与病患的矛盾在特定的情境下扩展为病患与医疗机构的矛盾,进而引发了国家卫生行政对医疗机构的规范。

除上述的几个特征外,民国医事诉讼也还有诸多其他特点。例如,民国医疗诉讼因无理控告的情况严重,大大加重了医师的职业忧虑,在导致医患矛盾恶性循环的同时,医师团体也开始通过多种渠道维护医师权益,修复和改善医患关系;此外,在民国的医疗诉讼审理过程中,医学鉴定机构和医事团体对民国医疗诉讼的广泛参与同样具有划时代的意义,民国的医疗诉讼实践不但践行和完善了近代医学鉴定制度,而且造就了新的医疗诉讼审理模式。

# 第三节　引发医事纠纷的原因考论

## 一、由医师直接引发的医事纠纷

引发医疗诉讼的原因众多,其中医家的业务能力低下无疑是最重要的

---

① 《内政部饬卫生署整顿中央医院》,《光华医药杂志》第 1 卷第 8 期。
② 周琴舫:《一年来中央医院庸医杀人总结算》,《光华医药杂志》第 2 卷第 1 期,第 61 ~ 62 页。

因素之一。民国医界甚为混乱，政府针对医界虽有考医及执业登记等举措的出台，但效果并不明显。整个民国时期，不仅中、西医并行，而且正式医师与江湖游医同操医业。许多江湖医生仅读过几本医书便为生计所迫，挂牌行起医来。此类医家混迹医界，操生杀之术，自然是引发医疗纠纷的重要因素。1946年，上海贩卖水果为生的赵美智曾向上海市警察总局写密信告发唐小庆，函中称：

> 贫女夫妇以贩卖水果为生，一日不卖即一日不能温饱，不幸身罹病痛，不得已向亲友处供来三万元向南阳桥东台路荣生里五号唐小庆医生处诊病，当即告明月经三月不至，腹中有硬块不时流动，或呕酸腰痛不思饮食。讵误庸医诊断不详，认为月经淤结或块糊，乱抄袭桌上医书成方，嘱煎服两剂，不问抄袭之成方是否合宜，致服该药后非惟不见效力，腹痛如绞，而于27日夜间下部流血不止，竟告小产，因而神志昏迷，不省人事，生命垂危，受尽无限痛苦。幸承朱小南医生开方救我一命，现身体尚未复元，但已债台高筑，无力谋生。贫女本拟诉之于法，奈又穷无立锥之地，痛定思痛流泪饮泣，自叹命苦，贫女既与该庸医无仇，何敢诬衅生讼，后经调查该庸医非为唐小庆本人而由无执照之江湖庸医唐同庆庸医代看，以致有此过失，将贫女生命为儿戏。谓予不信可请贵局长秘密派人前往诊病，是否抄袭桌上医书，是否为正式医生，方知贫女非因仇恨而加诬告。倘不严加取缔，贻害社会，使无力求医者受害更非浅鲜。更查得该庸医唐小庆过去曾为人注射606，以致近处某牛肉面店老板手臂中毒肿胀粗大如柱，险遭残废。此一事实，可请在东台路近处调查即可明白。该唐小庆经此一误，至今不敢为人出面诊病。并该庸医利令智昏，以欺骗之手段购买市上阿是必灵鹏古菜等故意研碎向病人兜售高价，以遂其心发财之狂欲，事实均可实地侦查，贫女实因被庸医受累无穷，迫不得已泣请钧局迅予取缔，严办不稍宽贷，校正社会之暗黑，而利人生健康，实为德便。①

---

① 上海市档案馆，卷宗号：Q131—4—340，上海市警察局行政处关于医治纠纷案。

若据赵美智上控密函所言,是案显然系唐小庆非法行医且水平低劣,从而导致医疗事故并引发医事纠纷。就整个民国医事纠纷而论,其中有很大部分的纠纷都属于医家非法行医,因误诊而引起。特别是在乡村中,大量的江湖医生都藏身其间,庸医误诊的现象更为普遍。《申报》的一篇文章称:

> 单就农村中的郎中和稳婆毒害生命的数字而言,简直没有数字可以统计,而现今以上这类不三不四的江湖术士,差不多还是撒满了整个农村。他们的手段真是乖巧不过,他们能够诱惑大众的农民,投入到他们的迷网中,使大众农民都信仰他们,和他们作一个密切的吻合,认为郎中是一个唯一医治者,稳婆是一个接生的能手。无异的,这样工作已经成为他们铁一般的饭碗,他们的生机当然就凭作这一点上。可是新构成的事实,是不能够使农民得到实惠呢? 我敢说,在他们那样不合科学,无医药的知识棘手下,是绝对不会有美满的收效。我们只要稍加留意,农民疾病的夭亡,和生产的冤死,数字真令人心惊。这种超格的死亡,显然证明着是他们所造成的惨剧。但是他们手腕真灵敏,为防着无能的暴露,而加上“医得病,医不得命”这类含混其词的术语,来掩饰其罪恶。①

业务水平低下,无真实学问而贸然行医的那些庸医无疑是造成医疗事故的主要责任人。李棻评论说:“医非无真过失者,寻其源,其过不在行医业之时,而在求医学之际。所谓无真学问者,贸然行医,剽窃成方,以图混世。斯类人昧于理,操术于世,果为其所害,而受者不知。果为其所戕,而愚者不察,玩其指掌之上。”②尽管这些无照而行医者可能并不能算真正的“医”,但却行医治之实。因业务能力低下,他们遇上难诊之症便难免出现误判。当然,在民国的医事诉讼中,正规医家因业务上的疏忽和误诊也时常引发医讼。故此,梁俊青呼吁医界同道在诊病的时候应该小心谨慎,尽量减

---

① 《农村卫生事业推进的先决问题(续)》,《申报医药周刊》第 216 期,1937 年 3 月 9 日。
② 李棻:《医师之过失杀人论》,《社会医药报》第 1 卷第 1 期,1934 年,第 1 页。

少纠纷的可能性。梁氏称:

> 假如我们的医界,如果在诊病的时候稍微留意一下,检点一点,那末也许可以减少许多的麻烦吧! 譬如说归于注射方面,有些医师总想替病人注射些针药,藉此或许可以多得些手续费,又有些医师往往顺从病人的请求,不管这个病症需要不需要注射,总想设法替他注射。这其间的纠纷就常常因此发生,这是不是当可惜的事情? 老实说一句:我们只要想想看,替一个患着毫无关系的皮肤病的注射针药是不是多余的? 假如因此发生了意外,是不是有"何必当初"之感? 又在急性的心脏病发作的时候,注射了一种强心剂(例如毛地黄之类)会不会更加促使心脏陷入停止工作的地步? 而且一个患有心脏病的人能不能忍受一种可以不必要的手术? 是不是每次的剖腹的手术都是必要的? 一个敷上二年的石膏绷带工作是不是需要的? (有人被医师误认为骨痨施以石膏药带二年,结果被另一医师诊断为关节炎而疗治全愈)空气针的注射是不是每个肺痨病者都适用的?①

民国时期江湖游医颇为盛行的"包医"也是造成医事纠纷的重要原因。所谓包医,即是因医业竞争的关系,巧有心计的医家为笼络主顾起见,把稍有把握的病症,利用包医来羁縻。包医的做法是令病家先付包医金额的三分之一或二分之一,迨治疗愈痊后再付全部诊金。包医相当于医家对病家一种变相的承诺,在一定程度上可以为病家减轻负担,甚而坚定其医疗的信心。但是当"包医"渐成为江湖游医笼络病家的主要手段时,江湖游医便只顾得自己的收入,完全不对病患负责。《申报》的文章观察说:

> 不学无术专以秘术骗人,包医害人者,实不乏人。彼辈只知自己收入丰富,不问病家之预后生死。病人一入其门,动辄包医,不察其内因外原,都以毒目之,为淋为梅,概以六〇六注射之,病人有脑病心病肾

---

① 梁俊青:《医界之自肃》,《申报》1948年5月28日。

病,皆不顾也。①

医家流品杂芜,各类医者混迹社会,医家的水平本来就参差不齐,再加上庸医之流以包医之术笼络病家,更增加了医界的混乱程度。那些未领执照的非法行医者业务水平低下暂且不论,即使那些得有执照的"正式医生",事实上也并不一定确有真才实学。在上海混迹十余年的四川老医师胡坤1932年即领有上海市卫生局颁发之登记执照。1946年,又领有上海市所颁收复区医事人员临时开业执照,并经考选委员会检覆及格得有及格证书。1947年,上海市民吴连向上海市卫生局检举呈控"胡坤不谙文字,并登报妄事宣传行医欺诈"。上海市卫生局随后派陆健秋技士前往查证,发现胡坤果属不通文理,不谙文字行医。② 大字不识的江湖骗子也可领取执照,由此可以看到民国的考医及执业制度可谓漏洞百出。在这种情况下,民国医家整体的业务水平甚可忧虑,这无疑成为引发医疗诉讼最重要的原因。

## 二、由医师间接引发的医事纠纷

就民国医疗诉讼案件的诉状而言,病家或律师的诉状都显得非常专业,这与清末医事诉讼中状子的"口语化"表达特点形成鲜明对比。如田鹤鸣控告俞松筠案,原告田鹤鸣的诉状即显得相当专业。兹节录田氏诉状如下:

查自诉人妻之死亡,实由于被告之业务过失所致,兹将其理由列述于后,(一)产妇最忌受寒,被告更不应令产妇于睡眠中用冰袋,且腹泻随冰袋而发生,足见冰袋可使产妇受寒,并减低其抵抗力而利痢菌之繁殖。(二)痢疾为传染病,非由外间菌虫传入,决不能发生此项疾病,自诉人之妻产后健全,越五日夜一小时半之久,然后开始腹泻,从医学上论断,显系由于八月二日上午用以灌肠之皮带,染有病菌灌入肠中所致(查被告之医院无消毒设备,而灌肠之皮带,常出入于病

---

① 叶植生:《忠告专讲包医的医家》,《申报》1933年6月26日。
② 上海市卫生局关于中医被控,上海市档案馆,卷宗号:Q400—1—2569。

人之肠,附着细菌必多)。(三)被告应用伪药,并以少量报多量,欺骗病家,致病势加增,贻误时间,卒致病人于死亡。(四)产妇于八月四日晨初腹泻时数甚多,已呈重症现象,历八月五日六日七日数日之久,被告未能将其病源查明,亦未委托他人检查有无痫菌,显有业务上之过失。依据上开事实与理由,自诉人妻初以被告之过失传染痫菌,继以被告之过失,痫疾症发后,以被告之疏忽贻误,竟以致命,自无病得病,以致丧身。①

民国医事诉讼中的这种特点不由得引起医家的注意。宋国宾即清晰意识到在医事诉讼中,病家和律师的身后可能还存在隐身于幕后的医家,宋氏推断说:

> 夫近来"医"、"病"纠纷之案件,无论病家所持之理由确当与否,事实之符合与否,然皆能以医学上根据为其控告之立场,此奇事也。夫高深之医学,固非一般病家及普通律师之所能知,似亦非毫无学术之旧医及江湖医生之所能深晓,于是遂不得不疑及一二异派同道之操纵于其间矣。②

这种某些医生居于幕后谋划,或者因某些医生私下对他医的批评和攻击,以致使病人对治疗效果产生异议而引发诉讼的情况,本书且称之为由医师间接造成的医事纠纷。医师间接造成的医事纠纷与直接造成的医事纠纷最大的区别在于,间接造成医事纠纷的医生大多未直接对病患施治,而是通过有意或无意地对患者的主治医师进行批评或攻击,导致病家与主治医师的纠纷。就民国的医事诉讼来看,其中有相当多的案件都是由医师间接造成。医师在背后批评攻讦同道的现象在其时已引起诸多医家的注意。范守渊描

---

① 《俞松筠医师讼案》,宋国宾编:《医讼案件汇抄》第1集,中华医学会业务保障委员会,1935年,第244页。
② 宋国宾:《医病纠纷与医界团结》,《申报》1934年9月24日。

述说：

近十年来，我们新医界尤其是执行医务工作的一部分少数医师，对待同道，常存着一种轻视别人的心理……评判这个，议论那个，某某人的医术不灵，学问不行，某某人的行为不规，诊病马虎。他们的心理以为这是一种招来病人、宣传自己本领高明的好法子。和病人谈起话来，不是说某某医师是个学验浅薄的新牌医师，便是说某某医师是位识验陈旧不堪的落伍家伙……要是他遇到医界当中有什么医师与病家在医务上的纠纷事件，他会很乐意地在病家前面说些不三不四的话，促进医师与病人俩间的纠纷事态的扩大，加深纠纷事件的程度，甚或不顾良心，违反医德，来做病家的策士，做病家的后台军师。对于这医师与病家所引起纠纷或疑虑的医务事件本身，他并不去研究一下其中的真相，谁是谁非的实在情形。即使医师全无过失、全无责任的事情，只不过病人不怀好心肠，借着题目来敲诈，他也会在背后闭着眼睛来附和病家。①

民国时期另一位著名医家宋国宾也有类似的描述：

病家利其然也，故于控案发生以前，往往求教于其他异派之同道，被问之医师其不知内容而懵然妄下批判者固无论矣。亦有一二感情用事之徒，不但不能忠告病家，消弭无谓之纠纷，化干戈为玉帛，且以此为报复异己者之机会，阴授病家以控告之理由，于是病家乃振振有辞矣！不知派别之争，内部问题也，病家之有意控告，外来之侮也。借外侮之力以为排除异己者之工具，此与昔年军阀之行为何异，此宜乎有识者之太息痛恨于其旁也。②

---

① 范守渊：《这也算是一场诉讼》，《医事汇刊》第9卷第1~2期，1937年，第9~32页。
② 宋国宾：《医病纠纷与医界团结》，《申报》1934年9月24日。

　　为何医师会对批评同道如此乐此不疲,甚而有些医师还违反道德地去做病家的后台军师呢? 推究缘由,约略有以下数端:

　　第一,医师不自觉间滋生的不良习气。许多医家性格骄傲、嫉妒、褊急,这使得他们往往出言不逊,对他医妄加非议。余云岫就从个人心理的角度分析了造成医家内部斗争的几个原因:第一是骄傲。自许太高,眼中余子都是碌碌庸才,上不得他们高明的眼,什么都不满意。于是乎肆口讥评,接着就来一个喜欢攻击别人。因为不揭晓别人的短,就不容易显得自己的长。第二是狭窄。度量小,眼孔浅,看见人家有点得意,就红着眼,气不过,接着就来一个嫉妒。于是乎要破坏人家,妨碍人家,接着就来一个讥骂。但是讥骂的材料,恐怕罪孽不够深重,于是乎弄出歪曲的批评,造出莫须有的罪案,接着就来一个谗害。极度狭窄的人,几乎要把一切的人们都打倒,让一个人或一派的人来专擅一切。第三是褊急。不少医家,特别是生长在上海或久居上海的医家,或者因风俗环境的渐移默化,有时候不知不觉地流入刻薄一路去。因此,要谨防不知不觉地发出无的之矢和无意识之言动,以引起以外的纠纷。[①] 若个别医师偶为议论,似也无伤大雅。严重的是,"妄议他医"几乎就是传统医界的不良习惯之一。陈存仁就描述说:"其实这旧时上海病人的习惯,病重时常常请两三个医生各处一方,来对证一下,但是医生与医生之间,往往甲医说乙医不对,乙医说丙医不对,相互讥评,已成习惯"。[②]

　　第二,同道竞争的惨烈。虽然整个民国时期医生的数量相对缺乏,但是在上海等大城市,却出现了"医生过剩"的情况。业医者人数众多,必然会出现争夺"病人"的情况。许多医家往往通过攻击他医的办法自我标榜争取病源。梁俊青就观察到上海的医家因为同业竞争激烈,许多同行为生活计,往往不注重私德肆意在病人面前攻击其他医师。梁氏说:

　　　　海上同道,鱼龙曼衍,万象难陈。为生活计,每多同行嫉妒之举。

---

① 余云岫:《大家团结起来》,《医讯》1947 年 9 月 30 日,第 1~2 页。
② 陈存仁:《我的医务生涯》,广西师范大学出版社,2007 年,第 12 页。

往往有不重私德之医师于病人前每好攻击其他医师之短处。其实此为自掘坟墓之举,盖若攻击同道之短于病人之前,则其他同道亦必反唇相讥,设一旦发现法律纠纷,则一言即为涉讼之导火线而落井下石。终有请公入瓮之一日,正如火上添油,不毙何待,岂非自掘坟墓乎? 愿我同道三复思之。①

第三,医界派系斗争。除个人为生活计的嫉妒之举外,民国医生派系间的对立和斗争也势若水火。医界之分,古已有之。民国时期,依地域、学派、科别、出身公开或私下组织的医派团体甚多,医派与医派之间的利益争执也难免引起相互间的倾轧。其中,最典型的冲突当属中医与西医两大阵营之间的长期斗争。中、西医两大阵营冲突的高峰发生在 1929 年,其时西医提出"废除中医案",欲置中医于死地。此后,中、西医之间攻讦不断,西医批评中医不合科学,中医批评西医全系舶来,彼此水火不容。医派的冲突,势必加剧了医生之间的斗争和冲突,某些医家甚而怂恿病家控告医生,以解心头愤恨。宋国宾观察说:

> 医之有派,由来久矣! 然其始也,仅为表明其出身之由来而已! 及其既也,则稍稍杂以权利之争执矣! 于是意见日岐,而此倾彼轧之风乃有所不能免。社会知其然也,旧医知其然也,江湖之医知其然也,一切妒我仇我欲得我而甘心者,无不知其然也,于是利我之分而乘隙以入,虽明言攻击,有所不敢,而阴施诡谋,以图饱其报复之欲望,而遂其幸灾乐祸之野心,则固未尝一日忘也,其怂恿病家控告医生,特其鬼蜮伎俩之一端而已!②

第四,医家推脱己责。因为病家存在"频繁换医"的情况,设若病人病

<hr>

① 梁俊青:《读南京钱明熙医师过失杀人案判决书后感言》,《医事通讯》第 1 卷第 2 期,1947 年 8 月 31 日,第 4 页。

② 宋国宾:《医病纠纷与医界团结》,《申报》1934 年 9 月 24 日。

情严重,那么医家为自保避责,多会相互推卸责任,出现前医攻击后医,后医批评前医的现象。医家这种"卸责"以"避罪"的做法古已有之,但这一传统显然并未因"科学医学"的盛行而得到改善。汪企张感慨说:

> 是是非非光明磊落,不必党同偏袒,亦不必投井下石,是方为有道君子,血性丈夫。而三五浅识者流,每恐祸之及己也,为急图脱卸计,不惜设阱陷人。纵无挑拨之心,实有怂恿之行。病家一时惑于谗言,而轻易与讼者,屡见不一,此诚不能为同界中浅识辈宥也。考过去一部涉讼事件,辄有不控死亡之处,最后之医而追诉初医,或攻击前说,以为与讼理由者。按考此类事实,显系当事之医为卸责洁身之一种权术,而不惜陷同道于缧洩,不义不德,一至于此,良可慨也。①

总的来说,医家之间轻言评论的风气一则是受传统风气及个人性情影响,二则是受民国的社会和医学环境影响。民国医界中眼界稍高者业已意识到医家对同道的批评是造成民国医患关系恶化的重要原因之一。因此,民国医界也亟亟努力,希望能够杜绝同道相讦的恶习。这种努力大致有以下几个方面:

首先,部分医家呼吁医家不要对同道随意批评。卢叔达即认为,病症不但种类复杂,而且变幻莫测,主治医师依据科学详加诊断都难以把握,更何况没有亲自参加诊断的医生。因此,卢叔达要求那些置身事外,不了解病情的医家不要妄加批评。卢氏说:

> 病的种类复杂,变化无穷,医生治病,必先观察病情,但病情有隐有现,有变有不变,医生只能凭个人之学理经验,依照科学方法,执行诊断救治之工作,病人得救,不可为功。不救,亦非其罪。但非身历其境参加诊疗之医生同道,往往凭其臆测,妄加批评,或夸己之能,摘人之短,

---

① 汪企张:《医家病家涉讼原因之研究》,《医事汇刊》1934 年第 20 期,第 308 页。

盖医相抨击,自古已然,不知言者无意,闻者触愤。①

其次,出于职业和伦理的考虑,民国的医业团体明确表示禁止医界同道进行随意的评论。全国医师联合会第一次代表大会上,广东代表吴纪舜即提出要在全国医师联合会章程中加入一条同业者不得中伤同业者之学术与营业案。提案称,"扬己抑人是无耻者普通之劣性,同行敌国是贱丈夫垄断之阴谋。一以挤低人之声望而我独尊,一以掠夺人之生活而我独肥,斯两者乃同业中之蟊贼,亦团体中毒摧也"。② 据此,提案提出两点具体措施对同道关系作出约束:一、如甲会员疗治一病人至未愈时,病家忽转请乙会员请疗治之,则乙会员不得对病家毁诋甲会员经过。疗治不当,如查有的据实证自可随时告诉本会主席(或在就地该支会主席)招集会议取消乙会员之资格。二、如甲会员在接受疗治一病人期中,乙会员或与病家相善或与有戚友之谊,不得私相与病家订取甲会员之地位而自居。又如甲会员现受聘有某任之医席,乙会员不得以阴谋营私之手段攘夺甲会员之职任,如查有实证,应依照第一项进行。③

除全国医师联合会对医生处理同业间的关系作出规范外,各医师公会也纷纷出台有相关的信条或公约,明确提出同道之间不得相互攻讦。1931年通过的《上海市医师公会医师信条》就专列"医师对于同道之信条"一项四条,规定:一、在非医界友人或病家之前,勿任意评谪同道,以损其信用而营非道义之竞争;二、同道遇有争论之端,应报告公会处理。三、本会会员有互相遵守本会信条之义务,苟或违反当接受本会之劝告。四、医师公会有保障会员利益之责,凡属本会开业医师不当无故退出。④ 中华西医公会所订信条中,关于医师对同道的信条则规定得更为清楚,内称:同道之间相处以恕先进对后进,当以和为贵。后进对先进,以让为先;在非医界友人或病家

---

① 卢叔达:《医事纠纷原因的推测》,《医事通讯》第1卷第2期,1947年8月31日,第2页。
② 《全字第三十九号议案》,《医事汇刊》1930年第2期,1930年2月,议案,第18~19页。
③ 《全字第三十九号议案》,《医事汇刊》1930年第2期,1930年2月,议案,第18~19页。
④ 上海市档案馆,卷宗号:Q6—18—298—1,上海市医师公会为呈请备案向社会局报送的申请书。

之前,勿任意评论同道,以损其信用而低其信誉;遇有争论之端,应相互和平谅解彼此让步。如不可时,再行报告公会处置;出诊之前须探病家之常诊医师是否不继续诊视,但如病势危急而常诊医师招帮同诊察共同研究,如未用错处方切勿损言利己。① 上海市中医师公会订《中医师公约草案》第七条也明确规定:"力戒攻讦前医方案,评论同道短长,若遇会诊,更当虚心磋商,勿争意气,坚执成见"。② 在民国医业伦理尚不发达的处境之下,医师信条或公约草案所起作用无疑类似于医界职业道德,中、西医师公会对"同道相讥"的态度由此亦可见一斑。

最后,提倡医界的团结。余云岫表示"外面横逆之来,我们无法拦阻,只有谨慎、小心、平和、武装几种方法去抵抗他,内部的斗争,实在太不必了",因此他明确地号召大家要团结起来。③ 宋国宾则认为团结并非空言结合而已,实需要"以至诚之心,行大公之事,去彼我之见,无是非之怀"。"一方则力量集中而外侮可御,一方则内部整顿而害马以除,如是则妒我仇我者虽欲有心寻衅而见我势力雄厚,万众一心,自生其畏惧之心,而不敢轻于尝试矣! 故团结与否,实为医界存亡之关键"。④ 团结是医界存亡的关键,而医界的团结,关键则是要有"互爱精神"。时人也意识到只有"互爱",才能真正提高医师的地位,起到互助的效果,从而为医界提供物质与精神上的保障。"只有以相互推爱的互爱精神,来克服相互轻视的恶德,才能增设医界的声誉,抬高医师的美德。也只有推展同道们的互爱心理,才能发挥互助的精神,收获互助的效果。由于互爱精神的推展,始能发挥出互助的精神,由于互助精神的发挥,始能相互保障医界同仁的精神上与物质上的一切权益"。⑤

## 三、病家引发的纠纷

尽管民国社会上有庸医的存在,也不可否认有部分医生确实存在业务

---

① 上海市档案馆,卷宗号:Y4—1—0000632,《中华西医公会第二次全国代表大会特刊》。
② 上海市档案馆,卷宗号:Q6—5—454—2,上海市社会局上海市中医师公会卷。
③ 余云岫:《大家团结起来》,《医讯》1947 年 9 月 30 日,第 1 页。
④ 宋国宾:《医病纠纷与医界团结》,《申报》1934 年 9 月 24 日。
⑤ 《医事通讯》第 1 卷第 2 期,1947 年 8 月 31 日,第 2 页。

疏忽应该对医疗事故负责,但是仅仅将民国的医事诉讼归咎在医生的头上,显然也有失公允。民国医事诉讼一个较重要的特点即在于病家败诉者居多,尽管我们不能简单以胜、败诉的比例来判断和猜测医疗过失的实际责任归属,然而"无辜被控"类案件甚多还是提示我们病家的观念及举动也是构成民国医事诉讼的重要原因之一。

第一,病家"有病必愈"的愿望。传统的病家大多抱有"医者仁术"、"医者有割股之心"的观念,即便病患不幸致死,病家往往亦以"生死由命,富贵在天"默尔而息。但时至民国,医疗模式和医疗观念都悄然发生着转变。病患一经治疗,病重沉疴,甚而命丧黄泉,病家往往将医治乏效归咎于医家的水平低下和业务过失。病家方面因为怀有治愈的愿望,既费了时间,又耗了金钱,到头来竹篮打水一场空,难免要怀疑医生的职责。卢叔达说:

> 病家抱了愿望,费了时间,化了金钱,结果挽救不回亲爱家属的生命,而激起精神异常兴奋,本情理中事,所以上不怨天,下不尤人,延医的目的,是想救其亲属,今亲属不救,不得不怀疑甚至埋怨到医生救人职责的未尽。①

病家激于情绪,怀疑医家的职责,于是决然上控。医家本着救人之心,济世之念,自认无愧于心,结果反被控告,自然亦是异常委屈。梁俊青满腹苦水,颇为辛酸地说道:

> 当然,我们也是人,并不是神仙,碰着无法医治的病症仍旧是一筹莫展的,所以要想每一个病人都被我们救活过来,那实在是不可能的。我们也绝对没有这样的神通,但是,假如病人(或则病人的家属)有了这种过分的要求,那么医家和病家中间的纠纷就容易发生了。②

---

① 卢叔达:《医事纠纷原因的推测》,《医事通讯》第1卷第2期,1947年8月31日,第2页。
② 梁俊青:《医界之自肃》,《申报》1948年5月28日。

在病家的观念中,有一种所谓"是病皆有药,无鬼不死人"的信仰。① 病家认为天下"必定有长生不老的方药,而天下没有不治的症候,也不应有偶然的恶运"。② 显然,医家的医治能力和病家的治愈愿望之间存在颇大的差距,这一差距当是引发医事纠纷的重要原因。民国的病家对医家怀有过高的期望,他们往往认为"有病必愈",医生也有"愈病"之责。但医病之间的契约关系事实上仅限于医家正确地医治,而并不提供医愈的保证。况且就医药水平而言,尽管近代医学取得了不俗的成绩,但医家的治愈能力依然有限,并不能真正做到"包医百病"。

第二,病家对于医学常识的缺乏。病家对医学常识的缺乏主要表现在两个方面。首先,即因常识的缺乏,导致病家在观念上怀有"有病必愈"的想法,而不能分清医生只负医治之责,而没有"医愈"之职。范守渊明确地指出:

　　一般的民众因为缺乏科学常识,对于医疗的本身观念却没有一个正确的认识,对于医生与病家双方的人事关系亦未走上一个正规的道路。所以一旦害病,延医诊治,便多认为医生负有"愈病"的责任,甚至以为负有"有病必愈"的责任。其实医生的责任只在"治病"。认为医生有"愈病"之责,尤其是"有病必愈"之责,这种观念是绝大的错误。虽然医生治病,与病家延医,都抱着"愈病"的希望,当成一个医生必负的责任,来加在医生身上,可是中国的病家往往没有如此地分析清楚。所以找到一位医生治病时,治好了病,这是医生应负之责。要是医而不愈,治了不好,虽医生是已尽了医疗上的一切责任,但病家还往往会误会到是医生的失责,怀疑是医生的过失,由于病家的这种观念上的错误,便常常造成医生与病家双方本不应发生而终于发生的纠纷事件,小的失欢,大至涉讼,这种现象,我们都能想象得到的。③

---

① 谢筠寿:《医师的能力的满意的医术》,《医药评论》第6卷第2期,1934年,第5页。
② 《谤医记》,《申报》1934年1月1日。
③ 范守渊:《这也算一场医讼》,《医事汇刊》1937年第9卷第1期,第31页。

其次,因为病家医学常识的缺乏,使得病家往往对医家治疗过程及治疗效果发生疑义以致成讼。① 上海田鹤鸣律师就曾因其妻产后死亡控告俞松筠医师业务过失。该案轰动一时,谢筠寿开庭时每往旁听。谢氏坦言:"田律师所控者,谓由灌肠器传染赤痢菌,冰囊减退抵抗力,医院无卫生设备,可以传染等等,均属似是而非之论。所以俞医师之辩护律师江一平,当庭谓田律师对于法律知识,虽甚充足,对于医药常识,实有未足。"②此外,病家医学常识的缺乏,也致使病家对病患处置多有不当。病家因不当处置而导致患者病情加重或不治,却又误认是医家的失误,于是造成纠纷。"譬如有一病家,当病初起时,不知道请教正式的医生,却去求神拜佛,请仙方,求符咒,闹得病势一天比一天沉重,才去就医,但是病入膏肓,药石自然无灵,那时病家不怪自己耽误病机,倒怪医生之无用。"③又如某人生了一个瘤疮,不以为意,便随意找了一个走方郎中开了一刀。因为郎中根本不懂得任何的消毒,因而感染细菌。至病状险恶,再去正式医生那里求诊,因为已经毒入血液,以致无法挽救。结果病家反认为是医生处置不当,疏忽致死。④ 计济霖颇为无奈地写道:"迩来医者与病家往往因不可挽救之病,发生纠纷。以至涉讼法庭,历久不决者,比比皆然,即人民无医学知识之表现也。夫如肺痨之

---

① 当然,这种常识的不足,仅仅是针对病家对西方医学的认识而言。事实上,任何人可能都存在一套自我的医疗卫生观念,若从这种"另类卫生"的角度而言,其常识亦不可谓缺乏,甚而相当丰富。雷祥麟在《卫生为何不是保卫生命? 民国时期另类的卫生、自我和疾病》一文中曾详细分析了民国时期普通社会民众所存在的"另类卫生"观念。参见氏著:《卫生为何不是保卫生命? 民国时期另类的卫生、自我和疾病》,《台湾社会研究季刊》第54期,2004年6月,第17~59页。正是这种广泛存在且影响巨大的"另类卫生"观念,使得病家在近代西方医学背景下与那些接受西医信仰的医生群体之间存在着观念、信息上的非对称性,这直接影响了医患对医疗模式的选择,并对医生的治疗行为及治疗效果发起挑战与质疑,从而也增加了医疗诉讼的发生几率。同样,这种病患与医家之间的非对称性也可能表现在接受了部分西医的病患与中医群体之间。例如,到20世纪30年代,中医师都因"防疫"上的卫生知识不足而饱受抨击,1929年,余岩在《废止旧医以扫除医事卫生之障碍》的著名提案中,即以中医不知细菌学说作为政府理当全面废止中医的四大理由之一。"政府方以清洁消毒训导社会,使人知微虫细菌为疾病之源,而旧医乃日持其冬伤于寒、春必病温,夏伤于暑,秋必疟疾等说,以教病家,提倡地天通,阻遏科学化,此宜废止,四也。"见余岩:《废止旧医以扫除医事卫生之障碍案》,收入陈邦贤:《中国医学史》,团结出版社,2006年,第260页。
② 谢筠寿:《对于病家控告医师之感想》,《医事公论》,1934年第12期,第3页。
③ 邵象伊:《我也来谈对于病家控告医师的感想》,《医事公论》1934年第13号,第7页。
④ 邵象伊:《我也来谈对于病家控告医师的感想》,《医事公论》1934年第13号,第8页。

末期,癌肿已呈恶液质时,方始乞治于医,迨药石无灵,回生乏术,不自咎乞治之晚,反咎医之陨越,医者无辜,而蒙不白之冤,不平孰甚?"[1]

第三,病家怀不良动机意图讹诈。病家明知医家并无过失,但病家因病人不治或病情徒然变化而有意刁难,借机敲诈。因为医家靠名誉行医,一遇官司,则必然声誉坠地业务受损。因此,一些病家利用医家避讼的心理以控诉相威胁以求牟利。这些事件以纠纷居多,但也不乏有真正上控者。1934年,南通尹乐仁为一脑膜炎患者注射血清,患者突发抽搐致注射针断。患者死后,其家属并未对尹医师有任何表示,但事隔数月之后却突然以过失杀人控诉尹医师。宋国宾认为其中"显有问题,不难臆断",宋氏更进一步分析缘由,"缘尹医师创设医院于南通以来,因治病之尽力,遂为南通人士所信仰,一时声誉甚隆,以致好事者每欲借端敲诈,今幸有机可乘,遂不惜利用一愚蠢之乡民以济其欲望。故先有某某者索300元之和解费,殆所欲不遂,而后图穷匕见,不得不相见于法庭矣"。[2] 1933年7月28日,上海名医徐小圃曾收到署名为李铭的一位律师的函件,据该函称邬郑建可小儿永建偶染疾病,邬郑建可顾念徐小圃医生颇有盛名,其胞弟水平自应不差,便携小儿由小圃之胞弟诊治,不幸服药后病情加剧,随后死亡,邬郑建可即聘请该律师代为依法诉究,追偿赔偿洋五千元。李律师自称为息事宁人起见,故有函达,并限徐氏在函到"三日内来所诚意商决和平了事,免滋纠纷而致讼累"。并威胁说"倘逾期不理,即当代依法诉究。决不再函通知。殊于信誉营业有碍,幸勿自贻后悔"。徐小圃收到来函,"殊深骇怪",所怪者二:其一,此案早已诉到法院,经法院审结,被告无罪。其二,徐氏与胞弟分隔两地,各自营业,李律师认为其弟有违法嫌疑,却投函徐小圃,并于事前开列价格向徐小圃预为要索。[3] 这一事件表明李铭律师实际上是看重了徐小圃名誉卓著,要以信誉营业相威胁,以图有所渔利。

医家业务并不过错,却时常被病家所谤,医讼的多发亦引发了医家对社

---

① 计济霖:《谈医》,《申报》1934年7月23日。

② 宋国宾:《南通尹乐仁医师被控感言》,《申报》1934年6月25日。

③ 《致律师公会函》,《上海市国医学会月报》第4期,1934年5月,公牍,第3页。

会地位下降以及职业保障的忧虑。李棻意识到,如果病家动辄即因患者死而责医,长此以往,只能使医家地位下降,正常的医疗行为反受到影响。李氏说:

> 虽然,今日之医术,有尚不能满吾人之欲望在,骎骎改良之可也。然亦不能尽使人至不死也。死而责医,称医有过,医将不为医。①

卢叔达更进一步意识到病家动辄恶声相向,上控成诉,将构成社会的一大隐忧。卢氏言:

> 医之为道,本济世之念,抱割股之心,是其天职,退一步言,治病而奏效,是吾医之誉,亦展业之途,初无恶意也可知,然病家不察,往往一时为意气所凭,动辄相向恶声,总以兴讼,是诚吾医之不幸,亦社会之隐忧也。②

基于此种考虑,民国医界一方面积极加强对病家的医学普及、希望病家反躬自省,冷静上诉。医家呼吁病家应对医学常识有一定了解,需要认识到病情的多变和复杂性。例如,同是注射,因体质不一,注射后反应亦有不同,而医师实无任何过失。李棻就辩护称:"夫有特异体质之人,乃授以极普通之药剂或食物,受食之后,顷呈剧烈之中毒症状,或呈特异之反应而言也。有先天性者居多,而后天性者稀见。赋斯体质之人,他人服是药进是物,安若无事,极能受纳,惟斯人则不能。或病中毒之祸,或罹死亡之境,医无洞观人体之眼,岂能预知某人与某物特呈过敏性,而薪不与耶。知是不能,则往往遭罹是凶者,岂医之过?"③因此,病家在诉讼之先,"务须平心审慎,不可

---

① 李棻:《医师之过失杀人论》,《社会医药报》第 1 卷第 1 期,1934 年,第 1 页。
② 卢叔达:《对于此次医病纠纷之感想》,《医事通讯》第 1 卷第 1 期,1947 年 7 月 31 日,第 11 页。
③ 李棻:《医师之过失杀人论》,《社会医药报》第 1 卷第 1 期,1934 年,第 1 页。

先事侮辱,应以学理为重,先求评衡,再求庭判"。①

　　另一方面,医界也要求医家积极自律,尽量不要给病家以上控口实。时人意识到"止谤莫如自修",因此要求医师加强自律,医疗过程中应更加谨慎小心,同时也应该严格遵守相关的医事法律以免授人以柄。比如医师诊病不论症情轻重应有记载备查、在任何手术之前应为病人检查心脏、遇有任何手术均令病者或直系亲属填写志愿书、论施行任何手术或注射,均应随时注意病者之脸色及其脉息。② 卢叔达则就医家在诊治病人的过程中防止纠纷,提出了自己的建议:譬如预后不良之病症,应当早向病家声明,促进病家,另请病家会诊,在会诊时,一面当安慰病人,一面又须明告其家族,并在病家前,宜少说外国语,以免病家之误会,在病人危急时,主治医师,往往为减轻己责计坚决拒绝施诊,有时亦适足招致病家之误会,故医之对于病家,过于负责不可,太不负责亦不可,无益之注射,无益之手术,当然不应施行,而需要之注射,需要之手术,如无绝对把握,总在事前详为解释随机应变,盖医为自身责任计,为自身名誉计,为防止纠纷计,对付病家,有时且比对付病人为难,若固执己见,武断孤行,常可引起病家之恶意。③

## 四、致讼的其他原因

　　在民国的医事诉讼中,除了医、病双方外,还存在着他人的参与。因此,除了医、患的因素外,也存在着引发诉讼的其他原因。比如一般好讼之徒,从中挑拨,恶意诉讼。卢叔达指出:"世道衰微,人心不古,当此生活程度,日高一日中,为生活贫困,难免有作非分之术,所谓文人的笔头,辩士的舌头,挑拨离间,播弄事非,遂使医生割股之心,变为集怨招谤之□,甚至有不明事理之病家,或亦想籍端索诈,以为丧殓图财之妙策"。④ 宋国宾更是指出,医事诉讼案件中,不乏一些律师在其中为营业而故意唆讼。宋氏称:

---

①　力:《对于医事诉讼之补救》,《医事公论》1934 年第 6 号,第 19 页。

②　苍龙:《关于医病纠纷方面之法律常识》,《医事通讯》第 1 卷第 1 期,1947 年 7 月 31 日,第 11 页。

③　卢叔达:《医事纠纷原因的推测》,《医事通讯》第 1 卷第 2 期,1947 年 8 月 31 日,第 2~3 页。

④　卢叔达:《医事纠纷原因的推测》,《医事通讯》第 1 卷第 2 期,1947 年 8 月 31 日,第 2 页。

"事实有是非,而法律可左右。律师之驭法也,固当出于大公无我之心,而不当有一毫之营业性质。今之所谓贤而名之律师,固如是矣。彼一二好事者,舞文弄墨颠倒是非,则事生矣。夫以保障人权之先锋,而为破坏人权之工具,岂法律之尊严固如是耶?"① 陆渊雷曾控告陈存仁诽谤罪,要求陈氏赔偿名誉损失二万四千元。案初,陈氏企图与陆氏言和,陆氏却说:"我请了一位律师汪孟萧,讲明铁树开花(按:所谓铁树开花,即是请律师时不花钱,要等案子结束之后,所得的赔偿费三七分账),汪孟萧曾经表示过,他至少拿两千元,又要送法官一千元,所以即使是我要撤回传票,汪律师也是不肯罢休的。"②

诊金的问题也是极易引发医患双方争讼的重要原因。许多病家往往认为诊金乃是治愈之代价,因此人死之后,自然不愿再行诊金,而医师则认为无论是否医愈,皆有收取诊金之需要。1934 年 11 月 5 日,顾宗文医生为潘某治病,潘某因病情严重不治而亡,潘某之妻便"不愿履行报酬医药费之义务,乃听从邻人之计,报告捕房",造成纠纷。③ 汪企张明确指出国人往往误解,"以病愈为金钱之代价,故不幸死亡,即不愿负此义务,而以不纳诊治各费为对抗。俗语所谓人财两空,心不甘也。若医家根据契约必欲使之履行,势必各走极端,迫上涉讼途径。此类殊不乏例,尤以经济状况不甚丰裕之医病两家,盖一方不愿放弃契约上之应有权利,而一方不堪再负金钱上之追加义务,势使然也。"④

此外,民国司法体系的不成熟也是致成医讼频发的原因。陈存仁观察到当时的法院控票,只要由一位律师买一张法定的"状纸",这种状纸每份连印花税在内收工本费三元,而索偿的数目,成千成万可以任意填写。所以那时兴讼是比较轻易的事。⑤

尽管造成民国医事诉讼的原因众多,但是我们应该注意到,民国医事纠

① 宋国宾:《医师与律师——医病双方纠纷日多之感想》,《申报》1934 年 6 月 4 日。
② 陈存仁:《银元时代生活史》,广西师范大学出版社,2007 年,第 231～233 页。
③ 顾宗文:《意外纠纷记》,《申报》1934 年 11 月 19 日。
④ 汪企张:《医家病家涉讼原因之研究》,《医事汇刊》1934 年第 20 期,第 308～309 页。
⑤ 陈存仁:《银元时代生活史》,广西师范大学出版社,2007 年,第 232～233 页

纷的发生实际上与整个民国的医界环境休戚相关。民国的医家和病家虽然都存在某些问题,从而诱发了医事纠纷的发生,但仅仅将责任归咎于民国的医家或病家,则多少对他们有些苛责过甚。实际上,民国医家与病家的举动大多都受到其时的社会风气、观念、制度的制约和影响,都无法脱离民国社会的背景和现实处境。例如,在民国医疗纠纷中,有相当大部分的犯罪主体都是江湖游医。从表面上,庸医贸然行医导致医疗事故自然应对此负责。但是庸医之所以大量存在,也与民国医疗卫生行政的不作为有直接的关系。民国政府虽然一再取缔江湖游医,但效果并不明显。以病家论,病家上控的一大原因即在病家的医学常识缺乏,以致在治疗观念和疾病认识上都显陈旧落后。但病家的这一问题无疑又提示我们民国时期医事常识的普及和医学教育实际处于相对落后的地步。民国医疗诉讼中存在不少属于病家无理诉讼,之所以存在病家轻意控告的现象,这也与民国正式医师制度保障的缺失有关。《医事公论》即有文论:

> 近来吾国医界,时启新旧派别之内讧。某方抹煞学理,徒事攻击,某派只知自利,罔顾同道,致为社会所齿冷。尤以群众之守旧观念,大都仍甚牢固,故于非科学之故步自封,而以疑信参半之视线,加诸于科学医。兼之,卑劣分子,聊具医学之皮毛,竟亦窃居科学医之地位,滥行敛钱,并以大减价为号召,于是更启社会之诽议。因此恶氛,乃使吾辈学有专长行医年久之纯正医师,亦不免牵入被侮辱之境界,致蒙诬告之损害。此虽社会信仰之不足,要亦医政当轴,对吾医师,缺乏保障之明证也。①

范守渊同样也认为医事纠纷的增多其原因在于医政的缺失以致医师无法律之保障,范氏分析民国医事纠纷后,发现真正医师存有过失的案件很少,而其他案件之所以多发,"在目前中国这样特殊的社会情形之下,自然有很复杂的原因的。最主要的是,如医师法没有公布,医师还没有法律的保障。病

---

① 力:《对于医事诉讼之补救》,《医事公论》1934年第6号,第18页。

家——至少是一部分的病家,希望医师所负的责任过大,社会教育不普及,
国民对于新医不明了或一知半解而无正确的认识等等都是"。① 显然,影响
民国医事诉讼的因素众多,而且诸多的因素并非单一地发生作用。一般而
言,医事诉讼的发生是诸多因素共同作用的结果。任何社会医患之间都绝
不可能只是温情和谐的关系,必然也存在着冲突和矛盾。如果只注意到医
家与病家的观念与行为,无疑只是触摸到民国医事诉讼的表象。事实上,医
家和病家的观念和行为都受到时代和社会的影响和制约,民国的医疗体系
(观念、制度)可能恰恰是导致民国医家和病家冲突激化、医疗纠纷频繁的
根源。

---

① 范守渊:《这也算是一场医讼》,《医药学》第 14 卷第 2 期,第 46 页。

# 第三章　民国医事诉讼的类型分析

就南京国民政府时期的医事诉讼样本来看,民国医事诉讼案件主要集中于"业务过失"和"堕胎"两类。在169件案件中,因业务过失而被控的案件至少达60起以上,因堕胎罪而被控的也多达30余起。除此之外,也有因妨害名誉、医德败坏、手术手续不合等由进行控诉,但比例相对较低。本章以"业务过失"罪与"堕胎"罪为例,探讨在民国法律尚待完善的处境之下,民国法律是如何作用于医讼案件,并对医患行为产生影响的。

## 第一节　"业务过失":医患观念的差异与冲突

### 一、业务过失的界定

中国古代,"过失"原是用来表示广义的无犯罪意图的犯罪行为的术语。由于这类"过失"行为中最严重的是杀伤人,所以后来逐渐将"过失"限定为"过失杀伤人"的概念。①《周礼·司刺》注引汉律:"过失杀人,不坐

---

① 关于"过失"在中国古代刑法文献中的运用,可以参见［日］西田太一郎:《中国刑法史研究》第六章《关于过失、错误》,北京大学出版社,1985年;侯国云:《论过失犯罪的立法沿革》,《南都学坛》2009年第5期。较早讨论"过失"的系统性著作,可参见 S. P. C. 著:《刑法过失论》,郑宇中译,上海法学编译社,1931年。此后学者亦在不同程度上对刑法中"过失犯罪"做过讨论,但绝大多数都偏向于刑法理论的研究,并不涉及"史"的部分,更未将法律与社会相结合,展示由两者互动而引发的历史面相和内在逻辑。有关"过失犯罪"的法理研究,较重要的著述有孙国详:《过失犯罪导论》,南京大学出版社,1992年;姜伟:《犯罪故意与犯罪过失》,群众出版社,1992年;侯国云:《过失犯罪论》,人民出版社,1993年;胡鹰:《过失犯罪研究》,中国政法大学出版社,1995年;林亚刚:《犯

死。"唐律规定:"诸过失杀伤人者,各依其状,以赎论。"宋《刑统赋解》贼盗律据不同的犯意划分出"七杀"之说,"过失"是"七杀"中情节最轻的犯罪。"七曰过失,以收赎。谓耳目所不闻,思虑所不到,或击禽兽以致杀人者,当以收赎论。"明律规定:"若过失杀、伤人者,各准斗杀、伤罪,依律收赎,给付其家。"②清律与明律同,唯收赎改为银十二两四钱二分。③ 可以看到,在古代律法中,"过失"是情节较轻的一种犯罪,它不仅包括有较低程度的疏忽大意,也包括过失意外致人死亡。薛允升在《读例存疑》中解释"过失"谓:

> 过失谓耳目不及,思虑所不到。如弹射禽兽,因事投掷砖瓦,不期而杀人者;或因升而高险,足有蹉跌,累及同伴;或驾船使风、乘马惊走、驰车下坡,势不能止;或共举重物,力不能制,损及同举物者。凡初无害人之意而偶致杀人者,皆准斗殴杀伤人罪,依律收赎,给付被杀、被杀之宜,以为营葬及医药之资。④

尽管有许多过失纯属意外,为当事人"耳目不及,思虑所不到",不过传统律法仍视为一种"犯罪"。

传统律法中并没有发展出"业务过失"一说,但针对部分从事专门职业的群体,往往另具专条加以约束。如《大清律例》中,即有"庸医杀人"律,该律规定:

---

罪过失研究》,武汉大学出版社,2000年。近年来随着"新法律史"的兴起,学界开始注重法律的表达及其实践的研究,强调从档案史料中观察法律与社会的互动,有关"过失犯罪"的法律史研究亦得以进入研究视野。相关的研究见胡宗绮(Jennifer Neighbors):《过失杀人:划分犯罪意图的谱系》,黄宗智、尤陈俊主编:《从诉讼档案出发:中国的法律、社会与文化》,法律出版社,2009年,第164~199页。

② 沈家本:《修订法律大臣沈家本等奏进呈刑律分则草案折并清单》,上海商务印书馆编译所编纂:《大清新法令》第1卷,商务印书馆,2010年,第618页。

③ 乃据明律收赎数换算而出,实际数目不变。

④ 薛允升:《读例存疑》,卷三十四,刑律之十,人命之三。

　　凡庸医为人用药针刺,误不如本方因而致亡者,责令别医辨验药饵
穴道,如无故害之情者以过失杀人论(依律收赎,给付其家),不许行
医。若故违本方,(乃以)诈(心)疗(人)疾病而(增轻作重乘危以)取
财物者,计赃准窃盗论,因而致死,及因事(私有所谋害)故用(反症之)
药杀人者,斩(监候)。①

是律中,医家过失之判断关键在于视医家是否有"故意"之情。若医家并非
故意不依本方,则以过失论处,若医家企图谋财,故意以医害人,则案情性质
已发生变更,其惩处也更为严厉。

　　近代以降,城市工业迅速发展,人口流动性加强,社会分工愈发细密,行
业职业化渐成趋势,"业务过失"的概念在清末修律时始得提出。1907 年
10 月,修订法律馆上奏《大清刑律草案》,该草案第二十六章关于杀伤之罪
第三百一十条为"过失致人死伤罪",规定"凡因过失致人于死伤或笃疾者
处一千元以下罚金;致其余伤害者处五百元以下罚金"。第三百一十二条
则为"怠忽业务而致人死伤罪",规定"凡因怠忽业务上必应注意致人死伤
者,处四等以下有期徒刑、拘留或三千元以下罚金"。② 对于何为"怠忽业
务",沈家本在进奏的草案奏折中有极简约的说明:"业务上过失致人死伤
者,医师误认毒药为普通药剂致患者身死,或矿师怠于预防因煤气暴发致多
数工人死伤之类"。③ 尽管沈氏这一类比性的说明极为约略,很不严谨,但
重要的是该草案已首次提出"怠忽业务"的概念,进而对"业务过失"与一般
"过失"有所区别,也确立起了"怠忽业务"所造成的犯罪较普通过失犯罪情
节更为严重的法理原则。

　　1912 年 3 月,民国临时政府明令宣示大清新刑律除与民国国体抵触者
外,其余均暂行援用。4 月 30 日,又公布删修新刑律与国体抵触各章、条及

---

　　① 张荣铮等点校:《大清律例》,天津古籍出版社,1993 年,第 465 页。

　　② 《修订法律大臣沈家本等奏进呈刑律分则草案摺并清单》,宪政编查馆辑录:《大清法规大
全》,台北,考正出版社,1972 年,第 2063～2065 页。

　　③ 《修订法律大臣沈家本等奏进呈刑律分则草案摺并清单》,宪政编查馆辑录:《大清法规大
全》,台北,考正出版社,1972 年,第 2065 页。

文字,并撤销暂行章程五条,改名称为《中华民国暂行新刑律》,同时通告各省施行。① 新刑律关于过失杀伤的内容除处罚力度稍轻之外,几无任何差别。该刑律第二十六章《杀伤罪》对杀人犯罪、过失杀人与过失伤害作了明确规定。据是项规定,杀人犯罪分为(故意)杀人罪、杀亲属罪、教唆帮助自杀罪、受托杀人罪和过失杀人罪(过失致死罪)五种。其中第三百二十四条规定,因过失致人死伤者依下例处断:(1)致死或笃疾者五百元以下罚金。(2)致废疾者三百元以下罚金。(3)致轻微伤害者一百元以下罚金。第三百二十六条规定,因玩忽业务上必要之注意致人死伤者处四等以下有期徒刑拘役或二千元以下罚金。② 此后,北洋政府先后于1915年提出《刑法第一次修正案》,1919年提出《刑法第二次修正案》,不过这两部修正案均未完成立法程序,并未正式实施。尽管如此,这两部修正案在中国近代法律史上仍具有重要意义。南京国民政府于1928年实行的刑法典,即由司法部长王宠惠在1919年刑法第二修正案的基础上编纂而成。

在北洋及之前的律法中,"杀伤罪"均归于一类。近世以来,世人渐次意识到杀人与伤害两罪,轻重悬殊而情节或有未易分明之处,例如杀人未遂成伤,以其有杀人之故意,应科以杀人未遂罪,不应科以伤害罪。又如伤害至死者,以其无杀人之故意,应科以伤害至死之罪,不应科以杀人罪。此种区别,每易错误。③ 基于这样的认识,立法者渐次意识到有必要将杀人罪与伤害罪分列。事实上,这种变革在1919年《第二次刑法修正案》中即有体现,这次刑法修正案首次将"杀伤罪"分列为"杀人罪"、"伤害罪",并分列两章作了规定。但是《第二次刑法修正案》并没有通过立法程序,根本未有实施,故而这种法理仅仅只在修正案的文本中得到体现。直到1928年,民国刑法正式将杀、伤两罪分而论之,并得以在实践中运用。据1928年刑法第二百九十一条规定:因过失致人于死者,处二年以下有期徒刑、拘役或一

---

① 王觐:《中华刑法论》,姚建龙勘校,华东政法学院珍藏民国法律名著丛书,中国方正出版社,2005年,前言。

② 《中华民国暂行新刑律》,司法行政部刑事司编:《各国刑法汇编》(上册),台湾,司法通讯社,1980年,第130页。

③ 郑爰诹编,朱鸿达修正:《中华民国刑法集解》,上海,世界书局,1929年第2版,第333页。

千元以下罚金。从事业务之人,因业务上之过失,犯前项之罪者,处三年以下有期徒刑、拘役或一千元以下罚金。① 第三百零一条规定,因过失伤害人者,处六月以下有期徒刑,或五百元以下罚金,因而致人重伤者,处一年以下有期徒刑,拘役或五百元以下罚金。从事业务之人,因业务上过失犯第一项之罪者,处一年以下有期徒刑,拘役或五百元以下罚金。犯第二项之罪者,处二年以下有期徒刑,拘役或五百元以下罚金。②

　　1935 年刑法有关杀人罪的条款集中在分则第二十二章《杀人罪》中,它将杀人罪分为普通杀人罪、杀害直系血亲尊亲属罪、义愤杀人罪、杀婴罪、教唆或帮助他人自杀罪、受托或承诺杀人罪和过失致人死亡罪七种,并规定了相应的刑罚。第二百七十六条关于过失致人死亡罪的法条规定,“因过失致人于死者,处二年以下有期徒刑,拘役或两千元以下罚金。”第二款则规定,“从事业务之人,因业务上之过失犯罪之罪名者,处五年以下有期徒刑或拘役,得并科三千元以下罚金。”在第二十三章《伤害罪》中,其分类与杀人罪类同,在第二百八十四条中对过失伤害罪做了规定,“因过失伤害人者,处六月以下有期徒刑、拘役或五百元以下罚金。致重伤者,处一年以下有期徒刑、拘役或五百元以下罚金。”第二款则明确了业务过失的惩处,“从事业务之人因业务上之过失伤害人者,处一年以下有期徒刑、拘役或一千元以下罚金。致重伤者,处三年以下有期徒刑、拘役或两千元以下罚金。”③比较 1928 年刑法与 1935 年刑法,可以发现关于过失致死罪及过失伤害罪的法条存在两个重要的变化:第一,无论是 1928 年的刑法还是 1935 年的刑法,有业务之人若因过失犯罪,其科处力度都较普通人过失犯罪更为严厉。第二,相较于 1928 年刑法,1935 年刑律对业务过失致死和业务过失伤害的惩处都更严厉。

---

　　① 王宠惠稿,国民政府颁行:《中华民国刑法》,中华印书局,1928 年 7 月 1 日,第 71 页。
　　② 王宠惠稿,国民政府颁行:《中华民国刑法》,中华印书局,1928 年 7 月 1 日,第 73~74 页。所谓“重伤”,系指:“一、毁败一目或二目之视能。二、毁败一耳或二耳之听能。三、毁败语能、味能或嗅能。四、毁败一肢以上之机能。五、毁败生殖之能。六、其他于身体或健康有重大不治或无治之伤害。”
　　③ 《中华民国刑法》(1935 年 1 月 1 日国民政府公布同年 7 月 1 日施行),中国法规刊行社编审委员会编:《六法全书》,上海书店,1991 年据春明书店 1948 年版影印,第 225~226 页。

表3.1　1928 年刑法与 1935 年刑法过失致死罪及过失伤害罪的科刑比较

| 分类 | 过失致死 | 业务过失致死 | 过失伤害 | 业务过失伤害 |
|---|---|---|---|---|
| 1928 年刑法 | 处二年以下有期徒刑、拘役或一千元以下罚金 | 处三年以下有期徒刑、拘役或一千元以下罚金 | 处六月以下有期徒刑，或五百元以下罚金。致人重伤者，处一年以下有期徒刑，拘役或五百元以下罚金 | 处一年以下有期徒刑，拘役或五百元以下罚金。致重伤者，处二年以下有期徒刑，拘役或五百元以下罚金 |
| 1935 年刑法 | 处二年以下有期徒刑，拘役或两千元以下罚金 | 处五年以下有期徒刑或拘役，得并科三千元以下罚金 | 处六月以下有期徒刑、拘役或五百元以下罚金。致重伤者，处一年以下有期徒刑、拘役或五百元以下罚金 | 处一年以下有期徒刑，拘役或一千元以下罚金。致重伤者，处三年以下有期徒刑、拘役或两千元以下罚金 |

## 二、业务过失致人于死析例

　　南京国民政府时期"业务过失"类的控案主要分为"业务过失致人死"及"业务过失致人伤"两类。中华医学会业务保障委员会刊印的《医讼案件汇抄》（一、二集）收录了该会参与的所有医讼案件，其中第一集收录21起诉讼案件，第二集收录案件7起，洗家齐医师讼案两集都有收录，两案合作一案，故两集共收录案件27起。在27起医讼案件中，被告医师被控业务过失罪的共有22起，其中被控业务过失致人于死的案件18起，被控业务过失伤害罪的4起。① 业务过失致人于死的讼案数量明显高于业务过失伤害的案件。这表明病家在病者死亡之后，将医家告上法院的可能性更大。在上述18起被控业务过失致人于死的案件中，有5起案件医师被判有罪，6起案件判决被告无罪，3起案件最后由两造达成和解，另由检察官作出不起诉处分3起，病家撤销控诉的案件1起。虽然在司法上审结结果如此，但这并不表明病者与医家达成事实上的一致。在18起案件中，存在上诉的案件高达14件，反映出病家与医家冲突激烈。因控告过失致人于死的案件较多，

---

　　① 宋国宾编：《医讼案件汇抄》第1集，中华医学会业务保障委员会，1935年9月；中华医学会业务保障委员会编：《医讼案件汇抄》第2集，1937年3月。

本节仅举例对其稍作说明,以便了解案件的大致形态。

20世纪30年代闹得沸沸扬扬的南通尹乐仁医讼案即是因过失致人死而被控成讼。1934年3月11日,南通尹乐仁医师为吴姜氏诊治,尹医师认定吴姜氏病系脑膜炎,应注射马血清二十公分,不料施打马血清过程之中,病人反应过激致使针断吴姜氏脊椎之间,致吴姜氏于次日夜间不及施救身死。嗣后由吴姜氏之子吴小泉,据情告诉到案。经检察机关侦查后,认为应以过失致人死罪提起公诉。检察机关公诉书所称犯罪事实:

> 尹乐仁系南通乐仁医院院长。本年三月十一日,由于肇荃延往骑岸镇为堂弟于肇诚之妻于易氏诊治,于易氏姑母曹于氏,适于是月四日归宁,随行之女佣吴姜氏,同时染病,遂亦便请医治。尹乐仁诊视后,指系脑膜炎,应注射马血清二十公分,论定针费洋十二元,手费术洋十元,由于肇诚垫付,讵于施打马血洋针时,漫不注意,致针断病人吴姜氏脊椎间。又于肇祸后,仓皇乘车返院,竟未为病人取出断针,注射定量血清,致使吴姜氏于同月十二日夜不及施救身死。嗣由吴姜氏之子吴小泉,据情告诉到案。

该案经江苏南通地方法院刑事审判,以"尹乐仁因业务过失人于死",判处"罚金一千元。罚金如易科监禁,以三元折算一日。告诉人之附带民诉驳回"。尹乐仁不服南通地方法院判罚结果,上诉至江苏高等法院。江苏高等法院于1934年底作出审理。江苏高院将司法行政部法医研究所鉴定书以及同济大学医学院教务长柏德对此案所作鉴定书与原、被告辩诉左右互证,认为"吴姜氏系死于脑膜炎,而非由针断能致,尤有充分之证明,上诉人自不负何种罪责;原判未予详求,据依刑法第二百九十一条第二项论科,殊嫌率断;上诉意旨攻击原判采证不当,非无理由",因此依刑事诉讼法第三百八十五条第一项前段第三百七十条判尹乐仁无罪。[①]

---

① 整个案情始末参见《尹乐仁医师讼案》,宋国宾编:《医讼案件汇抄》第1集,中华医学会业务保障委员会,1935年9月,第21~47页。

与尹案同年,安徽芜湖钟寿芝医院也有讼案发生。与尹案涉讼原因不同的是,钟寿芝医院这起案件是一起典型的因看护不周而导致的讼案。此案基本情况如下:1934 年 7 月,朱友三之妻张氏因患肺炎送钟寿芝医院诊治,入院后由该院看护长王颐、看护王幼梅共负看护之责。26 日下午,王幼梅酌药给朱张氏饮服,误将置于室内之烧酒和水漱口之剂混合,以致病者面赤温增,颈项浮肿,病象转危。越日由钟寿芝注射一针,亦属无效,延至 28 日下午身故。张氏死后,由地保余兴祥报请诣验,芜湖地方法院检察官侦查,并以王颐、王幼梅玩忽业务致人于死提起公诉。9 月 17 日,芜湖地方法院作出判决,认定王颐、王幼梅犯罪事实成立,依据刑法第二百九十一条第二项及诉讼法第三百一十五条判决王颐、王幼梅有期徒刑各一年。王颐、王幼梅对一审判决不服,遂向安徽高等法院提起上诉。1935 年 2 月,经安徽高等法院审结,认为王幼梅误进烧酒之行为,实为促成朱张氏死亡之结果,应负刑法上过失致死之罪名,而看护长王颐虽对王幼梅有监督之责,但朱张氏之死完全出于王幼梅单独之行为,王颐并无过失之可言,初审判决误认王颐同负过失之罪责,而于事实上又未加以认定,实欠允当,故依法判决王幼梅处罚金四百元,如易科监禁,以三元折算一日,王颐无罪。[1]

民国也还有相当多因医致死的案件其犯罪人是无照医家。1936 年,上海北浙江路倪金堂因患温气及包皮过长等症,与同事张元康前往白克路五三三号彩华洗染店楼上冒牌医师宣仲甫处求治。经宣氏诊察之后,即拟施用手术,将包皮割去,先在倪之臀部打一吗啡针,嗣注射旁托卡麻醉药针,不料因药量过重,致倪金堂晕迷不醒,急施强心针亦属无效。在送宝隆医院急救中途气绝身死。据法医剖验,法院判决宣仲甫因业务过失致人于死,处徒刑八月。[2]

在民国医疗技术有限的情况之下,因误诊、注射、手术等引发并发症并导致病家死亡的情况时常发生。上述三起因医致死的案件,其中两起都是

---

① 《钟寿芝医院讼案》,宋国宾编:《医讼案件汇抄》第 1 集,中华医学会业务保障委员会,1935 年,第 88~99 页。

② 《割包皮致人死命,假医生判罪》,《申报》1936 年 11 月 28 日。

因为注射问题而致病人身死,王幼梅一案则主要是因为护士对病人疏于看顾误服烧酒所致。病家因有病患在医治过程中不幸身死,无论在感情上还是逻辑上都难以接受,因而势必会要求医家作出合理的解释甚而造成诉讼。不过,从审结案件的结果来看,这类案件对医家的判罚都不算严厉。无论是对比1928年刑法还是1935年新刑法,法院对业务过失致人于死的判处实际上并不比普通过失杀人的判处严重。这种较轻的判决自然令病家极为不满,于是又造成了病家新的上诉。

最后一起案件中,犯罪人宣仲甫是一位非法业医者,故而略显特殊。民国的刑法并没有针对无照业医者的犯罪行为制定具体的惩处条款,因此非法业医者触犯刑条时的量刑标准便成为一个问题。纯粹从逻辑上讲,因系非法行医,犯罪主体并不具备"职业"特征,自然不用承担医患之间的业务性责任,故而不当运用业务过失以定其罪。但若科以过失杀人罪,颇具讽刺意义的是,民国刑律过失杀人的科处力度又远轻于业务过失杀人的科罚力度,这就意味着无照行医者与执业医生犯同一罪行,反倒科处较轻。若以故意杀人罪论,显然也与情理不合。宣仲甫的案件清楚地表明,法院明确依照业务过失致人于死罪对其论处。如此看来,非法业医者与执业医生若因医致人于死,在刑法的科罚上并没有实际性的区别。这种无差别表明民国的刑律既没有对非法业医作出严厉制裁,也没有对正式医生的合法权益提供足够保障。这无疑也可以为民国时期非法行医的盛行提供另一角度的解释。

### 三、业务过失致人伤析例

在《医讼案件汇抄》所收集的27起医讼案件中,被控业务过失伤害罪的仅有4起。仅从样本数据上看,业务过失伤害的案件数要远远低于业务过失致死的案件数。这种现象可能与医事诉讼的特点有关,即医疗行为是一项专业性极强的工作,对于非专业的病家而言,根本无法察觉隐性的伤害,况且药物治疗带来的"副作用"无论中医还是西医几乎都不可避免。只有当医疗伤害特别明显的时候,病家才可能有所察觉。不过,即使这时病家有所察觉,不少病家仍然苦苦指望医家能够帮助病人摆脱病痛。因为病人仍需要医家的拯救,双方处于极不对称、不平等的地位,故而他们并不敢与医生彻底决裂。然而一旦病人不治身死,无论是出于激愤或者哀伤,病家在医疗过程中所遭遇到的一切不公正待遇以及因病患带来的苦闷与阴霾都需要得到彻底的排泄,而病者的死亡也给了他们足够的勇气去向医家讨回他们自认的"公道"。下面以这 4 起案件为例,通过案情的简单陈述,对业务过失伤害类案件的大致情况作简要介绍。

亚兴斯克案:1934 年 2 月 23 日,立凡诺夫因行路不慎,由家中楼上坠下,跌伤脚部,经内科医生何礼仕天国(Christenko)介绍,延医生亚兴斯克(Yasinsky)于次日前往诊治。当时立凡诺夫因伤痛异常,未允医生抚视。亚兴斯克当即声明,腿骨是否折断,不经抚视,无从辨白,不如送医院照爱克司光后,再行疗治,立凡诺夫亦未同意。亚兴斯克无已而去。同年 3 月 7 日、3 月 17 日,何礼仕天国又转请亚兴斯克为立凡诺夫治湿疮。及至 3 月 27 日,立凡诺夫因腿伤未愈,自动往医生崩吉阔夫处,摄照 X 光照片。片成,又由何礼仕天国邀请亚兴斯克诊视,亚兴斯克诊视照片及崩吉阔夫诊断书,认为腿骨确系插塞形折断,遂命施行按摩手术。嗣于 5 月 1 日,立凡诺夫并延俄外科医生罗晋次卫克诊视,认症与亚兴斯克亦同。立凡诺夫乃自请女看护为其按摩,并未见轻。立凡诺夫以因受亚兴斯克医治延误,致成跛足,认为亚兴斯克医生负有业务过失之罪,遂于同年 7 月,具状于江苏上海第二特区地方法院自诉亚兴斯克业务上过失伤害,并附带提出民诉。[1]

恩格尔医师案:1934 年 5 月,俄籍廉新小姐(Reiein)因乳部太大,往德医恩格尔医师(Dr. Engel)处诊治。经恩格尔医师前后两次手术,廉新小姐认为割治后乳头太高,有碍观瞻,将来出嫁生育后婴儿哺乳困难,局部知觉麻木,割治处伤疤明显,遂以业务伤害罪为由延律师上控恩格尔医师于上海第一特区法院。[2]

张秀钰案:唐立文因周岁之子患病,于 1936 年 9 月 4 日下午 2 时送至劳工医院医治。医生给白药粉六包,令用开水冲服。下午 6 时,给吃一包,甫进口,小孩不肯吸食,喷出口外,造成皮肉腐烂,口内起泡。唐氏夫妇认定

---

①　中华医学会业务保障委员会编:《医讼案件汇抄》第 2 集,1937 年,第 1~2 页。
②　宋国宾编:《医讼案件汇抄》第 1 集,中华医学会业务保障委员会编,1935 年,第 5~20 页。

所给药物有毒,对劳工医院张秀钰医师提起控诉。①

汪元臣案:1931 年 7 月,裔瑞昌因两股关节骨不能活动,投江苏省立医院诊治。经江苏省立医院院长汪元臣代为施手术治疗后,右股扳摇活动已见功效。讵至左股施术之时,将大腿骨扳断,及接骨时又将骨接成弯曲形,以致半身强直不能转动起坐。裔瑞昌以汪元臣业务存有过失致人重伤将其控至江苏镇江地方法院。②

显然,"业务过失"的范围甚为广泛,凡是在病家观念中医家应尽的责任而医家未尽导致的伤害都属于这一范畴。汪元臣案中,汪氏在医疗过程中疏忽,致使病人双腿不能行动,是典型的过失伤害。但其他几起案件,控诉的原因则各有不同。亚兴斯克案中,立凡诺夫认为亚兴斯克医治延误,致成跛足,医生负有业务过失之罪从而引发控诉。张秀钰一案,案件的详情则显示,病家在给小孩服药过程中可能存在不当之举,因为冲服药物的开水温度过高,致使烫伤皮肤。唐氏夫妇未明原委,误认药物有毒,故对张秀钰提起控诉。恩格尔医师案中,原告提起控诉的理由则是恩格尔医师在手术中未能考虑到美观问题,导致廉新小姐(Reiein)的乳房在术后不甚美观,有碍观瞻。究竟哪些才是医家应负责的正当"业务"呢? 为何某些正常的业务活动也会被病家认为是"过失"呢? 换言之,恩格尔医师有必要对廉新小姐乳房的美观负责吗? 张秀钰又有必要为病家自己的过失承担责任吗? 就这些案件的审结来看,民国法律的回答是医家不应对此负责,因为这不属于他们应当承担的责任范畴。但问题的关键是为什么病家会认为这是医师的责任,进而以"业务过失伤害"提出控诉呢? 这提醒我们对于医家业务的范畴,法律、医家与病家可能存在着迥然不同的理解。

## 四、何谓过失:理解的差异

医家是否存有过失无疑是民国医、患双方聚讼的关键所在。如果确有

---

① 《上海劳工医院张秀钰医师案》,中华医学会业务保障委员会编:《医讼案件汇抄》第 2 集,第 75～80 页;范守渊:《这也算是一场医讼》,《医药学》第 14 卷第 2 期,第 45～65 页。

② 《汪元臣医师讼案》,宋国宾编:《医讼案件汇抄》第 1 集,中华医学会业务保障委员会,1935 年,第 147～237 页。

过失,那么病家据理上控则为理所当然。但如果医家本不存在业务过失,那么控诉就变成了医家眼中的"无理取闹"了。显然,是"理所当然"还是"无理取闹",关键就在"过失"的认定上,那么"过失"的标准是如何确定的呢,它又缘何会引发如此大的争议呢?

"过失"概念虽在传统律法中即有运用,但历代律法并未对"过失"作出明确界定。不仅如此,整个北洋时期,近代刑法典在提及"过失"时也没有作详细的解释。由于缺乏明确的定义,难免造成观念的混乱及实践上的困难。民初的法学家就抱怨说1912年《暂行新刑律》中"故意及过失之范围未尝确定",因而要求效仿西方作出修正。大理院在1914年以判决例之形式解释说:"过失云者,无犯意而因不注意致或犯罪事实,故是否过失应以对于其行为之结果有无认识为标准,若明知有此结果,而悍然为之,自不能谓系过失"。① 这一解释区分了"过失"与"故意"的差别,辨识的关键就在于主观上对结果有无认识。次年,大理院对过失定义稍作修改:"过失犯之成立,应以不注意于可以预知之事实为条件,如系不能预知之事实,即属无从注意,自不能发生过失问题。"②这一规定明确指出过失犯罪的成立应以"不注意于可以预知之事实"为成立的必要条件,从而将清律中视为犯罪的纯粹意外性的伤害排除在犯罪之列。③ 直到南京国民政府时期,1928年刑法典中才首次于刑事立法史上对"过失"加以明文规定。1928年刑法典第二十七条规定,"犯人虽非故意,但按其情节,应注意,并能注意而不注意者,为过失。犯人对于构成犯罪之事实,虽预见其能发生,而确信其不发生者,以过失论。"④尽管1928年刑法典中明确了"过失"的概念,但因其概论的模糊性,"过失"的判定在实践中仍不容易辨别。胡宗绮(Jennifer Neighbors)就提及,民国刑法中过失与故意只是犯意中的两个类别,两者的

---

① 郭卫:《大理院判决例全书》,上海会文堂新记书局,1931年,第524页;郑爱诹编,朱鸿达修正:《中华民国刑法集解》,上海,世界书局,1929年第2版,第351页。

② 赵琛:《刑法总则》,1944年,第58页。

③ 胡宗绮指出,这一规定有效标志着清代和民国时期法律对过失定义的部分差别。胡宗绮(Jennifer Neighbors):《过失杀人:划分犯罪意图的谱系》,黄宗智、尤陈俊主编:《从诉讼档案出发:中国的法律、社会与文化》,法律出版社,2009年,第185页。

④ 王宠惠稿,国民政府颁行:《中华民国刑法》,中华印书局,1928年7月1日,第7页。

定义极为相似,以至于经常被法律家们所混淆。①

　　民国刑法中"过失"的概念本已模糊不清,而在"业务过失"犯中,因"业务"的范围和"过失"紧密相关,更是引起不断争议。在所有以业务过失为由提请诉讼的案件中,可以看到病家理解的"业务过失"范围甚广,医生手术失误、医院延误时机、针药剂量不合标准等等可能导致病患病情恶化及死亡的因素都可能被纳入"业务过失"名目下提请诉讼。在病家的眼中,医家成为一个"无限"责任人,病人在医疗过程遭受的任何伤害都有可能被病家认定为医家"业务过失"。"凡是在医生手中死的,医家自然脱不了干系",病家的这种观念说到底仍是传统律法中"过失"概念的延续。但问题是,近代以来的刑法中,"过失"的概念已发生根本性的变化,只指那些因疏忽而犯罪的行为,并不包括由纯粹的意外伤害②,病家这种"无限责任"的观念自然遭到近代医家的抵制与反对。

　　病家眼中的"过失",在医家看来则并非如此。例如在医疗技术有限的情况下,李棻就指出同样的治疗方法却可能因病人体质的差异而导致不同的结果。③ 因个体差异造成的后果显然就超越了其时医生的"能力"和"责任"范围。尹莘农则写了一篇很有意思的文章《医生的"治"病和"致"病》,专门讨论技术的利害关系及其局限:

　　　　世界上有没有一种医疗方法,是绝对不含危险性的? 谁都知道,哥罗仿是救苦救难的圣药,手术上离不开的东西,然而它却是危险的药品,常有因而致命的。还有其他的新式疗法,也都是利害参半,不可胜举。即以麻醉法来说:伊太、阿魏丹、脊髓麻醉、局部麻醉等等,哪一件

---

① 胡宗绮(Jennifer Neighbors):《过失杀人:划分犯罪意图的谱系》,黄宗智、尤陈俊主编:《从诉讼档案出发:中国的法律、社会与文化》,法律出版社,2009 年,第 197 页。

② 胡宗绮指出清律中"过失"多指完全意外致人于死,而民国刑法中"过失"的意思已发生变化,专指疏忽大意而致人死伤。在民国刑法中,"过失"犯罪都归于一个法条,且概念极为模糊。胡宗绮(Jennifer Neighbors):《过失杀人:划分犯罪意图的谱系》,黄宗智、尤陈俊主编:《从诉讼档案出发:中国的法律、社会与文化》,法律出版社,2009 年,第 183 页。此点多受胡文启发,特此说明并表谢忱!

③ 李棻:《医师之过失杀人论》,《社会医药报》1934 年第 1 卷第 1 期。

不带危险性？而有时教医生大大的失败。然而没有人主张把这些医疗方法，屏诸不用之列的，实在因为它的"功不可没"，不肯便"因噎废食"。如果援用有效的药物和技术，而竟致人于病于死，因而把这种罪名，也加在医生的头上，到那时，医生实在不能不起来辩护一下：这原不是医生有什么过失，乃是技术不曾发达得完善，是技术的本身有问题，医生蒙他的罪名，似不免有点冤枉。①

　　另一位民国重要的医家汪企张强调医师疏忽业务有主观客观两说。"主观说，谓医师学技拙劣，并不疏忽职务而竟生意外。客观说，谓医师虽学技不精，不疏忽则尚不致发生意外。因此于疏忽两字上，即生负责问题。盖疏忽应受业务上之过失伤害罪。不疏忽则国家公许之医师，其责应由国家负之。"②按汪氏的逻辑，民国政府应该对大多数的医疗伤害负责，病家的控诉应该更多地指向政府卫生行政的不作为。宋国宾医师进一步区分了"业务过失"的"有意"与"无意"。宋氏说："业务过失有无意过失及有意过失之分，如属有意过失，则居心伤害，非独违背天理，抑且干犯法律。非独诊金无权征收，抑当赔偿损害。否则若为无意过失，则法律虽不论良心依法处置，而病家之诊费犹不得短少也"。③ 按宋氏的理解，大多数医家都是本其天良，尽其心力，故其"过失"显系无意，自当不受处置，且诊费不得短少。医家上述辩解虽不乏诡辩的色彩，但也并非全无可取。至少就法理来讲，因个体差异和技术局限导致的医疗事故自不能由医家来承担责任。总的来看，民国医家想表达的乃是一种"权责对等"的有限"责任"意识，然而与之相反的是，控诉另一端的病家对医家抱着"无限责任"的信仰。这两种观念的差异，可能恰是诉讼频发的主要原因。

　　民国医家提出的"过失"认定标准的难题，在民国司法实践中自然也极易引发争议。民国的司法实践中，法院对医讼案件的审理，虽然在一定程度

---

① 尹莘农：《医生的"治"病和"致"病》，《新医学》第2卷第2期，1934年4月，第4页。
② 汪企张：《医与法之贡献》，载《鶪鶀斋医言》，上海，诊疗医报社，1935年，第29～30页。
③ 宋国宾：《为汪元臣医师鸣不平》，宋国宾编：《医讼案件汇抄》（第1集），中华医学会业务保障委员会，1935年，第233页。

上会参考医药团体的建议,但司法部门对于医家业务过失的认定也有着一套自在的观念,这一观念与病家和医家的观念可能既存在着某些相同点,又存在着某些差异。拿民国的司法鉴定来说,如何确定业务过失也是困扰鉴定的一大难题。言其难,倒不在于医学技术上,反倒在于因民国刑律规定的不确定性造成的标准模糊。例如民国刑法虽然明确规定了"本应注意而未能注意"为业务过失,但进一步追问,究竟哪些才属民国医家本应注意的内容呢? 近代法医的奠基人林几博士评论说:

> 然此种种学术上预见及注意能率程度,则因医师学识经验等,而有多少难辨之阶级。例如甲医对所诊疗结果,能得其预见。而乙医对之却不能预见。此际如甲医为鉴定人则对乙医之诊疗行为,辨悉为医学过误。但倘由与乙医同能率程度之丙医鉴定,便对乙医之诊疗行为认为非医术过误。所以虽为同一之医术过误问题,而依鉴定人学识之高低,尽有异同之鉴定。第究所以发生此种异同鉴定之原因,实缘医术过误之鉴定标准,难于厘定耳。[1]

甚至在1943年《医师法》颁布后,林几仍然批评《医师法》"对医业尚乏适当之保障,致医师对本身正当业务之执行乃添顾忌。然向谓正当或不正当业务行为之界说,犹难明白"。[2] 正因为这种"犹难明白",于是造成此类案件司法鉴定上的困难。林几对此类司法鉴定深为苦恼,极感左右为难。林氏坦言:

> 吾人如受医术过误事件鉴定之委托,每感十分苦恼。一方为维持法律鉴定人之责任及医术之信用,不得不作极严格公平之鉴定,往往因此惹起同业间之不安。一方为法律上之解释与医业习惯法解释之不同,所鉴定结果亦未易用得法官之谅解。且每有种种陷于两歧义暧昧

---

① 林几:《医术过误问题》,《实验卫生》1943年第1卷第2期,第26页。
② 林几:《二十年来法医学之进步》,《中华医学杂志》第32卷第6期,1946年6月,第266页。

之事态——用善意解释均能合理或不合理。①

林氏作为医学博士、近代法医学的奠基人尚觉得难以分辨"正当业务"与"不正当业务"的界限,遑论那些执业的普通医家呢。因为业务上"责任边界"的模糊,民国司法鉴定结论"每有种种陷入两歧",作为原、被告的两造自然也就各执一词,缠讼不休。

　　近代刑法中明确提出"业务过失"犯罪的概念无疑具有较重要的意义,民国刑法中"业务过失"的立法规定对普通民众的保障作用相当明显。但民国刑法对"业务过失"较为模糊的界定也致使司法和医疗实践中,社会各界对医师"业务"责任边际的含混不清。这种含混既导致医事诉讼的频发,又影响了医事诉讼的审理,加重了医家的职业忧虑。在此背景下,民国医界被迫作出调整以为因应,从而不自觉地调整和影响了民国医患关系和医疗环境,并塑造了现代性的医疗模式。②

## 第二节　"非法堕胎":民国法律与社会的错位

### 一、"堕胎非法":正当性的确立

　　堕胎,系指胎儿未至分娩时期,而用人工或药品使其产出之谓。③　民元

---

　　①　林几:《医术过误问题》,《实验卫生》1943年第1卷第2期,第27页。
　　②　譬如,因法律对医家的科刑甚严,为规避责任,医家也形成了一套应对的策略,并逐步强化成为医家的惯例。在民国的医学杂志上,可以看到许多业医的法律常识普及,这类法律常识的普及自然可以视为法律参与并影响医疗行为的表现。例如,《医事通讯》即提醒医家应在业务中注意以下基本的法律常识:1,医师诊病不论症情轻重应有纪录备查。2,在任何手术之前均应为病人检查心肺。3,遇到任何手术均令病者或直系亲属填写志愿书。4,不论施行任何手术或注射均应随时注意病者之脸色及其脉息。《医事通讯》明确阐明以上四条均须准备完善以备不时之需,否则遇有纠纷即受其累。幸遇贤明法官尚可原情曲谅予与免诉,而名誉亦已暗中损失不少。若遇锻炼罗织,则不至倾家荡产不止耳。苍龙:《关于医病纠纷方面之法律常识》,《医事通讯》第1卷第1期,1947年7月31日。
　　③　陈仰韩:《医师应有之法律常识》,《医药评论》1935年1月,第7卷第1期,第20页。这一定义显示堕胎乃系人为的过程,从而区别了因产妇不慎导致的自然流产。尽管也存在某些产妇故意不慎"动胎气"以致流产的现象,但本书所考察的堕胎行为仅属产妇有意"以人工或药品"的"下胎"行为,医家因诊断过失误致产妇小产,或产妇因非主观因素误致流产则不在本书讨论之列。

以前,"堕胎"是社会生活中控制人口增长、节制生育的有效有段。明清之际有不少的医学典籍都对"堕胎"之法有系统的介绍与研究,这表明堕胎在明清时期是较为普遍的现象。同时,已有学者研究指出,明清的社会生活中,人们已使用多种方法进行下胎,堕胎方法的使用已有较高的水平。至于是否需要堕胎,完全由孕妇及其家庭视其具体处境决定,纯粹属于私人生活的问题。在国家层面,明清政府对民间的堕胎行为基本上放任不管,"堕胎"并不对社会构成犯罪。① 这种"公"、"私"分野的情况,显然是传统社会的重要特征之一。然而近代以降,在国家意志的强制之下,"堕胎"被迫步出私人领域,并在民国法律与近代文化的共同编织下,强化了"堕胎"为社会陋习的社会观念。

受西方立法影响,清政府于新政期间开始修律。1907 年,沈家本上奏《大清刑律草案》,该草案首次对堕胎行为进行了法律约束。据此草案,"堕胎罪"的订立是基于"堕胎之行为戾人道、害秩序、损公益"的考虑,故而"仿欧美日本各国通例,拟以适当之罚则"。② 草案经过修订后,清政府于1911年公布《大清新刑律》。③ 不过,新刑律颁行不久后清王朝旋即覆灭,是故《大清新刑律》根本就未及实施。

---

① 关于明清之际生育的等级制度及堕胎的相关研究可参见李伯重:《堕胎、避孕与绝育——宋元明清时期江浙地区的节育方法及其运用与传播》(《中国学术》,商务印书馆,2004 年,第 71～99 页)以及白馥兰:《技术与性别:晚期帝制中国的权力经纬》一书的第三部分《母亲身份的意义:生育科技及其功能》(白馥兰:《技术与性别:晚期帝制中国的权力经纬》,江湄、邓京力译,江苏人民出版社,2006 年)。

② 《修订法律大臣沈家本等奏进呈刑律分则草案摺并清单》,宪政编查馆辑录:《大清法规大全》,台北,考正出版社,1972 年,第 2065 页。对比大清刑律草案与近代西方刑法,可以看到"堕胎罪"明显参照了 1907 年日本刑法典的相应条款。

③ 1907 沈家本上奏大清刑法草案后,中央各部院、地方各督抚对草案的反馈意见便纷至沓来,并进而导致所谓的"礼法派"与"法理派"围绕修律的"礼法"之争。针对草案第 27 章"堕胎罪",山西巡抚宝棻提出异议称:"本章规定原为保全人道起见,但今俗妇女最中名节,因奸有孕、畏人知觉私自堕胎或处于不得已之行为,事属秘密,检查不易;况今年生计艰难,各省溺婴之风未熄,其戾人道伤天彝较堕胎尤为过之。草案竟未议及,似觉疏漏。"(参见高汉成:《签注视野下的大清刑律草案研究》,中国政法大学博士论文,2005 年,第 85 页。)不过坦白讲,较之其他条款,草案"堕胎罪"引发的讨论和争议其实并不算大。考 1910 年颁布的《钦定大清刑律》,是律对"堕胎罪"的规定与草案"堕胎罪"条款在立法精神、判罚原则、约束对象上都基本一致,只是表述方式和部分条款的量刑标准略有调整。

　　民国的法律制度中,有关"堕胎"的制度约束主要集中于刑法和一些部门性的规章制度中。就刑法而言,整个民国时期曾经先后实行过三部刑法。这三部刑法都将"堕胎"视为非法,辟有"堕胎罪"一章,规定了惩罚性的条款。

　　民国成立后,匆促之下难以订立系统的法律,故而大多对清末法律略作修改后继续援用。① 北洋政府司法部在《大清新刑律》的基础上对"封建皇权"性质的词汇条款略加删改后拟订了《中华民国暂行新刑律》。《中华民国暂行新刑律》与《大清新刑律》高度一致,在许多方面都体现出"清末"色彩,因而也具有典型的过渡性质。在这部法律中,有关"堕胎罪"的条款集中在第 332 条至 338 条。② 就这些条款来看,堕胎罪的犯罪主体不仅包括医师、药剂师、药材商等,亦包括怀胎之妇女。除此之外,对其他违背孕妇意愿以强暴胁迫或诈术使孕妇堕胎者也同样在处罚范围之内。

　　《中华民国暂行新刑律》从 1912 年开始施行,直至 1928 年南京国民政府刑法典颁布时废除。1928 年 3 月,南京国民政府以《暂行新刑律》及《第二次刑法修正案》为蓝本,吸收日、德等国刑法原则的基础上,改订并公布了《中华民国刑法》,在这部刑法中,第二十三章对"堕胎罪"进行了规定。③因 1928 年刑法"成文仓猝,条文繁复,施行以来,各地法院函请司法当局或最高法院解释者,纷至沓来,而短期自由刑易科罚金之制,亦未采用,致各监狱有轻犯人满之患。时移势易,刑事政府应随之变更,而特别刑事法,层出叠出,尤其应以划一,故刑法实有修正之必要。"④职是之故,南京国民政府于 1931 年底开始对其进行修订,1935 年颁布了新的《中华民国刑法》。新刑法对堕胎罪也作了相应修正。这种修正主要体现在两个方面:

---

　　①　1912 年 3 月 10 日,民国政府公布《临时大总统令(关于暂行援用从前施行之法律及新刑律之规定)》,令称:"现在民国法律未经议定颁布,所有从前施行之法律及《新刑律》除与民国国体抵触各条,应失效力外,余均暂行援用,以资遵守。"见中国人民大学法律系法制史教研室:《中国近代法制史资料选编》第 2 分册,1980 年,第 54 页。

　　②　《中华民国暂行新刑律》,司法行政部刑事司编:《各国刑法汇编》上册,台湾,司法通讯社,1980 年,第 131~132 页。

　　③　王宠惠稿:《中华民国刑法》,中华印书局,1928 年,第 74~75 页。

　　④　转引自郭成伟主编:《中国法制史》,中国法制出版社,2007 年,第 350 页。

其一,新刑法首次将堕胎行为在法律上进行了区分,即在律法上明确规定"因疾病或其他防止生命上危险之必要而采用服药或以他法堕胎者"不算违法。明清之季,当继续妊娠明显危及孕妇健康时,流产往往是两害相权取其轻的做法。① 然而民国以降,因医事法规的不完备,此种"得堕胎儿,以保母体"的方式不但未能得到法律的保障和支持,反而被视为非法堕胎。蒋文芳即称:"在医事法规较备之各国,病妇怀胎,非堕胎无从治疗者,经相当之证明,得堕胎儿,以保母体,在中国尚无此种法规之设立"。② 这种致使产妇生命不得法律保障的做法备受诟病。③ 直到1935年,新刑法中方才明确规定"因疾病或其他防止生命上危险之必要而采用服药或以他法堕胎者,免除其刑"。这一规定对尊重妇女权益而言无疑具有十分重大的意义。

其二,新刑法在部分条款的刑罚上做了增减调整。两部刑法有关"堕胎罪"的条款都只有五条,不同之处共有三处。分别如下:(1)旧刑法规定:"怀胎妇女,服药或以他法堕胎者,处一年以下有期徒刑、拘役,或三百元以下罚金。怀胎妇女,听从他人堕胎者,亦同。"新条款则规定:"怀胎妇女服药或以他法堕胎者,处六个月以下有期徒刑、拘役,或一百元以下罚金。怀胎妇女,听从他人堕胎者,亦同。"另外,更明确规定:"因疾病或其他防止生命上危险之必要而犯前项之罪者,免除其刑"。很明显,新刑法对这类犯罪的处刑有所减免。(2)旧刑法第三百零五条规定:"受怀胎妇女之嘱托,或得其承诺,而使之堕胎者,处二年以下有期徒刑。因而致妇女于死者,处五

---

① 程茂先谓:"余内子,体素屡弱,生育多胎,而小产数次,且一受孕,便恶阻不堪,闻谷气则呕,日用诸果品,杂物而已。至六七月上,始觉稍定,以故一产一虚,其来非一日矣。因而不敢再望生育。年至四旬,经事忽过期一两日,恐其是孕,即用通经药二三剂,绝无响应,由斯不敢再进,姑俟之以待将来,既而果系妊娠。三月上,经事忽而大行,意谓其屡弱之躯,不能复孕,而小产必矣。正惧其从蓐艰难,若果小产,不幸而幸,且势必不能安,莫若以桃仁、红花、玄胡、归尾破血之剂而逐之,服药一剂而经止矣。予大惊愕曰:'用此药而经反止,岂有命之儿,不易驱逐耶?'……然而胎与不胎,且治病为忽急,乃用参术大补之剂,调理半月,渐渐而安,十月足,乃得一子,三儿汉标是也。"参见白馥兰著:《技术与性别:晚期帝制中国的权力经纬》,江湄、邓京力译,江苏人民出版社,2006年,第251~252页。
② 蒋文芳:《医生使孕妇堕胎在法律上之刑罪》,《光华医药杂志》第1卷第1期,第43页。
③ 有人说批评说:就这条法律看来(指1928年刑法第304条),怀胎妇女纵有如何重大的理由,都不准有堕胎的行为,即使妇女因生育而有性命之虞也不得堕胎。这简直把妇女当作一种"会生孩子的机器",丝毫不曾认定妇女的人的权利。《刑法上的堕胎问题》,《申报》1934年11月4日。

年以下有期徒刑;因而致重伤者,处三年以下有期徒刑。"新刑法针对此款,明确了针对受怀胎妇女之嘱托或得其承诺而使之堕胎却致妇女于死者,得处以六月以上五年以下有期徒刑。(3)旧刑法第三百零七条规定:"未受怀胎妇女之嘱托,或未得其承诺,而使之堕胎者,处六月以上五年以下有期徒刑。因而致妇女于死或重伤者,比较故意伤害罪,从重处断。第一项之未遂罪,罚之。"而新刑法对此犯罪的处刑则有很大的加重。第二百九十一条规定:"未受怀胎妇女之嘱托,或未得其承诺,而使之堕胎者,处一年以上七年以下有期徒刑。因而致妇女于死者,处无期徒刑或七年以上有期徒刑,致重伤者处三年以上十年以下有期徒刑。第一项之未遂犯罚之。"[1]仅以堕胎罪论之,1935年的新刑法无疑更符合社会实际,内容也更为完备。这部刑法也体现出南京国民政府对堕胎罪新的态度,即一方面放松了产妇私下下胎的处罚,另一方面加重了协助产妇堕胎者的惩罚力度。

除刑法对堕胎罪有明确规定外,民国针对医家的卫生行政法规也明确规定医师不得从事堕胎。如1922年3月北洋内务部公布之《管理医师暂行规则》,第19条规定:医师不得因请托、贿赂伪造证书,或用药物及其他方法堕胎。违者,照现行刑律治罪。[2] 同年公布的《管理医士暂行规则》第18条也对中医作出规定:医士不得因请托、贿赂,伪造证书,或用药物及其他方法堕胎。违者,照现行刑律治罪。[3] 之后颁行的各类卫生法规也大多如此,严禁医药卫生人员为产妇堕胎。按照这些法规,若医师擅自为产妇下胎,不仅会被医师公会除名,还要吊销医师执照,同时受到刑法的处罚。

在民国法律制度的强化下,同时伴随西方人权观念的大量涌入,民国社会也逐步确立起"堕胎"为陋习的价值认同。已有学者注意到,明清后期对杀生的痛恨和认为中断自然过程是有害的理论结合起来,使很多正统医师

---

① 《立法院通过之中华民国刑法修正案要旨》,《申报》1934年11月3日。
② 陈明光主编:《中国卫生法规史料选编(1912—1949.9)》,上海医科大学出版社,1996年,第621页。
③ 陈明光主编:《中国卫生法规史料选编(1912—1949.9)》,上海医科大学出版社,1996年,第624页。

在有一线生机挽救母子的情形下,都不愿意终止妊娠。① 民国以后,知识分子进而认识到婴孩实际亦有生命和人权,不可随意堕胎。宋国宾在《医业伦理学》中就指出:"胎儿自结胎以后,即有其生命与人权,且有其保障生命之权利。"②婴孩既有生命与人权,故而任何流产或堕胎的行为都属侵害婴孩生命,系属杀人之举动。基于此种认识,宋氏认为:"民众不得借口于保存较重大利益而牺牲无辜之生命;不得借口于牺牲一无辜之生命为保全一人之生命的唯一方法;也不得以当事人自己承认而牺牲其无辜之生命,即使胎儿承认牺牲一己以救其母而医者亦不得盲目从之。盖无论何人,皆无自由处置生命之权也。杀胎儿之举动,为直接杀人之举动。"③因此,堕胎行为往往被认为是杀人害命的罪举,"在良心上似可予以'罪恶'的名称"。④

与西医所持西方人权论的观念来源不同,有不少士人基于传统的道德观念,认识到如果对堕胎不加以限制的话,极可能会引起社会的仿效,反过来造成社会上风气败坏、道德沦丧。陈仰韩就认为"堕胎之行为不仅违背人道,抑且大害风化"。⑤ 中央国医馆馆长焦易堂也有同样的看法,"堕胎有乖风俗,为维持公益,应严格限制"。⑥ 这种观念事实上有着广泛的社会基础。进入近代社会以来,随着社会流动性的加强,"男女大防"的观念正逐步瓦解。但在保守人士的眼中,男女之间的"亲密接触"很容易被视为"有伤风俗"。在他们看来,有着"堕胎"要求的妇女多是那些超越正常关系的珠胎暗结者,打击"堕胎"自然就意味着维护传统的伦理道德秩序。

此外,因近代中国政局动荡,人口增长常受到战争、灾害等影响,也有人认为"堕胎"盛行将导致整个社会人口的负增长,甚而危及民族前途。李紫衡就认为"奈近世人事繁复,堕胎之风益炽,更有无耻之徒,既不明医理,复助长罪恶藉投机以营生,颇不乏人。每年枉死于若辈之手者,真不知凡几!

---

① [美]白馥兰:《技术与性别:晚期帝制中国的权力经纬》,江湄、邓京力译,江苏人民出版社,2006年,第252页。

② 宋国宾:《医业伦理学》,国光印书局,1933年,第75页。

③ 宋国宾:《医业伦理学》,国光印书局,1933年,第76页。

④ 胡定安:《堕胎的罪恶》,《时兆月报》第4卷第9号,1945年9月,第2页。

⑤ 陈仰韩:《医师应有之法律常识》,《医药评论》第7卷第1期,1935年1月,第20页。

⑥ 《刑法上的堕胎问题》,《申报》1934年11月4日。

设不严令禁止,亦为民族前途之深忧也。"①1930 年,《首都市政公报》所载
《禁止溺女打胎》更是反映出地方政府"培植民族繁衍以御列强人口压迫"
的逻辑,文章称:"我国之人口,自前清乾隆以来,已由四万万而减少至三万
五千万。揆以民族同化数多者胜之理,吾人已处于劣败地位,所以总理演讲
民族主义,不惮多方引证反复阐明,以期中华民族之复兴是不特有赖于民族
之质的改进,尤厚望于数的加增也。然而瞻顾四方,吾人之处境究属如何?
既遭帝国主义者之摧残,复受国内军阀之蹂躏,直接间接不知其牺牲究有若
干,彼不识不知之同胞,何肆其残忍之手段努力于打胎溺女之恶习,以减少
其人口之增加。"②1942 年,中共晋察冀边区颁行的一道命令则反映了中共
对"堕胎"行为的普遍看法,命令中称:"堕胎溺婴,不仅有违人道,且为危害
民族后代的罪行。……在此长期抗战过程中,对民族后代的保育,不惟有关
抗战,且对于建国伟业关系更大……但是根据地各地的报告,自从去秋反扫
荡以后,各地妇女鉴于携带婴儿打游击的困难,因而堕胎溺婴的事情反比以
前多了起来,而各地区公所与县政府,对于这种事情,有的轻描淡写略加批
评批评;有的教育几天,就算完事。这样轻纵,不啻助长了这种恶风,且将贻
害于民族甚大,亟应严格加以纠正。"③毫无疑问,"堕胎"这种在前现代社
会纯属个人的隐私问题在特定的背景下已被改写塑造成为"民族"和"国
家"话语的重要组成部分。

很显然,在民国法律与社会观念的共同编织下,"堕胎"在民国时期被成
功塑造成为"不道德"的社会陋习之一。"堕胎"行为不仅受到社会观念的谴
责,而且成为法律打击的对象。通过法律的强制推进,不仅产妇,围绕"堕胎"
行为四周的介绍人、三姑六婆、医师、产婆等人也被纳入了打击与惩罚的范
围。当然,亦有部分人士对国家的这种强制行为提出异议。例如王昆仑就认
为堕胎行为的背后还有复杂的社会原因,选择堕胎乃是产妇被迫之举,故而

---

① 李紫衡:《励行严禁堕胎之必要》,《医事公论》第 3 卷第 17 期,1936 年 6 月 16 日,第 5 页。
② 《禁止溺女打胎》,《首都市政公报》1930 年第 57 期,言论,第 3~4 页。
③ 《晋察冀边区行政委员会关于堕胎溺婴案件均须依法科刑的命令》(1942 年 3 月 13 日),
韩延龙、常兆儒编:《中国新民主主义革命时期根据地法制文献选编》第 3 卷,中国社会科学出版社,
1981 年,第 83 页。

怀胎妇女因病应准堕胎,因经济困难亦可堕胎。① 民国兴起的优生学也并不全然反对堕胎,邵象伊就基于优生学"种族的保存与改善"提出"对于身心低落的人,依法律施行人工流产或早产"。② 不过很明显,这仅仅是对民国时期已确立的"堕胎非法"观念提出商榷而已,在其时的思想界并不居于主流。

纵观民国各种律法制度,民国立法虽偶有对"堕胎罪"的具体条款作出修正,但打击"堕胎"、堕胎非法的立法理念丝毫未有动摇,而在正统医师的操作实践中,不"堕胎"也成为其基本的职业操守。民国时期各医事团体纷纷将"不事堕胎"写入各团体医师信条之中。震旦大学医学院毕业宣誓中,即有"新马尔萨斯节育谬说,余必尽力辟之"的誓词。③ 中华西医公会和上海市医师公会医师信条中均有明确规定凡其会员"不事堕胎"。④ 1934年3月15日,全国医师联合会致函各地医师公会要求严厉取缔打胎,称"医师得随时检举同业中或其他人物之非法打胎行为获有证据可提刑诉于法院,医师如行施合法打胎手术段先得另一医师之同意及证明打胎之理由方得施行。"⑤既是出于"堕胎罪"的严格规定,也是出于医学和伦理的考虑,民国正式医家对于产妇之堕胎请求,一般都会予以拒绝。上海中医陈存仁便遇到一位老妇,带了一个十六岁的少女来诊病,自称是其女,要求陈存仁用药通经,结果被陈存仁诊出有孕。陈存仁严词拒绝:"你的女儿已有孕了,我对有孕的女病人,只开安胎方,别的方子我是不会开的。"在陈氏看来,不事堕胎乃是其"医务生涯的洁身之道,也是遵守医德的必要条件"。⑥ 在1935年新刑法颁行之前,蒋文芳强调"医生如遇怀胎妇女请求堕胎者,无论何种原因,均须严厉拒绝,(在医事法规较备之各国,病妇怀胎,非堕胎无从治疗者,经相当之证明,得堕胎儿,以保母体,在中国尚无此种法

---

① 《刑法上的堕胎问题》,《申报》1934年11月4日。

② 邵象伊:《我之节制生育观》,《医事公论》第3卷第22期,1936年9月1日,第1~7页。

③ 《震旦大学医学院毕业宣誓》,载宋国宾:《医学伦理学》,国光印书局,1933年,附录,第3页。

④ 《中华西医公会第二次全国代表大会特刊》,上海市档案馆,卷宗号:Y4—1—0000632,第38页,《上海市医师公会会员录》(附会章),1936年11月编订,参见《上海市医师公会为呈请备案向社会局报送的申请书》上海市档案馆,卷宗号:Q6—18—298—1。

⑤ 《致各地医师公会请严厉取缔打胎函》,《医事汇刊》第19期,1934年4月,第204页。

⑥ 陈存仁:《我的医务生涯》,广西师范大学出版社,2007年,第68页。

规之设立)免蹈法网"。① 在1935年刑法颁行之后,对堕胎的判罚做了一定的区分。但医师也明确意识到,"产妇非达到生存上之极端必要时——例如高度之恶阻,后屈子宫嵌顿,高度肾脏炎,恶性贫血,骨盆狭窄⋯⋯等症如俟正常分娩,将危及产妇之生命,故不得不为权宜之处置。否则虽经产妇之请求,亦不得为堕胎之行为"。② 此外,宋国宾明确指出,处置这类情况还需"经多数医生会诊的结果,意见一致",方可施行。③

"堕胎非法"的观念与制度既得确立,接下来的问题是,当国家律法与社会生活发生实际的接触,国家试图通过这一律法对传统社会纯粹的私人行为进行干预时,会导致怎样的状况呢?

## 二、堕胎的要求

虽然政府对堕胎律有禁令,并严禁医师对产妇施行堕胎,但禁令并不从根源上断绝堕胎的社会要求并消除堕胎现象。堕胎行为在民国社会仍然盛行,一般民众出于生计等因素的考虑对节制生育并不反对。民国之所以堕胎盛行,从根本上讲,是因为民国的社会环境使得产妇有强烈的堕胎意愿。形成这种要求的原因不一而足,概乎言之,约有以下数端:

第一,子女过多,无力抚育。南京国民政府时期,虽有短暂的"黄金十年"致力于经济建设,但农村经济并不发达,且多呈现凋敝之象。在此处境下,农村生育子女过多,抚育便成一大难题。④ 若已生产四五胎,不愿再有生育,妊娠后选择堕胎便成为无奈之举。1939年,在上海工部局卫生处服务的刘庆祥即遭遇这样的困扰。刘氏之妻刘许氏,此前已生儿女五个,刘庆祥每月工资收入不敷家用,许刘氏也嫌儿女太多,殊觉烦恼。不想其妻再度

---

① 蒋文芳:《医生使孕妇堕胎在法律上之刑罪》,《光华医药杂志》第1卷第1期,1933年11月15日,第43页。

② 陈仰韩:《医师应有之法律常识》,《医药评论》第7卷第1期,1935年1月,第20页。

③ 宋国宾:《医师信条十讲》,《医药评论》第9卷第7期,1937年7月,第28页。

④ 沈骥英在针对北平节育诊所852例案的研究中调查所得,其中有385例因"经济困难"需要避孕,197例因"儿女过多"需要避孕,这两项因素占在需要避孕总案例的68%。若避孕失败,上述原因自然也成为"堕胎"的主要因素。沈骥英:《北平节育诊所八百五十二例案之研究》,《中华医学杂志》第22卷第5期,1936年5月,第362页。

怀孕,达两月之久,迫于无奈,刘庆祥及其妻刘许氏只有选择堕胎一途。[1] 在上海工部局任职的刘氏一家抚育小孩尚且捉襟,其他人家的情况可以想见。蒋文芳评论道:"在经济枯竭及旧礼教束缚之下之中国妇女,因每以无力生产,及无名义生产而有堕胎之行为。即物质文明极端发明,生活优裕之外国大都会间之妇女,亦每以缺乏责任心,堕胎之举,时常发现。"[2]

第二,男女苟合以致珠胎暗结。由此而迫于堕胎者,主要又有以下两种情况:(1)未嫁女子之珠胎暗结。例如1937年颇为轰动的诸心媛堕胎一案即属此情。诸心媛,芳龄廿二,尚未字人,与其母居上海山海关路。诸女"情窦已开,不惯深居闺中,故私与某甲相好,辄藉端外出,辟室幽叙,陈仓暗渡,不觉珠胎凝结"。诸女怀孕之后,"深恐腹部膨胀,为其母所悉,以颜面攸关,乃与其小姊妹谭彩弟商议堕胎",并由谭氏介绍到昌平路妇人杨钟氏处施术堕胎。[3] (2)已婚女子与他人通奸以致怀孕。例如镇江妇人沈徐氏与项士俊发生奸情,以致"珠胎暗结,腹部隆起,遂与项商量,将腹中一块肉除去"。[4] 扬州妇人汪氏,年36岁,本为从原籍来沪帮佣。期间与同乡苏宏开姘识怀孕,腹部逐渐隆起。汪氏乡间有一子年已长成配媳,须回里作婆婆,是以情急,乃寻堕胎老妇,以行堕胎。[5] 上述两种情形,均属珠胎暗结,颇受社会舆论非议,若致怀孕,大多只有堕胎,以了事端。

第三,怀孕有碍工作,无法从业,故而堕胎。此类堕胎孕妇以操持淫业者居多。民国城市中娼妓业颇为兴盛,其间难免有避孕失败而致怀孕者,为避免影响职业多寻求堕胎。陈存仁就观察到,有一小部分黑帮人物,"滚"到女性充当社女(妓女的一种),夜夜接客,一旦有孕,便须寻医。[6] 除城市娼妓外,因经济之压力,被迫操持淫业之乡间暗娼也比比皆是。乡间娼妓避孕措施更为不力,而不幸怀孕之后迫于经济之压力,则更需堕胎,尽力职业,

---

① 《为人堕胎致死庸医判罪》,《申报》1939年3月23日。

② 蒋文芳:《医生使孕妇堕胎在法律上之刑罪》,《光华医药杂志》第1卷第1期,1933年11月15日,第43页。

③ 《女子堕胎,捕房起诉》,《申报》1937年1月5日。

④ 《妇人偷汉怀孕堕胎患病》,《申报》1941年5月5日。

⑤ 《一件堕胎命案》,《申报》1936年5月3日。

⑥ 陈存仁:《我的医务生涯》,广西师范大学出版社,2007年,第68页。

以活性命。《申报》曾载某记者偶遇一农村来沪之堕胎女子,该女子称:

> 余虽属乡间弱女,但微受相当教育,近来以来,农村破产,余等因生
> 活问题不得已而与苟合,盖即所谓乡间暗娼者是也。乃天不怜人,不幸
> 竟种孽根,迄今已逾四月。在此初孕期中,淫业尚能勉为支持。此后便
> 便大腹,将不获继续维持矣。若俟其正式产生,为期将及半载,而产后
> 休养,至少又须两月之久。试问在此八个月之长期过程中,生活问题,
> 如何解决。故余夙夜筹思,与其待正式生产而为饿莩,不若冒一时之险
> 较为得计,余等环境如此,先生(称记者)以为如何?①

除从事皮肉生意,孕后担心影响职业者外,亦有从事其他工作的孕妇会遭遇
同样的难题。上海东京路义顺里有一常熟妇人王范氏,在日商内外棉第九
纱厂作工,其夫王春山,拖面包车为业,生有子女各一。夫妇劳工所得,生活
尚堪温饱。1937年初,王范氏再度怀孕,王范氏念及生产时有碍工作,收入
将骤然减少,遂请周氏妇人与之堕胎。②

第四,部分城市妇女以享乐为目的,害怕生育影响体态及所追求的生
活。"比如有些摩登女郎,伊们认为生产小孩是一件痛苦麻烦的事情,所以
宁肯事先用手术打落。还有,是因为伊们要想永久保持伊们的青春,深怕生
产了几次小孩,会损毁伊们少女般的姿容,臃肿伊们苗条的腰肢,所以设法
堕胎。还有的就是为了要在社交场中活动,不特于容貌体态,怕其有失彬
雅,而且作事应酬,也恐诸多不便,故而堕胎。"③

第五,因身体孱弱或疾病问题,不得大产,需施早产或堕胎术。但此因
而堕胎的产妇人数较少。

堕胎虽然在表面上是中止妊娠的行为,但"堕胎"同时亦反映出较复杂
的社会问题。在民国特定的社会生活中,部分产妇出于现实生活的考虑,有

---

① 《农村破产声中来沪堕胎日众》,《申报》1936年9月25日。
② 《惧生产有碍工作,女工堕胎殒命》,《申报》1937年5月28日。
③ 谭吉华:《堕胎问题之研究》,《妇女共鸣》第5卷第9期,1936年9月20日,第25页。

着强烈的堕胎要求,自然容易造成"人情"与"法律"的冲突。一篇署名"慧中"的文章就评论说:"一部分妇女是要出卖劳力维持生活而堕胎,一部分是为恐养不活小孩而堕胎。照人情来说,应加以原谅,然而法律的明文又规定着,决不会因你的生活压迫而免刑的。这样说来,顾了人情,就顾不了法律,顾了法律,就顾不了人情。"①

如果上述原因主要是产妇在孕后,鉴于自身的处境而对生产抱排斥性的态度,那么民国时期民众生育控制能力低下则是使得堕胎成为必然的客观原因。要避免堕胎,较合理的办法是想办法采用节育的办法以避孕,人们也意识到事先避孕不失为避免堕胎的不二法门。《申报》的一则评论就说,"最好于未成胎以前,用种种合理的节育方法,那是正本清源一个办法"。② 对比避孕和堕胎,"一是事前预防,一是事后救济",显然"避孕的重要性质超于堕胎","避孕在事实上是比堕胎更合理,更需要,更应切实推行"。③ 民国时期,节育的观念虽有一定的发展,甚而在三四十年代在知识界掀起过人口节育主义的风潮。④ 但囿于避孕手段及性观念、避孕知识的匮乏等多方面的原因,避孕虽为节制生育最主要的途径和手段,其效果却不尽如人意。

民国时期,避孕的方法主要有以下几种:一、使用鸡纳弹剂、橡皮套、子宫托等避孕用具。二、依靠妇女安全期。三、体外排精。其中多采用的避孕工具有鸡纳弹剂、乳酸溶液、子宫托及膠冻、橡皮套及膠冻等。虽然避孕工具和方式看上去颇为众多,然而各种避孕方式和避孕工具的缺点亦十分明显。就方式论,安全期的避孕方式并不能有效防止妊娠,极易引起避孕失败。男性则不愿意体外排精,因而体外排精之法也不易推行。⑤ 若采用避孕工具,则必然考虑到经济承受力的问题。表3.2是北平节育诊所调查的30年代避孕物费用表。

---

① 慧中:《堕胎—犯罪?》,《妇女共鸣》第5卷第1期,1936年1月20日,第35页。
② 莎子:《救济"堕胎"的检讨》,《申报》1934年9月30日。
③ 《堕胎与避孕》,《申报》1934年10月14日。
④ 中国社会的节育呼声始自1922年美国节育先驱玛格丽特·桑格夫人(Margaret Sanger,1883—1966)访华并发表一系列的节育演说。在30年代,针对中国日益凸显的人口问题,吴景超、李景汉、马寅初为代表的"社会学派"主张节制人口,进行生育革命,兴起人口节制主义。
⑤ 男性之所以不愿采用体外排精,既与民国时期男女地位的差异有关,同时也与其时所持有的某些中医房中术观念和理论相关。

表 3.2　北平节育诊所调查的 30 年代避孕物费用表①

| 避孕物之种类 | 每剂价值 | 有效期间 | 每次费用 | | | | |
|---|---|---|---|---|---|---|---|
| | | | 1 | 2 | 3 | 4 | 5 |
| 鸡纳弹剂 | 1 角 | 只能用 1 次 | 1 角 | 1 角 | 1 角 | 1 角 | 1 角 |
| 乳酸溶液 | 3 角 | 能用 6 次 | 5 分 | 5 分 | 5 分 | 1 角 | 3 角 |
| 子宫托及膠冻 | 2.3 元 | 有用 1.5 年 | 1 分 | 1 分 | 4 分 | 8 分 | 1.6 角 |
| 橡皮套及膠冻 | 6 角 | 能用 6 个月 | ？ | ？ | 2 分 | 4 分 | 1 角 |

注：每次用费项下之数字，1. 指每日性交一次者；2. 指每星期性交二、三次者；3. 指每星期一次者；
　4. 指每两星期一次者；5. 指每月一次或一次以下者。

　　避孕物最贵者为鸡纳弹剂，最廉者为男子所用橡皮套，前者每剂须费一角，后者只二分五厘而已。若仅从经济方面考虑，最节省的避孕支出当首选男用橡皮套。但是，采用男用橡皮套较为影响男女交合的情绪和快感，故而民国时期男性对橡皮套有相当抵制的情绪。女用避孕物方面，子宫帽以橡胶制成，带有 1% 的乳酸胶冻，阴道塞用醋酸或乳酸浸泡，子宫帽的价格较贵，且容易损坏，但阴道塞的效果则不甚可靠。②

　　就避孕的推行来说，采行避孕措施的多是城市有产阶级，而农村普通百姓则受观念、知识、经济等局限少有采用。邵象伊就曾批评其时大行其道的"新马尔萨斯"节育论，称其提倡的避孕方法"本身也是贵族式的，决非贫困的人们所能采用，所以他们虽企图将此等方式普及到大多数的贫苦阶级，事实上是极难办到的。结果，下层社会的生殖率，他们如何宣传，仍旧日益增高"。③

　　总的来说，民国时期"尚无完善之节育方法，施行一次，即能使妇女在一定之时期内不受孕。是以凡现时所用之节育方法，非在中国家庭生活状况之下不适用，即代价太大，或二者兼之"。④ 1947 年，四川北碚一位公务员曾写信给某杂志的编辑说因负担沉重而选择节育，但是"方法用尽，始终不能避免"。他能采取的办法唯有"每每妻子的月经停了，就吃药打掉"，他最后无奈

① 沈骥英：《北平节育诊所八百五十二例案之研究》，《中华医学杂志》第 22 卷第 5 期，第 363 页。
② 张大庆：《中国近代疾病社会史》，山东教育出版社，2006 年，第 172 页。
③ 邵象伊：《我之节制生育观》，《医事公论》第 3 卷第 22 期，1936 年 9 月 1 日，第 2 页。
④ 兰安生：《节制生育与中国》，《中华医学杂志》第 22 卷第 5 期，1936 年 5 月，第 355 页。

地说到"这是多么残酷的手段呀,但是生在这中国人打中国人与物价狂涨的时代,又有什么办法呢?"①节育技术的缺陷使得妇女一旦技术避孕失败,堕胎的可能性就大大提高。因此在整个民国时期,"堕胎"仍然是社会中普遍存在的现象。邬烈穗注意到"我国冷落的乡村中,为了经济的拮据、文化的低落、习惯性的沿传,仍旧是盛行着堕胎和杀婴的手段"。② 更甚者,在某些民众的观念中,虽有避孕意识,但觉得避孕物使用麻烦,反倒不若堕胎来得方便,也致使堕胎行为增加。沈骥英就观察到:"在北平,违法的堕胎极易施行,亦为节育诊所难于应付之一问题。违法堕胎只需向业此道者购买药品若干,即足了事。因此,诊所之就诊者中,许多人深觉怀孕后堕胎,较之常用避孕物简单而少麻烦。堕胎后,至少有六个月不受孕,而用避孕物则须常常施用"。③ 近代公共卫生专家兰安生(J. B. Grant)也注意到,北平堕胎数目之增加,可以表示许多妇女宁冒外科手术之危险,不愿受平时节育之烦难。④

囿于避孕手段的不完善,民众接受程度的差异以及医学知识匮乏等因素,民国时期避孕失败率比例甚高,造成避孕目的与事实结果两相背离。避孕之目的无非是阻止妊娠,而避孕失败则不得不面临是"堕"是"留"的选择。夫妇因此陷入两难境地,妊娠后自然生殖则违背避孕的目的,若选择堕胎则不得不面对民国法律的严厉惩罚。如果抛开民国法律对"堕胎"行为的严厉处罚而论,那么"堕胎"本可能为避孕失败提供收拾残局的后门(Backdoor),然而民国法律对"堕胎"罪的设定无异将这道后门完全封闭。这就导致社会与律法冲突,致使民国时期秘密堕胎盛行,甚至因堕胎导致死亡的可能。

### 三、"沉默地抗争":秘密的冒险

民国刑法对堕胎罪处罚甚为严厉,医生对产妇之堕胎请求也多予以严词拒绝。律法作此规定,本意旨在保障妇婴权利,避免(至少是减少)堕胎

---

① 《吃药打胎》,《家》第 20 期,1947 年 9 月,第 331 页。
② 邬烈穗:《节育与堕胎杀婴》,1936 年 3 月 21 日,上海市档案馆,案卷号:D2—0—625—24。
③ 沈骥英:《北平节育诊所八百五十二例案之研究》,《中华医学杂志》第 22 卷第 5 期,1936 年 5 月,第 365~366 页。
④ 兰安生:《节制生育与中国》,《中华医学杂志》第 22 卷第 5 期,1936 年 5 月,第 355 页。

行为的发生。然而事与愿违,在严厉的律法规定和"不道德"的舆论压力下,民国时期的"堕胎"大多转入地下,成为产妇孤注一掷的秘密冒险。

就堕胎是否有稳婆等他者参与而论,堕胎大致可以分为私自堕胎和有指导的堕胎两类。私自堕胎即指产妇为秘密起见自行下胎。民国医家秦伯未就曾言其同学徐君夫人因多育子女恐身体不支,担负乏力,受孕三月,私服堕方,一剂而腹动,再剂而胎下。① 与徐君夫人成功下胎相比,其他产妇可能就不那么幸运。《申报》曾记述安徽王刘氏下胎一案,王刘氏在沪帮佣,"怀胎已有三月,因日间工作操劳,致碍及胎儿,但未落下,致身体疲乏无力,遂请人开打胎药方,服后病势变重、神志昏迷,由其雇主报告捕房,捕房把她送到广慈医院,医生将腹中的死胎儿起出,王刘氏始得脱险转危为安,之后捕房把她解送法院,依刑法 288 条堕胎罪起诉"。② 王刘氏私自下胎,能脱险为安已为不幸中之大幸,还有一些产妇则可能因堕胎不慎而致使两命俱殒。1937 年,一俄籍女子与妡夫亚历山大肯同居,"该女因厌恶所怀之孕,潜自购得足以使其胎堕下药物自行吞服,结果胎虽堕下,而人亦殒命"。③ 王刘氏与俄籍女子都是在江湖郎中手上购买堕胎药,这表明只要产妇有堕胎的要求,那么基本都可以自行购得旧时方药以行堕胎,堕胎药的商业销售在当时应是极普遍的现象。④

然而毕竟私自下胎具有很大的危险性,产妇若缺乏足够的生产知识,很难依靠一己之力堕下胎儿,故而往往需要求助于专业人员。因堕胎行为与接生颇有相通之处,故产妇若欲行堕胎,多求助于专事生产的人员。传统社

---

① 秦伯未:《医学上之堕胎问题》,《家庭医学杂志》第 1 卷第 1 期,1930 年 1 月,第 17 页。

② 《妇人堕胎被控》,《申报》1935 年 7 月 26 日。

③ 《俄籍舞女堕胎惨死》,《申报》1937 年 5 月 5 日。

④ 商业广告的兴起即是此类药物销售的重要途径之一,因此在"堕胎罪"中明确规定"以文字、图画或他法,公然介绍堕胎之方法或物品,或公开介绍自己或他人为堕胎之行为者,处一年以下有期徒刑、拘役,得并科或易科一千元以下罚金"。尽管刑法对这种广告行为进行约束,但因民国堕胎市场甚为活跃,仍有不良医生倚靠报刊广告以吸引产妇堕胎。如 1941 年,成都黄如玉,梁凤林医生所打广告,内中即有"善化怪胎包毙"及"巧下坏胎"字样。时人据此状告黄、梁公然介绍堕胎。后经黄、梁上诉,四川省高院虽以证据不足认定黄、梁无罪。但就黄、梁所书广告而论,其广告内容虽无明确"介绍堕胎"之说,但"善化怪胎包毙"及"巧下坏胎"却足以让人浮想联翩,更难免让人误会。《成都黄玉如堕胎案》,四川省档案馆,卷宗号:167—11542。

会,生产主要由旧式稳婆操办。旧式产婆,称"老娘"或"姥姥",古已有之。产婆门前都悬有小牌上书"吉祥收洗"或"快马轻车"字样,请其收生者,通例在产前三四星期约定,称为"认门儿"。① 民元以后,职业的助产事业才渐次引起注意。民国四年,国立医学专门学校内首办产婆养成所。教育部与卫生署更于民国 18 年开办第一助产学校,助产事业由此逐渐发达。② 除专职的产婆和助产士,许多医家亦具备接生的能力。在民国医药观念尚不明晰的情况下,许多产妇的观念中往往认为只要是医家,亦无分门类,均有相当能力对付生产。在此认知之下,可以说,所有的医药人员是产妇潜在的求助对象。

就民国堕胎的实情观之,农村产妇求助的对象往往是稳婆和有收生或堕胎经验的老妇或江湖医生。城市中的产妇境遇稍好,她们还可以选择助产士或医生进行堕胎。③ 费孝通就指出:"在把堕胎看作不道德的地方,当医生的得起誓不做这种生意。可是这种誓约并没有比其他誓约更有效力。不但城市里,连乡下,时常可以找到把这事作专业的人。"④但是除去誓约的效力(或言之是近代医师职业道德的规范),正式医家也还要顾忌刑法的打击和自身的清誉。因此,虽不排除有医家参与堕胎,但显然正式医生并不敢轻易犯险。倒是因为正规医生有誓约的约束不愿接生,反致使堕胎"落入江湖术士手里,造下人间的罪恶"。⑤ 陈存仁就为舆论对中医下胎的误解争

---

① 李涛:《北平医药风俗今昔谈》,《中华医学杂志》第 27 卷第 12 期,1941 年 12 月,第 781页。

② 李涛:《北平医药风俗今昔谈》,《中华医学杂志》第 27 卷第 12 期,1941 年 12 月,第 782页。

③ 据白馥兰的研究,明清之季的许多医案记载了医师在妊娠危及孕妇生命时所开的流产药方,但更多的医案记载的是江湖庸医和二流大夫,或者怀孕妇女自己试图实施流产失败以后,正规医师通过高超的诊断和用药保住母子两人的性命。由白馥兰的研究可以判断,明清之季施行堕胎的大多也是江湖庸医和二流大夫。直到实施流产失败之后,才会寻求正规医家的帮助。尽管民国已有西医的普及和助产士的推行,但主要由江湖医生和二流大夫施行堕胎的传统似乎一直被保留了下来。([美]白馥兰:《技术与性别:晚期帝制中国的权力经纬》,江湄、邓京力译,江苏人民出版社,2006 年,第 252 页)但正式医生亦不乏行堕胎者,如《申报》所载正经医院王医生为俞杨氏堕胎案即属此例。参见《正经医院为俞杨氏堕胎案》,《申报》1934 年 9 月 12 日。

④ 费孝通:《乡土中国·生育制度》,北京大学出版社,1998 年,第 108 页。

⑤ 费孝通:《乡土中国·生育制度》,北京大学出版社,1998 年,第 108 页。

辩说：

> 我离开了上海，易地开诊，见到这个地方常常有中医为人堕胎，被判徒刑。其实这种中医，并不是真正的中医，可能是地下西医及无牌护士，他们都是用钳子和刮宫的器具来操作，以及非法施用西药，手术做得不好，病人送入医院，医院便报告警局起诉，行医者便被判入狱。中医是不会动手术的，我看到这种新闻污及中医声誉，为之叹息不置。①

陈氏看来，正规中医显然是不会助人堕胎的。那些以手术打胎的，大多是"地下西医及无牌护士"。

另外，西医要价的高昂也使得一般产妇望而生畏。有相当堕胎意愿的产妇是迫于经济的压力而选择堕胎，经济的窘迫使得这些产妇往往不会去找医师堕胎。时人观察道："堕胎一事，原是很危险的。若请教于医师处，则尚少危险，但既因经济状况窘迫而实行堕胎，又何能请得起医师?"无奈之下，"三姑六婆之流，乘机而起，拿了猛性的打药来骗人的钱"。② 于是造成"愿操此堕胎生涯者，旧式稳婆，常敢冒险行之，江湖术士，亦敢尝试，而就于正式医师请求者，反为不多"③的现象。

由于民国法律视堕胎为犯罪，正式医生不会轻易接受，故而"营此业者，只好秘秘密密，而要堕胎的，更得偷偷摸摸"④。"江湖术士"或民间稳婆医药观念淡薄，堕胎器械也难以消毒彻底，加之又是"秘密暗行"，也就造成"百病丛生"的局面。⑤ 稍有卫生常识的医师对此甚感不安，胡定安就说"社会上不乏求法于旧式稳婆或江湖术士，而秘密隐讳自行其土法，在此无所谓消毒，滥用损胎方法，虽痛苦备受不辞，危险万分。及至出现重笃病象，

---

① 陈存仁：《我的医务生涯》，广西师范大学出版社，2007年，第68页。
② 《求孕与避孕问题》，《绸缪月刊》1935年第1卷第7期，第7页。
③ 李紫衡：《励行严禁堕胎之必要》，《医事公论》第3卷第17期，1936年6月16日，第5~6页。
④ 兹九：《堕胎》，《申报》1934年9月16日。
⑤ 兹九：《堕胎》，《申报》1934年9月16日。

或经脓毒而高热濒危,颇有其例。或害及子宫而贻后患,亦数见不鲜"。①

　　不仅施行堕胎术者水平低下,民国时期堕胎之法不甚安全可靠也是加剧堕胎风险的另一原因。民国通常的堕胎方法"多猛烈危险"②,并不能真正确保孕妇安全(有些施术者虽言包医无误,实际往往造成产妇人财两空)。民国著名中医秦伯未曾撰有《医学上之堕胎问题》一文,以医学立场研究堕胎。秦氏"考书籍所载,及耳闻目睹之堕胎法"不外药物堕胎、针灸堕胎、揊塞堕胎三法。所谓药物堕胎系指产妇通过服药而下胎,用药之主旨即在"破气夺血","气血枯竭,势必不能养胎"。然而气血为人身之要素,"何堪无端枯竭,因之发生危急时有所见"。所谓针灸堕胎,针砭之处有三,即开元穴与左右少腹穴。"法于开元穴以针刺入腹内,先斜后直,俾达其目的而无伤其膀胱之虞,此法非针灸家不能为,而危险较服药为尤甚"。所谓揊塞堕胎,即以物揊入子宫颈,其一赖其扩张子宫颈,与以刺激力而堕胎。其二以伤及妊卵而堕胎。揊塞之法,"虽较针灸为稳妥,方药为和平,然其物多不洁净,堕胎后辄患脓血等症"。③ 除上述三法,还有"腹外猛力按摩"之法,旨在借外力"惊动胎气"以堕胎。此法在晚清行者最多,"惟实效殊少见,仅致下腹过敏少时耳"。④

　　由于堕胎施行者水平低下且堕胎技术存在很大局限,因此产妇的秘密堕胎无异一场性命的冒险,由堕胎而致产妇伤、残、死亡的现象在民国时期层出不穷,以致民国报刊上常有"十堕九死"之说法。⑤ 在堕胎效果不佳的状况下,一旦遭遇意外,诉诸官府的堕胎案件就有可能发生。

---

① 胡定安:《堕胎的罪恶》,《时兆月报》第4卷第9号,1945年9月,第3页。

② 秦伯未:《医学上之堕胎问题》,《家庭医学杂志》第1卷第1期,1930年1月,第20页。

③ 秦伯未:《医学上之堕胎问题》,《家庭医学杂志》第1卷第1期,1930年1月,第16~20页。

④ 马士敦:《中国之非法堕胎》,《中华医学杂志》第15卷第1期,1929年1月,第16页。

⑤ 民国的秘密堕胎使得堕胎死亡率有所提高,但显然并未达到"十堕九死"的比例。因堕胎系属违法,因而往往只有那些因堕胎而死的案例被获知,而成功堕胎者则根本无法统计。因此,"十堕九死"的说法通常只是指那些被"曝光"的堕胎案件,而成功堕胎的数量事实上并不少。不过,因秘密行事,在卫生措施等不得保障的情况下,堕胎死亡率上升也是不争的事实。

## 四、诉诸官府:民国时期的堕胎案件

民国的堕胎之举大都极为隐秘,成功者可能皆大欢喜,就此秘而不宣。不过也有一些堕胎行为导致产妇重病甚而不幸身死,一旦意外发生,这些堕胎事件则多升级成为堕胎案件。所谓堕胎案件,意味着堕胎行为已从民间走向司法,进入到国家司法处理的环节,与国家律法发生"正面冲突"。

从民国堕胎案造成的过程上看,堕胎案件大致可以分为两类:第一类是因秘密堕胎而致产妇性命危险,迫不得已转至医院或正规医生救治,医院或医生遇有堕胎者,依法报告当地官厅,致成讼案。① 如 1936 年 10 月,上海郑秀英与人发生暧昧以致怀孕,郑氏恐将来东窗事发无颜面对丈夫,便雇请王姓收生老妪下药打胎。下药后,郑氏因而患病且病势严重,被迫送往广慈医院求治。"经医生诊断之后,照例报告法捕房",捕房"派探前往,向氏查询"。郑秀英不日在广慈医院身死,乃"由院通知捕房,将尸车送同仁辅元分堂验尸所,报请特二法院,王任检察官偕法医书记官等莅所,验明李郑氏委系因堕胎后患病身死,尸身由其胞弟领验"。② 在这类案件中,医务人员依法检举与报告是司法机关获知并进而追究堕胎犯罪的关键。

另一类则主要是孕妇在堕胎之前不曾认识到问题的严重性,或怀有侥幸心理,江湖医生为争揽生意而行之以包打胎,结果导致伤害或死亡,造成官司。如 1939 年 3 月,刘庆祥之妻刘许氏因已生有男女小孩五人,虑及其夫工资入不敷出,儿女太多,殊觉烦恼。是以刘许氏潜往朱文芳开设之产科医院中堕胎,结果不幸致成重伤,一命呜呼。捕房律师以堕胎罪将朱文芳起诉,而刘庆祥亦延律师附带民诉,要求赔偿丧葬及抚养其男女等费共3552.08 元。③ 这类堕胎案件大多是产妇重伤或致死,被迫由"秘密"转向

---

① 早在 1922 年 3 月北洋内务部公布的《管理医师暂行规则》第 17 条即规定:医师当检查死体或妊娠四个月以上之死产儿,如认为有犯罪之嫌疑时,应于二十四小时内,向该管官厅报告。参见陈明光主编:《中国卫生法规史料选编(1912—1949.9)》,上海医科大学出版社,1996 年,第 621页。

② 《俄人家阿妈堕胎惨死》,《申报》1936 年 10 月 28 日。

③ 《为人堕胎致死,庸医判罪》,《申报》1939 年 3 月 23 日。

公开,由受害人亲属或法定代理人提请自诉或转由地方法院检察官提起公诉。

从某种意义上讲,堕胎行为的"公开化"是堕胎行为转化成堕胎案件的关键,堕胎行为是否"公开化"也直接决定了堕胎案件数量的多寡。虽然堕胎行为在民国社会极为普遍,以致有人惊呼堕胎事件"层出不穷,报章刊载,几无虚日"①。但是真正成讼的堕胎案件的数量却相对较少,完全无法与其他案件相提并论。据司法部《刑事统计年报》,民国 3 年至民国 12 年各年犯堕胎罪的人数分别为 5、8、16、8、5、4、7、8、5、7 人。② 整个四川省1948 年 1 月共终结案件 4450 件,其中堕胎案仅 1 起。③ 1943 年至 1947 年,福建全省法院系统一审刑事案件审结案件中,堕胎案共 26 件。④ 尽管这类统计并不准确详尽,不过可以肯定司法机关真正处理的"堕胎"案件数量甚少。一方面民国的"堕胎"行为层出不穷,另一方面司法机关办理的"堕胎"案件又甚少,这表明司法机关基本上对堕胎行为采取消极的态度,并没有严格稽查。既成的"堕胎案"多是由医师检举或他人告诉,司法机关方才受理。兰安生对这种"消极的反对"有着深刻的观察,或可为"堕胎案"数量稀少的现象提供一种解释,兰氏说:

> 政府方面,则(对堕胎)持反对态度,但系消极的,而非积极的,此类问题,从未正式加以讨论。只因孙总理三民主义中不无反对节制生育之暗示,各级公务人员,个人或赞成节制生育,但均不便公开表示,恐因此受人指摘,为违反总理遗教也。⑤

---

① 《农村破产声中来沪堕胎日众》,《申报》1936 年 9 月 25 日。

② 张镜予:《北京司法部犯罪统计的分析》,李文海主编:《民国时期社会调查丛编》底边社会卷(上),福建教育出版社,2005 年,第 246 页。

③ 四川省档案馆,卷宗号:167—2808,四川省各司法机关三七年一月份民刑事案件总表及犯罪人数总统计表卷。

④ 福建省地方志编纂委员会:《福建省志·审判志》,中国社会科学出版社 1999 年版,第一章,表 1—3。

⑤ 兰安生:《节制生育与中国》,《中华医学杂志》第 22 卷第 5 期,1936 年 5 月,第 354 页。

当然,堕胎案数量甚少的现象也与"堕胎罪"的犯罪主体、起诉特点有关系。从犯罪主体来看,堕胎罪的犯罪主体比普通医疗诉讼案件犯罪主体更为广泛。普通医疗诉讼的犯罪主体多是业务过失或玩忽职守的医家,而堕胎案的犯罪主体则不仅包括实施堕胎的医家,更包括有堕胎意图的怀孕妇女和代为介绍堕胎的介绍人。据民国刑法的规定,凡是参与堕胎犯罪的相关人员几乎都要受到法律的处罚。就孕妇来说,除不慎流产外,无论采用何种方式堕胎均要受到法律制裁。医家无论以任何理由为孕妇实施堕胎,不仅为医业团体、医家道德、医事法规所不允许,也为刑法严厉禁止。直到1935年新刑法颁布后,刑法才允许医家在孕妇病危非得以堕胎以救其命的危难关头得行堕胎。同时,那些游走在怀孕及非法下胎者之间的介绍堕胎者,也是民国法律明确打击的对象。①

在法律制度的设计上,"堕胎罪"惩处对象的广泛化使得凡是与"堕胎"行为相关的当事人都可能涉嫌犯罪,一旦事情败露则会一并遭受处罚,这反而迫使参与堕胎的相关人员都极力守秘。这一特点也导致"堕胎案"在起诉形式上与普通的诉讼案件甚有差异。普通的诉讼案件多由受害人自诉,此类案件有明确的受害人即通常的被告,模式一般是受害者或其代理人对原告的控诉。堕胎案则大为不同,堕胎案因犯罪主体更为广泛,不仅堕胎医家是被告,孕妇往往也是被告之一。这类案件大多由地方法院检察机关介入,属公诉性质,较强体现出国家立法对堕胎犯罪的干预原则。换言之,国家并不认为堕胎仅仅是侵犯了被害人的利益,而是将它视为对统治秩序和法理的直接挑战。在民国的堕胎案件中,仅有极少数涉及民事赔偿的诉讼才由被害人亲属提起诉讼,绝大多数案件都由被害人亲属或代理人将案情报告地方警厅,再经地方法院检察官对警察机关侦查终结或自行侦查终结的案件提请法院审判。这种起诉的特点就意味着,如果没有当事人的检举与报告,司法机关又采取消极的态度,对"堕胎"行为视而不见的话,那么刑

---

① 例如1937年,大新游乐场女招待董桂珍与人姘识同居致孕,委李俞氏介绍收生婆王张氏代为堕胎,结果堕胎不慎,董桂珍不幸身死。事发后,收生婆王张氏逃逸,不知所踪,法院以"帮助堕胎妇女以他法堕胎"为由,处李俞氏徒刑四月。参见《大新女招待堕胎身死案介绍人处徒刑四月》,《申报》1937年6月30日。

法中"堕胎罪"条款就形同虚设了。这自然也是民国时期堕胎妇女甚多而"堕胎案件"数量甚少的原因之一。

另外,从民国堕胎案的判罚结果来看,各级法院对堕胎案的判罚大多存在明显"就轻"的倾向。按刑法规定,产妇堕胎一经发现,即便产妇因堕胎身受重伤,也要受到惩处(若孕妇因堕胎死亡则不在之列)。但产妇堕胎往往身体虚弱,不宜立即劳作服役,故而在实际的司法审理中对此多有所考虑,对堕胎妇女的惩罚也存在着一定弹性。民国二十九年,四川简阳毛周氏因夫出未归,与毛雨膏通奸怀孕,即将分娩恐人知悉,为免丑事外露,遂与毛雨膏相商用药堕胎。唯因毛周氏服药后周身疼痛,不得已之下赴县城向简阳法院检察官状诉,请求验明身体请予治疗,并拘传毛雨膏讯究。该案经简阳地方法院审理,判处毛雨膏有期徒刑3月,因执行困难,以3元折算1日易科罚金。毛周氏服药堕胎事实甚明,又自认不讳,处以罚金30元,如易服劳,以1元折算1日。被告不服原判,上诉四川省高等法院,二审对维持一审对毛雨膏的判决,而对毛周氏,则认为"惟该氏系乡愚妇,家又贫困,因堕胎使精神身体备受痛苦,倘再执行罚金劳力实有不逮,应念其初次犯罪,以暂不执行为适,宜应予宣告缓刑以促自新",故而判决毛周氏缓刑2年。①如果说川省高等法院对毛周氏的判决更多地体现了民国司法在律法实施中对孕妇的"人道"关怀,并不足以说明民国地方司法在"堕胎案件"中普遍存在"就轻"倾向的话,那么下面几起案件则可以较清晰地看到"堕胎案件"的这一审理特点。

民国二十三年,宁波妇人张陈氏因行为失检,腹中怀孕,由其母陈苗氏偕同前往老妇汤沈氏处请求打胎。张陈氏经汤沈氏施行打胎后不幸身死。汤沈氏意图营利堕胎,并致人于死,按刑应处于3年以上10年以下有期徒刑,得并科500元以下罚金。但法院虑及汤沈氏系孕妇嘱托打胎,最后仅处以有期徒刑1年6月。②民国三十年,广汉余陈氏一案也较为典型,颇能说

① 《简阳县雨膏等上诉堕胎案》,四川省档案馆,卷宗号:167—10646。
② 《妇人堕胎惨死案,施术老妇判刑》,《申报》1934年7月11日。有关该案的细节可参见《打胎危险妇人生命危殆》,《申报》1934年6月23日;《打胎妇人毙命》,《申报》1934年7月6日。

明堕胎罪中对犯罪主体"就轻"判罚的倾向。是年,四川广汉曾李氏因子女较多,颇感生育为苦,故于旧历八月初十日夜嘱托余陈氏为之堕胎,余陈氏遂购堕胎药品前往其家实施手术,以药插入胎妇阴户内,十二日晨曾李氏中毒身死。曾乐琴以其妻遭此惨故,心极痛恨,遂将余陈氏告发,并经检察官侦查起诉。对曾李氏之死,被告余陈氏供认不讳,承认系受曾李氏嘱托而行堕胎。广汉县司法处亦认为被告实犯刑法二百八十九条第二项之罪,"已属极端明了","惟查该被告仍系知识薄弱之妇女,其犯罪又系嘱托所致,情节尚属可原谅",处余陈氏有期徒刑6个月。① 考所据刑法二百八十九条第二项,广汉县司法处仅以最低标准给余陈氏量刑。广汉县司法处一审之后,曾乐琴对一审判罚极为不满,认为对余陈氏量刑过轻,随即上诉到四川省高院。然而经高院审理,仍维持余陈氏有期徒刑6月的判决。②

在笔者所查阅的几十起堕胎案件档案中,判刑较重的当属1942年成都张高氏一案。此案中,成都地方法院认定"张高氏连续为人堕胎",判处有期徒刑五年。后经张高氏上诉,四川省高院裁判认为张高氏连续为人堕胎并无证据,以"张高氏意图营利,受怀胎妇女之嘱托而使之堕胎因而致妇女于死,处张高氏有期徒刑3年"。③ 即便张高氏所获处罚已相对较重,但比照刑法第二百九十条第二项(意图营利而致人于死者,应处3年以上10年以下有期徒刑,得并科五百元以下罚金)而论,司法机关对张高氏的处罚也是两相权衡取其轻。显然,在"堕胎罪"的司法实践中,民国地方司法并没有完全按照"堕胎罪"的律法执行。这种轻判,一方面透露出民国地方司法对社会上相沿成俗的"堕胎"行为的放任与淡然,另一方面则折射出民国律法中"堕胎罪"的相关规定与社会现实存在很大的背离,一般民众对堕胎并不真正反对,以致民国地方司法不自觉地采取了就轻罚处的策略来达成平衡。

民国律法引鉴西法,从而在制度条款上对"堕胎罪"作了严厉惩处的规

---

① 《广汉余陈氏帮助堕胎致人死案》,四川省档案馆,卷宗号:147—13853。
② 《广汉县呈送覆判余陈氏堕胎一案》,四川省档案馆,卷宗号:167—13260。
③ 《成都张高氏堕胎案》,四川省档案馆,卷宗号:147—14042。

定,这无疑体现出资产阶级立法注重"人权"(胎儿亦人)的特点。但由于侦缉困难、司法人员不足等客观原因以及宥于传统认知与习惯等主观原因,刑法"堕胎罪"在执行过程中显然出现了司法不力的情况。一方面司法机构对普遍存在的堕胎行为渐趋默认,一方面司法部门在堕胎案件审理中对案犯往往从轻发落。这种相对从轻的司法判罚,反过来又给社会造成一种"放纵"的印象,使得民国社会的秘密堕胎更为泛滥。

法是国家统治阶级意志的反映。民国刑法中"堕胎罪"的规定反映出近代资产阶级保障妇婴人权,消除堕胎"陋习"的"宏大抱负",这无疑具有进步意义。但据"堕胎罪"的司法实践来看,民国时期堕胎行为发生频仍,许多孕妇出于各自考虑并不愿接受国家法律善意的"保护"。反倒因担心法律的打击,不少产妇铤而走险秘密"堕胎",造成妇婴生命的危险,这显然令"堕胎罪"的立法者始料不及。

时人已认识到国家通过法律一味地打击,"堵"而不"疏",不可能真正解决堕胎问题。首先堕胎行为作为一种社会现象,是控制人口的重要手段之一,在人类历史上长期存在,很难从根本上消除。受西方立法影响,《大清新刑律》首次将堕胎视为非法,这虽然体现出立法的进步性,但这部立法及此后施行近20年的《中华民国暂行新刑律》却试图将有着深厚历史积习的"堕胎"行为一体禁行,这种强制性禁例无疑导致了传统社会生活与现代法制之间的紧张与对峙。这一由传统向近代的急剧转型,传教医师马士敦有清楚的观察,马氏说:"明清之间,堕胎之行,律无禁忌。宫禁之内,以攘权致有堕胎之举数见,庶晚清始定律以禁之。民国以来,堕胎违法律有专载矣。"①可以说,20世纪初对"堕胎罪"的法律规定完全是在清末新政"宪政"诉求下的应急之作。唯此,这部法律与中国社会的"适应性"也饱受质疑。早在沈家本拟定大清新刑律草案征求意见时,即遭到来自礼教派的强烈反对,这种反对之声虽向被视为保守,但却反映出自西方泊来的法律制度与中国社会的实际情况多有不相匹配之处。《中华民国暂行新刑律》的实践证明,礼教派的这种担忧在某些层面上并非无稽之谈。就"堕胎罪"而言,诚

① 马士敦:《中国之非法堕胎》,《中华医学杂志》第15卷第1期,1929年1月,第16页。

如某些学者所批评的,相关法规的制定要不是形同虚设,就是涉案众多,根本无力承载起禁止堕胎的目标。①

另外,民国"堕胎罪"也忽视了堕胎行为存在的社会根源。立法者如果忽视立法运行的社会基础,只是一味地对"现象"进行控制与打击,"堵"而不"疏",并不利于法典目标的达成。如果致成堕胎的社会问题未得解决,那么,无论法律如何"严格限制","但终于敌不过现实的社会事情的驱迫,'偷偷摸摸'也要去堕胎。结果,法律不单成一纸空文,更因而在社会上百病丛生,无法医治"。②《申报》的评论即一针见血地分析道:

> 法律也就不外是讲道理的东西,可是,立法者对于某一犯罪行为,往往忽视其社会的原因。只要去处理其原因所迫成的结果,这正如把石头压住潜滋暗长的草根一样,是没有效果的。现在欧美各国——除苏联外——都以堕胎为犯罪行为而严禁之。但堕胎者乃至堕胎业都有增无减,终而至于禁不胜禁。③

基于以上认识,文章作者提出说要真正从根本上解决堕胎问题,还需从根本上解决中国社会的问题。相关的策略包括:一、保障生育妇女的经济生活的安定;二、保障母性,即认定母性的社会的特殊权利;三、对于生育子女,国家负教养的责任;四、废除私生子制度。④ 从根本上说,堕胎"本身实由不得已的苦衷与逼迫处此的环境所共同构成的,以故社会与国家应尽最大努力负其责任,而求急切设法补救"。⑤ 这种强调"疏导"大于"禁止"的观念虽然未必更为有效,但却揭示出解决堕胎并非单一纯粹的法律与司法问题,而与社会存在着密切的关联,民国有关"堕胎罪"的律法虽在保障妇婴权益方面

---

① 朱勇:《理性目标与不理智的过程:论〈大清刑律〉的社会适应性》,张生主编:《中国法律近代化论集》,中国政法大学出版社,2002 年,第 312~314 页。

② 《刑法上的堕胎问题》,《申报》1934 年 11 月 4 日。

③ 《刑法上的堕胎问题》,《申报》1934 年 11 月 4 日。

④ 《刑法上的堕胎问题》,《申报》1934 年 11 月 4 日。

⑤ 胡定安:《堕胎的罪恶》,《时兆月报》第 4 卷第 9 号,1945 年 9 月,第 2 页。

意义重大,但单从效用上讲,却确有食洋不化的嫌疑。

民国有关"堕胎罪"的律法禁例在实践中与社会现实存在的冲突与矛盾,也反映出相关法律制度在细节上的缺陷与不足。例如在 1935 年刑法出台前,旧刑法规定无论何种情况,产妇堕胎皆要受到处罚,对于非堕胎无从治疗的产妇而言即显得有失公平,这即引起医学界广泛不满并直接导致了 1935 年刑法对此问题的修正。而在抗战时期,胡定安也提出"在战时特殊情形下,如在沦陷区被敌强奸而受孕,或经盗匪强奸而怀胎,这样堕胎应不在禁律"。① 这些问题提示着律法制度的建设乃是一个长期的过程,需要不断的完善和修正,而民国"堕胎罪"的条款(特别是"二八刑法")则显得有些僵化单一,弹性不足。

民国律法对堕胎罪的认定和处罚,是国家在特定的历史与社会语境中所持有的生育观念的一种反映,同时也是精英话语和国家意志的体现。当"堕胎"被视为非法,作为国家律法的一部分强制对社会生活进行操控时,民间社会被迫将堕胎转入地下,以"秘密"的方式对国家制度进行"沉默抗争"。那些公开化的堕胎案件则表明,民国律法虽不承认其堕胎的合法性,但司法机关对禁绝"堕胎"的国家诉求态度消极,在案件审理中也不自觉地表现出"轻判"的倾向,这些都折射出民国"堕胎罪"的法理目标、制度实践与近代中国的社会实情不甚合拍。总的来说,在卫生、医疗行政等事业未上台阶,民众生育观念有待革新的处境之下,国家制度虽反映出现代性的诉求,却难免脱离忽视运作其上的社会实践。国家与社会围绕"堕胎"的互动反映了国家的近代性对社会生活的形塑过程,同时也说明了近代中国社会的复杂多变。

---

① 胡定安:《堕胎的罪恶》,《时兆月报》第 4 卷第 9 号,1945 年 9 月,第 2 页。

# 第四章　民国时期医事纠纷的
　　　　处理及问题

## 第一节　医患的私下和解

### 一、和解的途径与方式

鲁迅在《父亲的病》中曾经描述了这样一个故事：

大约十多年前罢，S城中曾经盛传过一个名医的故事：

他出诊原来是一元四角，特拔十元，深夜加倍，出城又加倍。有一夜，一家城外人家的闺女生急病，来请他了，因为他其时已经阔得不耐烦，便非一百元不去。他们只得都依他。待去时，却只是草草地一看，说道"不要紧的"，开一张方，拿了一百元就走。那病家似乎很有钱，第二天又来请了。他一到门，只见主人笑面承迎，道，"昨晚服了先生的药，好得多了，所以再请你来复诊一回。"仍旧引到房里，老妈子便将病人的手拉出帐外来。他一按，冷冰冰的，也没有脉，于是点点头道，"唔，这病我明白了。"从从容容走到桌前，取了药方纸，提笔写道：

"凭票付英洋（鹰洋）壹百元正。"下面是署名，画押。

"先生，这病看来很不轻了，用药怕还得重一点罢。"主人在背后说。

"可以"，他说。于是另开了一张方：

"凭票付英洋贰百元正。"下面仍是署名,画押。这样,主人就收了药方,很客气地送他出来了。①

民国时期,伦理社会的诸多问题乃至纠纷都不会提到法律层面来解决。私下的和解,即所谓的"私了"往往成为解决纠纷的惯常手段。S城发生的故事在对中医进行否定、批判和讥讽的同时,还展现了一个冷静、睿智的病家如何与医家抗争,通过"私了"的形式解决纠纷的过程。病家在"私了"过程中的诉求目标相当清晰,那就是与病患死亡相匹配的经济赔偿,而医家则尽量将医疗事故的不利影响控制在一定的范围。毫无疑问,S城一类的事件发生在一个特定的时空背景,这个背景不仅关涉社会政治及司法处理,也与医学文化和民众心理有密切关系。

尽管民国时期的政治制度、司法制度、乃至卫生行政制度已发生重大的变革,然而一旦将这些抽象的制度具体在病患的双向关系之中,民国和清季的情况可能并没有太大的差别。1933年,在江苏发生过一起这样的纠纷。江苏如皋丁埝镇冒家巷有位叫方才儿(方祖培)的年轻人,学习岐黄未及半年,遽而悬壶问世。时有西街鱼摊欧姓妇病,因节省医费,遂请方才儿诊病。方才儿大夸其能,自称可以药到病除,不料服药后,欧姓不幸暴毙。欧姓大兴问罪之师,方才儿求人出而接洽,暗助三十元为殡殓费方才平息事端。②这则"庸医杀人"的骇闻与S城的故事,以及清季的某些纠纷事实上都有着惊人的内在一致性。医家医死或重伤病者,然后遭到病家的问责,最后通过赔偿钱财的方式得以私了。类似的和解事例在民国时期不时上演,这些医事纠纷大都通过私了的方式得到平息。尽管在这一过程中,私了的方式和手段因人而异,每件私下和解的纠纷也因事件的特殊性而千差万别,但最终地,这些纠纷都被限定在一个相对"小"的范围内,而没有被"闹大"到诉讼的层面。

说到底,医患纠纷也算是社会矛盾之一种,其解决的机制与传统民间社

---

① 鲁迅:《父亲的病——旧事重提之七》,《莽原》第1卷第21期,1926年11月10日。
② 《庸医杀人之骇闻》,《光华医药杂志》第3卷第7期,第60页。

会处理社会矛盾的机制基本一致。医患双方发生纠纷后,在涉讼之前往往存在着社会调解的阶段,民国时期许多地方流行"吃讲茶"的习惯,许多的医患纠纷也可以通过"吃讲茶"达到和解的效果。①《国医砥柱月刊》就刊载有这样一则通讯:

> 重庆通讯:本市医士夏志刚,于废历正月二十四日下午,适有临法门外韦汉清先生求治。略谓内室(蒙氏)得染伤寒一症,曾请名医处方数剂,不惟服之无效,反而愈加沉重。今得友人介绍,言及先生名重医林,经验宏富,故特邀先生速往诊治,以挽一发千钧之危。当时志刚先生,听其言语之恳切,病势之危险如此,即同往其家,先察所服之方剂,初医以麻杏石甘汤,次医以麻桂各半汤,三医以羌活汤加黑姜,以上各方,均未得效。据夏医士观其形,耳聋呕咳。问其病,胸满肋痛,口苦厌饮。切其脉沉鼓而紧,遂认为少阳经之邪,然已属伤寒坏症,则推却另请高明。殊汉清再再求方,而夏医士本抱恻隐之心,不忍待毙,姑处以小柴胡加油朴枳□之方,辞出。不一钟之久,该汉清来家,说蒙氏将故,乃夏医士之药所误耳。遂请夏医士于茶社理剖,谓庸医杀人,有干法纪,双方争执辩驳,未得解决。后经警察局讯明,谓该夏医士诊病后一时之许,此药决定尚未服食。想汝妻亡故,或属前医之误,或属病久虚弱之故,判明夏医士无过。如不服从,可移于法院检查处。于二十八日审讯,仍庭谕夏医士无过,但要将前后药单,开会鉴定,是否有过,再凭核办等语。现法院尚未开研究会,如研究会受到法院正式鉴定公函后,即召开全体会员大会,互相研究,或属夏医士之药误,或属前医之过,即可分别泾渭矣。②

这则通讯事实上清楚地呈现出普通医事纠纷大致的演变过程,该纠纷

---

①　关于"吃讲茶"的情况,可以参见王笛《茶馆:成都的公共生活和微观世界,1900—1950》一书,特别是第八章第三节"茶馆讲理"的论述。
②　《夏志刚开了送终汤,病家已向法院起诉》,《国医砥柱月刊》1937 年第 4 期,第 50 页。

大致可以分为三个阶段:第一阶段是纠纷发生后医患之间在茶社的理剖,试图通过"吃讲茶"的方式达成和解。在第一阶段的和解失败之后,警察局开始介入,并对双方进行调查和调解。如果双方仍不能对警察局的调处达成一致的话,那么纠纷则可能进入司法环节。

在医病双方试图达成和解的过程中,除德高望重的长者居中评判外,各社会团体在民国时期也广泛参与其间。各社会团体中,医师公会及下设的某些专门性的委员会在这一方面的作用最为突出,各医师公会往往都承担有调解医、患矛盾的责任。例如 1948 年 8 月,上海张贤强医师因诊治病人发生纠纷,后经上海市医师公会居间协商,关于纠纷一节,即与病家和解。[1] 一些医师公会还明确规定,若医生与病家在医疗费用上产生纠纷,要求会员医生不要自行其是,而主张由公会出面与病家进行沟通,以避免医患纠纷的升级。还有人产生过成立"医药审查委员会"的愿望,希望借此委员会以中立的姿态对医事纠纷作出裁定。[2] 如果说传统的社会调解主要是社会精英参与其间,体现出非官方的社会力量是如何处理个人之间以及个人与社会之间的冲突的话,那么在南京国民政府时期参与医事纠纷调解的非官方的组织化机构则以一种全新的姿态加入了传统社会精英的行列,并在某种程度上接替了传统社会精英的职能。一些研究者已经注意到,那些传统精英的调解可能是有限的,因为没有任何的权力保证其公正性,而且国家对此采取了取缔和控制的策略。[3] 但是 20 世纪 30 年代这种新型的组织化机构的出现,正开始以一种合法性的身份迈向社会。这种国家认可并积极鼓励的近代团体,对医事纠纷的调解也较传统精英更显专业、更为规范和更具公正性。[4]

---

① 《会务报告》,《医讯》第 1 卷第 9 期,1948 年 8 月 30 日,第 6 页。

② 张少轩:《第三者之医讼观》,《现代国医》1931 年第 1 卷第 1 期,第 4 页。

③ 王笛:《街头文化:成都公共空间、下层民众与地方政治,1870—1930》,中国人民大学出版社,2006 年,第 143 页。

④ 清末因国家权力的势微,地方精英得以广泛地参与地方事务,往往被西方学者视为在国家与社会之间构建起了"公共空间"。就民国医师公会对医事纠纷的参与来看,情况可能有所不同。第一,医事公会是近代性的职业团体,体现出组织化的特点;第二,地方精英的权力是国家取缔和控制的对象,而医事公会与国家的关系则是彼此支持、彼此强化。

## 二、梁启超案:"另类"的和解

民国时期,和解的医事纠纷占很大比重,大多医事纠纷也因"和解"最后消逝在历史长河之中,鲜有记载这类医事纠纷的文献和资料保留下来。通过"私下和解"的医事纠纷,最引起舆论关注的莫过于发生在1926年的梁启超被错割肾脏的事件。虽然严格地说,梁案可能并不能算真正意义上的医事纠纷,因为至少病家并没有因为协和医院的误诊而与协和医院水火不容。相反,梁氏却竭力为协和医院开脱。但是,因为梁氏在民国文化史上的重要地位,故其被误割肾脏一事在中西医竞争的特定语境下被赋予了更丰富的意义。

1926年3月8日,梁启超因患尿血症,住进协和医院。经检查透视,医生发现其右肾有一黑点,诊断为瘤,遂予以手术割除。梁启超是社会名流,协和医院对他的手术不敢懈怠,协和医院的院长刘瑞恒亲自为梁启超做手术,副手也是美国有名的外科医生。3月16日,刘瑞恒为梁启超切除了右肾,但术后检查,切下的右肾并无病变,梁启超仍然时轻时重地尿血,稍一劳累病情就会加重。协和医院将梁氏正常的肾脏切除,无疑是一起严重的医疗事故。

此事立即引起社会广泛关注。1926年5月,陈西滢率先在《现代评论》上发表《尽信医不如无医》的文章,就梁氏误诊事件发表看法,认为中国民众过于迷信医生,事实上,无论西医还是中医都不那么可靠。① 5月29日,徐志摩在《晨报副镌》上发表《我们病了怎么办?》,揭露协和医院对待病人的种种问题,包括协和医院对病人的种族界限、势力分别、将病人当成试验品以及医生的大意疏忽。② 同时,徐文还附载了当事人梁仲策的《病院笔记》,详细记载了梁启超手术的过程。③ 一时间,舆论一片哗然,西医遂成众矢之的,特别是《现代评论》和《晨报副镌》对西医大肆鞭挞、肆意攻击。中

---

① 参见陈源:《尽信医不如无医》,《西滢闲话》,河北教育出版社,1994年,第279~284页。
② 徐志摩:《我们病了怎么办?》,《晨报副镌》1926年5月29日。
③ 梁仲策:《病院笔记》,《晨报副镌》1926年5月29日。

医界也趁火打劫,肆意对西医进行抨击,鼓吹起中医的高明。对此,鲁迅曾无不嘲讽地说道:"自从西医割掉了梁启超的一个腰子以后,责难之声就风起云涌了,连对于腰子不很有研究的文学家也都'仗义执言'。同时,'中医了不得论'也就应运而起。"①

就在反对西医的声音越来越强时,作为病者的梁启超,开始发出自己的声音。梁启超写了一份英文声明,题目是《我的病与协和医院》,声明后来被翻译成中文于6月2日发表在《晨报副刊》上。梁氏首先介绍了自己决意手术的经过,然后向外界介绍了术后出院的身体状况。梁氏说:

> 出院之后,直到今日,我还是继续吃协和的药。病虽然没有清楚,但是比未受手术以前的确好了许多。从前每次小便都有血,现在不过隔几天偶然一见。从前红得可怕,现在虽偶发的时候,颜色也很淡。我自己细细地试验,大概走路稍多,或睡眠不足,便一定带血。只要静养,便与常人无异。想我若是真能抛弃百事绝对的休息,三两个月后,应该是完全复原,至于其他的病态,一点都没有。虽然经过些重大的手术,因为医生的技术精良,我的体质本来强壮,割治后十天,精神已经如常,现在越发的健实了。敬告相爱的亲友们,千万不必为我忧虑。②

与其他病家不同的是,梁氏并没有追究医院的过失之责,他甚至为协和医院开脱,大谈协和医院在其住院期间的"用心",并希望舆论界对协和医院宽容一些。

> 协和这回对于我的病,实在很用心。各位医生经过多次讨论,异常郑重。住院期间,对于我十二分感动。我真是出于至诚的感谢他们。协和组织完善,研究精神及方法,都是最进步的,他对于我们中国医学的前途,负有极大的责任和希望。我住院一个多月,令我十分感动,我

---

① 鲁迅:《华盖集续编》,人民文学出版社,1980年,第127页。
② 梁启超:《我的病与协和医院》,《晨报副刊》1926年6月2日。

希望我们言论界对于协和常常取奖进的态度,不可取摧残的态度。①

最后,梁氏吐露出他之所以撰写这篇为西医辩护文字的真实用意,即不希望社会利用梁氏这起"医疗事故"而造成中国近代医学前途的障碍。

> 我们不能因为现代人科学知识还幼稚,便根本怀疑到科学这样东西。即如我这点小小的病,虽然诊查的结果,不如医生所预期,也许不过偶然例外。至于诊病应该用这种严密的检查,不能像中国旧医那些'阴阳五行'的瞎猜。这是毫无比较的余地的。我盼望社会上,别要借我这回病为口实,生出一种反动的怪论,为中国医学前途进步之障碍。②

应该说协和医院的手术明显造成了"过失伤害",但是作为病家,梁氏出于维护近代医学的考虑放弃了自我权益的维护,以致这起医疗事故并没有造成纠纷。尽管梁氏出于对近代科学一以贯之的信仰考虑,并不追究协和医院医疗事故的责任。但这起医疗事故并不能因为病家放弃自我权益的诉求而改变既成事实。术后短短的几年,梁氏即撒手人寰,这起本不应有的医疗事故加速了梁氏的死亡似乎是可以肯定的。且不去讨论梁案的过程及其对梁氏本人的影响,单就这起医疗事故的结果来看,无疑病家的意见是促成这起事故大事化小的关键。从本质上讲,这起事件和鲁迅笔下 S 城的医疗纠纷,以及民国其他医事纠纷的和解并无二致,其他纠纷中的病家可能收获了相应的经济补偿,而梁氏却收获了社会对"西医"的信仰和耐心。

梁启超的误诊因病者自己并无意和医家过不去,之所以闹得沸沸扬扬,一来是因为梁氏太有名望,二来是社会舆论的参与在某种程度上已经代替了病者自己的声音。这种在报纸上大做文章,肆意攻击的做法自然是普通

---

① 梁启超:《我的病与协和医院》,《晨报副刊》1926 年 6 月 2 日。
② 梁启超:《我的病与协和医院》,《晨报副刊》1926 年 6 月 2 日。

医事纠纷处理中不曾遇到的问题。可以肯定的是,还有许多的医疗事故,病家或许是出于信仰"科学",也可能是为了信仰"息讼"、信仰"宿命论"最终放弃了对自己权益的维护。对那些不甘心就此罢休的病家来说,则要么在报纸上作出类似"庸医误人"的报道,要么试图通过其他社会调解的手段来达到目的。私下调和的案件,绝大多数的病家事实上不可能如梁启超那样高尚地维护某种信仰,绝大多数的病家可能还在于追求某种公理或者更为直接的利益。和解的手段和方式多种多样,虽然基本的路径都是化干戈为玉帛,但也不乏有人利用当事人"息事"的心理相威胁进行敲诈。前文所述徐小圃收到李铭律师的敲诈函件即是如此,该律师以医师为名誉计往往"息事宁人"的心理以行勒索,虽然其目标仍是息讼和解,却要双方付出代价。如果医家果然理屈,则免不了要花费些金钱以作赔偿。不过,对这种以金钱私下和解的方式,某些医家也甚为担忧。俞松筠即认为医师在遭遇医疗纠纷后,"唯有待法律之评断",若果真是自己业务过失,则唯有受法律之制裁。不过,病患死亡原因甚多,或亦未必为医师之过失。若一味"息事宁人,则必铸成大错,反使人藉口,甚至倾家荡产亦属可能"。[1] 夏苍霖则认为私下和解的做法"适足启健讼者微悻之心,而开纠纷之门"。夏氏明确指出医事诉讼,讼者的目标多半以金钱为对象。如果每每以金钱和解无异于鼓励病家上控之风。因此,夏氏提出对于以金钱私自和解之同道,应有所惩戒,而对于胜负已分之讼事,更有反诉之必要。[2]

## 第二节 行政力量的介入

### 一、民国卫生行政机构的组织

中国近代最早的公共卫生行政机关隶属于警事机构,并不具有独立的

---

[1] 俞松筠:《记两客问答》,《申报》1939年4月25日。

[2] 夏苍霖:《防止医事纠纷之管见》,《医药导报》第1卷第9期,1934年11月,言论第2~3页。

面目。以成都而论,成都的警察机构成立于 1902 年。在此之前,成都的住户被纳入保甲制度中以确保地方控制和安全。在 1928 年正式的市政机关——成都市政府成立之前,成都的警察至少扮演着三层角色:负责地方安全、进行城市管理、推进社会改革。① 整个成都的卫生事务同样也归属成都警察机关管辖。北洋时期,大多数省份城市的卫生行政都与成都类似,由地方警察机关负责,专门性的卫生行政机构要到南京政府时期才得以逐步建立。

1927 年以后,南京、上海、北平、天津、杭州等市相继设立了卫生行政机构。上海市卫生局成立于 1927 年 7 月 9 日,初称上海特别市政府卫生局,至 1928 年 7 月 3 日改名为上海特别市卫生局,1930 年 7 月 1 日复改称上海市卫生局。1928 年 12 月 1 日,南京国民政府公布全国卫生行政系统大纲,规定"卫生部之下,设卫生处,于各省隶属民政厅,受卫生部之直接指挥及监督。各特别市设卫生局,隶属于各该市政府,受卫生部之直接指挥及监督。各市县设卫生局,隶属于市县政府,受卫生处直接指挥及监督。各特别市各市县卫生局及直接处理卫生事宜之卫生处,就其辖境内,得依自治区域划分若干区,以处理卫生事宜。各大海港及各国境冲要地,设海陆检疫所,直接受卫生部之指挥及监督。"②大纲出台之后,各省卫生主管机关逐渐设立。1934 年,江西省率先成立全省卫生处,此系省级政治组织有卫生机关设置之始。③ 此后,湖南、甘肃、宁夏、青海、浙江各省相继设立类似机构。1936 年 7 月,云南也设立了卫生实验处。云南卫生行政在民国初年只由省会警察厅内设一卫生科,办理全省卫生事宜。1930 年 8 月 1 日,云南于民政厅第五科添设一卫生专员,负责办理全省卫生事宜。1933 年 12 月 1 日,复由民政厅内特添设第六科,负责主办全省卫生行政、筹建昆华医院于昆明市及省立个旧医院等事项。1936 年 7 月 1 日,云南卫生实验处成立,负责

---

① 王笛:《街头文化:成都公共空间、下层民众与地方政治,1870—1930》,中国人民大学出版社,2006 年,第 195 页。

② 马允清:《中国卫生制度变迁史》,天津益世报馆,1934 年,第 144～145 页。

③ 刘冠生:《战后我国公医制度的展望》,《东方杂志》第 40 卷第 11 号,1944 年 6 月 15 日,第 26 页。

全省卫生行政及实验研究等工作。① 到 1936 年底,经中央协助各省成立省卫生机构者共计有七省,江西设全省卫生处,云南、湖南、甘肃、宁夏、青海均设卫生实验处,陕西则设卫生委员会。南京、上海、北平、天津、广州、杭州、南昌等设市卫生局或卫生事务所。全国范围内,省卫生事业机关有 52 单位、市 82 单位,共计 134 单位。

表 4.1  1937 年已设卫生行政组织的省市②

| 省/市 | 机构名称 | 成立时间 |
| --- | --- | --- |
| 南京 | 卫生事务所 | 1932 年 5 月 |
| 上海 | 卫生局 | 1928 年 7 月 |
| 北平 | 卫生局 | 1934 年 |
| 广州 | 卫生局 | 1921 年 3 月 |
| 南昌 | 卫生事务所 | 1934 年 |
| 江西 | 全省卫生处 | 1934 年 6 月 |
| 甘肃 | 卫生实验处 | 1934 年 9 月 |
| 宁夏 | 卫生实验处 | 1934 年 12 月 |
| 陕西 | 卫生委员会 | 1935 年 1 月 |
| 湖南 | 卫生实验处 | 1934 年 7 月 |
| 浙江 | 卫生实验处 | 1935 年 7 月 |
| 云南 | 全省卫生实验处 | 1936 年 7 月 |
| 安徽 | 卫生院 | 1936 年 8 月 |
| 青海 | 卫生实验处 | 1934 年 11 月 |

省市卫生机构自抗战以来逐年还有增加。1938 年各省市成立卫生处局者仅 12 省市,其他省级卫生机构计 73 个单位。1940 年 6 月 21 日,行政院公布省卫生处组织大纲,规定省卫生处下设省立医院、卫生实验处、初级卫生人员训练所、卫生材料厂等机关,各省制度渐趋一致。至 1942 年,已有

---

① 杨念群:《再造"病人":中西医冲突下的空间政治(1832—1985)》,中国人民大学出版社,2006 年,第 100 页。

② 中国第二历史档案馆,卫生部统计室卫生统计图表,全宗号三二七,案卷号 893:7—12。转引自张大庆:《中国近代疾病社会史》,山东教育出版社,2006 年,第 110~111 页。

16 省市设置卫生处局,其他省级卫生机构合计 254 单位。1943 年,其他省级卫生机构续增至 293 单位。

县级卫生机关方面,据县各级卫生组织大纲规定,县卫生机关应致力改善全县卫生,增进居民健康,并依县各级组织区域设置县卫生院,区卫生分院,乡镇卫生所,保卫生员。按新县制之基本精神乃是以"管"、"教"、"养"、"卫"融为一体的方式实行地方自治。因此县各级卫生机关在组织上必须与同级其他机关密切联系,在职权上则行政与业务不相分割。县级卫生机构以江苏、浙江两省设立较早,1932 年已设县立医院多处,办理医疗救济及卫生事宜。抗战时期后方县级卫生机关逐渐普及。俞松筠在《卫生行政概要》中回顾了县级卫生机关设立的过程:

> 我国地方卫生事业不发达,所有医院诊所多集中于大都市。抗战发生以后,乃渐见普及于一般地区之趋势。二十九年实行新县制,在卫生机关方面,有强制性的规定,因此县卫生机关数量益见增加。据卫生署发表至三十二年,后方各省除绥远、青海两省尚未设置县卫生机关外,其余十五省 1297 县中设立县卫生院者计 798 县,尚未调整仍称县立医院或县立医务所者计 157 县,其余 357 县,或因人力财力之限制,或因沦为战区,尚未设置县卫生机关。至于县以下的卫生机构,则已有县卫生分院 1040 所,乡镇卫生所 1357 所,保卫生员 1530 人,分布 250 县。[①]

据 1942 年 12 月底的统计,后方 18 省中已成立卫生处者 16 省,共设置县卫生院 848 所,设置区卫生分院 214 所,设置乡卫生所 1131 所,各市设卫生机关 3 单位,中央举办卫生事业机关 75 单位,各省举办卫生事业机关 185 单位。1928 年至 1942 年间各级卫生机关数目详情如表 4.2 所示。

---

[①]　俞松筠:《卫生行政概要》,正中书局,1947 年,第 109 页。

表4.2　民国卫生机关数目统计表(1928—1942年)①

| 年份<br>类别　数量 | 1928 | 1934 | 1937 | 1942 |
|---|---|---|---|---|
| 中央卫生行政机关 | 1 | 1 | 1 | 1 |
| 省卫生行政机关 | 0 | 4 | 7 | 16 |
| 市卫生行政机关 | 2 | 5 | 6 | 3 |
| 县卫生行政机关 | 0 | 43 | 217 | 848 |
| 中央卫生事业机关 | 2 | 7 | 12 | 75 |
| 省卫生事业机关 | 0 | 35 | 73 | 185 |

到1945年,全国省卫生机关共244单位,市24单位,共计268单位。1947年底,设置公立医院者计江苏、浙江等11省共40所。据1945年6月全国登记的医务人员累计数表明,全国医师共12964人,护士5972人,助产士5189人,药剂师918人,牙医353人。到1947年,全国约有县卫生院1397所,县卫生所18所,区卫生分院352所,乡镇卫生所783所,病床达1万余张。② 整个民国时期,南京国民政府都致力于建立全国卫生行政体系,渐次而兴的各级卫生行政机关的成立与运作标志着全国卫生行政事业已经形成独立运作的网络体系。这张全国卫生行政的大网自然对规范民国医界,推动近代卫生事业的发展有着积极的意义。同样,这些卫生机构与南京政府的其他行政机关也在医事纠纷中发挥着重要作用。

## 二、行政调处的医事纠纷概述

南京国民政府时期除刑法外,尚有一些类如《医师管理条例》的部门法规对医家进行管理。医家若违反这些法规则要受到相应的处罚。如果情节严重,构成犯罪,则有可能从纠纷转化成为诉讼。对于那些情节尚属轻微并

---

① 刘冠生:《战后我国公医制度的展望》,《东方杂志》第40卷第11号,1944年6月15日,第27页。

② 《中华年鉴》(下)卫生,1948年,第1855、1862页。

未构成刑事犯罪的纠纷,则主要由各级行政部门负责调解与处理。①

卫生行政部门承担着管理和规范医界的重任。民国为管理医家曾多次颁行管理规则,在各规则中都包含有医师惩戒的内容,赋予卫生行政部门惩戒医家的权力。例如1922年《管理医师暂行规则》第二十五条规定:医师如触犯刑律时,应按刑律之规定,送由司法机关办理。如违反本规则之规定时,得由该管警察厅所,分别重轻予以罚金,及禁止营业或停止营业之处分。② 1928年《管理接生婆规则》第十五条规定:凡未领执照以接生为业及受撤销执照或停止营业之处分仍执行接生业务者,由该管地方官署处以二十元以下之罚金。其以接生执照借予他人营业者,除撤销其执照外,并以二十元以下之罚金,借照营业者亦同。③ 1928年《医师暂行条例》规定,未领部颁证书或证书撤销与停止营业者,概不得擅自执行业务,违者得由该管行政官署处三百元以下之罚金。医师违反条例规定时,除他条已定有制裁者外,得由该管行政官署处五十元以下之罚金,因其业务触犯刑法时,应依刑事法规之规定送由法院办理。④ 民国颁行的这些医业法规对于规范医家业务有着重要意义。对医家违反这些法规而造成的医患纠纷进行调解也成为卫生行政的主要工作之一。

民国的医事纠纷,原告并非一味向地方法院举控。在普通民众的观念中,因冤"告状"与好胜"成讼"有着天壤之别。这一差别也致使向行政部门的"官"寻求公正的案件可能比"成讼"打官司的案件要多得多。许多医事纠纷,原告往往向行政部门提请控诉,要求行政部门对违法医师进行惩处。这类"告状"的目的主要还在一解心中愤恨,希望通过惩处医家的方式获得心理上的平衡或经济上的补偿,至于医师的行为是否构成"犯罪",是否应

---

①　当然不排除因案件性质不明而造成混乱,例如一些案件本不构成犯罪,却被上控至法院。而一些案件可能事实上已属刑事犯罪,却仍由行政部门依相关行政法规作出科处。这样的情况不仅在民国时期大量存在,即使在今天也并不鲜见。

②　陈明光主编:《中国卫生法规史料选编(1912—1949)》,上海医科大学出版社,1996年,第622页。

③　陈明光主编:《中国卫生法规史料选编(1912—1949)》,上海医科大学出版社,1996年,第631页。

④　陈明光主编:《中国卫生法规史料选编(1912—1949)》,上海医科大学出版社,1996年,第633页。

被追究刑事上的责任可能并不构成"告状"的重点。当然,中国长期以来行政兼理司法的传统也导致民众往往混淆行政与司法的功能及区别,造成民众多向行政部门控诉的现象。在民众观念中,究竟应向哪一行政部门举控并没有具体概念,对他们来说区别也不大。故此,省社会处、卫生处、各市县政府、警察局,甚至国民政府卫生署都可能是民众申诉的对象。例如 1943年 3 月 2 日,四川县长宁县居民陈奇芳径直向国民政府卫生署具呈控告毕文西庸医杀人,请予惩处。① 1943 年 11 月 5 日,四川省合江县民妇魏吉人就向四川省社会处控告合江县卫生院院长吴玉平用药不当致氏夫中毒毙命,请依法惩办。② 这种情形一方面说明普通民众在医事纠纷的处理过程中显得较为盲目,另一方面也反映出民国时期并未形成处理医事纠纷的良好机制。

医药卫生行政部门负有管理和规范医界的重要职责,在南京国民政府时期,大量的医事纠纷都由各级医药卫生行政机关负责调处。民国大量面向行政机关的上控,表明纠纷在"私下和解"与"司法诉讼"之外还存在着"行政处置"的重要环节。这类医事纠纷存在着以下特点:

医事纠纷上控的内容"五花八门",不仅反映出病患关系的紧张,也折射出整个社会的医疗环境并不乐观。卫生行政收到的纠纷状诉大致有以下三类:其一,病家控诉医家用药不当,庸医杀人。这类向行政部门提请的状告中,状告的理由与医疗诉讼案件中的控诉理由高度类似。对某些案件来说,它们属于纠纷还是属于诉讼的范畴事实上只取决于原告是向行政部门还是司法部门提请了控诉。如果这些案件属实的话,那么这些案件本应提交司法机关依律作出刑事处罚。卫生行政机关收到的这类指控反映出病家可能并不能准确分辨刑事犯罪行为和行政违规行为。③ 另外,病家也可能对医家的某些业务产生误解并夸大医家的"失误",以争取获得控告的有利地位。最典型例子便是所谓的"庸医杀人",这是控诉书中动辄就会给医家

---

① 四川省档案馆,卷宗号:113—1798,合江县控案卷。

② 四川省档案馆,卷宗号:113—1798,合江县控案卷。

③ 当然因为一些案件自身的复杂性也给辨识带来了困难,比如许多向卫生行政部门提出控诉的"庸医杀人"案中,医家是否确有业务过失行为在事实上就极难判断。

冠以的罪名。"庸医杀人"事实上是《大清律例》中的罪名,在近代各类法律中,"庸医杀人"罪已为其他刑名所取替,故而这一说法在法典中早已不复存在。民国病家控状中"庸医杀人"的频繁出现当然不仅显示出其余波未平的历史意义,更重要的是它暗示了病家可能并不能准确认定医家的错误,故而习惯性地将其归入"庸医杀人"的罪名之下。其二,还有一些诉状主要控告医生乱开方药、非法行医、抬高诊金、擅登虚伪广告,治疗效果与宣传名实不符。这类上控属于违反医药法规,正属卫生行政机关的直接管理范围。例如1936年1月,黄根泉因患牙痛求盐城人罗相甫医治,结果罗相甫误将黄根泉好牙拔去,两人遂起纠纷,后经警察所审讯查得"罗相甫系中医执照,而非牙医,不应代人拔牙"。① 再如1946年,上海赵美智不幸身罹病痛,在亲友处借钱三万向唐小庆医生处诊病,经诊服药后竟致小产,生命垂危,后经他医得治。赵氏好转后遂向上海警察总局告发唐小庆,谓其看病全赖抄袭桌上医书,且为无执照之江湖庸医。② 这些纠纷大多数都是因为医家违反医业法规,或者没有正式执照而造成。特别是执业制度颁行之后,医家是否有正式执照就成为行政监管的重点。若医家确属无照行医,那么病家偶觉不妥,就可能借机上控,医家便会因无照行医而遭到处罚。③ 其三,还有一些控诉主要是告发医务人员腐败渎职、倒卖药品等行为。40年代中后期,南京政府政治腐败严重,社会失控加剧,各基层医疗机构普遍存在着医务人员腐败、渎职、唯利是图的现象。这一时期,针对卫生院、所医务人员的控诉案件也层出不穷。虽然这些案件大多是控诉卫生院、所工作人员作风官僚、腐败渎职、吸贩毒品、盗卖药品等非医事行为,但却从另一个侧面反映

① 《中医无权拔牙》,《申报》1936年1月12日。

② 除此外,告发信更称:"更查得该庸医小庆过去曾为人注射606以致近处某牛肉面店老板手臂中毒肿胀粗大如柱,险遭残废。此一事实,可请在东台路近处调查即可明白该唐小庆经此一误,至今不敢为人出面诊病,并该庸医会智昏,以欺骗之手段购买市上阿是必灵鸥古菜等故意研碎向病人兜售,高价以逞其见多识广发财之狂欲,事实均可实地侦查。"这种附带揭露医家其他医疗事故及违规行为的诉状在其时的医疗纠纷中较为普遍,甚至有些告发的内容完全出于捏造。上海市档案馆,卷宗号:Q131—4—340,上海市警察局行政处关于医治纠纷案。

③ 不过,被控的医家也有应对之法,即是逃跑。那些不肯坐堂的医家顾然可能是没有经济能力开业,然而可能也还有另一个原因,即是水平低下的医家往往以"游医"的形式流动行医,以避免不必要的麻烦和纠纷。

了当时医业环境日益恶化的状况。1943 年广安卫生院护士叶开檠即向四川省卫生处控告卫生院院长汤泽民,控文称:"自汤院长到任以来,勾结外科医师钱家骏,上下其手,朋比为奸。乘病者痛苦求诊之时,推销私药,勒索重价。大施毒辣手段,针药丸药,以贱冒贵,不讲人道,唯利是图,发以氯化钙冒充白浓清,以伪九一四冒法九一四等例"。① 显然,这类控告所控者并非是医患之间因医事行为而产生的医疗伤害,更多的是医务人员利用职务之便以图私利的举动。狭义地讲,这类案件已不属于我们讨论的医事纠纷的范畴。②

就上控方式而言,民国医事纠纷可以简单地分为具名上控和匿名上控两类。具名上控的案件,卫生行政部门往往会派员调查,探查所控是否属实,以据情加以判断。具名上控者主要有以下几类:其一,病家上控。病家在就医过程中,与医家产生意见分歧,无法和解而形成上控,如前述赵美智告发唐小庆一案。其二,普通个人的揭发与检举。个人因发现医家存在明显的违规行为,故而揭发其行为以便卫生行政机关查处。如 1945 年,上海市卫生局接到市民李济方、周阿六的先后密告,略称"南市邑庙内有一弄蛇卖眼眼药之范方宣,妄称医师,为人治病,藉蛇敲诈,欺骗幼童,请予取缔"等语。③ 其三,医界同道上控。这类上控既有可能是医界同道检举他人业务违规、非法行医,也有可能是同道出于嫉妒或同业竞争的原因上控。前述广安卫生院护士叶开檠控告院长汤泽民即属此类。其四,地方绅民或其他

---

① 四川省档案馆,卷宗号:113—451,广安县卫生院梁开檠报告。

② 南京国民政府时期努力推进的基层卫生虽然客观上加速了医疗卫生的机构化和近代性进程,但在司法未得健全、社会失控的背景下却也造成了许多新的问题。特别是在新的机构化的医疗单位中,传统的医患关系也可能随着医疗主体属性的变化而发生变化。例如 1946 年疟疾盛行时,湖南新田一粒金鸡纳霜药丸要卖到一担谷子的钱。1947 年 2 月 18 日,湖南急救会发放永明县治疗药 2.1 万片,明令免费施治,而施治医生却以奎宁 4 片索稻谷一担五斗,致使病民不堪其苦。(新田及永明的案例可参见黄庆林:《国民政府时期的公医制度》,《南都学刊》2005 年第 1 期)可以看到,这种矛盾已非单一的某医与某病患之间因医事行为不当的矛盾和纠纷,而已成为一种社会性的问题,成为病患群体与医疗机构,甚至是与医疗模式和医疗制度的对抗。尽管南京政府大力推进公医制,却因为司法建设的滞后及社会秩序的失控,致使基层医疗机构缺乏行之有效的约束机制,这在很大程度上再度加剧了医界的混乱,激化了医家与患者之间的矛盾,并导致矛盾的普遍化和社会化。

③ 上海市档案馆,卷宗号:Q131—4—2295,上海市警察局行政处关于取缔无证书医生范方宣案。

人员对医务人员的上控。这种群体性的上控,反映了在南京国民政府特定的医药环境下,基层群众的医疗需求与基本医疗保障不力的矛盾。

需要说明的是,具名的上控所具之名也不一定是实名。卫生行政机关收到上控后,一般会据情派员调查,经调查可以发现,有很多具名的案件所具之名只是虚名,调查员前往调查往往查无此人。甚至有些上控者还会冒名上控,制造"上控者"与被控者的矛盾。1947年8月,上海卫生局收到病家杨文翰控告浦东钱郎中桥镇陈家湾杨海均的密告,称杨海钧在东陈家湾杨某家收生时,竟打催生针同时用手硬挖小儿出来,要求卫生当局查处。上海市收到密告后,即会同警察局派员调查,却发现该密告所称与事实截然不符。杨文翰不但否认曾经上控,反而呈文为杨海钧陈情,称杨海钧"悬壶桑梓,造福人群",且"术通中西,学博古今,经验学识具优秀之青年医者","此次竟有人藉端假借民等名义而向钧局进谗者,诚可恶之极,以致杨医师蒙此不白之冤。"①在这起纠纷中,上控者就并非病家,而是另有他人借病家之名上控。之所以上控者具虚名,大致有以下可能:其一,上控者确为据实上控,被告者也存在违反法规的嫌疑,但是上控者为逃避干系,避免受到牵连和报复,故而采取冒名上控;其二,上控者以上控为挟持工具,以捕风捉影之词故意捏造讼词对原告诬告,这种情形往往冒用他人名义上控。

除具名上控外,也还有大量的案件属于匿名上控。不过匿名上控的案件因上控原因的复杂性(可能是上控者出于其他原因的诬告与栽赃)②,所告与事实相符的程度较低,故而其调处力度往往不能得到保证。③ 各卫生

---

① 　上海市档案馆,卷宗号:Q400—1—2569,上海市卫生局关于中医被控。

② 　民国法规对于"诬控"有一定的处罚,例如民国违警罚法规定"向警察官署诬告他人违警者,处七日以下拘留或五十圆以下罚镪",但匿名控诉显然可以避免因诬诉带来的处罚,这在一定程度上决定了匿名控诉的案件中所告不实的较多。

③ 　这也是上控选择具虚名而不匿名的一个原因。卫生行政部门对于具名的案件一般会派员调查,更容易达到上控的目的,而对于匿名的上控,卫生行政部门重视程度则相对有限。上控的目的可以有多个层次,并非单一的指向终极目标:通过上控让被告受到处罚。很多上控包含了丰富的意义,例如在和解达成阶段,病家声称上控即是一种要挟与谈判的技巧。而对那些屡屡违规的医家来说,告发者不一定指望着达成所愿,但作为一种威慑与警训也是一种不错的选择。甚而,冒名的上控中,有部分上控可能隐藏着上控者"一石二鸟"的想法,即既达到上控的某些目标,又挑起双方矛盾。

行政机关对于匿名上控有着各自不同的态度,这类案件的处置因而也要视具体情况而定。上海卫生局在 1947 年 3 月 19 日就出台了一项法规,明确规定匿名控告案件的处理办法,其中的原则是:"匿名无保之控诉案件凡列叙具体事实或附有证明者,悉应严澈行查,依法究治,其控诉内容空泛无据,但经具名有保者得批饬补陈具体事证后再予受理,倘匿名无保而又空泛无据者可不予受理,务于补偏救弊之中仍不失属行检举之效。"①由是看来,匿名上控的受理往往要视所告是否能有所凭据而定。对于匿名无保而又空泛无凭的上控,卫生机关出于工作效率的考虑往往不会受理。不过应注意的是,这些匿名上控的案件并不因其上控属实的可能性低就丧失了意义。在上控这类严肃事件中,具名与匿名想必都经过上控者的深思熟虑。如果追问,为何这类案件上控者最终选择了匿名上控? 当不难从中发现,其时的医家实际上面对着较为复杂的社会关系。

### 三、行政力量对医事纠纷的处置

卫生行政部门一般分为省市县几级,各级对应有相应的卫生行政机关。就省级机构而言,负责的相应机关当然是省卫生行政部门,在某些省为卫生处,某些省为卫生实验处。省卫生行政机关收到控状或下级机关的呈文后,通常会据情批复案情所在地的县或市级卫生行政机关调查呈报,若无直属县或市级卫生行政机关,则由县或市政府负责调查,并将调查处理情况呈达省卫生行政部门批复备案。例如 1943 年 3 月 2 日,四川长宁县居民陈奇芳径直向国民政府卫生署具呈控告毕文西庸医杀人,请予惩处。5 月 17 日,卫生署训令四川省卫生处对此案彻查法办并具报。随后,省卫生处即训令长宁县进行调查。② 一般来说,县卫生行政部门是南京国民政府时期处理医事纠纷的主要基层行政单元。当然,因为普通群众的上控往往不分部门,故而也存在向非卫生行政部门的上控,但如果其他部门收到类似的控诉,往往则要将相关案件转交给同级卫生行政部门。1943 年 11 月 5 日,四川省

---

① 上海市档案馆,卷宗号:Q400—1—80,上海市卫生局关于处理匿名控告案件办法。
② 四川省档案馆,卷宗号:113—1798,合江县控案卷。

合江县民妇魏吉人就向四川省社会处控告合江县卫生院院长吴玉平用药不当,请依法惩办。因这类案件不归社会处主管,12 月 3 日,四川省社会处便以此案似属卫生处主管为由,将转交四川省卫生处查办。12 月初,四川省卫生处再将此案交由合江县政府查覆。①

卫生行政部门收到上控者的控告后,往往会指示案发地卫生行政机关查覆,基层卫生行政机关即行派出卫生行政人员或者会同当地警察机关派员前往调查,视所控是否属实,再据事实作出处罚。1935 年,北京内三区卫生稽查班即收到报告说内三区北新区石雀胡同一位王姓居民报告,东西北汪家胡同慧照寺七号庙内,住着一位姓景的妇人,其行踪有点像“姥姥”。卫生稽查班何道衍于是前往调查,何氏按照这条线索,摸到景氏妇人的门口后,假装要请她外出接生。景氏感到很吃惊,辩称自己并非产婆。何道衍婉言和景氏女人道别后,随即又“往石雀胡同王姓处探询有无举报慧照寺景姓情形,而该王氏称与景姓素不相识,并不承认有举报情形”。稽查班据此详情呈报,得到批示“拟随时注意密查”。② 这幕卫生稽查的“侦探剧”就是基层的普通民众发现景氏可能有违反法规的行为后报告卫生当局而引发的故事,这也是民国卫生行政机关卫生稽查最寻常的案例之一。

对上控所述事实的实地调查是卫生行政部门了解案情并据以作出判定的基础。通过档案中大量的调查报告,我们发现其时的卫生行政调查主要是寻找控告双方了解事实真相。就档案所显示的情况来看,这类调查过程比较简单,可能是工作量繁忙的原因,调查人员并没有“明察秋毫”的决心和一查到底的执著。尽管在这类调查中,有些调查人员富有技巧,但通常这类调查相对简单,很难确保事实真相能够水落石出。当然,医疗纠纷因其所涉具有较强的专业性,从技术角度讲,仅据卫生行政人员的调查事实上也很难厘清原委。通常而言,若卫生稽查员或便警能够找到纠纷双方,即会通过观察或询问的方式了解情况,以对比实际情况是否

---

①　四川省档案馆,卷宗号:113—1798,合江县控案卷。

②　《中华民国二十四年八月十四日卫生稽查班何道衍呈》,北京市档案馆 J5 全宗 1 目录 98 卷,转引自杨念群:《再造“病人”:中西医冲突下的空间政治(1832—1985)》,中国人民大学出版社,2006 年,第 150～151 页。

与上控属实。但总的来说,这种调查显得较为粗糙,调查结果的报告也颇为随意。就部分调查员的报告来看,许多卫生调查员都是依控状上原控所具地址进行查访,其调查内容主要是查访控状双方是否确有其人、事件的大致经过若何以及被控者是否领有执照。若此地址查无此人,卫生事务所的报告中即大多简单以"经派员查访,并无此人"为由上报,这起案件可能就此永无下文。如前所述赵美智告发唐小我一案,经上海市警察总局派员调查,报告即称:

> 案奉 钧座交下赵美智告发信一件为检举庸医唐小我误用药方以致受累请求拘案惩办一案,饬即调查办理具报等因。奉此当经饬派便警 3027 号张大振按址前往传讯,查得山西南路无此弄,按信件寄发地址查找告发人,亦无此人。①

对于大多数有类似情况的状告来说,案件都会就此终结。另外,尽管各地行政部门对匿名(或虚名)控告的案件处理方式有所规定,但是就实际操作的情况来看,对于匿名(或虚名)控告的案件,卫生行政机关基本都不予受理。另外,基层卫生行政机关通常也利用匿名案件不予受理的习惯,"主动"将"查无此人"的案件归为"匿名"上控处理。事实上,只要上控所述情节成立,被告就应当受到行政部门的处罚。但是一些调查报告显示,基层卫生行政稽查部门往往在找不到"原控"之后就终止了调查。

如果经卫生机关调查,民众告诉"属实",那么被告医家极可能受到相关卫生法规的处罚。就南京国民政府颁行的卫生法规来看,相关的处罚主要包括罚锾、缴销执照和停业处分。1943 年《医师法》第二十四条即明确规定"医师与业务上如有不正当行为,或精神有异状,不能执行业务时,卫生主管官署得令缴销其开业执照,或予以停业处分"。第二十五条规定"医师受缴销开业执照之处分时,应于三日内,将执照缴销;受其停业之处分者,应将执照送由卫生主管官署,将停业理由及期限记载于该执照背面后,仍交由

---

① 上海市档案馆,卷宗号:Q131—4—340,上海市警察局行政处关于医治纠纷案。

本人收执，期满后方准复业"。第二十六条规定"医师未经领有医师证书，或未加入医师公会，擅自开业者，由卫生主管官署科以百元以下罚锾"。第二十七条规定"医师违反本法第十条至第二十三条之规定者，由卫生主管官署科以三百元以下之罚锾。其触犯刑法者，除应送司法机关依法办理外，并得由卫生署撤销其医师资格"。① 但显然，法规的文本"表达"是一回事，具体"实践"则可能出现与文本"表达"的分离。就民国卫生行政的处罚来看，并非所有的案件都严格依据法规执行，"酌情"减轻或加重处罚的情况时常可见。1947 年上海杨海钧一案，11 月 13 日上海市卫生局批示处理办法"查该杨海钧并无本局执照，擅自开业，有违规定且学验俱无，草菅人命，亟应取缔，勒令停业"。但经当地商民一致陈情恳求后，上海市卫生局另行批示"特念初犯，从轻处分，停业三个月"。② 由是可见，民国卫生行政处罚的随意性极大。与上海杨海钧案的酌情轻判不同，南京邹邦元一案则显示出卫生行政可能存在滥用职权、随意处罚的现象。1930 年 3 月，国民政府立法委员邵元冲向南京市卫生局控告东南医院院长邹邦元，称其妻张默君有孕 9 月时，听从邹邦元医师建议以金鸡纳霜为之催生，结果致胎儿死亡。其时胡定安为南京市卫生局局长，胡氏在接到控述后，径直签发了勒令停业的命令。训令称："……庸医害人，殊堪痛恨。本局职责所在，自应秉公办理，以重医政。自令到之日起，该医应即停止营业，以示惩戒。"这一处罚随后引发医界强烈不满，南京医师公会及部分医界人士甚而上书卫生部，要求委派专家精细审查，明辨是非以维医政，邹邦元医师也不服处罚而提出行政诉愿。③ 这一案件之所以引起极大争议，关键点就在于南京市卫生局未做详细调查就判定邹邦元"庸医害人"。在法医已渐入人心之时代，治疗手段与治疗结果之间是否存在必然性关系已可通过法医学的精密分析大体厘清，卫生行政在未明确医师是否应对事故承担责任的前提下贸然进行行政

① 陈明光主编：《中国卫生法规史料选编（1912—1949.9）》，上海医科大学出版社，1996 年，第 670 页。
② 上海档案馆，卷宗号 Q400—1—2569，上海市卫生局关于中医被控。
③ 该案的基本案情可以参见《张默君伤胎交涉经过之详情》，《广济医刊》第 6 卷第 6 号，专件，第 7~12 页；记者：《张默君控邹邦元案审议终结》，《医药评论》1929 年第 16 期，第 22~24 页。

处罚,自然极易陷入"权力滥用"的陷阱。①

与普通案件"中间人"居中调解的角色不同,卫生行政机关在医事纠纷的处理过程中并未扮演"中间人"的角色。囿于行政职能的范围,卫生行政机关的处理目标事实上无力指向案件的公正处理,而只是指向对"医家"的管理和规范。这决定了卫生行政机关对诉状的调查与处理,其关注的重点是病家是否违反行业法规而非案件的孰是孰非。在这种情况下,卫生行政部门对医事纠纷的处理呈现出"单向性"的特点,即它通常是据卫生法规对医生的违规行为作出相应的处置,其处置的对象也仅仅局限在医家一方。卫生行政机关既无权对病家或原告作出惩处,也不用对病家或原控寻求公正的诉求负责。故此,卫生行政机关只负有管理与规范医界的职能,却并不直接调整病家与医家的关系。虽然卫生行政机关在实践过程中存在着诸多问题,然而卫生行政机关在规范医界与医事行为方面的意义与价值仍然不容忽视。一方面,卫生行政机关对医界纠纷的受理与处置显示了近代医疗卫生机构对传统社会的管理与渗透;另一方面,行政处置实际上也有利于对医家的规范和管理,对医患关系的调整有着积极的意义。

虽然医界主要由卫生行政部门管理,受卫生行政法规约束,但作为民国众多行业之一,它也要受到其他相关法规的规范,这决定了一些其他的机构对医界也存在约束力,间接地(相对于卫生部门言是"间接",就法的效力来看却是"直接")调整着医界与社会的关系。这些法规中,较重要的是《违警罚法》。"违警"系指妨害公共安宁秩序、善良风俗等违反警务上作为或不作为义务的行为。"违警罚"(警察罚之通称)即是警察机关为达成警察目的,运用警察权,对于违警人所给予的制裁。违警罚法,通俗地说,即规定违警行为与违警罚则的法规。依近代大陆派警政理论,警政为内务行政的一部分,故违警罚为行政罚,而违警罚法则属行政法规。② 中国近代违警罚法

---

① 该案邹邦元对行政处罚表示不满随后提出了行政诉愿,后经卫生部聘请褚民谊、余岩、颜福庆等人组成审议委员会对该案进行了重新审议。"行政诉愿"无疑是民国卫生行政体系中值得肯定的地方,但其效用与意义却不宜估量过高。《张默君伤胎交涉经过之详情》,《广济医刊》第6卷第6号,"专件",第7～12页。

② 孟庆超:《简评1943年〈中华民国违警罚法〉》,《行政法学研究》2003年第3期。

源于清末,而清末建警主要模仿日本。光绪三十二年(1906),清廷参照日本旧刑法第四编违警罪体例,颁布《大清违警罪章程》。自该章程颁行后,在1908年、1915年、1928年、1943年屡经调整与修订,其中有大量的规定直接涉及医事行为。例如,1943年10月开始实施的《违警罚法》就规定若违反第六十八条第4项(售卖春药或散布登载其广告者)、第5项(以邪术或其他不正当方法医治病伤者)、第6项(出售药品之店铺,于深夜逢人危急,拒绝卖药者),"得处七日以下拘留或五十圆以下罚锾,并得停止其营业"。第六十九条还规定,若"有关公共卫生之营业,其设备或方法不遵官署之规定者"(该条第2项),"售卖非真正之药品者"(该条第3项),"开业之医师、助产士,无故不应招请,或应招请而无故迟延者"(该条第4项),"得处五日以下拘留或三十圆以下罚锾,并得停止其营业或勒令歇业"。① 这些法规赋予了警察当局对医家侦讯、惩处的权力,同时也解释了为什么在卫生行政部门对医家进行调查、处罚的同时,经常与该地警察机关会同执行。

## 四、不同的声音:以杨海钧案为例

卫生行政是根据国家意志,以保障并增进全民的健康为目的的政府活动。② 南京国民政府建立之后,开始在全国范围内推进近代卫生行政体制。整个南京政府卫生行政的规划和实施,大多直接仿效了西方近代卫生行政体系的建立。留学德国专攻公共卫生学的胡定安博士在1928年曾完成《中国卫生行政设施计划》一书,在此书中胡氏这样阐述他的初衷。"考卫生行政在欧美最为发达,井井有条,有精确之统计,有完善之组织。其谋进步既有程序,其图发展亦有步骤。日本维新从而仿效之,竟获良好之结果,而具相当之成绩。尤为先进国所称许不落人后,且能并驾齐驱,平行发达,此实为吾国最好之榜样。开东方文明先进之例,吾国值兹改革时代,各省兴办市政,倘能急起直追,关于卫生行政速定设施计划,按次进行,则卫生事业始可

---

① 郭卫校勘:《违警罚法》,上海法学编译社,1946年,第18~19页。
② 俞松筠:《卫生行政概要》,正中书局,1947年,第5页。

随时日而渐图发展,在最短期间,虽不能与列强相抗衡,但亦不致为彼所轻视。"①胡氏的观念不但反映出西方近代性对近代中国卫生行政设计者的刺激,而且也表现出近代卫生行政"奋起直追"的特点。唯此,南京国民政府卫生行政体系的建立多少显得有些偏重于"理论追随"而忽略了特定时期的"地方实践"。在脱离地方实际并未作审慎考察与实际调查的情况下,自然难以做到对症下药,而匆忙仓促间开出的药方,虽可能救命于一时但也难免会引起一些不良反应。在南京国民政府卫生行政所处理的基层案件中,就不难看出这种社会制度与地方实践之间引发的冲突和矛盾。

1947 年 7 月,上海外郊钱郎中桥杨家门杨文翰孙媳难产,情势危急,遂延中医师杨海钧前往接生。杨海钧诊视后,即刻极力施救,最后虽保得产妇平安,然小儿却已早死。11 月,上海市卫生局接到了来自病家杨文翰的控诉书。在这封诉状中,杨文翰先是揭发杨海钧草菅人命情事已有数起,继而指责杨海钧疏忽业务,致使小孩难产而死,最后对杨氏的业务范围和业务方式提出质疑,要求上海市卫生局检查"杨君是否为合格医师,是否为产科医师,小儿露顶时于头顶穿孔是否为合法手术"。控文如下:

> 敬启者中医师杨海钧自去春于钱郎中桥开始执行业务以来草菅人命情事已有数起,上月初东沟镇陶幼患胃肠炎谓须注射盐水五百西西,用廿西西玻璃管频行抽射,断注射针三只,病孩叫苦连天,旁人虽有不予评论而杨君未知戒心。七月三十日,又有于杨医生旁宅之杨家门杨文翰孙媳生产小儿露顶后不下。杨医生为打催生针及其他针廿八七针未见寸效,杨医生乃谓须动手术,并称洋泾医院动此项手术需法币 1200 万元,余为邻居当可略予优待。于是杨医生即以刀于儿顶穿一孔,用二手指伸入孔中用力拉出小儿,一见所生为男性,犹在号哭而头顶所穿孔中鲜血直流,杨医生用止血药水纱布填塞良多不免稍抑其势,少顷气息奄奄,此儿即与世长逝矣。杨文翰在沪经商,家中妇女仅知动手术可以安生,未审手术如何,任由杨医生妄动以致小儿天于非命,杨

---

① 胡定安:《中国卫生行政设施计划》,商务印书馆,1928 年,第 2 页。

医生以为产妇未死尚有余功,在外张扬自夸能救难产。查此产妇临产仅半日,小儿露头仅一小时,如此而曰难产,则天下妇女何产不难矣。近闻杨文翰将向法院告发,杨医生略得音讯,心知胆寒,乃赴申至杨君厂致歉。惟杨医生如此轻举妄动,疏忽业务,以病人为试验品,如不予制裁,恐以后过失伤人情事有增无减。因思贵局关心全市民众,保健医务人员亦属贵局统辖,则如杨医生如此疏忽业务,当予确切之制裁,且杨君是否为合格医师,是否为产科医师,小儿露顶时于头顶穿孔是否为合法手术,至乞查询并祈赐覆为幸。①

仅据这封诉状来看,杨海钧确实罪责难逃。且不去追究杨氏以前的"草菅人命"是否属实,仅是此次以中医身份替人接生,违规使用器械以致小孩身死便足以令其停业。② 上海市卫生局接到控诉后,即令案发所属地洋泾卫生事务所着手调查。按通常的做法,卫生行政机构因为并不能对犯罪行为进行刑事处罚,故而更强调医生是否违反医业法规,其中较重要的便是调查医生是否获有执照,判断医师是否非法行医。1947 年 11 月 13 日,洋泾卫生事务所经过调查后向上海市卫生局作出报告,报告声称查明杨海钧"学验两无,盲目乱动至婴孩惨遭死亡,且无开业执照,拟函请警察局协助取缔"。上海市卫生局据此作出批示:"查该杨海钧并无本局执照,擅自开业有违规定,且学验俱无,草菅人命,亟应取缔勒令停业"。上海市卫生局经调查后对杨海钧作出勒令停业的处理,其行政处理即告结束。至于杨海钧是否犯有刑事罪行,则自应交转地方法院依法处置。

① 上海市档案馆,案卷号:Q400—1—2569,上海市卫生局关于中医被控。关于此案的所有资料皆来源于该卷档案,下文不再引注。
② 民国时期,有不少卫生行政法规规定中医不得采用西法,使用西医的器械、药品或注射法。如 1927 年上海卫生局即有颁发专文取缔中西医并用,文曰:"凡此次经中西医试验委员会审查或试验合格后登记之中医,领得执照开业时,中医不得用西法及西药,西医亦不得用中药。倘有中西医法混用而模棱两可者,本局当分别轻重,处以罚金。或者销其执照云云。"参见高心逸:《上海卫生局取缔中西医并用论》,《广济医刊》1927 年 12 期,论说,第 1～2 页。1940 年 8 月 6 日内政部公布的《管理中医暂行规则》第十七条即规定,中医不得擅自使用科学医之器械、药品或注射法。参见陈明光主编:《中国卫生法规史料选编(1912—1949)》,上海医科大学出版社,1996 年,第 660 页。

案件发展至此本应终了，但随后却波澜再起，洋泾卫生事务所及警察局再度报告：杨海钧系有临时开业医师执照，首次调查时因为避祸故而将之藏匿，故而此案有必要再行调查。更令人奇怪的是本作为原控的杨文翰突然于12月8日函呈上海市卫生局，对控告杨海钧一事矢口否认。在呈函中，杨文翰不仅对控诉行为予以否认，反而为杨海钧辩护，称"幸赖杨海钧医师妙手回春得安渡难产关，产妇无恙"。与上海市卫生局调查所称杨海钧"学验俱无"相反，杨文翰站在乡民的立场，不仅认为杨海钧医德高尚，热心公益，更盛赞其"术通中西、学博古今、经验学识具优秀"。同时，杨文翰指出前次呈文系属他人藉端假冒，致杨海钧蒙受不白之冤。① 该案顿因杨文翰的呈函而变得扑朔迷离。对于此案，尽管我们很难判断到底是有人假冒控告，还是杨文翰突然反口，但是可以肯定对杨海钧是否应该获罪至少存在两种截然相反的看法。

无论控告是否假冒，杨海钧以中医身份私行接生确属事实。因此，上海市卫生局作出批示，因"杨海钧系中医身份，意妄自乱用产科器械致婴孩死亡"，"特念初犯从轻处分，停业三个月"。杨海钧被勒令停业无疑在浦东钱郎中镇引起了一片喧哗。大多数钱郎中镇的乡邻平日患疾都由杨海钧负责医治，受惠不小，因此很多人都对杨氏被控颇感不平。更严重的是，杨海钧的被令停业致使钱郎中镇乡民顿时陷入"有病无医"的境地。鉴于此，钱郎中镇商家裕丰号、仁泰号、杏林堂、民泰号及沈德潜、马国才等绅民很快行动起来，他们联名向上海市卫生局呈函替杨海钧氏说情。与控诉者从"违法需究"的角

---

① 杨文翰的呈函节录如下：窃文翰世居浦东钱郎中镇……今夏七月三十一日，孙媳难产遂延杨海钧医师前往接生，孙媳于危险万状合家慌恐之中，幸赖杨海钧医师妙手回春得安渡难产关，产妇无恙，小孩虽下而已早夭，此亦杨医师事先曾申明，故不能归咎杨医师而实夺之不幸也。按杨医师在乡行医有年，声望均隆，邻村有……幸赖杨医师之仁术得保大小平安，合家庆幸。予乡位居上海市之极缘邻接川沙县之交界医药卫生设备全无，凡有疾病救治于杨医师，杨君对于诊务亦极热心，出诊以自由车代步根本不取病家车费，诊费亦从不计较。民事因与杨医师仅一村之隔，故其底蕴甚详。彼中医系医校毕业，又投吾乡名西医唐文荃门下业成，悬壶桑梓，造福人群不少，故杨医师诚术通中西、学博古今、经验学识具优秀之青年医者也，此次竟有人藉端假冒民等名义而向钧局进谗者诚可恶之极，以致杨医师蒙此不白之冤实民等所意料所不及也，盖民等对杨医师感激犹恐未暇，何以反诬告以草菅人命，疏忽职务耶，故闻讯急联名上陈，冀勿使有为之青年预丧为社会服务之热心而地方得赖重沐宏恩则民等幸甚，地方幸甚。参见上海市档案馆馆藏"上海市卫生局关于中医被控"卷，案卷号：Q400—1—2569。

度看问题不同,地方绅民对杨海钧的态度则带有更多的"地方"色彩。

　　窃查吾镇位居上海市之边际三十区之末稍,交通不便,卫生设备全无。现今虽有卫生事务所之设立,然路途遥远,且不能作深入民间之宣传,故乡人每对之漠然若未闻状。此次吾镇东陈家湾杨文翰孙媳难产因事出匆促,急若燃眉,不得已往请杨海钧医师接生。盖杨医师在吾乡曾接生数次难产,均大小平安,合宅感戴。且杨医师为人仁慈,学验具优,历任平民诊疗所及三十一区农会农民诊疗所及青年时疫施疗所等主任医师之职,受患者实不至万千,故在吾镇四乡素负雅望,声誉颇重,对病家更热诚精详,对学校又多服务。今春之防疫工作更不遗余力,协助钧局推进,强迫种痘一日竟达数千个之多(浦东庆宁寺上川火车站及市轮渡码头凭证购票三青团主动军警协助故成绩极佳),又会同保甲挨户普遍施种。平时对贫病诊费更不计讨论,似此热心服务造福社会之医者诚少极。此次杨文翰家接生小孩虽告夭折,产妇不日即康复全愈,过程亦良好,全家长者感恩不尽,举村乡邻感惊神术。今竟有不肖之徒冒名控告,诚无稽之极可恶之极。杨医师虽属越轨执行业务,然为人类解除痛苦则一也,事出无奈为之,则更不可一概而论也。杨医师之热心服务,更能协助钧局推进劝导防疫工作卫生实施等大功更不可一笔抹煞者也。此次闻勒令停业,始知意有奸徒冒名控告,吾镇均代抱不平。故秉义上陈,仰祈钧局免予追究而颂之奖状,使早日复业,则地方幸甚矣,而更不使有为热心之青年灰心服务,颓丧朝气也。

古语所云"杀人偿命,天经地义",医家因业务过失致人于死虽不需偿命,然受法律处罚却是合情合理。不过,钱郎中镇商民却从"地方"的立场出发,认为不仅应对杨海钧"免予追究",还应"颁以奖状"。如果这一呈函代表了当地民众的普遍态度,那么对杨海钧的法律问罪无疑就造成了"法"与"情"的直接冲突。进而,我们需要追问,为何钱郎中镇商民会呈函为杨海钧陈情呢? 如果出现"法"与"情"的矛盾,那么是"法"出了问题,还是"情"有隐衷呢? 就呈函来看,钱郎中镇商民乃是试图在法律的冷酷与严肃之外找到一条"法外开恩"的解决途径。

那么作为医家，杨海钧又是如何理解与看待这一案件的呢？在1948年初上海地方法院以"因避免自己或他人生命身体自由财产之紧急危难而出于不得已之行为不罚"为由判杨海钧无罪后，杨氏也专门呈函上海市卫生局要求发还执照。杨氏在函件中展示了作为当事医家对案件的看法：

窃海均于浦东钱郎中桥开业行医历有数年，溯自民国二十四年从师新新医院院长唐文荃氏学习，至二十八年三月经师认为许可并经审查合格始归里开业。旋因乡人之信仰中医较西医为深刻，又因吾乡人几有疾病，第一步必先求于鬼神，不愈求诸中医，再不愈没法再求治于西医。际此三步曲之环境下，具呈人之业务当然不能展开去，更思予年事尚轻为适应环境计，遂于三十年毅然考入上海中医学院，至三十四年取得第四名优等毕业。同年六月，复以中西医术开业焉，并与地方热心公益者办理平民施诊给药所等。具呈人素以服务人众为职志，从无越轨行为。每逢病家求治，必细心诊察并告以中西药之利弊，舍短与长，深究病理方敢下药。战兢行业，数年如同一日。因此病家对具呈人颇多好感，转侧介绍者以致诊务蒸蒸日上，所以遭到同业的妒忌，少数人之眼红。又因具呈人本性刚直，不免有开罪于人之处，以致被人挟嫌诬告本人妄用产科器械而致婴孩死止。窃查去年七月三十一日，杨文翰孙媳难产，请予往诊。时见产妇呻吟床第，讯知以往情形，时据云昨日自母家独轮小车推归，因为畸岖土路，所以震动，已觉腹痛腰酸，迄今二十余小时，诸收生婆皆束手无策，并云时有怕冷之感，腹内不动已半日矣。予听诊之则无胎儿之心音，触诊则见子宫增大不但停止反而缩小，且变更硬度、大小、部分之运动更不待言矣。据以上种种，予谓胎儿已无生望，产妇家更见产妇时呈昏厥状态，恐有不支，顾频频催予速动手术以救大人。当时具呈人为救人心所趋，即动手术，产妇始告脱险。杨文翰合家庆幸，感谢之词不绝于耳，而诬告者所称妄用产科器械不知何所指而云。然况杨文翰家距专门产科医院五十余里，产妇既入险境，何能等待五十余里之往返时间耶。退而言之，设若专门名医及时赶到，所能安全者亦惟产妇耳。（按当时洋泾区卫生事务所远在洋泾，且未获吾乡人之信仰。最近经徐剑青所长之多方努力及地方士绅之热心慨助建新址于金家桥镇附近,并有该所俞大医师领导之妇婴卫生队设驻于张家镇附近。由此可见,局长之造福浦东关注吾乡之医学卫生人民康健之一斑也。)当予事业作起因于挟嫌假名诬告,经钧局派员饬查在案,惟其始末略有可供探讨者。盖当区事务所派员往查时,适值秋收农忙,产妇家人全未遇到而反为诬告者得悉,遂立伪据以证明之,该所因无所获,遂以报告者报告为事实以致冤沉大海险遭不测。

钧局经被蒙混处予三月并移请地检处处以刑事处分,诬告者除窃笑奸计得售外更希具呈人受莫须有之刑事处分,内心冤抑实难申诉,幸经法庭宣判无罪,其中曾数度传齐关系人等,严诘讯问三十七年二月二十九日始得案情大白冤抑得雪。刑事处分已判无罪,行政处分因请钧局收回成命,酌情悯恕,并请呈吊销中医执照而换业西医资历证明,俾寄京检覆而取得合法之保障。停业三月之行政处分,仰祈免于置议而早日发下证书,俾冤得雪而免受无辜实为德便。

显然,病家、医家、社会群体以及卫生行政机关对该案都有着不同的认识。从该案各方的言说来看,卫生行政机关所代表的国家制度的实践无疑在钱郎中镇遇到了新的困难,虽然最后上海市卫生局仍处以杨海钧停业三个月,但是这一处罚却遭到了多方的质疑。我们注意到该案原控方的理由以及卫生行政机关对此案的处罚准则都是来源于南京政府所颁行的医业制度,而杨海钧及地方商民(包括病家杨文翰)的立论依据则主要源于地方实践。故而与其说杨海钧一案反映出法与情的冲突和碰撞,倒不如说是反映出其时的制度规范与地方实践存在着一定背离。由钱郎中商民及杨海钧的呈文中可以清楚看到,南京国民政府地方卫生设施建设存在着严重缺失或滞后的问题,这并不足以支撑上层建筑中的制度实施。正是在"吾镇位居上海市之边际三十区之末梢,交通不便,卫生设备全无。现今虽有卫生事务所之设立,然路途遥远,且不能作深入民间之宣传,故乡人每对之漠然若未闻状"的情况之下,当产妇难产之时,却唯有请中医杨海钧为之接生。在医疗人员极度缺乏的基层社会,显然并不能严格按民国法律规定来执行。对中医杨海钧来说,救人于危难之中本属医之义务,然而若依民国法规,作为中医根本不能操刀圭之术,更不能随便为人接生下胎。一方面是苦苦哀求的病家,另一方面是民国医业法则,无论是医,还是不医,地方实际与医事制度之间冲突已属不可避免。

事实上,在近代医疗制度转型的过程之中,因为政治制度的更迭变化,基层社会的运作难以紧跟上层制度革新的步伐,故而多造成制度与实际的脱节。当然,基层医疗观念的守旧以及医事法律知识的淡薄也是问题。从上述几方的呈函中,也不难看出其时社会观念、医疗观念的某些问题。例如杨氏作为中医却在该镇曾"接生数次难产",这种做法虽然不合近代医事规范的要求,然而在地方乡民的观念中却属正常。这提示我们地方性的知识观念、行为习惯与近代"制度"存在距离,当传统的行为习惯突然被宣布为不合法,这必然会导致传统与近代的激烈对抗。再如,钱郎中镇乡人"几有疾病,第一步必先求于鬼神,不愈求诸中医,再不愈没法再求治于西医"的心态,一方面反映出 20 世纪 40 年代末上海郊区民众的医疗观念,这使得我们对民国时期近代医疗卫生工作的推进需要保持清醒的认识。另一方面,病家的这一医疗观念也直接影响了医家的回应。杨海钧本业西医,即因为病家的这一心态进而转学中医,最后兼营中西医(当然也存在本是中医,最后业西医的情况)。医家的这种选择显然是整个医疗环境各因素互动的结果,但是在民国的医事法规中却明确规定医家不得兼营中、西医。如此看来,近代卫生制度是否对近代社会的具体情况有所考虑无疑也值得怀疑。

## 第三节 诉诸于法:医事诉讼案件的处理

依国民政府 1932 年 10 月公布、1935 年 7 月施行的《法院组织法》,普通法院分为地方法院、高等法院和最高法院三级,实行三级三审制。① 若纠纷发生,一方需上控法院,则可依据《民事诉讼法》和《刑事诉讼法》向地方法

---

① 其中地方法院设于县或市,未设地方法院的县市之审判事务,在 1936 年前由县长兼理,1936 年后由县司法处审理。张晋藩:《中国法制史》,北京,中国政法大学出版社,2002 年,第 376 页。

院呈送控状。民国的医事纠纷,除地方法院是处理医疗诉讼的主体外,也存在地方行政依法审理的情况。这种情况多是由于司法体制的不完备而造成。1936 年前,许多县并未设有地方法院,均由县长兼理司法,诉讼只能由县长裁决。这种行政兼理司法的局面在形式上虽属行政处理范围,但实质上却是在行使司法大权。1934 年 7 月,安徽宿县赵光元案,病者之父董道南认定赵光元误用毒针致其女殒命,向宿县政府提请拘办。此案全部审理过程即完全由宿县县长曲著勳负责。① 尽管按国民政府规定,未设地方法院的县市审判事务在 1936 年后也应由县司法处审理,但是近代中国区域发展极不平衡,各地域也存在较多的特殊情况。许多地方甚至直到 40 年代都没有所谓的地方法院,因而全由县长负责司法。以丹巴县为例,该县县志记载:民国 34 年 8 月,国民党丹巴县政府内置检察官,兼理司法,由县长兼任,一应民刑案件均由县政府审查处理,较大案件由县长出面审理。县长集政权和司法权于一身,基本沿袭坐堂办案、习惯成法。同一案件县长是检察官又是审判官,该县民国 33 年 3 月审理的一起劫杀案,提起公诉人是县长兼检察官黄鹏,审判官仍然是黄鹏。② 不过,值得注意的是,虽然该地行政、司法、检察操于黄鹏一人之手,检察官、审判官仅是法律文书上的名称,但是此种法律文书的称呼也真实地反映出黄鹏对自己行使的各项职权有着较清醒的区别和认识。

医事纠纷一经上诉至地方法院,即可视为纠纷已进入司法诉讼环节。就结果来看,进入司法诉讼环节的医事纠纷主要有以下几种走向:第一,自诉和解,在司法诉讼过程中,两造达成和解,最终撤销控诉。第二,不起诉处分。案件在经检察官侦查后,认为被告医师并无犯罪嫌疑,故而放弃追述。第三,法院判罚。法院依据相关的法律及案件事实对案件作出审结,裁定被告是否犯罪,应如何量刑。

## 一、自诉和解

如前文所述,在造成医事诉讼前,医患之间可以通过多种方式私下达成

---

① 宋国宾编:《医讼案件汇抄》第 1 集,中华医学会业务保障委员会,1935 年,第 111 ~ 122 页。
② 四川省甘孜藏族自治州丹巴县志编纂委员会:《丹巴县志》,民族出版社,1996 年,第 479 页。

和解。事实上,在造成医疗诉讼进入司法审理的环节后,医、患之间也还存在和解的可能。黄宗智注意到,清代的衙门在案件审理前存在着一个调解的阶段,①类似的情况在民国的司法审理中同样存在。就本文所收集的医疗案例来看,医疗纠纷进入诉讼环节后,医患双方依然可以在中间人居间调解的情况下达成和解。尽管这样的情况为数不多,但完全说明民国司法审理中的案件存在着随时中止的可能。本文收集的由司法促成两造和解的案件共有4起,分别是1933年葛成慧、朱昌亚医讼案,1934年张湘纹、葛成慧医讼案,1934年吴旭丹医讼案,1939年吴今盛医讼案。其中前三起案件有较为系统的档案资料,最末一起案件因资料不足仅知道两造最终达成和解。兹以最具典型的张湘纹、葛成慧医讼案做一说明。

1934年6月29日,上海人李石林妻王氏因临产入尚贤堂妇孺医师接生,是日上午十时五分,产妇顺利产下一男婴。产后第二日产妇身体发热,病家因医院"漠视病人,疏忽看护",乃于第四日出院另延陈景熙医师医治,不幸产妇一周后死亡。李石林认为其妻王氏在尚贤堂妇孺医院住院期间未得医院妥当医治,遂以医师玩忽业务、过失杀人为由,将张湘纹、葛成慧医师控至上海第二特区地方法院。

作为原告,李石林因爱妻身亡,不胜悲痛,虑及住院生产期间,尚贤堂妇孺医院种种不负责任的举动,恨意难消。② 被告方面,葛、张两医师则认为原告系属捏词诬告,亦不肯做半点让步。③ 两造间互不相让,势若水火,案件也一直陷入僵局。尽管如此,"调解"的声音在该案中却一直存在。与此案关系密切的陈景熙医师即于双方间积极奔走,希望双方化干戈为玉帛。用陈氏的话说,当知悉李石林上控消息后,便"竭力劝阻,奔走调停,不遗余力",只是"李君及张医师均固执成性,不肯稍让,以致陷成僵局"。④ 可以

---

① 黄宗智:《清代的法律、社会与文化:民法的表达与实践》,上海书店出版社,2001年。
② 《李石林自诉状》,宋国宾:《医讼案件汇抄》第1集,中华医学会业务保障委员会编,1935年,第72～73页。
③ 《张葛两医师致本会函》,宋国宾:《医讼案件汇抄》第1集,中华医学会业务保障委员会编,1935年,第74页。
④ 《陈景熙医师致本会函》,宋国宾:《医讼案件汇抄》第1集,中华医学会业务保障委员会编,1935年,第79页。

肯定,除陈景熙医师外,也还有其他"和解人士"奔走于原、被告双方。然而两造既成僵局,想必最终双方会于法庭上针锋相对,唯求司法以示公正。然而颇为意外却又合乎情理地,此案最后却以和解结束。

对于此案和解的详细经过,已很难获知。唯一可以确定的是,该案在当时影响巨大,原、被告双方都有相当实力为后盾,以致最后竟由宿儒马相伯居间调停,熊希龄,朱庆澜亦从旁协助。1935 年 2 月 24 日,熊希龄、朱庆澜致马相伯函称:

> 相伯先生阁下,昨承惠赐喜联,感谢无已。尚贤堂妇孺医院案,公为鲁仲连,不胜钦佩。惟因登报费,双方均不愿出,以致和解延搁。弟等深觉尚贤堂妇孺医院,以嘉惠平民之热心,为沪上不可多得之医院,而李君石林又以爱妻之故,为此不得已之安慰,双方均须顾全。弟等顾为捐资登报,从公之后,为一调人,想荷首肯。乞将登报稿掷下,以便送登各报,此泐,敬叩台安。
>
> 弟熊希龄,朱庆澜。二月十四日

据此函可知,虽经马相伯居中调解,然两造因刊登广告问题,仍未最终达成一致。其后,经上海第二特区法院推事孙鸿霖向双方恳切劝告,复经马相伯从中调解,熊希龄,朱庆澜代付刊登调解人启事广告费,方才达成和解。随后,由谭毅公律师代表马相伯发表两造和解,撤销上诉启事,内称:

> 前者,李石林与尚贤堂妇孺医院张湘纹,葛成慧,顾琴玉诸君以略有误会,致相见法庭。兹经相伯向双方解释后,误会业已消除,即由李石林君无条件向法院声请撤销上诉。特代登报声明如右。①

最终,该案在法院及其他中间人的调解下达成了和解,并由原告向法院撤销上诉。这样的一起医疗案件,清楚地展示了"社会精英"和"地方法院"是如

---

① 宋国宾:《医讼案件汇抄》,中华医学会业务委员会编,1935 年,第 86~87 页。

何在医疗案件中"居中"进行"调解",并最终促使双方从"对簿公堂"走向"握手言和"。

## 二、不起诉处分

如果说"和解"系是自诉的中止,那么"不起诉处分"就是"公诉"机关作出的起诉中止。据民国的刑事诉讼法规定,除受害者可自行诉讼外,对于犯罪情节严重的案件,亦有国家追诉的必要,故而有检察官所提出的公诉。[①] 所谓提起公诉,乃向法院请求处罚被告的诉讼行为。不过,在检察官提起公诉之前,则应先对案件进行侦查,并据侦查所得证据,判断是否被告有犯罪嫌疑。[②] 1928 年刑事诉讼法规定,当检察官在侦查过程中发现案件存在以下情况时,则不得起诉:属于初级法院管辖者,情节轻微以不起诉为有实益者,被害人不希望处罚者。[③] 1935 年新的诉讼法颁行后,进一步扩大了不起诉处分的范围,是法规定:凡曾经判决确定者、时效已完成者、曾经大

---

① 检察制度的引入起于清末。光绪三十三年(1907),奏准法院编制法,规定各级审判厅设置各级检察厅,引入检察制度。检察制度的引入对于完善司法制度,维护司法公正有着积极的意义。支持者就认为被害人因恐惧而不敢起诉,故而需要检察官提起公诉。被害人因贪图丰厚的损害赔偿而自愿私与和解,检察制度也可以消除这一弊端。此外,被害人因事过境迁,懈怠起诉,使国家刑罚权无法落实,检察制度可以弥补这一缺失。检察官的存在,符合现代职业分工原理,避免法官身兼侦查、审判二职。但与此同时,反对的声音亦不在少数,其中最大的意见就在于在检察制度的存在可能造成"冤不得伸"的情况。及至民国创立,检察制度站稳脚跟。刑事诉讼中乃主要采取国家诉追主义,对于一部分案件实行私人诉追主义。除了告诉乃论的犯罪行为以外的刑事案件,都经检察官职权调查,认为有犯罪嫌疑才提起公诉。1932 年 10 月 28 日颁布,1935 年 7 月 1 日施行的《中华民国法院组织法》,确立了近代中国司法三级三审制。该法案第五章专文规定了民国检察署及检察官之配置,明确民国的检察制度在组织体系上,只在最高法院内设检察署,置检察长一人,检察官若干人,其他法院及分院各置检察官若干人,以一人为首席检察官,其检察官员额仅有一人时不置首席检察官。检察官在职权方面,主要负责实施侦查、提起公诉、实行公诉、自助自诉、担当自诉及指挥刑事裁判之执行。检察署是检举犯罪的机关,检察官代表国家追述犯罪者的责任。分别参见朱采真:《刑事诉讼法新论》,世界书局,1929 年;张建伟:《刑事诉讼法》,高等教育出版社,2004 年,第 356 页;《中华民国法院组织法》,1932 年 10 月 28 日,《成都市志·审判志》附录文献辑存,成都市地方志编纂委员会编纂,四川大学出版社,1996 年,第 248～256 页。

② 依《中华民国刑事诉讼法》之规定,检察官依侦查所得的证据,足认被告有犯罪嫌疑者,应向该管法院提起公诉。黄右昌辑录:《国民政府颁行中华民国刑事诉讼法》,第 253 条,北平中华印书局,1928 年,第 51 页。

③ 黄右昌辑录:《国民政府颁行中华民国刑事诉讼法》,第 245 条,北平中华印书局,1928 年,第 49 页。

赦者、犯罪后之法律已废止其刑罚者、告诉或请求乃论之罪其告诉或请求已经撤回或已逾告诉期间者、被告死亡者、法院对于被告无审判权者、行为不罚者、法律应免除其刑者、犯罪嫌疑不足者应予不起诉处分。① 检察官若对案件作出不起诉处分，则应制作处分书，叙述事实上及法律上的理由。不起诉处分书，应以正本送达于被告及告诉人。告诉人接受不起诉处分书后，得于七日内，以书状叙述不服理由，经由原检察官，声请再议。不起诉的案件，非发现新事实或新证据者，不得对于同一案件，再行起诉。②

　　针对医疗案件，检察官往往会据相关的医事鉴定进行初步的推论，若事件较为清晰，医师并无处置不当，病人并非因医家过失致伤或身亡，则检察官当会作出不起诉处分，并以不起诉处分书送达于被告及告诉人。1935 年10 月，上海邑庙施医所陈泽民医师为冯景山治疗疖疮，结果冯景山年老疮痛不支，不幸身死引发诉讼。是年 12 月，江苏上海地方法院检察官对是案进行侦讯，因案情明了，检察官认为陈泽民不应对冯景山病死负责，遂予以陈医民医师不起诉处分。③ 不起诉处分是检察官在犯罪侦查终结后，放弃对被告起诉的一种处分。在民国的医疗诉讼案件中，检察官据侦查实情，认为医生无罪，而不予起诉者尚不在少数。本节所收集的 77 起有明确结果的案件中，有 11 起案件经检察官侦查后予以不起诉处分（详见表 4.3）。

---

　　① 《中华民国刑事诉讼法》，1935 年 1 月 1 日国民政府公布，同年 7 月 1 日施行，第 231 条，《中华民国法规大全》第 1 册，商务印书馆，1936 年，第 244 页。

　　② 详情可参见黄右昌辑录：《国民政府颁行中华民国刑事诉讼法》，北平中华印书局，1928 年，第 49～57 页；《中华民国刑事诉讼法》，1935 年 1 月 1 日国民政府公布，同年 7 月 1 日施行，《中华民国法规大全》第 1 册，商务印书馆，1936 年，第 244 页。

　　③ 江苏上海地方法院检察官对该案所作不起诉处分书如下："被告民国二十五年度侦字第四六九一号过失致人死一案，业经本检察官侦查完毕，认为应行不起诉。兹特叙述事实及理由于后：陈泽民向在本市医病营生。本年九月终，为冯景山治疗疖疮，用药膏消炎无效，施手术，开刀去脓，包扎将愈。其时于患处附近另生疖疮，陈泽民以同样手术疗治，延至十月九日近午，因年老疮痛不支，经陈泽民施打救命针效身死。尸属冯汉文以陈泽民业务上过失致人死等情诉案。查冯景山经验明委系生前因病身死，该被告对于冯景山生前疖疮所治疗之方法及所用药品，并施针急救等方案，又据法医研究所鉴定，其治疗处置，尚属合理。其施针所用之药品，均无错误，自无过失之可言。则对于冯景山之病死，应不负刑事罪责。合依刑事诉讼法第二百三十一条第八款处分不起诉。中华民国二十四年十二月三日。"参见中华医学会业务保障委员会编：《医讼案件汇抄》第 2 集，1947 年 3 月，第 34 页。

表4.3　169份样本案件中医疗诉讼案件予以不起诉处分一览表

| 时间 | 地点 | 被告 | 原告 | 事由 | 结果 |
|------|------|------|------|------|------|
| 1933年1月 | 合肥 | 郑信坚 | 吴玉符 | 患脑膜炎症施用过期血清病者身死 | 不起诉处分 |
| 1933年1月 | 福州连江 | 邱邦彦 | 江则珍 | 死者江家明因疝气入院割治割后腹痛呕吐两日后入福州协和医院未几即死 | 不起诉处分 |
| 1935年10月 | 上海 | 陈泽民 | 冯汉文 | 玩忽业务致人于死 | 不起诉处分 |
| 1946年9月22日 | 南昌 | 高茂山 | 罗朱氏 | 病人术后死亡遂以业务上失致人于死之罪提起公诉 | 不起诉处分 |
| 1946年11月23日 | 无锡 | 吴文华 | 死者刘亦如家属 | 病人术后死亡以过失杀人刑事控告同时附带民事控告要求赔偿损失现金五千万元 | 刑事部分由检定处根据大赦条例停止侦讯并通知不起诉处分 |
| 1947年5月6日 | 上海 | 仲菁荪 | 陈正卿 | 注射多量盐水不治身死 | 不起诉处分 |
| 1947年5月31日前 | 重庆 | 王几道、罗光采 | 西门宗华、钟鉴 | 滥用盘尼西林与可拉杀死小孩 | 根据大赦条例对罪犯不加追究对案情亦不判是非 |
| 1947年6月 | 上海 | 唐少云 | | 诊治凌润生致其身死 | 不起诉处分 |
| 1947年8月27日 | 上海 | 陆坤豪 | | 医师诊治产妇潘吴氏，经治后即告死亡 | 不起诉处分 |
| 1948年1月 | 兰州 | 康慕仁（英） | 雷仙巴家属 | 施行手术割毙青海藏民雷仙巴 | 不起诉处分 |
| 1949年2月 | 上海 | 谭仲涛 | | 诊治病人傅瑞根致成纠纷 | 不起诉处分 |

资料来源：经《医讼案件汇抄》（一）（二）、《中华医学杂志》、《医讯》、《医事汇刊》等刊物所载医讼案件整理而成。

　　在检察机关予以不起诉处分的11起案件中，其中无锡吴文华医师医讼案和重庆王几道、罗光采医师医讼案情况较为特殊，两案案发侦查期间，恰逢国民政府颁布大赦条例，因此地检处停止侦查，对罪犯不加追究，案情亦不判是非。① 其余9起案件，则是经侦讯后，检察机关认为案件犯罪情节轻微或医师根本不存在过失，不应承担罪责。在医疗案件中出现经非医学专业出身的地检处检察官侦查即明确予以不起诉处分的案件，这恰好从另一个侧面说明了其时的医疗诉讼案件，病家在"事故"发生后，对医生的职业"责任"缺乏明确的观念，往往出现以情逾理的上控情况。

在部分案情较为复杂的医讼案件中，检察官虽据侦查作出不起诉处分，但却难以令告诉人信服。刑事诉讼法明确规定，告诉人接受不起诉处分书后，得于七日内，以书状叙述不服之理由，经由原检察官，声请再议。1933年1月，江家明因疝气入福州连江医院医治，邱邦彦医师为其割治后，江氏腹痛呕吐两日，后转入福州协和医院，未几即死。病者家属江则珍以业务过失罪将邱邦彦医师控至闽侯地方法院连江分庭。经检察官葛新铭侦查终结后，认为邱邦彦对江家明死亡不应承担罪责，遂作出不起诉处分。病家对此难以认同，更认为"该处检察官葛新铭，受托偏颇处分"，遂要求最高检察署对葛新铭"依法惩戒，并令移转继续侦查"。② 最高检察署认为原检察官葛新铭已经他调，此案可勿转移，令福建高院检察处着连江分庭进行进一步侦查。1934年2月1日，经连江分庭翁捷三检察官第二次侦查，结果再次作出"不起诉处分"。③ 江则珍对此结果仍表不满，遂再度提请复议。3月26

---

① 国民政府时期曾多次颁行大赦条例，但目前学界似对此认识不够。据笔者已掌握的资料来看，国民政府至少在1932年及1947年颁行过两次罪犯赦免条例。此处两起案件均据1947年1月1日国民政府公布同日施行的《罪犯赦免减刑令》执行。据《罪犯赦免减刑令》，经立法院议定罪犯赦免减刑案四项如下：甲、犯罪在中华民国三十五年十二月三十一日以前其最重本刑有期徒刑以下之刑者均赦免之。乙、战争罪犯及下列各款之罪均不赦免或减刑。一、惩治汉奸条例第二条至第四条之罪。二、惩治贪污条例第二条第三条第五条及第八条之罪。三、杀直系血亲尊亲属之罪。四、禁烟禁毒罪暂行条例专科死刑或科死刑或无期徒刑之罪。丙、除乙项各罪外犯罪在中华民国三十五年十二月三十一日以前其最重本刑为无期徒刑以上之刑者依下列标准减刑：一、死刑减为有期徒刑十五年。二、无期徒刑减为有期徒刑十年。三、有期徒刑或并科罚金者减其刑期或金额二分之一。丁、减刑详细办法由司法院会同行政院定之。同年2月19日，行政司法院公布了《罪犯减刑办法》。《罪犯赦免减刑令》及《罪犯减刑办法》的具体内容，可参见《六法全书》，中国法规刊行社编，民国丛书，第三编第28册，第655～656页。

② 《高院检察处令》，宋国宾编：《医讼案件汇抄》，中华医学会业务保障委员会，1935年，第357页。

③ 《连江分庭第二次不起诉处分书》，宋国宾编：《医讼案件汇抄》，中华医学会业务保障委员会，1935年，第360页。

日,福建高等法院检察处首席检察官薛光铎亦认为原侦查报告多有检察官疏略之处,其结论"尤嫌无据",令闽侯地方法院连江分庭检察官继续侦查。① 邱案的反复侦查表明在公诉中侦查结果对案件的走向有着非常重要的影响。然而,检察官能否作出较为准确的判断呢? 特别是当检察人员在对专业性较强的医事诉讼进行侦查时,如何据自己的经验作出准确判断,确保不会发生"冤假错案"呢? 杨荫杭就曾对检察制度提出异议,他说:"司法改革以来,最不惬人意者,莫如检察官垄断述追权。盖现行法起诉上诉之权,皆操之检察官。设有人祖父被杀,凶手被释,而检察官懈怠不上诉,或坚执不上诉,为子孙者,除饮恨吞声之外,更无他法。此最不合于中华之习惯与中华人之心理。"②杨氏所言主要针对检察官的业务上的"懈怠",然而即便检察官员兢兢业业,单就业务能力而言,他们是否具备侦查医事案件的能力无疑仍是一大问题。

公诉的"不起诉处分"与"自诉和解"其结果都意味着诉讼案件的中止。但除去这两类案件最后都可能以"撤销起诉"的方式中止外,也还存在着其他因素导致案件的"撤诉"。③ 如 1930 年 12 月,江西九江邓青山医师案最后即是因大赦条例而撤销了刑事部分的控诉,只进行民事审判。1931 年 7月,镇江的汪元臣医讼案同样也是因为大赦令的颁布而撤销了刑事诉讼,只对民事部分进行判决。与普通的"撤诉"不同的是,普通的"撤诉"只能在一

---

① 《福建高等法院检察处指令:字第一百五十号》,宋国宾编:《医讼案件汇抄》,中华医学会业务保障委员会,1935 年,第 362~363 页。

② 杨荫杭:《读律余谈五》,《申报》1924 年 3 月 31 日;杨荫杭:《老圃遗文辑》,长江文艺出版社,1993 年,第 802 页。

③ 撤诉又称为撤回起诉,是指起诉方在法院受理案件后判决前的审理过程中撤回控诉主张的诉讼活动。撤诉经法院准许后,即发生效力,审判活动即行终止。(《中华法学大辞典·简明本》,《中华法学大辞典》编委会编,第 111 页)1928 年民国刑事诉讼法第 264 条规定:起诉于第一审判开始前,得撤回之,起诉经撤回后,不得再行起诉。(黄右昌辑录:《国民政府颁行中华民国刑事诉讼法》,第 264 条,北平中华印书局,1928 年,第 53 页)1935 年民国刑事诉讼法则进一步明确了"公诉"在一审辩论终结前亦可撤回起诉。第 248 条规定:检察官于第一审辩论终结前发现有应不起诉或以不起诉为适当之情形者得撤回起诉。撤回起诉应提出撤回书叙述理由。第 249 条规定:撤回起诉与不诉起处分有同一效力以其撤回书视为不起诉处分书准用第二百三十四条到第二百三十九条之规定。(《中华民国刑事诉讼法》,1935 年 1 月 1 日国民政府公布,同年 7 月 1 日施行,第 248、249 条,《中华民国法规大全》第 1 册,商务印书馆,1936 年,第 245 页。)

审辩论终结前进行,但是因为大赦令而撤销对刑事部分的国家追述权,因可以是在诉讼的任何环节终止审理,故也可视为一种较特殊的"撤销起诉"。

## 三、司法审结

本书所采医事诉讼案件在类型上基本都属于刑事案件,少有纯粹的民事案件,偶有的民事诉讼也多是由刑事诉讼附带的民事诉讼。医事诉讼案件的这一特点说明构成司法诉讼的案件多是因病患身死导致医患间矛盾升级而引发,因医而起的民事纠纷则可能通过医病间私下的协商以及近代医事团体的调节等多种手段予以解决。例如民国医事活动中,诊金问题便极易引起民事性的纠纷。诊金的高低,以及诊金的支付都有可能造成医患间的纠纷。宋国宾曾专文讨论过"最后的诊金"问题,所谓"最后的诊金"即是指医家给病者死前最后一次诊病的诊金。通常地,病家认为病者已经死亡,未达治疗之效果,故而常常会拒付"最后的诊金"。然而医家却认为,医家以营业为生,病有治有不治,即遇不治之症,病家也应照付医家诊金。医病双方在"最后的诊金"问题上存在着严重的冲突和分歧,双方难免就会因此形成纠纷。"医师如加以追索,病家就加医师以过失杀人的罪名,控告医师于法院,医病纠纷的案件,十之八九是由追索最后诊金而起的。"①如果遇到这样的纠纷,其时某些医师公会便告诫医师最好暂作退让以避免卷入其间,医家与病家的诊金问题最好由医师公会以团体组织的名义向病家进行交涉。显然,医师公会在这里就扮演了防止纠纷、调节冲突的角色。医师公会等近代医药团体的兴起无疑为解决医患纠纷提供了新的途径,这也是民国时期医疗类民事诉讼案件大为减少的原因之一。

本书所采有明确审理结果的 77 起案件中,被告医家获罪判罚的案件有30 起,比例并不算高。不仅如此,即使真正获罪的案件,科刑也并不严厉。30 起案件中,其中因非法堕胎获罪的案件,量刑最重的是成都张高氏一案,四川省高院裁定"以张高氏意图营利,受怀胎妇女之嘱托而使之堕胎因而

① 宋国宾:《最后病的诊金》,《医药评论》第 127 期,第 7 卷第 7 期,1935 年 7 月 15 日,第 2 ~ 3 页。

致妇女于死"，处张高氏有期徒刑三年。① 因业务过失而获罪的案件，判罚最重的则属南昌刘懋淳医师案。1934 年，南昌地方法院以过失杀人罪处刘懋淳有期徒刑二年，叶立勋有期徒刑一年。获刑最轻的案件则属 1933 年上海郑养山案，该案中郑养山为张瑞生之妻诊病，误诊为月经不调用药以致小产，最后因用药错误被判罚金三百元。将这些案件的判决结果与刑法相关条款的量刑规定作比较，可以明显看到无论是针对非法堕胎还是业务过失，民国司法机关的科刑并不严厉。至少，从病家的角度来看，司法机关对医家的"轻判"很难让他们感到公正合理。

医事诉讼因属于专业性极强的诉讼案件，其审理显然更为复杂。因原、被告对"案情"的理解以及对彼此"责任"的判断都颇有差异，这使得医讼案件的审理结果往往很难令纠纷双方接受。在审判结果出乎"情理"的状况下，医讼案件便时常出现缠讼不休的情况。南京国民政府时期的医事诉讼案件，高上诉率是其一大特点。《医讼案件汇抄》统计的 27 起案件，上诉的案件共 14 起，达到 52%。具体各案的上诉及审理情况见表 4.4：

表 4.4　《医讼案件汇抄》中各案上诉审理情况一览表

| 案件名 | 初审情况 | 上诉情况 | 终审情况 |
| --- | --- | --- | --- |
| 尹乐仁案 | 被告因业务过失致人于死，处罚金一千元 | 尹乐仁上诉 | 江苏高等法院刑事判决被告无罪 |
| 沈克非案 | 初审被告无罪 | 江宁地方法院检察官上诉 | 上诉结果不详 |
| 王颐、王幼梅案 | 芜湖地方法院判被告因业务过失致人于死，处徒刑一年 | 王颐、王幼梅上诉 | 安徽高等法院判王颐无罪，王幼梅因业务过失致人于死处罚金四百元，如易科监禁，以三元折一日 |
| 林惠贞案 | 初审被告无罪 | 徐冬生上诉，江苏高等法院第二分院裁定上诉驳回。徐再次上诉至南京最高法院 | 最高法院审结结果不详 |

① 四川省档案馆，卷宗号：147—14042，成都张高氏堕胎案。有关堕胎案中处罚的"就轻"倾向前文已有论述，此处不再赘言。

续表

| 案件名 | 初审情况 | 上诉情况 | 终审情况 |
|---|---|---|---|
| 张湘纹、葛成慧案 | 不详 | 原告李石林上诉至上海江苏高等法院第三分院 | 最终两造达成和解 |
| 邓青山案 | 业务过失致人于死,处罚金800元,以2.5元易科监禁一日。民事部分:九江地方法院判被告应偿殡葬费银元2000元,赔偿原告徐李氏损害银元1000元,又赔偿原先之女三人共银元2000元。讼费原告五分之三,被告负五分之二 | 邓青山上诉,江西高等法院判邓青山因业务过失致人于死,处罚金900元,以三元折算一日。邓青山上诉至南京最高法院 | 大赦条例罪刑部分撤销 |
| 汪元臣案 | 刑事部分:汪氏因业务过失致人重伤,处罚金300元,如易科监,以三元折算一日民事部分:江苏镇江地方法院判决汪氏应付给原告银洋二千八百八十元,讼费原告负6/11,被告负5/11 | 刑事部分:被告上诉,江苏镇江地方法院驳回上诉。被告再次上诉,江苏高等法院撤销初审原判,发回镇江地方法院更为审判。民事部分:被告上诉,江苏高院民事判决汪氏应赔偿1440元。讼费上诉人负1/4,被告负3/4。汪氏上诉至最高法院,裔氏亦上诉到最高法院 | 江苏镇江地方法院据大赦条例,汪氏免诉。民事部分:最高法院撤销原判,发回江苏高等法院更为审判,结果不详 |
| 俞松筠案 | 上海第一特区地方法院判俞松筠无罪 | 原告田鹤鸣上诉 | 江苏高等法院第二分院驳回上诉 |
| 郑信坚案 | 初审结果不详 | 原告检察官上诉,安徽高等法院驳回上诉,检方再度上诉最高法院 | 上诉驳回 |
| 江明案 | 江明业务过失致人于死,处一年六月 | 被告上诉至江西高等法院 | 结果不详 |
| 冼家齐案 | 冼家齐因业务上之过失致人于死,处有期徒刑一年 | 冼家齐上诉,广西高等法院撤销原判,改判冼家齐业务上过失致人于死,处罚金一千元,若无力完纳,易服劳役以五元五角五分五厘折算一天。冼家齐上诉至最高法院西南分院 | 三审不详 |

续表

| 案件名 | 初审情况 | 上诉情况 | 终审情况 |
|---|---|---|---|
| 亚兴斯克案 | 初审被告无罪 | 原告上诉,江苏上海第二特区法院撤销原判决,改判被告因业务上过失致人重伤,处罚金100元,如易劳役以两元折一日。被告上诉,江苏高等法院第三分院发回江苏第二特区地方法院刑事合议庭重审 | 原告上诉驳回,被告无罪 |
| 欧阳淑清案 | 被告无罪,附带民诉驳回 | 检察官上诉至湖北高等法院 | 上诉驳回 |
| 王兰孙案 | 王兰孙意图妨害公务员执法而施强暴胁皖,处罚金30元,如易劳役以一元折算一日缓刑两年 | 吴县地方法院检察官上诉 | 苏州高等法院审结不详 |

资料来源:宋国宾编:《医讼案件汇抄》第1集,中华医学会业务保障委员会,1935年;中华医学会业务保障委员会:《医讼案件汇抄》第2集,1937年。

　　如表4.4所示,有9起案件是因原控对初审结果不满而提出上诉。原控提出上诉主要基于下列两个原因:第一,原告方有病患身死,而据审结的结果来看,法院对医师的科刑偏轻,这让原控在感情上很难接受。邓青山医讼案中,九江地方法院初审即以邓青山业务过失致人于死,处罚金八百元。在江西高等法院二审中,江西高等法院裁定九江地方法院的判决"量刑稍轻,究系失当,自应撤销",改判邓青山"罚金九百元,方足以昭公允"。① 作为上级法院已自觉初审结果量刑稍轻,由此也可以想见那些有家人因治身亡的病家在悲痛之中对法院的判罚结果作何感想了。第二,原控与法院在犯罪事实的认定上存在差距,原告及检方认定被告有罪,但初审判决被告无罪,故而提出上诉要求高等法院对被告犯罪事实再行认定。例如沈克非案,经江苏江宁地方法院初审判决沈克非无罪。对此结果,江宁地方法院检察官认为原审所采证据未当,"凭空推定,无确据证明,反采用偏护被告之同

---

　　① 《江西高等法院刑事判决》,宋国宾编:《医讼案件汇抄》第1集,中华医学会业务保障委员会,1935年,第129页。

院医师张翌、郑咏洙等之空言,及梁梦亭在外谈话……采证显有不合",故而提出上诉,"请撤销原判,更为判决"。①

除有 9 起案件是原控对初审不满提出上诉外,亦有 7 件案件属于被告对初审结果不满进而上诉。② 被告医师之所以提出上诉,主要是因为地方法院的初审都对被告医家作出了一定的科罚,但医生自认为无罪而受不白之冤。最典型的是亚兴斯克一案,亚兴斯克为立凡诺夫治腿疾,被控业务过失伤害,经初审判决亚兴斯克无罪。原控立凡诺夫对此不服提出上诉,江苏上海第二特区法院二审撤销原判决,改判被告因业务上过失致人重伤,处罚金 100 元,如易劳役以两元折一日。虽然量刑较轻,罚金甚少,但亚兴斯克自认无罪,此罚实属无辜蒙受不白之冤,于是向江苏高等法院第三分院提出上诉,后经江苏高院将此案发回第二特区地方法院刑事合议庭重审宣判亚兴斯克无罪。③ 显然,作为原控的病家、作为握有审判权的法院、作为被控的医家三者之间对"案情"认识存在的巨大分歧乃是导致医讼案件上诉率高的主要原因之一。

此外,还有必要提及的是在上述 14 起案件中,林惠贞医讼案、邓青山医讼案、汪元臣医讼案、郑信坚医讼案、冼家齐医讼案最终上诉到了最高法院,占到了 14 起案件的 35.7%,这也充分说明医讼案件的审理结果很难令两造满意。

为何在其时会存在如此高的上诉率,且有大量的上诉甚而上诉到最高法院呢(终审是否能令双方满意,亦是问题)? 究其原委,大致有以下数端:第一,医患关系的恶化,患者对医家的信任程度极低。病家对医家不信任,自然处处采取提防策略。第二,医家与病家存在严重的观念分歧。这种分歧主要表现在对医家的"责任"的认定上。举例言之,医家认为正常之举动,在病家可能认为是医家之过失。在这种情况之下,病家可能误认为医家

---

① 《江宁地方法院检察官上诉书》,宋国宾编:《医讼案件汇抄》第 1 集,中华医学会业务保障委员会,1935 年,第 61 页。

② 汪元臣案及亚兴斯克案,原告与被告均提起过上诉,故分别计入两类统计中。

③ 《上海俄医亚兴斯克医师案》,中华医学会业务保障委员会:《医讼案件汇抄》第 2 集,1937年,第 1 ~ 15 页。

犯罪，而医家则甚觉蒙受不白之冤。第三，作为专业性极强的医疗活动本身具有一定的复杂性和不可控性，这也决定了医疗案件的审理较为特殊和复杂。南京国民政府司法体系的不完备，司法鉴定缺乏专业性和权威性、司法人员在证据采信上常有偏颇，因此即使有医学鉴定等专业人员的参与，公正审理的难度亦非常大，这导致医事诉讼的审结常常难以令人信服。

## 四、外籍医师涉讼的审理

鸦片战争以降，西方列强与清政府签订了一系列不平等条约。这一系列条约之中，对医界妨碍最大最为直接的莫过于领事裁判权。领事裁判权最早规定见于《江南善后章程》，之后的《五口通商章程》进而作了更具体、更具操作性和权威性的规定。1844年《中美望厦条约》规定，中美人民间的刑事案件，依被告主义办理。中美民事混合案件，由两国官员查明，公议察夺；美国人之间的案件由美领事办理，美国人与别国人之间涉讼，由有关国家官员自行办理，中国官员不得过问。此后，1844年中法条约、1847年中国与瑞典挪威条约以及1858年中俄条约均有类似规定。许多西方国家援引最惠国条款，也纷纷取得在华的领事裁判权。按照英、美、法以及瑞典、挪威与中国订立的不平等条约，当时领事裁判权的主要内容为：一、华洋混合之民事案件，由中外官员各自调处；如调处不成，则由中外官员会同讯断。二、华洋混合之刑事案件，中国人由中国地方官按中国法律审断，外国人由各本国领事按其本国法律审断。三、纯粹外人案件，或外人混合案件，中国官员均不得过问。①

因有领事裁判权之保护，外籍医师有恃无恐，在外国对医师注册管理甚严的情况下，中国便渐成外籍医师行医的重要场所。时人评论道："虽政府亦明知利害，第吾国政权尚未统一，且以不平等条约束缚，无从限制，此实造成外籍医师在华发展之一大原因也。"②大量业务能力平平的外籍医师涌入

① 关于"领事裁判权"之问题，可参见孙晓楼、赵颐年编著：《领事裁判权问题》，商务印书馆，1937年；东方杂志社：《领事裁判权》，商务印书馆，1923年；梁敬錞：《在华领事裁判权论》，商务印书馆，1934年。

② 威崙：《造成外籍医在华发展之素因》，《医事公论》1934年第23号，第18页。

中国,难免会与中国病人发生纠纷。民国时期,即有多起因外籍医师"庸医杀人"而导致的医事诉讼轰动一时。

在司法不得独立的处境之下,外籍医师与患者之间一旦发生诉讼,审理就显得颇为复杂。这类案件的复杂性主要表现在"领事裁判权"对案件的影响上。第一,涉讼外籍医师以及患者成分复杂。从被告来看,涉案的外籍医师可能来自不同的国家,1933～1936年几起外籍医师涉讼案件中被告医师分别来自于英、俄、德、美、印度。从原告看,与外籍医师争讼的并非仅为中国人,也有各国在华侨民。因各国在华权益各有差别,各案的审理方式自也不同,这无疑给案件的处理带来了难度。第二,从受理机构上看,视外籍医师所享"领事裁判权"的具体内容,受理此类医讼案件的机关也有所不同。那些受领署庇护的外籍医师,涉案后往往不由中国司法机关审理,而由"领事裁判权"规定的司法机关审理。1935年美侨雷德(Mr. H. A. Raider)控告协和医院即是一例。1933年3月,雷德之妻患病入协和医院治疗,经妇科主任韦诺(Dr. Max Wel)医治,断为子宫毒瘤,转送瘤科诊治。经长期治疗,并无疗效,雷德之妻于1935年3月6日身亡。据该院瘤科主任斯皮司(Dr. W. Spies)称,雷妻之病,虽无法治愈,但初患时若不为妇科主任迟延,彼能设法延长寿命一年或半年。雷德氏据此认为协和医院对病者生命毫不注意,致其妻病亡,故而对北平协和医院提出控告,要求赔偿损失一万元。此案因涉案双方都是美籍公民,故而此案直接由美国驻华按察史署(The United State Court for China,又译为美国驻华法院)处理。[1] 美国驻华按察史署受理此案后,即由上海派出法官哈里麦克(Tuge Hielmiech)去北平,在美使馆专门审理此案。[2] 第三,各案件处理过程中,其适用法律也多有不同。虽然部分案件是严格按照中国律法进行处理(如亚兴斯克被讼

---

[1]　美国在华设有18处领事法院,另有美驻华按察史署(1906年6月设立),专门受理美国人为被告的民刑诉讼。领事法院受理民诉以标的物价不满五百金元者为限,刑事案件则以最重本刑罚金不满一百元金或徒刑不满两月或两者合并不满上列数项额者为限,越此范围者则由美驻华按察史署审理。参见孙晓楼、赵颐年编著:《领事裁判权问题》,商务印书馆,1937年,第180～183页。

[2]　《协和医院讼案》,宋国宾编:《医讼案件汇抄》第1集,中华医学会业务保障委员会编,1935年,第368页。

案,恩格尔医师被讼案),但雷德控告北平协和医院一案完全由美国按察史署派出法官遵循美国法律处理,而袁张玉坤控告英籍医师胡祖贻一案,则有英领事对案件的直接参与。①

外籍医师诉讼案件发生后,许多外籍医生凭恃领署庇护,往往咎不获罪,不受中国政府与地方医学团体的制裁与约束。宋国宾即观察到,"盖彼托庇于领署之下,一切行动,不受吾国政府与当地医会之制裁,为所欲为,肆无忌惮,毁谤华籍之同道,吸收富有之病人,使中国新医界之进展,受无形之打击。设不幸而遇过失杀人之罪发生,亦可安危逃于中国法网之外。虽各国领署对其在华之侨医,未必悉皆袒护,然病家之控诉外医于领署者几曾受理?"②基于此,民国医界也开始呼吁废除"领事裁判权",将外籍医师纳入到中国卫生行政当局的统一监督和管理之下。

## 第四节　影响讼案处理的要素分析

### 一、司法鉴定

医事诉讼与其他诉讼案件的显著差异在于医事诉讼中涉及复杂的医学知识,这对案件审理提出了更高的要求。在医、患双方争执不下,法官又缺乏足够医学知识的背景下,案件的能否公正审理很大程度上要依靠"司法鉴定"以助定谳。不过要真正能有助定谳,司法鉴定必须兼具"科学性"与"权威性"。只有科学与权威的司法鉴定,才能真正有助于案件的公正审理。如果司法鉴定不具备科学性和权威性,那么反可能造成案件的误判。

关于司法上的死伤之事,在古时皆操之仵作之手,在近世则主要由检验吏为之鉴定。操之于仵作和检验吏的司法鉴定在近代饱受批评,特别是对

---

① 1924年中苏经过谈判签订《中俄解决悬案大纲规定》,苏联政府首先放弃帝俄时代在华划定的租界,取消治外法权和领事裁判权。1928年11月分别与比利时(22日)、意大利(27日)签订条约废除法权,12月分别与丹麦(12日)、葡萄牙(19日)、西班牙(27日)签立条约废除法权。1943年5月20日,当时的国民党政府取消了美、英两国在华领事裁判权及有关特权。

② 宋国宾:《领事裁判权与中国新医界》,《申报》1937年4月27日。

比西方的近代法医制度,其缺点与不足更为明显。万有竹评论古时执行验
尸的仵作说:

> 　　操此业者,均系下流之徒,故国家褫其考试之权,不能与士子同位。
> 人多耻之,而彼辈既出身污俗,职役下贱,为社会所不齿。是欲其超脱
> 环境,精诣实学,难矣。故大抵均世世相传,老少壮幼,绝无□集。而其
> 检验之不二法门,一般全赖自身之经验,至多亦不过熟读钦版之种种书
> 籍而已。此项书籍,既无科学之根据,又复琐碎散漫,毫无系统,历代为
> 检验不明,冤冤而死者,诚不可以计数。草菅人命,由此可见一斑。且
> 此项检验书籍,守秘甚严,常人无购置之机,盖以防泄其法,而不致畀
> 人。以规避之隙,此亦不得已也。且也墨守旧法,因袭陈言,不知研究
> 改良,仵作之术,尽于此矣。①

至于检验吏,其水平也令人担忧。检验吏虽是于清末仵作改制而来,但其所
倚赖的知识体系一仍其旧,可谓“换汤不换药”。更甚者,检验吏虽“中”、
“西”兼习,但因近代转型导致的“知识断裂”,反而造成“失其故步”。易景
戴就评论:“中国古时无法医,关于司法上死伤之事,皆命检验吏为之。往
昔之检验吏,视洗冤录为至宝。事事奉为圭臬。而今则不然,检验吏求其能
通晓字义者,已不可多得。遑论阅读洗冤录乎。洗冤录者,荒唐怪诞之书
也。洗冤则不足,沉冤则有余,老吏守之以治事,已属有乖司法之真义。况
今之检验吏更穿凿附会其说,益使人含冤莫白乎。”②因为检验吏缺乏学识,
临事往往又多穿凿附会,因而往往导致检验案件屡屡舛误。此种谬误虽可
能是因检验吏本身学识有限,难以辨别真相,但也不排除检验吏狗苟蝇营故
意颠倒是非。安徽高等法院检察处即指出:“(其时)法制虽甚完备而检验
人员缺乏学识,动致流弊百出,错误滋多,明明因伤身死者,讹为因病。明明
被人勒死者,误为自缢,诸如此类不一而足,验断不明,遂成大错。终至生死

---

①　万友竹:《法医论》,《社会医报》1931 年第 153 期,第 2432 页。
②　易景戴:《法医与收回治外法权之关系》,《社会医报》1930 年第 129 期,第 1377 ~ 1379 页。

含冤,是非颠倒,案悬莫结,讼累无穷"。① 检验吏地位低微,薪俸微薄,难免有些检验吏作稻粱之谋,借检验之便颠倒是非。姚致强观察说:"检验吏出身低微,略识之无,即从师学习,及懂皮相,分谋觅食,以来珠薪桂之今日,月薪只二十余金,宜其狗苟蝇营,贪污不堪,手段狡黠者,且有勾结无耻法官,朋比为奸,颠倒是非"。②

仵作与检验吏信持的《洗冤录》在近代也遭到猛烈抨击。民国二三十年代,尽管如林几等法医学家对《洗冤录》尚持"去粕存精"的态度③,但普通知识界的看法,已多视《洗冤录》"荒唐怪诞"、"错误百出"。在清季还视为检验权威的《洗冤录》,在民国知识界已成众矢之的,仿若成为民国司法"黑暗不公"的罪魁祸首。万友竹批评《洗冤录》"既无科学之根据,又复琐碎散漫,毫无系统,历代为检验不明,囚冤而死者,诚不可以计数"。④ 法医姚致强则说:"我国从来各种刑事检验,悉委之仵作(所谓检验吏)之手,识者早知其不可,中毒而用银针,验尸仅及外表(外表检验且多不确与失察)奉洗冤录为金科玉律,以宋代物为近世宝鉴。吾人试一翻洗冤录,则立说玄虚,指鹿为马,不禁汗流浃背矣(间有极少数吾人可为参考,固不必一笔抹煞)。历来之冤狱狂魂,吾知其如恒河沙数,不可胜计也。"⑤更甚者,在近代部分法医学著作中,《洗冤录》被排除在"法医学"的范围之外。1936 年,孙逵方与张养吾在合著的《中国法医学史》中即称:"洗冤录系吾国刑事衙门所使用之一种检验方法,其检验不用科学方法,其立场不以医学为根据,故不能视为法医学。"⑥这一立场虽有些"科学中心"的话语霸权,但也实实在

---

① 《安徽高等法院检察处请设法医学校》,《法律评论》1928 年第 6 卷 10 号,第 9～10 页。
② 姚致强:《近年来我国法医之鸟瞰》,《社会医报》1933 年第 190 期,第 3960～3964 页。
③ 林几曾说:"我国以前对于人命案件,亦由仵作本着洗冤录的经验,对被害者或证品作作式鉴定。其中虽有一部分,系自经验得来,平心而论,或不无可以藉重的地方,然而大部则不合于学理"。林几:《司法改良与法医学之关系》,《晨报六周纪念增刊》1924 年 12 月 1 日,第 50 页。
④ 万友竹:《法医论》,《社会医报》1931 年第 153 期,第 2432 页。
⑤ 姚致强:《近年来我国法医之鸟瞰》,《社会医报》1933 年第 190 期,第 3960 页。
⑥ 孙逵方、张养吾:《中国法医学史》,《法医季刊》1936 年第 1 期。颇为有趣的是,与这种认识不同的是,在 1950 年代,西方著名的法医学家格拉得维尔(R. Gradwohl)却指出,宋慈所撰的《洗冤集录》(1247)是世界上第一部系统的法医学著作。这一论断在随后国人的法医史叙述中被反复引用,成为今日之"常识"。

在反映出《洗冤录》的地位已经一落千丈,沦落到不能忝列入"学"的尴尬地步。

南京国民政府时期,司法界与医学界虽致力于推进法医事业,个别省份虽也有法医执行鉴定,但绝大多数案件鉴定仍操于检验吏之手。至1933年止,除江浙二省法院外,其他各省,皆无法医之设置。遇有疑难或扩大之案件,致检验吏无法收拾者,乃委托本地有名医师或医师公会代行鉴定。① 而有法医之少数省份,法医也往往成为时人趋"新"的一种名目而已,多为"备而不用"。② 安徽宿县赵光元医师被控一案就典型地反映出由检验吏所作司法鉴定对诉讼案件走向的影响。1934年7月,宿县病女董小京往宿县民爱医院医师赵光元处求诊,被诊患有猩红热症,且已达危险时期,赵光元即向病患注射浓缩猩红热血清,不幸董小京病势沉重竟于下午四时半钟死亡。董小京死后,经检验吏检验认定董小京系中毒而死,病者之父董道南即据此鉴定认定赵光元医师误用毒针致其女殒命,遂向宿县政府提起诉讼。赵光元在其辩诉状中对邵姓检验吏所出鉴定颇多疑虑,赵氏称:

> 该验检吏并未携带任何检验器具,俟以目力略将尸体检视,当场亦未填具尸格,及宣明致死之由,略询两造草草散场,令人莫名其妙。直至十余日后,方在司法科抄得尸格原文。内载验得已死者董小京,年十二岁,尸身所在地方,在南关民爱医院西屋内,尸身所在地方向,头东脚西,尸身身附衣服,花洋布褂裤各一件,身长二尺七寸,膀阔六寸,胸高二寸,面色青黄色,两眼胞开,上下唇吻青黑色,口微开,右膀下有针眼相连两点,均皮微破,右肘窝有针眼一点,皮微破左肘窝有针眼一点,皮微破,两手微握胸腔,青黄色全面,十指甲青色,余无故,实系生前肚腹有热病,打针后中毒而死,阅悉之下,令人深具怀疑。③

---

① 姚致强:《近年来我国法医之鸟瞰》,《社会医报》1933年第190期,第3960~3964页。
② 易景戴:《法医独立论》,载《社会医药报》1934年6期,第1~3页。
③ 《赵光元医师辩诉状》,载宋国宾编:《医讼案件汇抄》第1集,中华医学会业务保障委员会,1935年9月,第114页。

赵光元进而申辩，"邵检验吏所具之尸格，断定该女实系打针后中毒身死，不知何所据而云然"，并据刑事诉讼法第一百八十条上段之规定提出"盖本案情形特殊，关系医药理化，非选有学识经验之专家，不能鉴定"，"况邵检验吏不过略具普通知识，何能仅以单纯之目力辨之，故其论断实无价值，殊难凭证"。① 在赵光元看来，传统检验吏所凭借的那些"普通知识"是没有"资格"对西医指手画脚的。

如果说时人对司法鉴定不科学的质疑主要还是针对"前法医时代"的检验吏而发，那么在南京国民政府时期法医制度得以推行之后，民国司法实践中司法鉴定的"权威性"问题就日益凸显出来。

民国的刑事诉讼法对司法鉴定的规定较为宽泛，民国司法实践在进行司法鉴定时也较为随意。据1928年民国刑事诉讼法第八章鉴定人之相关条款规定，鉴定人应选有学识经验，或经公署委任而有鉴定职务者一人可数人充之（第118条）。鉴定有不完备者，得命增加人数，或命他人继续或另行鉴定之（124条）。换言之，凡有学识经验者皆可任鉴定人，因此每每医讼案件发生双方争执不下时，各地方法院往往据此条例请各地医师核定。这种制度疏漏在司法实践中至少造成两个较大的问题，其一，因所谓的"学识经验"并无客观标准，故而任何医学团体、组织或医师个人都可能成为司法鉴定上的潜在主体。其二，地方法院在鉴定人的选择上极为随意并无规制，使得鉴定缺乏权威性。这样的司法制度在实际的运作中，使得在鉴定环节往往出现不同鉴定人出具的鉴定书，这些鉴定书还不乏彼此矛盾之处，因此多引起原、被告对其权威性的质疑。这种情况在广西梧州冼家齐医讼案中表现极为典型。冼案发生后，梧州地方法院据梧州医院所作鉴定，判处冼氏徒刑一年。冼家齐认为因其"与鉴定人积有宿嫌"，鉴定存在错误判处亦属不公，乃向广西高等法院上诉并请求再行鉴定。经司法行政部法医研究所鉴定，认为梧州医院鉴定存在错误之点。这一鉴定随后引起了梧州医院鉴定人的不满，遂对法医研究所的鉴定提出驳覆意见。由此，鉴定双方就冼案

---

① 《赵光元医师辩诉状》，载宋国宾编：《医讼案件汇抄》第1集，中华医学会业务保障委员会，1935年9月，第114页。

大打笔仗,相互驳论。随后,全国医师公会、广州医师公会、公医学会等医学组织亦加入论战,各自出具类似司法鉴定的审查意见参与司法审判。① 显然,在存在诸多鉴定人的情况下,鉴定结论的权威性就成为一个问题,这对民国医疗诉讼案件的公正审理造成极大的障碍。

法院征求专家意见以求公正审理本来无可厚非,但是谁才是权威鉴定,谁才能公正鉴定呢? 因为条例规定过于宽泛,学识经验的判断标准模糊不明,难免造成医讼实践中的困难。医事鉴定权威性的争执不仅反映出医事鉴定在医讼案件审理中的重要意义,同时也是医讼双方冲突在另一领域的延续。1935 年中华医学会理事长牛惠生为有司法公正之鉴定,特呈文司法部,请通令各级法院"凡关于医讼案件,一律送由正式法医解剖核定"。② 宋国宾也认为"尸体剖验为医狱定谳之唯一根据"。③ 看上去,排除以往鉴定的随意性,将案件交由法医进行剖验,据法医检验结果进行司法审理已属相对公正。不过在民国法医不敷使用的处境下,想要事事由法医鉴定显然近于空想。此外,在中西医竞争的文化背景下,中医对这一做法也提出强烈抗议。

## 二、中医鉴定

在牛惠生呈文司法部请求通令各级法院"凡关于医讼案件,一律送由正式法医解剖核定"后,中医吴去疾很快便对法医剖验之法提出异议,吴氏认为中医涉讼的案件应由中医鉴定团体进行鉴定,而不应该由西式法医鉴定。吴去疾在《神州国医学报》上撰文称,将病人尸体交法医解剖之法虽善,但"吾国习俗,多以尸体为重,一闻解剖之说,便惊骇万状,莫敢屈从,止讼之法,莫妙于此。如本报前载割肋而死之李大年,其亲友初欲涉讼,后以

---

① 梧州医院和司法行政部法医研究所的鉴定书及相互驳斥,以及全国医师公会、广州医师公会等医学团体的审查意见均见《广西梧州冼家齐医师案》,中华医学会业务保障委员会编:《医讼案件汇抄》第 2 集,1937 年,第 83 ~ 182 页。

② 《医讼案件纠纷请由正式法医检定》,《神州国医学报》1935 年第 3 卷第 10 期,第 19 ~ 20 页。

③ 宋国宾:《尸体剖验为医狱定谳之唯一根据》,《申报》1935 年 1 月 28 日。

顾虑及此,隐忍而止,即其明证。但以吾所见,此事若行,于西医诚为有益,至于中医一方面,恐从此纠纷多耳。"①吴氏看来,法医解剖可能造成两大困难:其一,中国之文化习俗对尸体极为重视,出于不愿破坏尸体的考虑可能忍辱止讼,反致含冤未雪。其二,法医鉴定可能反增中医界的纠纷。

事实上,西医是否具有对中医案件的鉴定权,此前即有争执。1929 年初,浙江宁波鄞县中医郑蓉荪、董庭瑶被控误药杀人,鄞县地方法院检察官冯吉荪将郑蓉荪等人所开药方交宁波市廷佐医院西医应锡藩鉴定。应锡藩医生遵从其意,以行鉴定,作出了对郑蓉荪等人颇为不利的鉴定。这一鉴定很快便引起轩然大波。2 月 2 日,宁波中医协会呈文卫生部,认为将中医药方交西医鉴定,于理于法均属不合,西医于经验学识上都无法对中医药方作出准确鉴定,故而要求卫生部转司法部对地方法院检察官冯吉荪此举予以纠正。该呈文反映出中医群体对西医鉴定中医方药的态度与忧虑,兹录如下:

中西医术向属异途,中医无西医之学识经验,西医亦无中医之学识经验,是各自为学,不能相通,目前中国医界之事实现象也。若西医可鉴定中医之方药是否错误,则木工亦可鉴定缝工之制衣,车夫亦可鉴定海员之航船矣。既非幼所学又非壮所行,南辕北辙,其误可必。况目前之西医处心积虑力谋根本推翻中医,其反对地位正若水火之不相合。是此次冯检察官将郑蓉荪等中医所开之药方不发交中医专家研究而竟发交西医应锡藩鉴定,似属有意摧残中医。应锡藩西医对于郑蓉荪等中医所开之药方不肯辞以不敏,而竟妄行鉴定,似属乘机推翻中医。苟任此案成立,则将来国粹之中医无振兴之希望。大多数人业中医者之生命尽在西医掌握之中,生杀予夺惟其所欲矣。天下之不平孰有甚于此者乎。苟系误药杀人自属罪有应得,但鉴定之举则非中医专家断不足以明真相。此次冯吉荪检察官委任应锡藩西医鉴定郑蓉荪等中医之药方一案,认为违理非法达于极点。职会全体会员碍难承认为此据实凭情备文呈请钧

---

① 《医讼案件纠纷请由正式法医检定》,《神州国医学报》1935 年第 3 卷第 10 期,第 19～20 页。

部鉴核,请予转详司法部迅令浙江鄞县地方法院从速纠正并令禁以后不再有同样事情发生,以整法规而维业务不胜迫切待命之至。①

呈文所论相当清楚,中医群体认为西医实无能力对中医方、药进行鉴定,而中医讼案应由中医专家进行鉴定。宁波中医协会且将此案与西医在1929年对中医的压制与摧残相联系,认为此举将导致"国粹中医无振兴之希望"。归根结底,中医群体的忧虑实际乃在于唯恐"生杀予夺惟其所欲矣"。宁波中医协会认为检察官冯吉荪的做法"违理非法"达于极点,要求司法部予以纠正。结果卫生部收到呈文后,并未将呈文转交司法部。在卫生部看来,地方法院依法执行业务,此举完全符合刑事诉讼法的有关规定,并无所谓非法,遂批复"该案既在地方法院涉讼,应俟该院依法讯判,所请转详司法部一节,着毋庸议"。② 这一批复立即引发宁波中医协会对卫生部的强烈不满,2月20日,宁波中医协会再度呈文卫生部,态度极为强硬,不仅批评卫生部长"坐视西医恃强装凌弱压迫中医",更言若不能予以纠正,"则不如早颁明令取消中医",大有宁为玉碎不为瓦全之势。③ 同时,宁波中医协会还向数十家中医团体发出快邮代快,称"事关全国中医大局",希望全国中医"共同急起力争"。④

该医讼案件原本为郑蓉荪个人之事,为何宁波中医协会如此大动干戈,据理力争呢? 宁波中医协会说得很清楚,"涉讼为郑蓉荪等个人之事,职会所争者只在西医是否鉴定中医方为合法问题"。⑤ 中医力争的根本原因在于,宁波中医协会意识到,西医并不能全然理解中医的用药与诊断,难以作出合理之鉴定。若将所有医讼案件全交于西医解剖核定,中医不仅丧失了司法鉴定性,且中医涉讼的案件即有操纵于西医股掌的可能。在这个意义上讲,医事鉴定已不再单纯是依科学方法作出合理医学解释的行为,医学鉴定也不仅仅

---

① 《为西医鉴定中医方药上卫生部转司法请予纠正呈文》,《中医新刊》第12期,第1~4页。
② 《卫生公报》第1卷第3期,1929年,第27页。
③ 《为西医鉴定中医方药再上卫生部呈文》,《中医新刊》1929年第12期,第3~4页。
④ 《快邮代电》,《中医新刊》1929年第12期,第1页。
⑤ 《为西医鉴定中医方药再上卫生部呈文》,《中医新刊》1929年第12期,第3~4页。

会左右医讼的走向,甚而会影响中、西医群体权利斗争和各自的生存样态。

中医之所以认为中医涉讼的案件应由中医鉴定团体进行鉴定,而不应该由西医鉴定,其持论依据主要是以中、西医学学理迥异,若完全以西式法医的解剖作为鉴定结论,并不能有助于中医讼案的处理。上海中西医药社筹设中医药讼案鉴定委员会的初衷即缘于此,该社自述说:

> 吾国医学,中西殊途,一为科学的,一为非科学的,现行医制,既许中西医同时存在,并取得法律上之平等地位,使以今日法医师行中医药讼案处方之鉴定,则殊非所宜。盖中医学说与处方法则,完全得诸经验,与科学医理,绝然不同。其辨证施治,较重主观,知某方可治某症,某证宜用某药,临床上综合其种现象名曰某证,自有历来经验与习惯以为依据。又如一药因产地不同,或几经炮制之后,其性能亦异。药商之黠者,甚或以伪乱真,藉图厚利,故方药不符者,时有发现。是非精于此道,并熟谙内幕情景者,几不能道其只字。今之法医专家,仅具科学知识,既未稍涉中国固有医药之藩篱,于药性研究,立方原则,茫然不晓,加以国药应用之标准,与病症对象,又无一定之药典可资参证,虽有本草纲目,号称大成,然亦庞杂无统,立论玄虚,漫无准则,近世方书,更无能出前人窠臼,可为研究参考之用者,宜乎一般法医于中医讼案,无能为得失之观测矣。①

中医涉讼的案件究竟是交于法医鉴定,还是由中医负责鉴定?民国医界为此发生长期争执。尽管其时的法律规定并不明确,因此偶有以西医鉴定中医的事件发生,但就20世纪30年代医事鉴定实践来看,地方法院在选择中医鉴定还是西医鉴定时,一般都大致遵循着西医由西医鉴定,中医由中医鉴定的约定俗成。中医界似乎取得了在鉴定领域的平等地位。不过,就某些中医涉讼的具体案件来看,中医鉴定也存在着西医鉴定实践中的类似

---

① 中医药讼案鉴定委员会:《本社中医药讼案鉴定委员会缘起》,《中西医药》1946年第30期,第18页。

问题,其权威性也无法得以保证。

首先,中医个人或团体所行鉴定同样缺乏权威性。中医在近代中国人数较西医为众,成分较西医更复杂,中医所面对的患者人群亦更为广阔,故而讼案发生的几率也同样增大。通常遇有中医讼案需要鉴定时,司法当局只得求诸当地中医药团体代为鉴定。因据民国刑事诉讼法之规定,凡为地方司法当局认为学识经验俱优,足资进行鉴定之个人、团体均可担任司法鉴定一职。故而其时中医讼案的鉴定情形是,各省、市中医因执行业务发生处方诉讼案件时,"该管法院每据刑诉第一百十八条,委任所在地国医分支馆或医药团体充鉴定人"。①此类个人或组织所作鉴定,由于缺乏足够的权威性和公正性,因而很难令原被告信服。1935年11月,中央国医馆即意识到地方中医药团体鉴定的不确定性,为公正权威起见,乃于中央国医馆内设立处方鉴定委员会,"爰订处方鉴定委员会章程十条,延聘富有学识经验之国医九人为委员。嗣后各级法院遇有处方诉讼案件,如当事人不服当地国医分支馆或医药团体之鉴定声明时,拟请原受理法院迳函本馆交由该委员会重行鉴定以昭慎重。"②处方鉴定委员会成立之后,随即函请司法行政部通令各法院遵照执行。③ 11月21日,司法行政部训令各级法院如遇国医处方涉讼事件即依上述方案执行。④ 即便有中央国医馆处方鉴定委员会的创

---

① 《法令:(丙)公牍:司法行政部训令(训字第八零八号,二十四年十一月二十七日):令最高法院检察署检察长、首都地方法院院长、首席检察官等:抄发中央国医馆处方鉴定委员会章程令》,《法令周刊》1935年第284期,第4~5页。部分中医团体也成立有专门的处方鉴定委员会,专门负责接受法院委托鉴定。以上海为例,1937年初,上海市国医分馆即遵照中央国医馆规定,成立处方鉴定委员会,制定有《上海市国医分馆处方鉴定委员会章程》及《上海市国医分馆处方鉴定委员会施行细则》,专门接受法院委托鉴定国医处方诉讼案件,为学理上之审查与鉴定。首任主席由徐相任出任,委员有倪颂兼、鲍承良、蔡济平、萧退庵、巢凤初、秦伯未,均为其时沪上名医。1937年7月26日,司法行政部认为处方鉴定委员会对于法院鉴定事务,尚不足资辅助之处,以训字第4826号令行上海各级法院,嗣后各法院受理关于中医药讼案,遇有不易解决纠纷之件,得酌量送由该会办理。见《江苏高等法院第二分院关于其他(有关市国医分馆处方鉴定委员会章程等)》,卷宗号:Q181—1—1207,上海市档案馆。
② 《法令:(丙)公牍:司法行政部训令(训字第八零八号,二十四年十一月二十七日):令最高法院检察署检察长、首都地方法院院长、首席检察官等:抄发中央国医馆处方鉴定委员会章程令》,《法令周刊》1935年第284期,第4~5页。
③ 《中央国医馆设处方鉴定委员会》,《医界春秋》第9卷11号第107期,1935年11月,第43页。
④ 《法讯:国医处方讼诉事件得送中央国医馆鉴定》,《法令周刊》1935年第283期,第6页。

设,时人对处方鉴定委员会的运作也甚为怀疑。《新闻报》编辑严独鹤就提出对于鉴定委员会的人选,应慎重延揽,对于方案的鉴定,须详细研讨。① 汤士彦则提出三点疑义:第一,许多病家往往藉便要求鉴定,若处方鉴定委员会偶一失察,贸然鉴定,就会给一些恶讼的病家造成争讼索诈的根据。第二,处方鉴定委员会既有"医界最高法院"之意,则鉴定委员会之委员是否同司法人员一样,不兼职,不行医,不交际而终身供职。第三,因中医性质独特,人地各异,体质不同,各地处方也视地域有所不同,若鉴定委员会囿于南京一隅,能否统鉴南北,实成疑问。② 显然,这个中医处方鉴定的最高机构,要真正做到"公正"、"权威"也并非易事。

其次,民国各地中医药团体基本上都是职业性的组织,而很少有学术立场的组织。法院要求这些团体鉴定中医方药时,这些团体为避免开罪同道往往相互推托。执行鉴定之际,也每每因人事情感关系,意为左右,甚至存在勾结贿赂的情况。《神州国医学报》即称"夫鉴定药方,乃医界最不幸之事,本会同仁本极不愿与闻"。③ 时人也注意到各中医鉴定团体所有处方鉴定文件,类多内容空泛,措辞圆滑,惯用"查阅方案,尚无不合"等套语,以资塞责。考虑到上述原因,有人提出中医类的诉讼案件需要组织学术性的中医专业鉴定机构进行鉴定。有鉴于此,中西医药研究社④即于1936年10月专门组织成立有学术性的中医药讼案鉴定委员会。⑤

可以很清楚地看到,中医与西医之间在"鉴定权"问题上彼此存在着激

① 汤士彦:《中央国医馆设置处方鉴定委员会的商榷》,《光华医药杂志》第3卷第3期,第2页。
② 汤士彦:《中央国医馆设置处方鉴定委员会的商榷》,《光华医药杂志》第3卷第3期,第2页。
③ 涤尘:《国医"药方"之鉴定权》,《神州国医学报》1932年第1卷第4期,第10页。
④ 宋大仁、褚民谊、梁心、丁福保、叶劲秋等人发起,于民国24年(1935年)1月26日正式成立,为全国性医药学术团体。民国24年9月,创刊《中西医药》月刊,由宋大仁主编,民国36年停刊。参见《上海卫生志》编纂委员会编:《上海卫生志》,上海社会科学院出版社,1998年。
⑤ 中西医药研究社"鉴于中医药讼案纠纷,有增无已,而国内尚无超然的鉴定机构,为公允之评判;过去司法当局,因中医处方鉴定之事,情形特殊,非法医师所堪胜任,不能不委之于中医职业团体办理,由于人事关系,难免徇情偏袒,颇多流弊,且公会主持者,未必通贯中医各科学说,故其结论,每致失误,或作模棱两可之词,此项鉴定,不足为审判之参考,实无持言",特组织中医药讼案鉴定委员会,并于同年11月27日呈奉司法行政部核准,以训字第343号通令全国高等及地方法院,嗣后受理中医药讼案,酌送中医药讼案鉴定委员会办理。见中医药讼案鉴定委员会:《本社中医药讼案鉴定委员会缘起》,《中西医药》1946年第30期,第18页。

烈的斗争。尽管中、西医团体所行司法鉴定在其时都难以达到权威与可信,但对"权威"与"可信度"的质疑恰恰折射出在近代司法检验领域的体制内、外都存在着多方利益与权力的纠缠与争斗。这些都给医事诉讼的审理带来困难,甚至影响医事诉讼的公正审理。

## 三、律法规范

前论医疗诉讼的司法处置一节中,已可见民国律法对医疗诉讼案件的影响。医疗诉讼案件的审判结果若何,从根本上讲要依法律为准绳。民国律法中相关医疗诉讼条款的调整与变化直接决定了医疗诉讼的审理和判罚。例如新、旧刑法规定之不同,自然导致诉讼结果的差异。再者,从诉讼法的角度论之,旧案被告仅有告诉之权而无自诉之权,直到 1928 年《刑事诉讼法》的颁行,才扩大其自诉范围,规定初级法院管辖之直接侵害个人法益之罪及告诉乃论之罪,被害人可径行提起自诉。不过,相较这些稍具稳定性的刑事法规而言,国民政府 1932 年颁行的大赦条例最能体现出律法对医疗诉讼的影响。

大赦条例第一条即规定:凡犯罪在中华民国二十一年三月五日以前,其最重本刑为三年以下有期徒刑,拘役或专科罚金者,均赦免之。①

民国的医疗诉讼大多是控告医家业务过失。据当时执行的 1928 年民国刑法第二百九十一条规定:因过失致人于死者,处二年以下有期徒刑拘役或一千元以下罚金。从事业务之人因业务上之过失犯前项之罪者处三年以下有期徒刑拘役或一千元以下罚金。② 第三百零一条规定,因过失伤害人者处六月以下有期徒刑或五百元以下罚金因而致人重伤者处一年以下有期徒刑拘役或五百元以下罚金。从事业务之人因业务上过失犯第一项之罪者处一年以下有期徒刑拘役或五百元以下罚金。犯第二项之罪者处二年以下有期徒刑拘役或五百元以下罚金。③ 很明显,医家因业务过失致讼的案件

---

① 《邓青山医师讼案最高法院刑事判决》,载宋国宾编:《医讼案件汇抄》第 1 集,中华医学会业务保障委员会,1935 年 9 月,第 130 ~ 131 页;《大赦条例》(民国二十一年六月二十四日国府公布即日施行),载立法院编译处编:《中华民国法规汇编》第十一编司法卷,中华书局,1934 年,第 439 页。
② 王宠惠稿,国民政府颁行:《中华民国刑法》,中华印书局,1928 年 7 月 1 日,第 71 页。
③ 王宠惠稿,国民政府颁行:《中华民国刑法》,中华印书局,1928 年 7 月 1 日,第 73 ~ 74 页。

最高判罚即是处以三年以下有期徒刑。据大赦条例,其时大多数的医讼案件,即便医家确因业务过失而犯罪,也皆可获赦免。在民国颇为轰动的医事诉讼中,因大赦条例而得赦免刑罪的典型医讼案件莫过于江西邓青山医讼案及江苏汪元臣医讼案,以下略述之。

1930 年 8 月,寄居江西牯岭彭武敫之妻胡尔欣,因感冒喉痛,请中医姚佐卿不遇,乃改请普仁医院邓青山医治。邓青山诊视后谓系白喉,宜打清血针以便快愈,邓氏当即以血清一瓶,注射病者右手臂,注射完毕即持针出房清洗。不久,邓氏即闻病者呼不好要死,入房复视,见病者两手震动,气喘,遍发红点。邓青山知系过失,乃持病者两手上下摇动,以助呼吸,气喘仍紧,又将病人注射处用刀划开,用两手挤出黑血两点,见病者呼吸更微,乃向病者胸膛打一救命针,亦无效,病者旋即气绝。彭武敫以邓青山图利,故意杀人,复加残忍行为上控法院,经检察官侦查起诉。该案经江西九江地方法院1930 年 12 月刑事判决,以邓青山因业务过失致人于死,处罚金八百元。邓青山不服地方法院之判罚,遂向江西高等法院提出上诉。1932 年 2 月 22日经江西高院审理,处邓青山罚金九百元。邓青山对江西高院二审判决依旧不服,乃向最高法院提起上诉。最高法院即以大赦条例第一条之规定,撤销原判决关于罪刑部分,谕知免诉。[1]

除江西邓青山医讼案最后之审结受大赦条例的影响外,民国轰动医界的汪元臣医讼案最后也同样因大赦条例而得以赦免刑罪。1931 年 7 月,裔瑞昌因两股关节骨不能活动,投江苏省立医院诊治。经江苏省立医院院长汪元臣代为施手术治疗后,右股活动已见功效。讵至左股施术之时,汪氏不慎将大腿骨扳断,接骨时又将骨接成弯曲形,以致半身强直不能转动坐起。裔瑞昌以汪元臣业务存有过失致人重伤将其控至江苏镇江地方法院。1931年 8 月 25 日,江苏镇江地方法院判决汪元臣因业务上之过失,致人重伤,处罚金三百元。汪元臣不服判决提出上诉。1931 年 10 月 5 日,二审驳回汪元臣上诉要求。汪元臣再次提出上诉,1932 年 4 月 18 日,江苏高等法院刑

---

① 《邓青山医师讼案》,载宋国宾编:《医讼案件汇抄》第 1 集,中华医学会业务保障委员会,1935 年 9 月,第 123～146 页。

事判决"原判决撤销,发回镇江地方法院,更为审判"。1932 年 7 月 15 日,江苏镇江地方法院第三次刑事判决根据大赦条例第一例,最后作出"原判决撤销,汪元臣免诉"的判决。①

透过邓青山、汪元臣两案,可以很清晰地看到大赦条例对医讼案件判决的影响。尽管大赦条例只是民国律法中较为偶然、特殊的法律规定之一,但却不难从中看出律法对医讼案件走向的决定性影响。

## 四、团体参与及其他因素

民国医界与晚清医界的一大不同之处,恐怕要算是民国医界组织成立了近代职业团体,并积极通过团体力量来保障和维护医界利益。医业团体的涌现使得发自医界的声音更为清晰有力。据《上海卫生志》的统计,自1886 年至 1949 年,上海出现全国、全市性独立的医药卫生社团可稽者 74个,其中清末成立的 11 个;历史在 20 年以上者 14 个,30 年以上者 5 个,40年以上者 2 个;全国性团体 31 个。特别在 1927 年至 1937 年间,中西医论争激化。受此影响,上海医药卫生社团剧增至 52 个,新出现一批全国性团体。②

自 30 年代始,全国各地几乎都陆续组织有中医公会或医师公会等职业团体,1943 年《医师法》甚而明确规定,凡欲开业领取执照以行医者,都必须先加入公会。而几乎所有的医事职业团体,在其宗旨中都有保护会员利益的条款。当会员医师因医疗纠纷进而涉讼时,医界团体的参与就显得理所当然。③ 前节所述法医解剖、处方鉴定、医事咨询等业务,因事关重大,私人医生作出判断往往缺乏足够的公信力,因此这类业务在民国时期大多由医事机构担任。除此之外,民国时期也有专门的"业务保障委员会",在法律对医师

---

① 《汪元臣医师讼案状》,载宋国宾编:《医讼案件汇抄》第 1 集,中华医学会业务保障委员会,1935 年 9 月,第 147 ~ 237 页。

② 《上海卫生志》编纂委员会编:《上海卫生志》第十四篇;《医药卫生团体·概述》,上海社会科学院出版社,1998 年。

③ 当然,也并非所有的医生涉讼所,医事团体都要参与讼案审理。对那些非会员的医师,因医事涉讼,医事团体一般不会出面干涉。

缺乏保障的状况下,积极维护医师的合法权益(详见后章)。医业团体的广泛参与,至少在一定程度上保证了被告得到较为公正、信服的司法审理。

民国的医讼案件除医事团体身影频现外,病家团体的声音也不时响起。同时,律师、新闻媒体及其他团体也广泛参与到医事诉讼中来。这些来自各个利益群体的声音在医疗诉讼中的表达,一方面充分地反映出各群体对医疗案件的关注,另一方面也对诉讼本身产生一定影响。1932 年,二十四军某连连长袁尚在荣威战事中腿部受伤,袁氏恐伤复发,遂于 1933 年 3 月往成都四圣祠医院做 X 光检查。经四圣祠医院检查,该院院长英藉医师胡祖贻认为内有血管瘤,需动刀工,否则可能随时有生命危险。袁尚遂往住院并由胡祖贻为其动手术,不料术后袁氏不幸死亡。袁尚死后,袁氏之妻张玉坤认为四圣祠仁济医院应对事故负责,乃将其呈控。同时,袁尚的同学、同乡也组织成立"昭雪团"与仁济医院谈判。4 月 11 日,昭雪团给四圣祠医院去函,要求四圣祠医院对袁尚案给出解决方案,函称:"限期两天,只要近乎人情合乎法理,同人无不竭诚接受,若仍置之不理或敷衍塞责,则无怪同人之多事",态度之强硬,甚至带有恐吓色彩。13 日,四圣祠医院复函,对袁尚医治详情给予解释,认为医院实不应对此负责。经往来函商无效后,4 月 17 日,昭雪团与四圣祠医院在启麟餐馆开始面对面的谈判,结果双方也未能达成一致。4 月 24 日,昭雪团再度与四圣祠医院举行谈判。此次谈判规模甚大,出席谈判的机构有天府医学会、成都市民医院、国医公会、访员协会、基督教改进会、大邑同乡会、律师公会、西川邮务工会、宁雅邛同乡会等,参与人员有四圣祠医院院长胡祖贻、西人医生莫尔思、洪乃宽、成都新闻界暨各医院代表、民众团体代表共八十余人。经过前后两次谈判,昭雪团颇为成功地获得了当地社会舆论的支持,"医学界评为该院绑疗合法而锯脚之时间有误,而法律家则认为最低限度亦应负过失杀人之罪,其他各界一致批评认为该院轻视华人,动辄以欺诈手段将人命为儿戏、为试验品"。① 在这一谈判过程之中,某些社会团体可能是出于对西医、特别外籍医师的不信任基于

---

① 四川省档案馆,案卷号:113—515:袁张玉坤呈控仁济医院医生胡祖贻医毙军官袁尚一案与四川省民政厅指、训令、批示。

民族主义的立场而支持病家,甚而这些声音中也还有着各自不同的利益诉求。且不管其动机何在,各社会团体通过对医事案件的参与表达不同的声音,这无疑是传统医疗诉讼中所不曾有过的新情况。袁尚一案充分反映出民国时期病家已经有意识地运用各类社会资源(包括社会团体、社会舆论)来维护自身利益,同时各社会团体也透过对医疗案件的参与从而介入公众事务。·

民国医事诉讼,不仅原、被告及其奥援有机会通过社会舆论或其他途径参与案件审理并对案件的走向产生一定的影响,诉讼审理中法官的心理、态度也是影响医讼结果的重要原因之一。宋国宾就注意到许多法官在审理医讼案件时有失公正。"近据一二被控医师之报告,竟有少数法官,在医事诉讼案件中,对案情审理有重要作用的医事鉴定文件,竟然置若罔闻,其司法审理判断主文,仍出以主观之武断。"①考其原因,宋氏认为有三点:第一,法官深明法律固不待言,但于医学,其为门外汉与普通人无异。在这种情况下,本来法官应对司法鉴定更为倚重,然而法官却疑此鉴定为袒护同道之辞舍而不顾,仅根据单纯法律条文与病家片面诉状作出审理。第二,就一般的医讼案件而言,病家之诉状往往沉痛感人,法官无意识之中便可能为其言辞所感动,对病家先表同意而对医家自生不满。第三,其时社会的普遍观念对于医师往往怀妒忌之心理。以致有法官在审理医讼案件时,竟有"尔辈医生致人于死,尚欲强辩乎"之语,因其情感偏袒于病家而致审理不公。据此,宋氏希望法官应保持平至公的态度,不应轻易表同情于任何一方,以免致成冤狱。② 法官也不能以主观之武断随意对案件进行处断,而应以"尸体剖验为医狱定谳之唯一根据"。③

1947 年,南京市立医院钱明熙医师为病人刁永泰割治急性阑尾炎,结果不幸致刁氏身死。病家以钱明熙过失杀人控至法院。经地方法院初审,判处钱明熙以一年又六个月有期徒刑。对此判罚,医界甚表愤激,认为法官

---

① 宋国宾:《法官处理医病讼案应有之态度》,《申报》1934 年 10 月 22 日。
② 宋国宾:《法官处理医病讼案应有之态度》,《申报》1934 年 10 月 22 日。
③ 宋国宾:《尸体剖验为医狱定谳之唯一根据》,《申报》1935 年 1 月 28 日。

审断欠缺公正。余云岫即对比了郭至德医师和钱明熙医讼两案不同的走向,认为审理钱案的法官蔑视医学鉴定,判罚随意。余氏说:

> 幸而上海的法官贤明公正,十分运用其科学精神,民主精神,博访和采用专家舆论,郭医师得告无罪。像南京审判钱明熙的法方法院,竟至不采取法医的鉴定和专门医家的证明,竟可以不用确切不可摇动的证据来定人的罪,竟可用无根的传说,无名的人证,把钱医师定了一年六个月的徒刑。①

因法官蔑视法医及医事鉴定,任意判决,各地医师公会甚而为此发表宣言,电请司法院及司法行政部、卫生部、最高法院、首都高等法院,全国医师公师及各地医师公会为钱氏主持公道。通过钱明熙医讼案,民国医家也进一步意识到法官对医讼案件审理的影响,强调法贵平正,法官在审理医疗案件等专业讼案时应征询专家意见以助评判。②

---

① 余云岫:《大家团结起来》,《医讯》第 1 卷第 3 期,1947 年 9 月 30 日,第 2~3 页。

② 《医潮》即载文称:"南京市立医院阑尾炎患者刁某因腰椎麻醉,发生休克身死一案,地方法院竟判主治医师钱明熙以一年又六个月之有期徒刑……早期治疗在任何病症里是很值得重视的,但是除了少数的例外,在多数的病症里,数十分钟的延搁不至于影响治疗的效果。实际病人未到医院之前,不到严重万分,常是不肯就医,而且是先求仙方,再试秘药,请最出名的中医凭过脉,吃了几剂草药不成功,请西医打针也无效,最后病入膏肓,奄奄一息了,这才想到医院。这时挂急症号,急如星火地催请医师,其实此前也不知延误了许久! 有效的治疗期间,早已失去。假如延误的过失,这过失是在病家。站在人道的立场,检察官是应对病家提起公诉的。我国法官,每以医学外行身份,专凭一己之见判断有关医药问题的是非,殊不自量,实则就是法医学者遇有特殊问题,也须征询专家的意见,以为评判的根据。法贵平正,不平则鸣。这一点也极望司法界予以注意。"《为法医界进一言》,《医潮》1947~1948,第 1~2 页,转引自张大庆:《中国近代疾病社会史》,山东教育出版社,2006 年,第 214 页。

# 第五章　防讼于未然：民国医疗行政体制的确立

## 第一节　取缔非法行医

### 一、巫医：剿而不灭

在古时，人们往往将巫与医视为同一。黄帝曰："古之治病，可祝由而已。"古书巫、医通称，《广雅·释诂》曰："医，巫也。"古人所谓"医"，事实上与巫蛊左道并无实质性的差别。孔子有疾，子路"请祷"，"请祷"犹今之延医。"孔子时巫、医无别，子路未能免俗，故欲延巫医祷之"。① 随着社会进步，社会精英才逐渐对医、巫区别对待。尽管如此，普通群众以巫为医的现象仍然非常严重，巫医亦相对盛行。

在清代，尽管清王朝对民间业医基本持放任态度，但其打击"庸医杀人"和迷信符箓治病的态度却相当明确。清太宗满文原档天聪九年七月初三日即记载，汗曰："若知医治疗疮之医生，可以医治。若不知医治，不能治愈时，不可医治。尔不知医治，贪得钱财，侥幸治愈，人若死亡，及将其他疮病诡称疗疮医治，罪之。"②自清太宗而下，清王朝制定了各种禁令，或取缔

---

① 杨荫杭：《谈医》，《申报》1920 年 12 月 17 日；杨荫杭：《老圃遗文辑》，长江文艺出版社，1993 年，第 160 ~ 161 页。

② 《旧满洲档》第 9 册，天聪九年七月初三日，谕旨，第 4347 页。

萨满信仰,禁止跳神治病,或取缔庸医治病,其致人于死者,俱从重治罪。

清朝地方官绅也采取了一系列措施取缔庸医。清同治八年(1869)七月初十,巴县监生余妙等便恳请巴县地方官严禁假冒医生,呈文称:

> 具禀状监生内外科余妙、内外科梁知机、职员内科余回春、余致和、武生外科杨保和、内科余治先、易云寿、易三锡、蒋锡寿、外科余贞先为杜害卫生协恳示谕事情。医道之兴自神农轩歧流传自今,生等奉行无素,近有假冒医生,习为异术邪说,挠水牵丝,倒罈贮水,假药断石,书符念咒,妄谈警世。甚至道姑药婆接生折割误人性命,乱用刀针,希图渔利,鱼目混珠,真伪难分。若不深加严禁查孥究办,伊等籍医道欺世惑众,荼毒生民,害累匪浅。生等念切救民,见有乡城市镇,庸医杀人,救世实以害世,生等目睹心伤,情难袖观,协恳作主,赏准批示晓谕,容生等互相稽查,禀恳宪办除邪崇正,万民均沾伏乞。①

七月廿九日,巴县正堂示谕批示,各类医生“务须慎重人命,毋得仍前假冒医生异术邪说及假药断石簧惑于民,至于道姑药婆接生务须小心治人,不行动辄乱用刀针,希图渔利,误人性命,倘敢故违不遵,兹经查获或被告发,定即拘案从严惩治,决不姑宽”。② 这份巴县绅民的呈文和巴县正堂的示谕,不但显示出地方精英对假冒医生的积极防范,也颇能反映出其时地方官绅极力取缔的“假冒医生”的范围。明显,在时人观念中,凡“习为异术邪说,挠水牵丝,倒罈贮水,假药断石,书符念咒,妄谈警世”之类,皆属假冒医生之列。至于“道姑药婆接生”虽是地方官绅着意甄别的对象,却并不在严禁之列。

民国时期,尽管近代医学得到更为广阔的发展空间,然而巫祝盛行的情况依旧存在,不少病家仍是信迷信而不信医生。另外,医家与巫觋对病家资

---

① 《监生内外科余妙等严禁假冒医生忿咒假药的人医病一案》,巴县档案,卷宗号006—30—16435,藏四川省档案馆。
② 《监生内外科余妙等严禁假冒医生忿咒假药的人医病一案》,巴县档案,卷宗号006—30—16435,藏四川省档案馆。

源也存在着一定的争夺。无论是出于保障民命的公理,还是出于维护业务的私心,正式的医生都希望行政力量的介入,对巫觋进行取缔。1912年出版的《南京医学报》上刊载有《巫觋为医界之障翳说》一文,作者王继高的言论颇能代表其时医界对巫觋的立场:

> 大凡人群进化之第一期,必经神权政治之一阶段,而巫祝于是乎出,故内经发明医术,而有祝由一科。但自兹以后,学术之思想日益发达,群知巫祝之蹈于空虚,遁相与鄙夷之,而其说遂永绝于世,亦世界进化之一枢机也。不谓蒙昧者流复托术于兹同,以欺人而诬世,乡愚无识,反相率信用之。近今以来,此风益甚,遇有疾病,辄先崇拜鬼神,以为邀福之地。未病之前,既不知卫生为何事,既病之后,复不以医药为主体,迷信巫觋,深印脑筋。无论病之大小,必先问津以祷祀为要图。置医药于不问,及至延医诊治,已变故丛生,莫能救药。坐观天柱,惨何如之。是巫觋乃病者之恶魔,实医界之障翳。当此医界研究改良之日,窃注意于此,冀救吾可爱之同胞。虽设法取缔,系行政及自治之范围,无庸医界越樽俎而相代。第念左道惑众,礼有明文,志切鹰鹯势难缄默,深望当事者负此责任以重人道主义。如虑调查不易,则医者与病家有直接之关系,自不难详察呈报,以除此魑魅魍魉,破除迷信,即藉以改良社会,厥功岂浅鲜哉。且也医界之庸庸者,遇有掣肘之病,每诿之鬼神,以隐其拙,经此一番沙汰,必将实地研究,以期学问之增进。除巫觋而警庸医,双方并进,吾不信四千年岐黄国粹不能驾乎东西医之上也。①

在王继高看来,取缔巫觋等左道惑众之术不仅可以保障民命,拯救病患同胞,亦可以警告庸医,实为一举两得的良策,故而王氏深望"当事者负此责任以重人道主义"。

事实上,中央政府也意识到了巫与医之间的差别,并试图承担起保护民

---

① 昆邑王继高:《巫觋为医界之障翳说》,《南京医学报》1912年第2期,文论,第3~4页。

命的责任。1913 年 10 月 16 日,北洋政府颁行了《严禁巫术令》,明确表示"本部负有保护民命之责",要求各地严惩巫术治病,明令各庙将刊列方单立即销毁,并对女巫左道,一并查禁:

> 查吾目祠庙林立,附会者往往凑合药品,拉杂成方。付之剂汤,编列甲乙,名为神方。一经祈祷,即砒鸩亦必配合。此等陋习相沿,一般无知愚民,因迷信而转致天札,可悯实甚。本部负有保护民命之责,合亟令仰饬属协同各处自治机关,一体严禁。将所有各庙刊列方单暨排印各板,立即销毁,以绝根株,而重生命。至女巫左道惑众,以术为市,尤为民病之害,应一并查禁,毋稍瞻徇。此令。①

南京国民政府在《废除卜筮星相巫觋堪舆办法》中也专门规定:"凡各地方丧葬婚嫁及患病之病一概不得雇用卜筮星相巫觋堪舆等人祈禳占卜,违由公安局制止之"。② 不过显然,法律的制定与实际的生活是两回事。在现实世界里,人们的生活并非完全遵循法律制度。巴金在小说《家》中,就描述了主人公觉慧的祖父临死前"端公驱鬼"的场景。③ "端公驱鬼"一类的巫

---

① 《严禁巫术令》,1913 年 10 月 16 日内务部分布,陈明光主编:《中国卫生法规史料选编(1912—1949)》,上海医科大学出版社,1996 年,第 606 页。

② 《废除卜筮星相巫觋堪舆办法》(民国十七年九月二十二日内政部公布),徐百齐编:《中华民国法规大全》,商务印书馆,1937 年,第 1186 页。

③ 巴金在《家》中描写道:对于老太爷的病,医药并没有多大的效力。人们便求助于迷信。在某一些人,事实常常是这样的:他们对于人的信仰开始动摇时,他们就会去求神的帮助。这所谓神的帮助并不是像许愿、求签等等那样的简单。它有着很复杂的形式。这些全是由简单的脑筋想出来,而且只有简单的脑筋可以了解的,可是如今都由关心老太爷的陈姨太先后地提出来,得到太太们的拥护,而为那几个所谓"熟读圣贤书"的老爷们所主持而奉行了。……一天晚上天刚黑,高家所有的房门全关得紧紧的,整个公馆马上变成了一座没有人迹的古庙。不知道从什么地方来了一个尖脸的巫师。他披头散发,穿了一件奇怪的法衣,手里拿着松香,一路上洒着粉火,跟戏台上出鬼时所做的没有两样。巫师在院子里跑来跑去,做出种种凄惨的惊人的怪叫和姿势。他进了病人的房间,在那里跳着,叫着,把每件东西都弄翻了,甚至向床下也洒了粉火。不管病人在床上因为吵闹和恐惧而增加痛苦,更大声地呻吟,巫师依旧热心地继续做他的工作,而且愈来愈热心了,甚至向着病人做出了威吓的姿势,把病人吓得惊叫起来。满屋子都是浓黑的烟,爆发的火光和松香的气味。这样地继续了将近一个钟头。于是巫师呼啸地走出去了。见巴金:《家·海的梦》,人民教育出版社、当代世界出版社,2003 年,第 288~290 页。

术,虽然遭到社会精英的激烈批评和法律的打击,但类似的习俗却一直延续下来,在民间社会长期存在。① 正因如此,整个民国时期也不断有医学团体呼呼取缔巫医。上海国医公会在30年代时曾有"取缔神方"的呼声,张赞成给出的理由便是:"近世药剂兴而巫术衰,然其流波余韵,尚未绝迹。纵观各地村落,神庙林立,巫女散处,以医病保健为生涯者,不在少数。此迷信之盘根错节,文化不少进步,正难澈底解决也。"②因巫医在民间的盛行,1930年全国医师联合会第一次全国代表大会时,江阴医师公会注意到社会上江湖走方巫术药籤危害人命,因而提议要求内政部予以严禁。江阴医师公会称:

> 我国人拘守旧习迷信神权,凡有疾病除正当医生不延请外,首先求神问卜,看鬼扶乩,或被江湖走方说得天花乱坠,信以为真,全权与之。岂知结果适得其反,发病非特不能减轻丝毫,反而牵延时日病势加重,甚或误投药石,因之致命者比比然也。尤可怪者,病家非特不责被江湖方巫术药籤之误人,乃归咎于命数之不济。呜呼,是而不除,人命恐从此益危也。③

基于上述理由,江阴医师公会要求医师联合会呈请内政部从速颁布严禁江湖走方巫术药籤危害人命之条例。而在该条例未得颁发前,则应遵照民国二年十月十六日内务部颁布《严禁巫术令》,施行并扩充至江湖走方一体严禁,以绝根株而生人命。从江阴医师公会的提案来看,自1913年《严禁巫术令》颁行以后,政府似无更具体的专门法规出台,而《严禁巫术令》不仅存在执行不力的情况,其所涵盖的查禁对象也有局限,不足以适应新的社会需要。30年代,在各方的呼吁下,民国政府曾一再要求各地取缔巫医。例如

---

① 王笛:《街头文化:成都公共空间、下层民众与地方政治,1870—1930》,中国人民大学出版社,2006年,第162页。

② 张赞成:《取缔神方》,盛心如、蒋文芳等编:《上海市国医公会第五届会员大会纪念特刊》,上海市国医公会,1934年12月,言论,第4~5页。

③ 《全字第四十四号议案》,《医事汇刊》1930年第2期,1930年2月,议案,第21页。

1934 年初,内政部即再度通令各省市县,禁止庙宇设籤筒售卖仙方,违者拘警法办破除迷信,以重人命。① 尽管政府三令五申要求打击巫医,这些举措也产生了一些作用,但巫医仍不能从根本上予以杜绝。② 究其原因,夏美驯认为以往的卫生行政"实际工作,未曾做到"。③ 为确保禁绝的工作能够落到实处,夏氏甚而结合当时国民政府正在推行的保甲制度,意图以保甲连坐之法根绝巫医。④ 不过,巫医难以禁绝关键点可能还在于民国医疗资源的缺乏,无法从根本上满足民众的医疗需求,从而致使巫医的需求市场甚大。

## 二、取缔非法行医

早在 1907 年,修订法律馆上奏的《大清刑律草案》第 296 条即规定了非法行医罪,草案规定"凡未受公署之许可以医为常业者处五百元以下罚金"。从 1908 年到 1910 年,中央各部院堂官、地方各省督抚、将军都统陆续上奏对大清刑律草案的意见。据高汉成的研究,其时地方大员对"非法行医罪"曾提出不少意见。闽浙签注认为何谓非法行医,应有具体规定,"然

① 《内政部通令禁止仙方,违者拘警法办》,《光华医药杂志》第 1 卷第 5 期。
② 例如 1931 年 6 月上海江湾即查撤取缔了一起利用庙宇设立乩坛的事件。该处乡民程勤假借东嶽刘忠献公附身设立乩坛。上海市党部方面以在革命政府之下,实不容有此种事件发生,因即函请市府严重取缔,当经上海市市府命令社会、公安两局、并江湾市政委员澈查。社会局等三机关即刻对程勤妖言惑众进行澈查取缔,并呈复市府,主张将程勤驱逐出境,并将东嶽庙暂予看管。上海市府准其所请,命令江湾市政委员暨公安局,即日严行取缔,并将东嶽庙派警看管。《市府严令取缔程勤妖言惑众》,《申报》1931 年 6 月 27 日。这起事件一方面当然显示了市政当局对巫医的取缔成效,但另一方面也反映出此前的取缔举措并未从根本上杜绝巫术的活动。
③ 夏美驯即认为三令五申屡禁不止的原因在于卫生行政的"实际工作,未曾做到"。夏氏说:"巫医之害人,除智识太差之一般农民受其蛊惑外,稍有识之士,无一不明白巫医为害群之马也。奈近年以来,政府虽三令五申,令饬各地公安局严加取缔巫医。遵令严加取缔不苟且者,固亦有之。而阳奉阴违任其营业,依然如故者不乏其例,公令等于废纸,所谓言者谆谆听者藐藐,此即实际工作,未曾做到也"。夏美驯:《农民对于巫医迷信之思想应如何铲除》(续),《医事公论》1935 年第 3 卷第 3 期,第 29～30 页。
④ 夏美驯建议说:"现各省举办保甲,渐次完成发生效力,尤以江苏诸省,更有成绩。取缔巫医,大可利用保甲运动连坐办法,先令巫医自首,自行改业;逾限则由十家具结担保无业巫医者居此,若查出巫医,必加以严惩,九家连坐之。如是,敢担保巫医不出一月,可澈底绝迹也。一方再由各县督促乡保长,由乡保长促甲长挨户逐一劝导,说明巫医之害处,不必令彼愚朦;向业巫医者,因须受法律制裁之不便,赶紧改营其他正当职业,予以生路,保甲规约之内,亦规定取缔巫医,当可生效不少。"夏美驯:《农民对于巫医迷信之思想应如何铲除》(续),《医事公论》1935 年第 3 卷第 3 期,第 29～30 页。

究应如何始能许可及何项公署许可始准行医，并未载明，应请明白宣示方遵办"。如无具体公署对此负责，此条例之推行自然无所适从。两广签注则注意到对外籍医师规范和管理的难度，认为"非法行医罪"在中国一时难成立，"外国医生向须由官发给凭照，中国向无此项政令，凡业医者悉听自行其术。今欲概令有官许可方能行医，恐一时尚难办到"。两江总督的签注则提出要想落实此项法规，必须先建立起行医许可制度。"凡有习医已成欲以医为常业者，须由地方官会同医官考验合格，给以文凭方准行医。则此条规定凡未受公署之许可以医为常业者处五百元以下罚金尚属可行。若不求其本，虚悬此未受公署许可处罚之文，恐仍无益"。① 可见，清季医界的诸多问题早已引起封疆大吏们的注意，唯规范起来问题颇为复杂，且牵一发而动全身，故而很难找到一个标本兼治的良策。

所谓"非法"行医，当然系指行医者未获得官方认可。在清末民初医家执业制度尚未推进之前，取缔非法行医的内容主要集中在严禁巫医方面。而在医事执业制度确立之后，取缔非法行医的内涵自然发生演变，凡未获得官方认可的医家皆在取缔之列，这其中不仅包括巫医，也还包括未得执照的中、西医生。民国时期虽然逐步建立起考医及执业登记制度，不过因为种种原因，这些制度落实得较为有限。乃至 1942 年四川省要求成都市政府、省会警察局取缔不合格医师时，成都市政府的回复竟称"本市中西医药人员为数众多，向少遵章"。②

北洋时期，取缔非法行医的举措多由地方各省市据各自具体情况制定，各省市的医药卫生事务往往通过地方警务单行法的形式得以确定。北京有"京师警察厅取缔医生章程规定"；江苏有"检定中医暂行条例"；山西有"不得妄称神方及用其他俗传方药"的明文。这些地方单行法规

---

① 相关签注意见可参见高汉成：《签注视野下的大清刑律草案研究》，中国政法大学博士论文，2005 年，未刊稿，第 145 页。

② 成都市政府呈为奉钧府训令饬即取缔不合格医师一案兹将遵办情形并检同会议记录呈请鉴核由，四川省档案馆，卷宗号：113—2444。因为医药人员"向少遵章"，"不合格"的医生太多，所以每每在取缔过程之中，政府不可能真正"严厉"。因为一旦真正严厉，就可能出现"病无可医"的情况。这种规训与取缔反复渐进的多重变奏，是近代中国医药行政的特色之一。

都在各自的行政区域内对医家开业作出了相应规范,对"庸医"进行取缔。如广东省的"警察厅取缔医生章程"里,就有未立案医生"不得擅挂西医生招牌行医"、"不得开设西医院"、"不得开设西医药房自行配制药剂"等规定。①

南京国民政府成立之后,卫生行政渐上正轨,卫生行政日益加强了对医生的规范管理,医生执业登记制度也逐步得以建立。南京国民政府陆续颁布了《医师会规则》(1929年10月)、《西医条例》(1930年5月)、《中医条例》(1936年1月)、《医师甄别办法》(1939年10月)及《医师暂行条例》(1940年8月)等一系列医事法规,并于1943年9月颁布《医师法》。这一系列的医药卫生行政的规章制度,无疑为加强对医师管理、取缔非法行医提供了强有力的制度保障。

不过也应该注意到,民国时期变动频繁的登记制度也导致"非法行医"的范围存在较大的变动。比如,在较宽泛的登记资格规定下,某医可能成为合法医生,然而在较严厉的登记制度下,则将不符合登记制度,遂又成为取缔对象。正是在民国医界一盘散沙的状况之下,时人对登记制度"门槛"的宽严争执甚多。政府虽力主建设起一支水平精湛、业务出众、能保障民命的职业医师队伍。然而现实却是医界不断地抗议和争辩,甚而认为这样的做法是为渊驱鱼。如针对1928年底出台的《医师暂行条例》,全国医师联合会即质问:"试问我辈绝少数的及格医师,既不够遍布到民间去,仅不过与卫生部同为国家点缀品,如何可以谈全国卫生行政。而不结(及)格的医,迫于生计,必然暗做私医。人民的知识薄弱,而受治于私医。卫生部必至阻不胜阻,防不胜防。私医或因卫生部无法防止而继续产生,于是中国政府将有政府所承认的正式医,而又有违法的私人医。国内医事依旧一盘散沙"。② 基于此,医界要求国民政府卫生行政放下身段,放宽资格,甚至要求仅先做一调查户口般的登记,而不要设置门槛。整个南京国民政府时期,国民政府卫生行政的理想化诉求与近代中国医疗卫生实际状况之间的矛盾几

① 《修改"医师法"与废止中医》,李敖:《传统下的独白》,时代文艺出版社,1996年。
② 《全国医师联合会对于部登记条例宣言》,《医事汇刊》1930年第2期,宣言,第1页。

乎贯穿始终。①

除中央政府对医师的管理外,各地方视所属辖区具体状况,也有加强管理取缔庸医的举措。1931 年上海县政府即训令各公安分局长及各区区长,"由各区督饬各乡镇长、随时注意、报告公安局取缔","但有乡民证明医术良好者,得准其行医"。② 1935 年,南京国民政府"以未经登记的中医开业,本不合法,又不懂科学消毒法,随意对患者打针营利,贻害病人不少。且包医各病,亦属于欺骗性质。尤其是为人镶牙者,绝对不能称为医师,更不许滥施手术注射,致生危险",因此,特令全国"严行取缔"。③ 上海市卫生局奉令后,当即遵照,"与公安局会同商定时日,于每星期内派员会同分赴市内各处严密视察","查出者有赵鸿声,步鸿印,常墨林并无照镀牙之刘根福,李桂卿等",并分别处罚。④ 江苏、四川等地也有类似的举措。1934 年,江苏民政厅视察员冉仲虎视察如皋乡村后向苏省民政厅报告称:"如皋乡村,率多不通医生,滥施手术,给人注射,每届夏季尤甚。据该县公立医院院长面称,此种情况各乡村皆有,尤以如皋为甚。民众无识,受其害甚多"。

① 除了制度变动致使不同的制度规定中"非法行医"所包含的"对象"有所变化外,在近代中、西医论争的背景之下,两者的论争和彼此不同的认同也影响着"非法行医"的认定。最典型的例子莫过于 1929 年的"废除旧医案"。是年 2 月,南京政府卫生部召开第一届中央卫生委员会议,以余云岫为代表的西医们提出关于废止中医药的四项议案,最后合并为《规定旧医登记案原则》获得通过,并委托卫生部施行。要旨如下:旧医登记限至民国 19 年底止;禁止旧医学校;其余如取缔新闻纸杂志等非科学之宣传品及登报介绍旧医等事由,卫生部尽力相机进行。显然,在中医未得国家认可,未有律法保障的情况下,在西医的话语世界中,"旧医"自然和"庸医"、"江湖游医"类同,亦是取缔的对象之一。关于 1929 年"废除中医"的论争,已引起学者和社会的强烈关注,关于中西医的论争则至今依然余波未尽,颇有"旧怨未了,又添新仇"的味道。仅学界而言,相关的研究有:左玉河:《学理讨论,还是生存抗争——1929 年中医存废之争评析》,《南京大学学报》2004 年第 5 期;赵洪钧:《近代中西医论争史》,西医结合研究会河北分会,1982 年;张鸣:《旧医,还是中医?》,《读书》2002 年第 6 期;李经纬主编:《中外医学交流史》,湖南教育出版社,1998 年;邓铁涛:《中医近代史》,广东高等教育出版社,1999 年。

② 《县府令饬查禁江湖医生》,《申报》1931 年 11 月 2 日。训令全文如下:"昨训令各公安分局长及各区区长云,为遵事,案查第十九次区长会议本县长交议,准县党部函请取缔江湖医生,应如何办理,请讨论。当经讨论决定,由县府令公安各分局查禁,并由各区督饬各乡镇长、随时注意、报告公安局取缔,但有乡民证明医术良好者,得准其行医等语,除各公安分局局长各区区长,并分行外,合行令仰该分局长区长遵照,随时查禁取缔,及督饬各乡镇长,随时注意办理,并将遵照情形,具报查核,毋稍违忽,切此令。"

③ 梦若:《取缔庸医》,《申报》1935 年 5 月 6 日。

④ 《本市卫生局奉令取缔无照医生》,《医药评论》第 7 卷第 6 期,1935 年 6 月,第 39 页。

苏省民政厅认为"医生与民命关系至切,各地无识之士,每以冒称医师,滥行职务,贻害乡民,莫此为甚",故而训令各县政府,要求各县"严厉执行医师暂行条例,随时监督取缔,以重民命"。① 1942 年 6 月,四川省政府即训令成都市政府、省会警察局,要求严厉取缔成都市不合格医师。训令称:"查近来成都市内医师充斥,医馆林立。经调查,其中经验丰富领有中央证书或曾受甄别及审查合格者固多,而未经审查或无执照竟擅自行业者为数不少。优劣既难辨识,良莠不免淆混,影响卫政,殊非浅鲜,亟应加以管制,而重民命。故于本市执行业务之医师凡未遵照中央颁行之医师暂行条例及本省医师注册规则各规定领有证书或执照者,均应分别澈底取缔,严厉执行"。② 根据训令内容,其所欲取缔的"不合格"医生显然是指那些不符合中央所颁《医师暂行条例》及川省政府颁行本省医师注册规则的"非法行医"者。

可以看到,在不同时期,各地、各级政府及卫生行政部门都有取缔无照医生的举措。就实践情况来看,这些举措的实施也的确有助于医界的规范。据上海市卫生行政部门的报告,在上海卫生局及公安局的会同努力下,1934年 7 月至 1935 年 6 月一年中,上海市卫生局共取缔庸医 6 起,取缔不良成药 2 起。③ 除对个人非法行医给予取缔外,那些不符合标准的医院、诊所同样也是取缔的对象之一。如 1948 年 10 月,上海市卫生局派员查知仁和医院"内部设备不合规定",即行"令饬速加改善",结果"迄今时逾八阅月,仍未遵办",上海市卫生局会同警察局吊销该院开业执照并令其除去院牌,要求该院"改善后,再呈候核办"。④ 这些对非法行医的取缔对于整顿医界环境、提高医务水平、减少医事纠纷无疑会起到一定的作用。《申报》即有专

---

① 《苏民厅取缔非正式西医》,《光华医药杂志》第 1 卷第 6 期。

② 训令中所言《医师暂行条例》系指 1929 年 1 月卫生部公布之暂行条例。《四川省医师注册暂行规则》则属单行卫生法规,于 1940 年 6 月 7 日经四川省政府民二字第一三三六四号公布。四川省政府卫二字第 358 号令:为抄发医师暂行条例及本省医师注册暂行规则饬即遵照严厉取缔不合格医师由,四川省档案馆,卷宗号:113—2444。

③ 杨祖炯:《就过去一年中之上海市卫生行政加以成绩上与经费上之检讨》,《卫生月刊》1935 年第 3～12 期,第 605 页。

④ 上海市档案馆,案卷号:Q131—4—298,上海市警察局关于取缔医院设备不善案。

文评论 1935 年上海市取缔非法行医的举措,称其"实于人民健康,有莫大的利益。行见本市市府当局,实行查察取缔的结果,本地庸医,得以日渐绝迹。至少亦得减少其数量,这未始不是一般居民之幸。"①

尽管取缔"非法行医"对社会有"莫大的利益",但是庸医伪药"日渐绝迹"显然是言过其实。"非法行医"的现象并不可能单一地通过"取缔"就可以从根本上得以根绝。南京国民政府时期,未得登记的"江湖游医"仍是随处可见。尽管 30 年代的上海卫生行政已上正轨,对医界的管理也日益规范有序。但是非法行医,仍是其时普遍的社会现象。② 1935 年《申报》的一篇写实颇为生动地反映了其时上海非法业医者的情形:

> 上海的特色之一是医生多,各马路各弄堂,到处都可以看到挂着××医院××医师的招牌。这大约是因为上海居民众多的缘故,但上海这许许多多的医生,其中正式的医生虽不少,而没有牌子的医生也很多。这些没有牌子的医生,大多是实习生,药局生,看护,助手等出身的,或者读几年医学而未毕业者,还有的就是江湖医生,他们既没有相当的医学知识,治病又尽以营利为目的,病人受害,实非浅鲜。我们常见一班江湖医生,为人治病,每自夸其医术怎样高明,能起死回生,实则视人命如草芥,随便下药打针,病人之因而丧生的,正不知道有多少。③

与清代传统医家个人行医的方式不同,民国时期,医院、诊所之类的医

---

① 梦若:《取缔庸医》,《申报》1935 年 5 月 6 日。
② 无照行医的医生往往窘于经济,为谋生计,不得不行医活命。宋国宾就观察到非法行医的西医主要有三条来源:其一为不完善医校培养之医学生,其二为招收学徒式之学生,其三则是雇用男看护。以男看护为例,宋氏便称:"国内不合格之医生,大半出身于看护,夫游民走卒,可为看护,即可为医。现在之看护,将来之医也。医之流品既杂,医之人格自低,至其流毒社会,无待赘言。医界同人,早见及此,惟是言者自言,雇者自雇,考其雇用之原因,每由亲友之推荐,限制情面,无可奈何。于是男看护之取消,乃成为空言而不能实现。此不合格医生之产生,新医界同人应负其责者。"宋国宾:《不合格医生之产生新医界同人应分负其责》,《医药评论》第 5 卷第 3 期,1933 年 3 月,第 8 页。
③ 梦若:《取缔庸医》,《申报》1935 年 5 月 6 日。

疗机构也广泛存在。这些医疗机构虽若雨后春笋,但质量参差不齐,其中不少的诊所、医院也无证照,属于非法行医。郁慕侠在《上海鳞爪》即观察到其时许多的小诊所,妄称医院,其中业务、设备各方面都不甚规范:

> 可笑现在各马路上的医院,只租借店面的一小间(至多也不过租借市房二三幢)。也挂起医院牌子来。它的招牌上面,居然能说统治百病,不论内外花柳险症重病,都可治疗。其实它的内容,只有一个全知全能的医师。一天到晚串着独脚戏。至于设备方面,既无病房,又没看护,至多不过雇一助手和一仆役而已。它们的业务,虽称统治百病,其实却重视花柳一门。上面看病的主顾,大半属于花柳一类。对于病人,往往打上一针六零六,给付一些解毒药,就算完事。其它险症和重病,决不请教它们的。即使有之,它们也只好敬谢不敏了。①

无论是《申报》所言那些没有"牌子"的医生,还很郁慕侠笔下不合规范的诊所、医院,无疑都不符合民国卫生部门的登记要求,同属于整顿或取缔的对象。当然,除了这些大多集中在大城市的没有"牌子"(执照)却挂着牌子的非法业医者外,民国时期也存在着大量流动性更强的江湖医生。他们同样也没有执照,但却活跃在城市的街头巷尾,或者在农村中走乡串户。自然,他们也属于"非法行医"者,也属于被取缔的对象。1934年,吴县医师公会就注意到:

> 内地各境向多江湖术士(如卖拳兼卖膏药之伤科及露天牙医等)设摊营业,如上海之城隍庙、苏州之元妙观、南京之夫子庙等处尤为多见。若辈惟一手段先以卖拳相号召,继则专事出卖膏药,滥行医权,并施针灸、开刀割症等,甚至行穿胸穿腹等手术。此种类似卖艺之流,目不识丁,毫无学识,不悉消毒与传染,滥施手术,酿成险症,视生命如儿戏。横行无理,专事恫吓,诈取金钱。又有一般露天牙医,既不明拔牙学理,又不明技术与禁忌,以污秽器械为人拔牙,甚或钳骨,并滥施麻醉药品,不

---

① 郁慕侠:《上海鳞爪》,民国史料笔记丛刊,上海书店出版社,1998年,第62页。

问其用量,不知消毒方法,滥事注射,更属危险。按注射割症穿刺拔牙等事宜,直接损伤血管神经,间接发生传染,是故彼辈滥施医药,甚于中医之滥用西药,为人民幸福与夫提倡科学普及新医计,是为一大障碍。[1]

尽管南京国民政府时期,中央及地方卫生行政都较为注意取缔非法行医,但效果并不明显,非法行医的现象并未消失。虽然在某些时段,他们可能消匿一时,然而随后即若雨后春笋,再度兴起,完全是一派"野火烧不尽、春风吹又生"的景象。就其时的观念来看,何谓"非法行医"？时人的头脑中事实上已有较为清楚的认识。行医是否非法,得看业医者有没有"牌子"。换言之,医者是否进行"执业登记"成为时人区别"非法"与"合法"的关键。既然"非法行医"的观念已经明确,然而社会上为何依然如此之多"没有牌子"的"医生"、"诊所"呢？宋国宾在 30 年代早期就指出："年来国内医界,取缔不合格医生之声浪日高,而考其实际,匪惟未能淘汰于万一,且源源产生,如川流不息。静以思之,虽由于政府之卫生行政未上轨道,然吾新医界同人亦未能悉辞其责也。"[2]自然,产生这一现象的原因可能很多,并非可以简单归咎于政府卫生行政未上轨道及新医界同人未尽敷功,然而民国时期取缔"非法行医"的不彻底却是不争的事实。

### 三、取缔与规训

整个民国时期医药人才缺乏,社会巨大的医疗需求与为数甚少的医药人员之间存在着严重的矛盾。民国卫生行政虽一直强调对庸医伪药的取缔,但卫生行政部门也渐次意识到仅仅凭借取缔不可能从根本上消灭庸医。1929 年初,国民政府卫生部颁行《医师暂行条例》后,全国医师联合会即认为此条例"不合于目下国情,妨碍卫生行政发展",认为登记"应先从宽大入

---

[1] 据此,吴县医师公会也请求"政府速即通令全国卫生局县政府公安局者,即日取缔,不准露天设摊,以拳术或其他名义滥行医务或手术针灸等,自通令日起,限一月肃清,如过期仍不遵行,应着公安局随时拘警严办,是否有当,当敬请公决"。《第三次全国医师代表大会提案》,《医事汇刊》1934 年第 1～8 期,1934 年 1 月,议案,第 78 页。

[2] 宋国宾:《不合格医生之产生新医界同人应分负其责》,《医药评论》第 5 卷第 3 期,1933 年 3 月,第 7 页。

手,以冀易于实行"。全国医师联合会指出,当前医师缺乏,若用较严格的登记制度,"在通都大邑虽尚有少数可以及格之才,而内地僻壤则甚难其选"。相反,"若从宽大入手",再"补充讲习,挽救有方",则"不患其流品庞杂也"。① 在卫生行政实践中,民国卫生行政逐步意识医药人员与社会需求之间的严重矛盾,于是转单方面的"取缔"为"取缔"与"规训"并举,希望各卫生行政机构在取缔庸医的同时,对各行政区域的不合格医师进行排查,然后组织专门的训练班,冀望提高其水平以利实用。如此既可将"不合格医师"锻造成"合格"医师,又可满足民众医疗需求。② 自南京国民政府成立以来,卫生行政几乎就"取缔"与"规训"并举,在理想与现实之间艰难前行。在规训方面,除抗战时期卫生行政受阻外,整个南京国民政府时期卫生行政都在为造就职业医师队伍而苦苦努力。1945 年 8 月,抗战胜利后,卫生署即函致函各省政府,要求各地查明不合格医师人数及资历。函称:

> 查各地执行医师业务人员常有未曾取得医师法所规定资格者,即公共卫生医疗机关亦间有任用此项人员者,依法应严加取缔及停止任用。惟以我国医事人才缺乏,特饬中央卫生实验院设置医学讲习班专收是项人员,予以两年训练,训练期满考试及格即可认为医师。第一期已于本年九月间开班以后自当继续办理,兹特先行调查此项人数究有若干资历如何,以便统筹计议训练法办。③

各省在接到函件后即行遵照办理。以四川为例,四川省政府随后即下发了

---

① 《本会为登记问题分呈国民政府行政院中央党部卫生部文》,《医事汇刊》1930 年第 2 期,1930 年 2 月,文电,第 1~2 页。

② 傅斯年虽然强烈要求废除中医,但傅氏在 1934 年也注意到,"内地目下尚无医生,大埠的医生也不够用,而愚民之信如信占卜相面看风水一般,禁止之后使他手足无所措",因此傅氏提议暂且保留,等以后"因有训练医生人数之增加,逐步禁止这些'国医'"。虽然取缔的对象有所不同,但所处的现实环境与解决问题的思路和路径都极为相似。傅斯年:《所谓"国医"》,《独立评论》1934 年 8 月 26 日,第 115 号。

③ 四川省档案馆,卷宗号:113—2444,四川省府批发省医师注册暂行规则,医师暂行条例和省会警察局、成都市府及各市县呈不合格中西医册名册,履历表与省府卫生署指、训令。

卫二字第五八二八号训令要求各地呈报不合格医师名册。成都市10月呈报不合格医师64名。开江县在10月呈报全县不合格中医师周崇孚、文易安、林庆英等27名。11月,青神县呈报境内不合格医师赵运昇、张介、吴家骥等13名。其余诸县也陆续呈报县属不合格医师数目,以望接受培训。①川省各县的这些不合格医生,本来是属于取缔的对象,然而若真要取缔其行医,那么这些医生很可能就自动地暂时性"消失",因此简单取缔可能难奏其功。再者,本来农村地区业医者数量就严重不足,如果只是强行取缔,而又不能同时建立起有保障的医疗机构来填补空缺,则更不能达到保障民命的目的。纵观南京国民政府时期,整个卫生行政不可避免地面对到这样一个巨大矛盾,既要整顿医界提高医生的业务水平,又急需大量的医生投身医药事业。因此,民国卫生行政改"取缔"为"规训"便成为顺理成章的抉择。

除卫生署着意对不合格医生的训练外,地方卫生行政也通过开办讲习所等方式努力提高本地医生的业务水平。1944年四川江油县长杜鳌即呈请省政府请求开办中医讲习会,对江油中医进行培训。呈文称:

> 窃查本县地处边陲,科学落后,医药事业向不发达,每遇时疫流行,常为庸医所误。本府有鉴于此,拟调集各乡镇中医到县讲习藉以促进人民健康减少人口死亡,特就环境需要造具计划及预算,拟于短期内实施。②

据此呈文,不难发现中医讲习所成立的主要原因是受到"时疫流行"的威胁,在"时疫流行"的特定语境下,若医生业务不精,则可能发生庸医杀人的悲剧,这种疑虑促使卫生行政部门对属地医生进行培训以提高其业务能力。另外,各乡镇的中医,其水平似不足以应付时疫。呈文中虽未提及这些中医是否领有证书,但这些医生恐离"合格"还有距离。因此,讲习所的性质也

---

① 四川省档案馆,卷宗号:113—2444,四川省府批发省医师注册暂行规则,医师暂行条例和省会警察局、成都市府及各市呈不合格中西医册名册,履历表与省府卫生署指、训令。

② 四川省档案馆,卷宗号:113—597,宣汉县政府呈报中医公会会员、职员简历表、卫生救济事规约等。

就难免带有将"不合格"培训为尚可应付时局的"合格"医生的意味。

在民国政府对旧式医务人员的规训过程中,最典型的恐怕要属对旧式稳婆的规训。在新式产科兴起之前,中国传统接生皆操于稳婆之手。民国时期,虽然产科渐兴,但旧式产婆的数量远远多于助产士,普通民众绝大多数都由稳婆接生,只在城市里少数产妇由助产士接生。考虑到旧式稳婆接生极不卫生,并可能危及产妇与婴孩性命,因此取缔稳婆也是近代卫生行政的急务之一。第二次全国医师代表大会上,嘉善医师公会即提出议案,要求取缔稳婆接生以重人道:

> 社会人民缺乏常识,其遇妇女生育,往往雇用稳婆为之接生因而产妇殒命、婴孩毙体者,屡见不鲜。推厥原因,由于操此业者,类皆不学无术之乡村妇女。若辈平日概目不识丁,临时又贪图金钱而于人家生命罔之顾惜,心毒手辣不忍卒言,况今物质进步医学倡明,女产一科早有专才,似不应再使此辈留存社会,戕贼人类。敝会有鉴于此,谨具刍言并拟办法,是否有当,请付公决。①

虽然"女产一科早有专才",然而人数甚少,且未为普通民众广泛认同。杨崇瑞观察北平的情况说:"北平为人才荟萃之区,所有产科医士及助产士接生数目,与旧式产婆数目相比较,为一与三之比例。由此推之,乡镇更不足道矣。旧式产婆在北平开业者约有千人。推之全国计当有四万人。以其人数之多,人民习惯之深,一时万难消灭。"②显然,要迅速推广和普及助产士接生难度甚大,而要全部取缔旧式接生婆也不现实。与其一味取缔,反不如以"疏"代"堵"以利救济。当时采用的一种办法即是通过对旧式稳婆的规训,使之成为有经验的助产士。杨崇瑞在北京的主要工作之一便是负责产婆讲习班。1928年,杨崇瑞在中华医学会第七次年会上宣读了《产科教育

---

① 《医事汇刊》1931年第9期,1931年11月,提案,第35页。
② 杨崇瑞:《产科教育计划》,转引自张大庆:《中国近代疾病社会史》,山东教育出版社,2006年,第169页。

计划》。同年8月,北平市卫生局接受了杨崇瑞的建议,并于9月成立北平市产科教育委员会,委托杨崇瑞负责筹设北平卫生局接生婆讲习班及助产士讲习班。讲习班于1928年即已开始招收学生,第一次招生30名,全部为女性,文盲。教学重点有正常产的消毒、脐带的正确处理、如何识别分娩过程中的危象。5年之间,北平市共培养产婆268人。① 显然,讲习班对稳婆的培训是以纯粹的现代医学标尺推进的,按照这一尺度,旧式收生方式明显不符合现代医学的卫生要求。② 1928年8月3日,南京国民政府内政部也公布了《管理接生婆规则》。这一规则中,国民政府卫生行政部门对接生婆所采取的取缔与规训并举的策略相当明晰。按规则,国民政府要求所有的接生人员都必须在政府行政部门的监管下开展业务,否则即应予以取缔。至于那些前来登记的接生婆,政府并非就认同了其能力与水平。相关管理机构将组织所有申请执照的接生婆进行培训,直到通过培训获得地方官署核发的证明之后,才可接生。③

这一策略确实是解决矛盾的有效办法,但因稳婆数量众多,培训过程漫长,因此医界在30年代仍反复呼吁加强对接生婆的培训。1931年,全国第二次医师代表大会上,武汉医师公会即提议要求对旧式接生婆进行训练以利救济。武汉医师公会称:

我国旧习对于接生向用接生婆当兹大任,故产妇常死于产褥热与

---

① 严仁英:《学习杨崇瑞的献身精神》,严仁英主编:《杨崇瑞博士诞辰百年纪念》,北京医科大学、中国协和医科大学联合出版社,1990年,第27~28页。

② 杨念群:《再造病人:中西医冲突下的空间政治(1832—1985)》,中国人民大学出版社,2006年,第145页。

③ 根据这一规定,凡中华民国女子,非医学校或助产学校毕业者,以接生为业务者,统称之为接生婆。接生婆须向营业地该管官署请领接生婆执照。未领执照前,不得开始营业。同时规定,地方官署应设临时助产讲习所,令核准注册之接生婆分班入所练习,教以清洁消毒法、接生法、脐带扎切法、假死初生儿苏生法,产褥妇看护法等接生上必要之知识。此种练习班一般定为两个月,授课时,考虑到许多接生婆不识字,要求以口头讲授为主。培训结束后,对受训之接生婆进行考核,成绩优良者,由该管地方官署核给证明书,毫无成绩者,撤销其营业执照。参见1928年8月3日内政部公布,12月20日卫生部修正公布之《管理接生婆规则》,陈明光主编:《中国卫生法规史料选编(1912—1949)》,上海医科大学出版社,1996年,第630~631页。

初生儿之夭折者虽以数计，晚近各地虽有助产学校之设立，终以程度不齐人数有限。似应一面分别期间实施训练助产士，一面教授接生婆以资救济而重民命。①

同时，武汉市医师公会也提出相应办法，倡议中央卫生行政部门通令各省市对于已执行业务的助产士施行训练，以三月或六月为限。对于接生婆，则专门开设短期训练班，授以消毒方法及其必须知识。② 1933 年 12 月，全国医界联合会更呈文内政部，恳请内政部"一面积极督促各地方卫生主管机关严格执行助产士条例，一面着手训练旧式稳婆"。③ 为求新旧间过渡的安全，全国医界联合会还草拟了《稳婆训练大纲意见》。据此大纲，稳婆传习所所授科目计划有人身构造及生理大意、胎位诊断法、会阴保护法、脐带结扎法、消毒法、救急法、胎儿苏生法，以实地练习为主示以图画及模型用口授不用讲义。其宗旨在于教授关于接生各项要旨及方法，使向以接生为业之旧式稳婆得知接生注意各点。④

无论是取缔，还是规训，无疑都展示出南京国民政府在卫生行政领域的诉求。南京国民政府通过对医药界的规范与整顿欲图建立起高度职业化的队伍，并在此基础上构建一个制度化、组织化的社会，这既是近代国家的责任所系，也是南京国民政府卫生行政的追求所在。

## 第二节　考医的兴起与实践

### 一、清代考医观念的兴起及实践

前文所述，清季传统医界已面临形象坠毁的问题。总的说来，这一印象

---

① 《医事汇刊》1931 年第 9 期，1931 年 11 月，提案，第 2～3 页。
② 《医事汇刊》1931 年第 9 期，1931 年 11 月，提案，第 2～3 页。
③ 《本会为请令各地方卫生主管机关严格执行助产士条例并训练旧式稳婆呈内政部文》，《医事汇刊》1934 年第 19 期，1934 年 4 月，文电，第 195 页。
④ 《本会为请令各地方卫生主管机关严格执行助产士条例并训练旧式稳婆呈内政部文》，《医事汇刊》1934 年第 19 期，1934 年 4 月，文电，第 196 页。

是在与"古时之医"和"今之西医"的对比基础上得以建立的。时人谈到"古时之医"时说："古称医者，意也，必研求之，审慎之，神明而变化之，然后可以得手应心，立见功效"。① 而晚清之医显然与古时之医相去甚远。"今之医则不然，叩以望闻问切则茫然也，语以虚实表里则昧然也。文理尚未清顺，脉案半属模糊，惟恃摘取汤头歌括医宗必读诸成方，略为加减。一试不效，另易他方。"②"今不如古"成为人们对晚清医学的一种印象。至于"今之西医"，显然也逐渐取得了部分中国人的信任。就晚清舆论来看，人们已经承认西医在某些方面更具优势。如《申报》第20号即载有《医论》一文，作者对西医治疾之法详备得当极为赞赏，认为西医在解剖、种痘等方面居长，但在跌打损伤方面却输于蒙医。③ 甲午前后，士人已认为西医在诊断、治疗、从业医师的素养等方面占据了明显的优势。在华的德国传教士花之安在评论中医时说："今华人徒以切脉定其症，吾恐毫厘之差，千里之谬，医者与病者交相为误也。更有病家不肯吐真言，以试医术之高低者，实为大谬。夫医只知脉之虚实寒热耳，岂真能洞见脏腑哉？倘以伪言试之，在明医虽不为所惑，吾恐庸碌之辈，捕风捉影，反致误事。是不出真言以告，乃以己之性命相试，自作其孽，愚之甚矣。"④花之安虽仅是就华人施诊切脉及患者试医发表评论，但其潜台词无非是西医远胜于中医。郑观应虽认为中、西医"得失亦或互见"，但"得失互见"之间却已是不得不承认西医在许多方面都超过了中医。郑氏总结中医不若西医者有五，即西医精于考验慎重民命，长于解剖以知病源，事事征实察隐洞微，用药质有一定不似中医自配自制，功于外科精于用械且有医家报章以互相质证以尽所长。⑤

　　虽然晚清中医的形象是在与"古时之医"与"今之西医"的对比中得以建立，但是时人振兴医道可资利用的资源却主要还是从中西医的对比中获

---

① 《谈医》，《申报》光绪十五年六月初三日，第5817号。
② 《谈医》，《申报》光绪十五年六月初三日，第5817号。
③ 《医论》，《申报》同治壬申四月十七日，第20号。
④ ［德］花之安：《自西徂东》，近代文献丛刊，上海书店出版社，2002年，第208页。
⑤ 郑观应：《盛世危言·医道》，夏东元编：《郑观应集》上册，上海人民出版社，1982年，第520页。

得。在讨论中国之医为何医德败坏、医术不精时，人们已注意到中国之医几无门槛是造成医界黑暗的源头。因而，西方医学在医生选拔方面的长处更得以凸显。早在19世纪70年代，有人就介绍过西方的考医制度。伦敦会医生德贞说："外国选医极其慎重，必在医院习四年，又必二十一岁以上者方准为之，不许私充。……是以外国医士非经选取不许出治，不得随己意未经官考即出行道。若西国之法遴选，虽难或可免庸手之误。"①1879年，《申报》登载了《日本考医》一文，介绍日本仿行欧洲于东京设立大医院并施行考医，这是《申报》最早介绍西方考医制度的文章。文章先痛陈中医的弊端，称中国各医生"略知汤引，便悬壶行术，延者不察，每多致误，等性命于鸿毛，此大弊也"。文章进而对比欧洲的医学制度，介绍近邻日本对欧洲考医制度的引入与重视。欧洲各地皆设大医院，"欲学医者先入院肄业数年，且至病院视名医之医病，学业成就始给予牌照，准其行医。且又时考试之，其呆蠢者则即将牌照吊销，法至善也。"②该文虽是介绍日本效行欧洲考医，但由制度差异引发的效仿之意已跃然纸上。

在西医的示范性作用下，不少人认为考试医学的缺乏既是传统医界败落的原因，也是中、西医差异的关键。时人称："西医与中医本亦不甚大异，惟西医系由考取之后给以凭据而后可以行道，华医则招牌即其凭据，初不由考试而得，此则最足为异。"③稍具眼光的论者则更将考医的缺失视为中医不如西医的根本原因。"中国之医恒不及泰西之精"，根本原因就在于"西国之医生皆由国家考取。非考取而官给凭照者，则不能行道于通都大邑。……中国之医则不然，无论世医、儒医及精理方脉之医，皆非由官考取而后行道者也。"④

有鉴于此，知识界渐有通过考医以核定医家水平，提高医家水平振兴医道的想法。1872年，郑观应即针对医道的种种弊端，提出了两条解决途径。

---

① 德贞：《选三月初三日教会新报文》，傅兰雅、林乐知主编：《上海新报》七册新500号，辛未年3月13日(1871年)，沈云龙主编：《近代中国史料丛刊三编》第59辑，第3082页。

② 《日本考医》，《申报》光绪己卯闰三月二十日，第2162号。

③ 《中西医术不同说》，《申报》光绪辛巳闰八月十七日，第3032号。

④ 《考医说》，《申报》光绪九年七月廿六日，第3727号。

郑氏说:

> 今为天下苍生计,惟有哀告于名公巨聊,创千古之良规,作无量之功德,表奏朝廷,饬下各督抚,将各省之医生设法考验。如有深明医理者,给以凭文,准其行世。倘有假冒,则治以庸医杀人之罪。此一法也。抑或更创一规,于各处名都大邑,皆设大、中、小三等医院,使各城镇公议名医若干人,而延请博达医经、精通脉理者主持之。遇有疑难杂症,公议良方,仍请名师鉴定,则不至以人命为儿戏。①

简言之,郑氏提出的第一个办法即是倡请考医,而第二个办法则是设立医院,公举名医主持。但后来郑氏又觉得公举似有不妥,故在《论医院医家亟宜考究》一文中又提出以考医代替公举。他说:"鄙意以公举尚不若以会商官宪,以合省之悬壶为业者,设法考试。"②

大致来说,考医观念在19世纪70年代就已经兴起,人们已逐步提出了一系列的考医建议。这一时期的考医观念主要是受以下两个因素的影响:一是晚清医道衰落,多有射利之医,亟须通过考医振兴医道。二是因为西方考医制度的介绍和传入,由中西医学制度上的差异而引发的刺激与效行。有人指出:"今既欲除此弊,曷弗一遵泰西之法,公定章程,医金有定价出诊有定期,而又设官以考之,优以给文凭,俾得藉医以糊其口。劣者概行斥退,不准骗钱误人。"③而当时人纷纷建言施行考医之际,晚清地方行政主导的考医实践也在部分地区开展起来。

报载中国最早实施考医的地方应是上海。1876年5月,《医箴》一文中曾提及上海考医的情况。作者"拳膺居士"记:"今闻大吏札县暨委员之明于医理者面试诸科,如有饰词不到及医理平常者分别举错等因,庶几丹可回

---

① 郑观应:《议遍考医家以救生命论》,夏东元编:《郑观应集》上册,上海人民出版社,1982年,第26页。

② 郑观应:《论医院医家亟宜考究》,夏东元编:《郑观应集》上册,上海人民出版社,1982年,第28页。

③ 《谈医》,《申报》光绪十五年六月初三日,第5817号。

生,不负岐黄之术,鬼无枉死,何愁冥白之冤。退庸劣而励高明,戒贪婪以重民命,洵乎厥功实伟,为德无疆。"①据此可见,早在 1876 年 5 月,上海就已开始考医。但此次考医的详细情况,并未见到更多资料。1881 年,《申报》再次提及上海考试医生一事,文称:"上海前时曾有考试医生之事,日久渐怠。而江湖之士又复妄自矜许,以欺骗财物。"文章意在批评上海考医存在的贿赂风气,考医详情则语焉不详,无法判定文中"前时"是否是指 1876 年之考医。但可以肯定,在 19 世纪 70 年代上海就已开始考医。只是考医之举因故中断,未能延续。考医的中断表明从考医一途从理念到实践尚有距离,考医在初步的实践中面临较大阻力。

上海考医虽以失败告终,但却已开考医先例。上海考医后几年,扬州亦有考医之举。1881 年,扬州一绅士请某医为母治病,结果不治而亡,遂发生绅士殴医之事。② 对此事件,扬州诸绅士以该处医士颇多,技术平庸而自高位置,草菅人命毫不介意,故联名公禀程雨亭太守请为传考,以别优劣。优者准其行道,劣者不许滥竽。而太守亦早知该处医家之弊,闻阅禀后即已批准,择日出示传考。③ 时人对考医寄予了很高期望,认为考医乃是辨别医生优劣至为公允的办法,唯有通过考医,才可使"医生无可朦混而人之受其欺者少"。④

1887 年,浙臬萧杞山廉访也组织过考医。传闻浙臬萧杞山因署眷患病,延请某名医诊治,结果该医"所开脉案既与病原两歧,而所用药味又觉君臣误配,且有与脉案相矛盾者"。故此,萧杞山遂有考试医生之命,"凡悬牌出诊者,不论城厢内外,必须赴考,取录后方准行医,其未经取录者,不准

---

① 拳膺居士:《医箴》,《申报》光绪丙子四月十八日,1239 号。
② 《名医受辱》,《申报》光绪辛巳闰八月廿三日,第 3038 号。
③ 《禀请考医》,《申报》光绪辛巳闰九月初三日,第 3048 号。
④ 《申报》论扬州考医事言:"扬州洪都转近有考试医生之举,最为公允。盖医生挟技以游,招牌一悬,衣食在是。而其术之精否未由知之。惟以人之性命试已之方术,此害有不可胜言者,得此一考,其有医理有通者,亦照泰西之法予以执照,始准行医。其有理解未清拟方夹杂者,则不给执照,仍复剀切谕谕民间,凡延请医生必须曾经考取者,其未经考试不蒙取录,则勿以自误。如是,则医生无可朦混而人之受其欺者少矣。"参见《论天津增设医院并及扬州考试医生事》,光绪辛巳闰九月初十日,第 3055 号。

再出诊病,不愿赴考者,亦不准再行出诊"。①

　　时人虽再三强调考医的重要性,部分地方确实也开始了考医,但考医实非易事。上海考医就因为江湖之士"妄自矜许,欺骗财物",虽经考试取录而无所区别,以致考医之举难以继续。考医过程既属人为,自然可能引发大家对考医公正性的怀疑。有人甚而担心考医会成为衙属敛钱的工具。② 为避免贿赂事件重演,时人建议考医要认真考验,严定去取。"有虚名而无实艺者,黜之。声价高厚索酬谢者,屏之。但取其脉理精深,拟议妥当,学有渊源,案无庞杂者,然后给以行医之执照,而准其行道"。③此外,亦有人观察到,考医事实上也并不全然反映医生水平高低,考试能力的高低与医术水平并非完全对应。有评论即注意到"考列前茅者","其术仍未可恃"。

　　　　盖医之所以谓良者,惟视其所开之脉案与所用之药耳。然亦有善于立案而不善于用药者,有工于用药而不工于立案者。阅书多者,其脉案必清顺畅达,而其所用之药或与病不相合。盖此事虽曰技艺小道,而细微之际可以意会难以言传。古书虽多未必能尽道后世之病。服古者苟能神而明之,固不难以先哲之良方救斯人之痼疾。然苟食古不化,则泥古者必反误于古。盖人有一定之意见而病无一定之变化,苟泥于古是以一定之意见治万变之病,则病危矣。临症多者,其用药必灵巧,而其脉案或辞不达意。其意盖曰,医者意也。我以意度之可以知其病之所在矣。而病或有出意料之外者,或不非先意以承之,则病又危矣。考医之道,谅不过视其立意用药之间,问以定其高下而二者之不同,若是将何以齐之。且考试之际谅不过问以一症或数症已耳,而人固有善于

────────────

①　《考医信息》,《申报》光绪十三年六月二十四日,第5144号。因医家给署眷患病失当而引发考医虽系传闻,但考医一事却显然属实。按该报道云:"传闻如是,倘得廉访认真考试末始,非慎重民命之一端也。"

②　时人批评说:"惟考取之法则亦甚难,官而自知医理,则尚能别其优劣。如但采取虚名不究,其实艺则转恐夤缘,贿赂之风依然不免,反足为衙署中人生财之道而已。"《论天津增设医院并及扬州考试医生事》,光绪辛巳闰九月初十日,第3055号。

③　《论天津增设医院并及扬州考试医生事》,光绪辛巳闰九月初十日,第3055号。

用温补之药而不善于用攻却之药者，亦有善于用清凉之药而不善于用
竦解之药者。风檐寸晷岂能尽其技乎？此亦不可不预料者。①

这一论说虽然认为考医并不能准确反映医生水平的高低，不过其批评之所
指乃在既行考医太过简略、选拔多有失察。故而在闻西医考试"极为详尽"
后，是文之旨趣却是在建议中国考医"寻其旧法参互而用之"。② 由是可见，
虽然考医举措有诸多缺陷，不时引发批评和建言，但时人已就通过考医振兴
医道达成共识，争论的焦点也多集矢于如何完善考医以"考辨优劣"了。

一般来说，戊戌维新前的考医主要是地方行政于医学改良的局部实践，
还处于尝试性的阶段。考医的直接目的虽是为了选取合格的医生避免庸医
害人，而于地方行政则有对当地医界进行制度规范的意义。该时期的考医
实践大多是地方自发性的行为，考医的对象主要是民间医家，各地考医的主
管部门也不尽统一，成效并不明显，某些地方的尝试甚至功败垂成。尽管这
些地方实践还存在诸多问题，但通过考医以甄别优劣却渐成时人规范医界
的共识，由国家机构主导的考医制度似已水道渠成，呼之欲出了。

自戊戌维新始，各式学堂逐步建立，医学留学生群体也开始出现，医学
教育制度和医生培养模式大异于前，这也推动了医生考核方式的进一步完
善。无论中国人自己创办的学堂，抑或是传教士所办医学院，考试无疑是教
育体系中最普遍有效的选拔与评判手段。1887 年，西医梅威令携学生由台
来沪考试，便主要是为测验学生学习结果。为保证医学生质量，北洋医学堂
规定每季考试一次，对考得前三名者给予奖励。后来，为确保医学堂毕业生
的质量，医学堂更是以考试来确定行医资格。1895 年，有人提出考试医学
的方案，即"师宋时考试医学之意而不拘其法"，并仿行李鸿章在天津开设
医学堂的办法，"奏请饬令各直省开设学堂一二所"，招收聪颖子弟，敦请中
西医教习，"严定课程，破除情面"，每年考核甄别，"列上等给予奖牌，列上

---

① 《书本报考医信息后》，《申报》光绪十三年六月二十八日，1887 年 8 月 17 日，第 5148 号。
② 《书本报考医信息后》，《申报》光绪十三年六月二十八日，1887 年 8 月 17 日，第 5148 号。

等三次者给以凭据准其行医。列下等者,开除另招生徒以补缺"。① 1903年,李书平在上海拟设中西医院,其章程中亦有"届毕业之期,聘请东西著名医士来沪会同考试,合格者给予凭照,准其行医"的规定。② 在考医成绩与职业准入相联系的语境之下,人们对考医的态度与认知便迅速发生了变化。1905年,女子中西医院在正式招生时,招徕学生的手段之一便是宣称学生在毕业之期将"按照科学考试,合格者给予文凭,准其行医"。③

洋务后期,留学生日渐增多。④ 1905年8月,清廷废科举,同时制定了考验游学毕业生章程,各科留学生经考验合格均赐予进士、举人出身。1906年,"学部奏详拟考验游学毕业生章程,分两场考验。所注学科及中外国文,由襄校手记分数,再由大臣覆校。最优等,给予进士出身;优等、中等,给举人出身。加某学科字样,由学部带领引见,酌予实官。从之"。经考试,"谢天福、徐景文,赏给医科进士……陈仲篪、曹专沂、李应泌、傅汝勤,赏给医科举人",并被引荐给皇帝,酌予实官。⑤ 清政府对医学留学生的考核与奖励,确认了西医的合法性。

很显然,这一时期的考医已较从前的考医有所区别。以前的考医多由地方行政主导,主要是针对悬壶挂牌的开业中医考核其业务水平。而此时期的考医已经包括各式学堂针对学员进行的学校考试,目的在于测验学生学习结果以及考验学生是否达到毕业行医水平,甚而也包括了清政府对医学留学生的认定。另外,这一时期的考医也不只包括中医,同时也将西医囊括了进来。

在上述针对"学院派"医学生的考医渐成惯常之时,针对开业的民间医生的考医举措也渐入正轨。南京、山东、四川、两淮、吉地等地相继都有考医

---

① 《振兴医学议》,《申报》1895年2月3日。

② 《上海李平书大令拟创设中西医院章程》,《申报》1903年8月30日,第10906号。

③ 《女子中西医学院简章》,《申报》1905年1月26日,第11417号。

④ 其中即不乏留学习医者,以留日学生为例,1904年留日医学生在校人数为23人,1907年底达95人。参见李喜所:《近代中国的留学生》,人民出版社,1987年,第149~154页;《留学日本医药学校同人姓名调查录》,《医药学报》光绪三十三年十一月,1907年第6期,第1~4页。

⑤ 参见《考取医科学生改给进士举人》,载《申报》光绪三十二年九月廿七日,第12059号。

之举,其中以端方在南京的考试影响最大。1908年,两江总督端方在南京中西医院举办医家考试,由学使陈子励承办。这次考试与往常的考医不同,要求"江南省城立有牌号定有脉金之医士一体考选",并按成绩将考试各医生分为五等,"下等及最下等者不给文凭,不准行医",且"凡无文凭者不得悬牌,倘此次未经考试或考后补习有进者应候再考,如有混行悬牌者由地方官随时查禁。"①如果对"学院派"医学生的考试是从教育的角度,在医家生产的源头保证质量,那么端方在两江的举措则更多体现出地方政府对传统医界进行规范的努力。

虽早在端方之前十余年就已有地方政府采取类似的考试以对医家进行甄别。但端方之举,仍被时人誉为"正式考试医生之创举"。之所以这次医考备受赞誉,估计与此次考医的几个特点有关。其一,此次考医考选范围甚广。"今以地方行政所关,先就江南省城立有牌号定有诊金之医士一体考选,其有知医而不问世,只与戚党酬应者,及曾游学医科,得有文凭者,考否听便,不在此限。"②其二,此次所试之题最有近代气息,大都是中西医汇通式的命题。丁福保于第二年参加了考试,据其所记考试题目来看,这些题目大多涉及西方近代医药知识。考题多体现出中西汇通的精神,反映了其时中西融合(中体西用)的时代精神,而此后所选出最优等生丁福保、优等生俞鼎勋旋被遣往日本考察医学,则更可从中见到端氏通过考医进而改良医学的意图。③ 其三,此次考医首次体现出政府对医界的行政干预,以行政而规范医界维护民命。时人曾感言曰:"盖医为专门之学术,必需有医学上之知识,乃能判定,是故国家必代个人考验医生之效力,发为保证,以听个人之自择,未有称为慎重民命,而任庸医遍市者。吾中国尚无干涉医生之例,从前施广府虽曾考试医士,然不过采风俗之意,并无实行干涉之条,端督此举,

---

① 《中西医院拟设特别专科》,《申报》1908年5月24日,第12684号。
② 《中国考试医学之创举》,《广东医学卫生报》戊申八月第三期(1908年9月)。
③ 近代著名医家丁福保于1909年5月参加南洋医科特考,获最优等文凭,"旋奉端制军盛宫保檄赴日本,为考察日本医学专员"。参见丁福保:《畴隐居士自传》,民国三十七年,诂林精舍出版部,第32～48页。

实为创举。"①然而,尽管端方考医之举已在社会引起广泛影响,但其举动毕竟只限于地方一隅,且因其时代制度之局限,以致"其去后被摈者仍复业,已取者未前进,卒不能收整理医医之效"②。

## 二、民国考医的规范化和制度化

民初,南京临时政府尚未来得及出台相关的医药政策,政权旋遭北洋窃取。北洋政府一直没有完善的卫生行政系统,机关纷歧,各行其是。内务部设卫生司,为中央最高之卫生行政机关,而执行者则为警察机关。在省区全省警务处设卫生科,各县有警察局所,受其命令以办理各该地区之卫生事宜。在省会及商埠,于警察厅亦设专科办理。其中央之旁枝机关,民初则外交部设有东三省防疫总处,教育部司医药教育及学校卫生,农工部司劳工卫生,陆军部设军医司司军旅之卫生,海军部军务司设医务科司海军之卫生。民国学者马允清评论北洋时代之卫生行政时称其:"机关纷歧,事权散漫,警察注重取缔,多属消极工作。故所得成绩,较之列国相形见愧者,良有以也。"③北洋政府统治的前十年,卫生行政基本上政不出中央,行政权限的范围及能力都非常有限。

1915 年左右,固安县中医张治河及前清太医赵存仁呈文教育部要求立即组织医生考试。北洋政府转而征询中华民国医药学会的意见,汤尔和于1916 年呈文教育部建议照朝鲜的办法办理。他认为应"博采东西成法制定规程,限以科目,公布海内,俾众周知,凡非学校出身必须此种试验"。④ 在这种思想指导下,北洋政府开始进行第一次全国卫生调查。但是1916 年表格发出后大多数省份都未予理会,调查宣告失败,医药管理也无从谈起。⑤从 1912～1922 年的 10 年间,北洋政府基本放弃对医药业的管理与规范,中

---

① 《中国考试医学之创举》,《广东医学卫生报》戊申八月第三期(1908 年 9 月)。
② 胡定安:《胡定安医事言论集》,镇江,中国医事改进社,1935 年,第 252 页。
③ 马允清:《中国卫生制度变迁史》,民国二十三年,天津益世社馆,第 144 页。
④ 汤尔和:《呈教育部请整顿医师预备开业实验由》,载《中华民国医药学会会报》1917 年第
1 期。
⑤ 赵洪钧:《近代中西医论争史》,安徽科学技术出版社,1989 年,第 103 页。

央政府既未公布相关的医师管理法令,也未针对中西医进行制度规范的医学考试。①

直到 1922 年 3 月,北洋政府内务部才制定了一个关于对中西医生进行考试和登记的条例,由省市警署负责执行具体事宜。② 针对西医师的管理规定,执照登记受理对象主要为医学堂或各官、公、私立医科大学及医学专门学校医科毕业生,以毕业文凭为办理标准。这样,系统的学校教育成为西医开业的唯一途径,而学校毕业文凭的获得也成为获取执照的唯一凭证,学校毕业文凭的考核几与执照考试等同。但是,由于中医并未建立系统的学校教育,大多数中医仍沿袭传统师徒相授的方法学习医术坐堂开业,因此针对中医的特殊情况,除中医传习所或中医学校领有毕业文凭者,以及部分有行医经验的医生照规发照外,北洋政府也特别规定各中医可于各地地方警察厅参加考试,考试及格者亦可凭警察厅所发证明文件换领执照。③ 北洋政府的这一条例甫一出台,旋即遭到了中、西医的强烈反对,因此这一条例并未得到贯彻。④ 但值得肯定的是,该条例是中央政府首次针对医生颁布管理法令,它的颁行至少表明中央政府已然意识到医界有规范的必要,且政

---

① 尽管北洋时期没有开展医学资格考试,但是通过考试选拔高水平人员充任政府公务却仍有进行。1915 年 9 月,北洋政府颁布文官高等考试令,四试及格,授以上士,分发内务陆军海军司法教育等部学习,期满以荐任职任用。参见马允清:《中国卫生制度变迁史》,天津益世报馆,民国二十三年,第 146 页。北洋政府医药卫生之所以未上轨道,究其原因,除未能得到地方响应外,也与这一时期医师群体的发育状况有关。1915 年,中国两大西医团体成立时,全国的西医不过五六百人,其中受过正规教育的不超过 300 人。这些人多在军界、教会医院、医校中供职,私人开业者极少。1920 年,中华医学会曾调查全国各医校毕业生,编写“医士姓名录”共得 1700 人,西医管理问题仍不突出。参见俞凤宾:《以庚款一小部分遣派医学生之商榷》,载《中华医学杂志》1924 年第 4 期。就其时西医教育论,据 1921 年 8 月进行的一次调查显示,中国当时共有 27 所医科专门学校,其中14 所是中国人办的学校,11 所由外国人管理,其余 2 所为中外联合管理。这 27 所医科专门学校毕业生不超过 3000 人,再加上跟私人学习或在已停办的专门学校里学习过的学生,总数约计为四千或五千人,这个数目代表在西方医学方面受过相当完全的个人或学校训练的中国人数目。参见《中华归注:中国基督教教育事业统计》下册,中国社会科学出版社,1987 年,第 948、951 页。

② 陈明光主编:《中国卫生法规史料选编(1912—1949)》,上海医科大学出版社,1996 年,第620～624 页。

③ 详见 1922 年 3 月 9 日内政部公布之《管理医士暂行规则》第三条,载陈明光主编:《中国卫生法规史料选编(1912—1949)》,上海医科大学出版社,1996 年,第 623～624 页。

④ 关于中、西医团体对此条例的反对,可参见徐小群:《民国时期的国家与社会——自由职业团体在上海的兴起(1912—1937)》,新星出版社,2007 年,第 136～137 页。

府负有卫生行政的重责。

南京国民政府时期，随着近代政治体系的逐步推进，医事制度也进一步建立。民国政府近代卫生行政的主要职责之一便是对医家进行有效管理，"使全国医药渐趋于科学化"。民国卫生行政管理的重要举措即是推动医家执业许可制度的建立。胡定安为此精心制订了卫生行政设施计划。在胡氏看来，对医家的管理关系到整个卫生行政的推进和中国医药卫生的进步。"惟有由中央规定全国医药师管理章程，严订国家试验及开业规则，促全国执行，使全国医药渐趋于科学化为方针。此则不第卫生行政籍可发达，即医药亦始可谋进步也"。①

南京国民政府的医学考试主要分为选拔性考试和执业资格考试两类。前者因为卫生行政体系的建立需要大量卫生行政工作人员，故需通过考试加以选拔。国民政府1930年12月27日公布的《高等考试卫生行政人员考试条例》和《普通考试卫生行政人员考试条例》即属此类。② 但截至1934年，"两届高考，尚未举行此项。而普考之举行者，则只浙江取十一人，河北取二人，河南取一人而已"③，效果极不理想。

执业资格考试是指通过考试在确认医家水平的基础上，进一步建立执业许可制度以对医家进行管理。但由于南京国民政府致力于建立以西医为核心的医疗卫生制度，而中医却长期为绝大多数民众提供着医疗服务，故而当政府开始整顿医界和规范医业时，不得不面临的一个重大挑战便是如何对中医进行有效的规范和管理。由于西医与中医的紧张对立，针对中医管理的规定时常激起中医群体的反抗。这种情况下，各利益群体紧密围绕相关管理条例的制定展开了彼此较量，自南京政府最初颁布的《医师暂行条例》到1943年《医师法》公布，中、西医群体对执业资格考试问题的争执就从未停歇。

---

① 胡定安：《中国卫生行政设施计划》，1928年，上海，商务印书馆，第21～22页。

② 《高等考试卫生行政人员考试条例》，考试院秘书处文书科编印：《考试院法规汇刊》第1辑，民国二十年二月（1931年），第138～141页。《普通考试卫生行政人员考试条例》，考试院秘书处文书科编印：《考试院法规汇刊》第1辑，民国二十年二月（1931年），第172～173页。

③ 马允清：《中国卫生制度变迁史》，民国二十三年，天津益世报馆，第146页。

1927年4月,南京国民政府设立内政部,下置卫生司,掌卫生行政事宜。1928年10月,卫生部奉令设置,并接收内政部卫生司一切事务。内政部卫生司所设时间虽短,但却在一年余的时间内制定出了一系列卫生行政法规。1928年新设的卫生部除逐步新定条例外,也将原内政部订定公布法规更改名称后继续沿用。① 1928年12月,卫生部将更名续行采用的卫生法规二十种公布,其中即有《医师暂行条例》。该条例要求医师必须具备部颁医师证书方能行医,而获准证书的资格除国内或外国国立或有案之公私立医科专门学校以上毕业且获得毕业证书者可直接申请获证外,另一个获得的重要途径便是通过专门的医师考试。② 这一法规公布之后旋即遭到西医群体的反对,西医们认为这一规定要求太严,西医人数本来就少,如果再依此条例进行登记,西医的整个力量将会被削弱。此外,如果门槛太高,也会导致大量医师不能纳入卫生行政的管理体系,而彼类医师又不可能骤改职业,只有改公开业医为非法行医,医药行政欲上轨道则可能更为困难。③ 1930年5月27日,政府另颁《西医条例》,新条例除将医师的年龄资格从20岁提高到25岁,最大的区别就在于新条例要求凡符合资格的医师都需经考试或检定合格给予证书后,方能执行业务。④ 在新的条例规定中,医学考试由原来获准开业执照的可选条件变成了必须条件,完全转变成为一种资格考试。12月27日,考试院发布《高等考试西医医师考试条例》,规定了参加考试的资格和科目,其中第六条明文规定"凡依本条例考试及格之人员,得依法充任西医医师"。⑤ 不过《西医条例》并未施行,据此条例组织的考试也从来就没有举行过。⑥

事实上,因《西医条例》旨在致力于建立一支高水平的医师职业队伍,

---

① 国民政府卫生部编印:《卫生法规》第1册,1928年12月,第1页。

② 《医师暂行条例》,国民政府卫生部编印:《卫生法规》第1册,1928年12月,第20~24页。

③ 《本会为登记问题分呈国民政府行政院中央党部卫生部文》,《医事汇刊》1930年第2期,1930年2月,文电,第1~2页。

④ 《西医条例》,陈明光主编:《中国卫生法规史料选编(1912—1949)》,上海医科大学出版社,1996年,第641~642页。

⑤ 陈邦贤:《中国医学史》,民国二十六年,上海,商务印书馆,第325~327页。

⑥ 庞京周:《上海近十年来医学鸟瞰》,上海,中国科学公司,1933年,第81页。

其规定显得颇有些脱离实际,因而并不可能得到贯彻。民国时期,各卫生行政部门针对西医的管理仍沿用原来的《医师暂行条例》,即凡医学院毕业之西医皆可直接申请领证。在1936年后,对于非医学院毕业者,则要求参加甄别。1936年10月,卫生署修正公布《医师甄别办法》,规定医师甄别由卫生署指派或延聘医学专家九人组织医师甄别委员会办理。甄别举行日期由卫生署定之,并于三个月登报通告。甄别在首都举行,有分区必要时,分区举行。凡年在25岁,资格要求:(1)未经立案之医学校修业四年以上,在本办法颁行前毕业者。(2)在医院学习医学五年以上,在本办法未颁前开业,经所在官署发给行医执照或证明文件者。甄别考试科目有:解剖学、生理学、病理学、卫生学、内科学、外科学、眼科学、妇科学产科学,其中内、外、眼、产妇科四门并应临床试验。考试合格后由卫生署发给甄别证书,得证书后,可依条例规定可请领医师证书。① 1940年,国民政府行政院颁行了新的《医师暂行条例》,但新条例除了将资格申请年龄改为25岁,认证机构改为内政部外,基本内容与原有《医师暂行条例》基本保持一致。②

在中医方面,南京政府成立之初的几年对中医的态度非常模糊。1929年以卫生部中央卫生委员会为核心发动的"废止旧医案"失败后,政府虽因舆论压力与中医群体达成妥协,但是也没有真正承认过中医的合法性,故无所谓对中医的考试和甄别。这一时期对中医的考核主要是地方政府或中医团体对中医的甄别。比如1926年6月,上海淞沪商埠督办公署规定无开业证书不准行医。9月,淞沪商埠卫生局制订《医士登记开业及试验章程》,并成立医士开业试验委员会,每年春秋二季进行考试。1927年7月,上海特别市政府卫生局成立后又颁布《上海特别市政府卫生局管理医士(中医)暂行章程》,贯彻实施。据此条例,卫生局要求所有医士必须前往卫生局注册登记,没有通过评估的医生则必须参加考

---

① 《医师甄别办法》,陈明光主编:《中国卫生法规史料选编(1912—1949)》,上海医科大学出版社,1996年,第649~650页。

② 《医师暂行条例》,陈明光主编:《中国卫生法规史料选编(1912—1949)》,上海医科大学出版社,1996年,第661~663页。

试。① 评估工作从 1927 年开始到 1928 年 1 月结束，共评定 1429 名中医，并由卫生局发给执照。除这些可以领证的中医外，更多的中医需要参加考试，到 1931 年 8 月，上海卫生局共举办了 6 轮中医考试，后 4 轮考试中共有 2336 名中医通过考核。1930 年 1 月，卫生局对前 2 轮通过者又进行了复查。② 除地方卫生行政机构对中医的考核外，已多少具备自觉意识的中医组织也自觉意识到那些江湖郎中并不属于中医队伍，中医也需术有专攻，并非任人可为，因此部分中医组织也有对中医加强规范的举措。

至于中央政府，在中医的努力之下，立法院直到 1933 年底才通过了《中医条例》，此条例于 1936 年初正式颁布。根据该条例规定，在考试院举行中医考试以前，凡年满 25 岁，中医学校毕业，或执行业务 5 年以上，或经各类中医考试合格者，以及曾经获得各类行医执照者只要经内政部审查合格即可给证。对于未达申领资格的开业者，在未经内政部审查前，则可以暂行继续执行业务，这实际上是变相默认了现行开业的所有中医的合法性。③ 同年 8 月，卫生署在《中医条例》的基础上颁布了《中医审查规则》，大致规定了中医申领证书的步骤和手续。该审查规则对《中医条例》所言的"考试或甄别"做了新的解释，"凡检定、审查等具有测验学识、经验意义之事项皆属之"，几乎将所有针对中医的考核都包括殆尽，予以认可。稍具审查意义的条款为第六条，但该条款也仅简单规定"审查资格应就请求给证人提出之资历证明文件行之。但认为有必要时，得通知请求给证人提出补充证据或迳行调查或予以考询"。虽然在这个审查规则中提到了可能考询的内难概要、本草概要等十二科考询科目，但是这一规则却根本没有对何谓"有必

---

① 《上海特别市政府卫生局管理医士（中医）暂行章程》，《上海特别市市政府市政公报》1927 年第 5 期。

② 徐小群：《民国时期的国家与社会：自由职业团体在上海的兴起（1912—1937）》，新星出版社，2007 年，第 142～143 页。

③ 《中医条例》（1936 年 1 月 22 日国民政府公布），陈明光主编：《中国卫生法规史料选编（1912—1949）》，上海医科大学出版社，1996 年，第 647～648 页。

要"考询做任何说明。①

中、西医考试混乱的状况以及因制度差异引发的抱怨不满甚至群体性冲突直到 40 年代初才渐有好转。在 1942 年前，各种专门职业技术人员，如律师、会计师、医师、工程师等的任用，均由各主管机关审查登记后，发给就业证书予以任用。为了便于统一合理管理，国民党政府于 1942 年 9 月 24 日专门制定并公布了《专门职业及技术人员考试法》。其主要内容是：1. 列举了专门职业及技术人员的范围，包括律师、会计师、农工矿业技师、医师、药剂师、兽医师、助产士、护士、药剂生、河海航行员、引水人员、民用航空人员等。2. 规定了考试方法。考试分试验与检核两种，检核除审查证件外，应举行面试。3. 规定本考试主管机关为考试院，凡考试种类、科别、及其应试科目均由考试院规定。4. 分别规定了参加高等或普通考试的试验与检核资格条件。5. 规定经本考试及格者，由考试院发给及格证书，并送各主管机关依法登记。该法自公布实行一直沿用到 1948 年 7 月 21 日考试法修正公布，将专门职业及技术人员的考试，合并规定到考试法中为止，共计实施 6 年。② 1942 年《专门职业及技术人员考试法》颁行后，无论中医、西医，皆按此办法办理，即须先经考试院考试（试验与检核两种），由考试院发给及格证书后，方可申请领证。次年 5 月，国民政府颁行了《医师法》，原《中医条例》及《西医条例》于同日废止。医师法中，给证办法与《专门职业及技术人员考试法》相配合，特别强调获取医师资格的首要条件是通过医师考试，其中第一条即明确规定"中华民国人民经医师考试及格者，得充医师"。《医师法》对医师考试的重视程度显然超过以往任何条例。对于参加考试的资格，《医师法》也放宽了门槛，只要是"中华民国人民"皆可参加考试。此外，《医师法》第二条、第三条又分别对达到相应业务水平的医师和中医师，规定了通过检核也可以充任医师。对西医，凡通过正规之医学院毕业者及在外国政府获得医师证书者，皆可检核获证。这实际是认可了通过学校

---

① 《中医审查规则》，陈明光主编：《中国卫生法规史料选编（1912—1949）》，上海医科大学出版社，1996 年，第 648～649 页。

② 彭勃、徐颂陶主编：《中华人事行政法律大典》，中国人事出版社，1995 年，第 1348～1349 页。

考试毕业的医生资格。对中医,检核的条件则放得较宽,除经中医学校毕业者可检核获证外,还规定以往通过任何渠道获证者,及行医五年以上卓著声望者也可检核获证。医师考试与检核都由考试院办理,医师凭考试院所给证件后,可至卫生署领取医生证书。虽然《医师法》的颁布仍然饱受非议①,但作为民国第一部医事法律,《医师法》无疑从国家制度的层面规定了医师资格的考核制度,健全和完善了执业医师资格许可的法律规定和法律程序。为配合《医师法》之规定,考试院又陆续公布了《外国人应医事人员检核办法》(1944 年 7 月 28 日)和《中医检核面试办法》(1945 年 5 月 22 日)等相关法规,由此揭开了南京政府时期全国性的执业医师考试序幕。

## 第三节 医师执业制度的确立

### 一、西医的“资格”

早在清季,部分社会精英就已意识到“医事执业制度”的建立乃是整顿医界的关键。两江总督在针对《大清刑律草案》的签注中即说:“凡有习医已成欲以医为常业者,须由地方官会同医官考验合格,给以文凭方准行医。则此条规定凡未受公署之许可以医为常业者处五百元以下罚金尚属可行。若不求其本,虚悬此未受公署许可处罚之文,恐仍无益。”②民国以后,在西方卫生行管理模式的影响下,各届政府颁布和实施了一系列旨在规范医师行为、整顿医界的法规,并逐步建立起近代执业医师许可制度。

1922 年 3 月 9 日,北洋政府内务部颁布《管理医师暂行规则》,由省市员警署负责执行具体事宜。③ 据该规则第二条,“凡具有医师资格者,应由

---

① 俞松筠即对《医师法》的颁布表示相当的失望,批评其缺乏现实性,对西医规定过于严格,在资格审查上对中医又过于宽松。参见俞松筠:《现行法律与医师》,据其内容估计为 1944 年前后,自印。

② 高汉成:《签注视野下的大清刑律草案研究》,中国政法大学博士论文,2005 年,未刊稿,第 145 页。

③ 《管理医师暂行规则》,陈明光主编:《中国卫生法规史料选编(1912—1949)》,上海医科大学出版社,1996 年,第 620~624 页。

内务部发给医师执照。其未经核准给照者,不得执行医师之业务。"①对业
医人员的这一规定,第一次将医生的行业资格纳入到了国家卫生行政的
监管下,明确了未经国家卫生行政机构认可核准给照者不得执行业务。
除此之外,规则还对申领执照的资格、步骤、手续以及开业医的责任和义
务做了明确说明。不过,北洋时期对医师的管理规则多少有些理想主义
的色彩,显得有些不切实际。最大的问题在于北洋政府在核准执照的门
槛设计上考虑欠妥。就《管理医师暂行规则》来看,其执照登记受理对象
主要为医学堂或各官、公、私立医科大学及医学专门学校医科毕业生,以
毕业文凭为办理标准,这就在很大程度上剥夺了非医学院毕业生的业医
资格。因此这一规则甫经公布就招致强烈反对。同年7月,吴济时、俞凤
宾、余云岫等13人致电内政、教育两部表示坚决反对。其理由是:(一)
内战方酣,宜暂缓。(二)警方管理医生不妥。实际上,余云岫等人的真
实目的乃是反对同时公布《管理医士暂行规则》,将中医和西医视为平
等。② 尽管1922年颁行的这一条例未能得彻底贯彻,但是值得肯定的是,
《管理医师暂行规则》至少填补了近代卫生行政在医生执业规范领域的立
法空白。

南京国民政府成立之后,初设有内政部,下置卫生司,掌卫生行政事宜。
次年10月,国民政府成立独立的卫生部,接管内政部卫生司事务。新成立
之卫生部除逐步新定条例外,也将原内政部订定公布法规更改名称后继续
沿用。③ 1928年12月,卫生部将更名续行采用的卫生法规二十种公布,其
中有《医师暂行条例》。④ 根据这一条例规定,凡具有医师资格者,应由卫生
部审查委员会审查后给予医师证书,其未经核准给证者,不得执行医师业
务。较之1922年的条例,新的规则在申领资格方面,除承认各公、私立医学
专门学校医科毕业生及领有外国政府发给医师证书者的资格外,还规定

①　《管理医师暂行规则》,陈明光主编:《中国卫生法规史料选编(1912—1949)》,上海医科大
学出版社,1996年,第620页。
②　史全生主编:《中华民国文化史》上册,吉林文史出版社,1990年,第432～433页。
③　国民政府卫生部编印:《卫生法规》第1册,1928年12月,第1页。
④　《医师暂行条例》于1928年12月24日由国民政府核准备案,在1928年12月国民政府卫
生部编的《卫生法规》中已有全文,但该条例正式公布则在1929年1月15日,由卫生部公布。

"经医师考试及格,领有证书者"亦有资格申领证书。① 随后,1929 年 2 月卫生部召开第一届中央卫生委员会议,决议要求"新医登记,凡在民国十八年前已经悬牌行医的一律无条件登记"。② 不过,西医们普遍认为这一规定门槛太高,能达其要求者甚少。如果按此条例进行登记,则大多医师都只能被迫逼成私医,这一条例不仅对中国医界之革兴毫无补宜,也易加倍造成中国医界有"政府所承认的正式医,而又有违法的私人医。国内医事依旧一盘散沙"的状况,完全"不切时要"。③ 基于此,全国医师联合会要求拥护中央卫生委员会中字第十五号审定案,恳请卫生部依照该案原则对《医师暂行条例》进行修改以臻妥善,放宽第一届医师登记资格和时限。④ 1930 年,全国医师联合会针对《医师暂行条例》还自拟修正条例草案以供立法当局采择,这份医师自拟的资格申领标准当最能反映西医师们的态度,兹录如下:

凡年二十二岁以上具有左列资格之一者呈请给予医师证书。

(附注)此条年龄限制上较原条例增二岁,乃根据学制推算专门以上最幼毕业而来。

(一)在国立或政府有案之公立、私立医学专门学校以上毕业,领有毕业证书者。

(二)在外国官立或政府有案之私立医学专门学校以上毕业,领有毕业证书,或在外国政府领有医师证书者。

(三)外人曾在各该国政府领有医师证书,经由外交部而得本部审查委员会认可者。

(附注)在西洋各国外医入境开业须经考试,目前吾国医师缺乏,

---

① 《医师暂行条例》,1929 年 1 月 15 日卫生部公布,载陈明光主编:《中国卫生法规史料选编(1912—1949)》,上海医科大学出版社,1996 年,第 631～633 页。

② 庞京周:《上海市近十年来医药鸟瞰》,上海,中国科学公司,1933 年,第 78 页。

③ 《全国医师联合会对于部登记条例宣言》,《医事汇刊》1930 年第 2 期,1930 年 2 月,宣言,第 1 页。

④ 宋国宾:《最近立法院通过之"医师暂行条例"》,《医事汇刊》1930 年第 3 期,1930 年 5 月,评议,第 5 页。

虽不必严格取缔,但亦须经一定手续之审查,像原条例仅由外交部证明似欠郑重。

(四)经医师考试及格,或由医师审查委员会审查其学历予以免试者。

(附注)此条例较原条例增审查学历予以免试一项,因对于办有成绩尚未立案私立医校毕业生,目前人数甚多,若一律须经考试,未免欠公允。

(五)在同一地方开业三年以上经该管官署证明确实者(但具此项资格者只限于民国十九年以前呈请给证)。

(附注)此条为原条例所无,兹所以列入者,依据中央卫生委员会中字十五号审定案而来,惟十八年底改十九年底而已。①

这份修正草案,凡与原条例不同处,皆有附注说明原因。通过这份修正草案,不难看出西医师们所力争的理想目标。因遭到全国西医师群体性地反对,立法当局只得对《医师暂行条例》进行修正。1930 年 5 月,立法院在第 88 次会议上通过了修正后的医师暂行条例,即通常所言的《西医条例》。不过令人费解的是,相较于修正前的条例,《西医条例》规定的申领资格反而更为严厉。② 按新的规定,即使是那些有正规医学院毕业证书的医师,若欲申领医师证,也必须经过考试或检定合格。而且新的条例也颇多语焉不详,并未明示何项资格应受检定,何项资格应受考试。③ 毫无疑问,这激起了西医师们更大的不满。全国医师联合会即称"其窒碍难行之处尤多,以致群

---

① 《全国医师联合会谨拟修正医师暂行条例草案》,《医事汇刊》1930 年第 2 期,1930 年 2 月,法规,第 18 ~ 19 页。原草案无标点,标点为作者自行添加。

② 其时的医界对此亦感迷惑,故有电询卫生部之举。卫生部复电则称,此系立法院之举动。原修正草案呈准国民政府立法院去后,虽经立法院电邀本部部长出席说明修正之意见,但仅一次而已。此次立法院通过之西医条例对于卫生部原拟草案多未采用,也未发交卫生部重拟。由此可以判断,《西医条例》虽是对原条例的修正,但并未真正征求医界意见,按医界之理想进行"修正"。参见《医事汇刊》1930 年第 3 期,文电,第 5 ~ 8 页。

③ 宋国宾:《最近立法院通过之"医师暂行条例"》,《医事汇刊》1930 年 3 期,评议,第 5 ~ 7 页;冰:《论西医条例》,《医事汇刊》1930 年第 3 期,评议,第 7 ~ 9 页。

情惶惑,众口纷哓",因此电请卫生部暂缓公布执行。① 估计的确是"窒礙难行",故而《西医条例》上虽规定其具体施行日期以命令定之,然而实施的命令却一直没有下达,最后只能不了了之。

民国医师登记条例虽屡经修正,不过仍难彻底达到医师群体的理想标准。因此在更为适合国情的医师法案出台之前②,民国的医师登记仍沿袭《医师暂行条例》所定之法蹒跚而行。对于《医师暂行条例》,西医们除要求当局进行修订外,也提出要求在原案上进行变通。1930年,全国医师联合会第一次大会上,天津代表侯希民即提出"拟请卫生部变通医师登记办法以利施行案",要求在1928年部颁医师暂行条例公布前所有新医已经开业人员不合于部定条例领证资格者,不问其是否学校出身,抑医院出身及已开业若干年,应予一次登记。③ 其他各地医师医药团体等也屡次条陈,纷纷请求设法救济。1932年,内政部卫生署"为顾念群情起见,曾拟定暂准变通办法二条由部呈经行政院第四十九次会议决议通过。于二十一年七月二十三日由内政部通行各省市转饬遵办;并规定变通给证期限,如非匪区及特别故障者,均限于文到之日起,一年为期,通饬遵照,并呈奉行政院指令准予备案。"④据此办法,内政部进一步扩大了给证医师的范围,放低了官方认可的资格门槛。⑤ 据此变通给证办法,其施行之期限仅以一年为限,不过在实施后,又因各地医师一再要求,期限也一再延展。⑥

前述提及各卫生行政部门针对西医的管理仍沿用原来的《医师暂行条

---

① 《代电卫生部刘部长为立法院通过之修正医师暂行条例(即西医条例)与钧部修正之草案大相迳庭实窒碍难行请暂缓公布执行》,《医事汇刊》1930年第3期,文电,第5页。

② 南京医师公会即提议要求"卫生部取消医师暂行条例厘订适合国情之医师法案",《医事汇刊》1930年第2期,议案,第14页。

③ 《拟请卫生部变通医师登记办法以利施行案》,《医事汇刊》1930年第2期,议案,第15页。

④ 《卫生消息》,《中华医学杂志》第19卷第5期,1933年5月,第761页。

⑤ 《内政部颁行医师变通给证办法》(1932年7月23日颁)降低了给证的资格,规定下列两类医师亦可申领证书:1. 在未经立案之医学校四年以上毕业其学校之课程备经本部考查认为完善且在十八年医师暂行条例未颁布以前毕业;2. 经本部考查认为设备完善之医院实习五年以上且在十八年以前开业经所在地之该管官署发给行医执照或证明文件且证明确实有医师能力复查无异者。暂准给予证书,一次为限,嗣后不得援以为例。载《中华西医公会第二次全国代表大会特刊》,第31页,上海市档案馆藏,卷宗号:Y4—1—0000632。

⑥ 《呈请展缓医师变通给证期限由》,《医事汇刊》1933年第16期,文电,第48页。

例》,凡医学院毕业之西医皆可直接申请领证。对于非医学校毕业的医师,则有变通办法一再放宽登记标准。1936 年 10 月,卫生署为郑重起见,特别组织了医师甄别委员会,并订定医师甄别办法,呈送行政院会议通过。《医师甄别办法》第一条即明确规定"不合《医师暂行条例》第三条第一、二两款规定资格之医师",依该法执行,明确了对非医学校毕业者的核准办法,在法理层面上弥补了《医师暂行条例》在实践上的不足。据《医师甄别办法》,医师甄别由卫生署指派或延聘医学专家九人组织医师甄别委员会办理。凡年在 25 岁,未经立案之医学校修业四年以上在该办法颁行前毕业者,以及在医院学习医学五年以上在该办法未颁前开业,经所在官署发给行医执照或证明文件者皆可由卫生署甄别给证。[1] 1940 年,国民政府行政院颁行了新的《医师暂行条例》,但新条例除了将资格申请年龄改为 25 岁,认证机构改为内政部外,基本内容也与原有《医师暂行条例》基本保持一致。[2] 经医师与卫生行政部门漫长的角力,双方最终达成了相对的平衡,即对于医学校毕业的医师,需要获得卫生行政机关的认可(检核)即可给证,而那些非医学校毕业的医生,则是卫生行政着力要规范的主要对象,这类医师需要经过必要的考试(考试或甄别)。1943 年 9 月,国民政府公布并施行了《医师法》,明确地将考试与检核结合起来,在制度上进一步健全和完善了执业医师制度,也标志着医界执业制度在法律制度层面得以最终确立。

## 二、中医的"资格"

清末士人已注意到中医需考试,需要门槛,不能一味放任其自由开业,否则难免出现"庸医"遍行之现象。那么什么是中医的"资格"或"标准"呢,换言之,怎样的中医才能算合格的中医呢? 传统医界虽有理论上的认

---

① 《医师甄别办法》(1936 年 10 月 9 日卫生署修正公布),陈明光主编:《中国卫生法规史料选编(1912—1949.9)》,上海医科大学出版社,1996 年,第 649 ~ 650 页。1938 年,中央调整行政机构,卫生署由行政院改隶内政部,西迁重庆。1939 年 6 月 22 日,内政部亦公布《医师甄别办法》,不过这一办法与原卫生署修正公布的甄别办法除颁发机构变更外,内容几无变化。见陈明光氏书第 656 ~ 666 页。

② 《医师暂行条例》,陈明光主编:《中国卫生法规史料选编(1912—1949)》,上海医科大学出版社,1996 年,第 661 ~ 663 页。

识,诸如要求中医应遍读医书、学养精深等,但这些不过是些医德上的要求,而且只停留在人们的理想状态。直到清末一些地方开始有考医之举,这才把对"中医"的规范从理想纳入到实践操作的层面,对认定"中医"的资格也逐渐有了比较明确的标准。同时,在讨论"中医"资格的过程中,时人同样注意到从反面认知什么样的医家是不合格的中医。因此从清季到民初,在地方各级都有甚多取缔非法行医的举措。比如前文提到的清季巴县对庸医的取缔,北洋时期各警务机构警务单行法规对业医的规定,其时约束的对象无疑都是以江湖医生为主。在这些单行法规中,其中也不乏部分省份出台了比较专门的"中医检定"原则。比如 1916 年 10 月,江苏省议会即"以业医者多半学识低陋,毫无经验,特议订中医暂行条例十四条,咨请省长执行"。① 不过,这些举措大多"只由各省市单行订定章规,各自为政而已。其考试取录之法,亦漫无标准,大有出入"。②

1922 年,北洋政府颁行《管理医士暂行规则》,其中第二条中明确规定"凡具有医士资格者,应由内务部发给医士开业执照。其未经核准给照者,不得执行医士之业务"。第三条规定,凡年在二十五岁以上,具有下列资格之一者,方准发给医士开业执照:

一、曾经各该地方警察厅考试及格,领有证明文件者。

二、在中医学校或中医传习所肄业三年以上,领有毕业文凭者。

三、曾任官、公立医院医员三年以上,确有成绩及证明文件,并取具给照医师或医士三人以上之保证者。

四、有医术智识经验,在本规则施行前,行医五年以上,有确实证明,并取具给照医师或医士三人以上之保证者。③

当时经政府立案的中医学校极少,毕业人数非常有限,大多中医系师传或祖

---

① 李树猷:《濂园医集》,启业书局有限公司,1968 年,第 35～36 页。
② 马允清编:《中国卫生制度变迁史》,天津益世报馆,1934 年,第 147 页。
③ 《管理医士暂行规则》,陈明光主编:《中国卫生法规史料选编(1912—1949)》,上海医科大学出版社,1996 年,第 623 页。

传,按此办理势必导致多数中医失业。中医群体对《管理医士暂行规则》显然并不满意。他们抱怨不已,说这一条例并没有提供切实可行的考核中医的办法,登记费用也太贵。此外,他们还认为这一条例没有平等对待中医和西医,中医被置于低一等的地位。他们甚至怀疑,政府制定这一条例即是限制甚而取消中医的第一步,对中医医生进行考核就是企图取消中医行医资格的一个计谋。① 1922 年 5 月,中华医药联合会、神州医药总会、上海中医学会公开反对内务部的这一条例。② 6 月 2 日,上海中医药界各团体代表百余人假三马路河南商界联合会会所举行联席会议以作抗争,大会推丁仲英为主席。丁仲英发言谓此次内务部规则烦苛太甚,且寓勒索于管理之中,我上海中医界决不屈服于苛政,宜作有秩序的抗争。会议议决四项进行办法:(1)由到公团体呈警厅及致电内务部,具述理由,务请收回成命。(2)通知各埠中医,采取一致行动。(3)召集(江苏)全省中医联合会议,并设立联合总会事务所,定会期于 6 月 11 日。(4)在联合会未成立前,由上海中医学会负责组织接洽,办理进行手续。③ 会后,由上海中医学会发出"告各省医会同志电",表明立场,电谓:

> 内部颁布《管理医士规则》,条例繁苛,实难遵允。迭接诸君函电,具见同心。挽欲倒之狂澜,应合众而励进,请就各地联合,固结团体,以厚实力。当从根本之计,勿贻一哄之羞,同人努力奋进,决不少懈。④

6 月 11 日,江苏省全省中医联席会议召开,除上海本地中医药团体外,还有江苏南京、镇江、无锡、常熟等地中医团体百余人参加。⑤ 会议主席李平书提议由到会团体成立"江苏全省中医联合会"抗争到底。会议决议,一

① 徐小群:《民国时期的国家与社会——自由职业团体在上海的兴起(1912—1937)》,北京,新星出版社,2007 年,第 136 页。
② 《申报》1922 年 5 月 26 日。
③ 《本埠医界联席会议记》,《中医杂志》1922 年第 3 期,第 149 ~ 150 页。
④ 《本会反规运动进行记》,《中医杂志》1922 年第 3 期,第 150 页。
⑤ 《江苏医药团体联席会议纪》,《中医杂志》1922 年第 3 期,第 151 页。

面派代表向江苏省署请愿,一面向内务部致电反对。由于中医的强烈反对,内务部最后宣布《管理医士暂行规则》"暂缓实行"。①

北洋时期,卫生行政多不尽如人意,在前十年,卫生行政几付阙如。1922年虽有颁行的《管理医士条例》,但亦"暂缓实行"。② 南京政府成立之后,以西医为核心的卫生行政机关开始有计划地推进以西医为主导的卫生行政方案。1929年2月,卫生部召开第一届中央卫生委员会议,意图对民国卫生行政工作作出系统的谋划,决定卫生行政大纲。余云岫等在会上提出废除旧医、以扫除医事卫生之障碍,致引起全国中医界的反对,并联合向政府请愿。③ 中医们在首先上海发难,说这是"摧残旧医",并且联合了旧药铺,一致起来抗争。南京国民政府迫于舆论,最终不得不作出让步。④

南京政府虽将"废除旧医"的议案束之高阁,却也没有承认中医的合法性。在南京国民政府成立之初的几年间,南京政府只沿袭了北洋时期的《管理医师条例》,却并没有施行相应的医士管理条例。1930年,因西医师们对《管理医师条例》的不满,国民政府于5月27日公布了修正后的管理条例,即《西医条例》。虽然《西医条例》并未得以执行,但政府至少认可了西医的合法性,并为西医师的注册登记提供了途径。南京国民政府成立后的若干年,只有对西医的管理条例,而没有中医条例的出台,这对中医来说无疑是一个危险的信号。国民政府对中医有意的忽略让中医群体深感不安,因为正规的资格认证是自由职业群体合法地位与职业权威的关键。如果没有得到政府的支持与认可,那么中医的行医活动即将陷入非法的尴尬境地。不过,其时全国西医人数有限,且主要集中在大城市之中。而中医则为数众多,遍布全国,普通民众之生命皆赖其保障。如果完全忽视中医的存

---

① 《职员会议记事》,《中医杂志》1922年第3期,第3页。
② 关于中医团体反对《管理医士暂行规则》的详情,本节参考了邓铁涛主编:《中医近代史》第四章第2节的部分内容,广东高等教育出版社,,1999年,第274～277页。
③ 李树猷:《濂园医集》,启业书局有限公司,1968年,第36页。
④ 这即是有名的"中西医之争",学界就此次论争已做过大量研究,兹不赘述。主要研究可参见张鸣:《旧医,还是中医?——七十年前的废止中医风波》,《读书》2002年第6期;左玉河:《学理讨论,还是生存抗争——1929年中医存废之争评析》,《南京大学学报》(人文社科版)2004年5月;郝先中:《近代中医废存之争研究》,华东师范大学博士论文,2005年,未刊。

在,这种政策势必不合现实。不仅中医对政府的漠视颇感不安,西医也意识到如果完全对中医放任不理,中医不但不会消失,而且会成为他们推行近代卫生体制的挑战。国民党上层则因为复杂的政治斗争,某些政治力量需要利用对中医的支持来达成政治目的,故而要求政府颁布中医条例的呼声也一直存在。1931 年,全国第二次医师代表大会,天津代表侯希民即提出请内政部从速颁布旧医管理规则案。侯氏注意到中医尚有余热,一时不可言废,"亟宜从事改良"。改良的办法即是通过管理规则案强制要求中医进入新医学校培训以将之"科学化"。① 1932 年 12 月,第二次全国内政会议,南京市政府提出"拟请订定管理国医暂行规则以资遵守案"。其理由是"国医具有数千年之历史,亦并非无相当价值",同时提案亦指出中医遍及全国,人员众多,"前卫生部颁布管理医师暂行条例,仅指西医而言,国医并不在内,地方政府,亦多不闻不问,间有举行登记者,亦属各自为政,或登记而不审查,或审查而不考验。取缔不严,致庸医充斥,伪药百出,人民无所抉择,为害滋烈"。② 1933 年 6 月,中央政治会议召开,石瑛、叶楚伧、陈果夫、邵力子等国民党中央委员 29 人草拟了"提议制定国医条例拟责中央国医馆管理国医以资整理而利民生案"。但此案并未被行政院通过,中央政治会议又将此案转给立法院法制委员会审议,时因焦易堂为法制委员会委员长,遂为立法院法制委员会通过,结果导致行政院与立法院僵持不下。直到 1935 年 11 月,国民党第五次全国代表大会上,冯玉祥与其他 80 名代表提出一个平等对待中医和西医的决议案,要求速颁立法院已通过之《中医条例》,这一决议方获通过。1936 年 1 月 22 日,《中医条例》正式颁布。③ 根据该条例第一条规定,在考试院举行中医考试以前,凡年满 25 岁,中医学校毕业,或执行业务 5 年以上,或经各类中医考试合格者,以及曾经获得各类行医执

---

① 全国第二次医师代表大会《国字第五十八号提案》,《医事汇刊》1931 年第 9 期,1931 年 11 月,提案,第 40~41 页。
② 《第二次全国内政会议时之二提案》,《医界春秋》第 7 年第 6 号,第 78 期,1933 年 4 月,第 1~2 页。
③ 《中医条例》,陈明光主编:《中国卫生法规史料选编(1912—1949)》,上海医科大学出版社,1996 年,第 647~648 页。后来,因中央卫生机构几经迁变,此条例也屡经修订,但除归属部门发生变化后,实质性内容并未改变。

照者都可以得准营业。紧接着第二条还规定现在执行业务之中医,在未经内部审查前,得暂行继续执行业务。这一条例的通过赢得了中医团体的一片欢呼,因为它所制定的资格标准非常宽松,实际上是默认了现行开业的所有中医的合法性。

与国民政府对西医的登记要求相较,《中医条例》的规定显然更为宽松,这也引起西医的不满。许多医师抱怨对西医师的管理太严,而中医的管理则太松,两相比对甚为不公。其中"不平等"的一条便是西医条例要求所有的医师都要参加资格考试,通过后才准申领行医资格,而中医则并不需要如此。[①] 仔细比较中、西医条例,则发现除西医必须参加资格考试才能获领执照之外,且参加资格考试的门槛甚高。按《西医条例》的规定,只有医学院毕业且领有证书者,或在外国政府得有医生证书且经外交部证明者才能参考。相反,就中医而言,凡曾经中央、省市举行之考试或甄别合格得证者都可直接申请执照。

1943 年 9 月,国民政府公布施行《医师法》,同时废除了《中医条例》和《西医条例》,终于将中医与西医的登记条例统一在同一法律之中。《医师法》规定,除考试合格得给证外,具有下列资格之一的中医,亦可应医师检核:1. 曾在中央主管官署或省市政府领有合格证书或行医执照者;2. 在中医学校修习医学,并经实习成绩优良,得有毕业证书者;3. 曾执行中医业务五年以上,卓著声望者。[②] 1945 年 7 月 21 日,社会部、卫生署会同公布《医师法实施细则》,在《医师法》基础上的进一步明确了执业登记的具体步骤,健全和完善了中医执业登记制度。虽然,在《医师法》颁行之后,针对收复区医师登记的特殊情况,卫生署于 1946 年也在收复区执行过《收复区开业

---

① 针对《西医条例》要求全部参加考试的规定,上海医师公会宋国宾表示质疑,认为于医学院校毕业之后再须开业考试,有架床迭屋之感,并于第二次全国医师代表大会上提案呈请考试院修正。而姜振勋则认为这种规定实际上是对西医师开业数十年的能力表示怀疑,因此提议:(1)致电政府修正。(2)公推代表赴京请愿。(3)拟议合理的医师法考试法供当局参考。分别参见第二次全国医师代表大会《国字第二十九号提案》、《国字第三十四号提案》,载《医事汇刊》1931 年第 9 期,1931 年 11 月,提案,第 19、22 页。

② 《医师法》(1943 年 9 月 22 日国民政府公布施行),陈明光主编:《中国卫生法规史料选编(1912—1949)》,上海医科大学出版社,1996 年,第 669 页。

医事人员管理办法》以作临时性的过渡①，然而总的来说，从 1943 年到 1949 年间中医登记基本上遵照《医师法》颁行的要求办理。

### 三、外籍医师的认定

较早对外籍医师进行约束的是 1922 年 3 月北洋政府内务部公布的《管理医师暂行规则》。该规则针对外国医师在华开业做出规定，明确凡 20 岁以上，"外国人曾在各该国政府领有医术开业证书，经外交部证明，认为适于执行医业者"，可由内务部准发给医师执照。② 但北洋政府所颁行的《管理医师暂行规则》遭到了中、西医团体两方的强烈反对，内务部最终由各地"按各地方情形及向来习惯察酌办理，所有前项暂行规则，应即暂缓实行"③。因此，北洋政府对外籍医师的管理完全停留在一纸空文上，并未得到真正贯彻。④ 此后因时局困顿，北洋时期再未有针对医师进行考核登记的举措。

北洋政府虽放弃了对外籍医师的管理，一些地方政府却根据各地的实际情况出台有相应的外籍医生管理条例。以广州为例，广州是早期传教医师活跃的大本营，集中了大量外籍医师，因此对外籍医师的管理显得较为迫切。1927 年 11 月 4 日，广州市政委员会召开第 87 次市政委员会议，委员伍伯良即提议"取缔外国籍医生"。该提案在此次会议上获得通过，并出台了修正取缔条例。同年 11 月 15 日，市政府特将该修正取缔条例呈请省政府备案，并训令卫生局遵照执行。据此条例：凡外国籍医生，非先经卫生局考试合格，取得开业牌照，不得市内执行医务。卫生局指定地点及日期，通告外国籍医生到场试验。同时，对参加考试的外籍医生资格亦有相当之规定：（甲）凡在各国国立医科大学五年以上毕业者。（乙）认为有同等程度之公

---

① 《收复区开业医事人员管理办法》(1946 年 1 月 14 日卫生署公布)，陈明光主编：《中国卫生法规史料选编(1912—1949)》，上海医科大学出版社，1996 年，第 676～677 页。

② 《管理医师暂行规则》，陈明光主编：《中国卫生法规史料选编(1912—1949.9)》，上海医科大学出版社，1996 年，第 620 页。

③ 《医师规则暂缓实施之消息》，《中华医学杂志》第 8 卷第 3 期，1922 年 9 月，第 172 页。

④ 关于中、西医团体对此条例的反对，可参见徐小群：《民国时期的国家与社会——自由职业团体在上海的兴起(1912—1937)》，北京，新星出版社，2007 年，第 136～137 页。

立或私立之医科大学毕业者。(丙)其他医学专门学校具有五年程度全科毕业者。除此之外,条例还对报考方式,考试形式和医师道德做了规定。如规定外国籍医生于报名考试时,须缴纳其本人相片履历及毕业证书,并须得该国领事证明其确系道德高尚者;考试由卫生局聘请大学医科各教授出题试验,最少须考十四门;考试及格者由卫生局发给开业牌照,但须缴注册费十元;领照开业后,须照本国之规定诊金,不得任意勒索,或征外国纸币及聘请翻译;无博士学位者不得妄称为博士。该条例在推进考试和执照制度的同时,也针对某些特殊情况做了规定。其中专例有"免考暂行条例"两项,规定已在本市五年以上,在本市医界有名誉者,准照本国医师注册条例办理。已入中国籍一年以上者,准照本国医师注册条例办理。①

南京国民政府成立之后,卫生部于 1929 年初颁行有《医师暂行条例》。不过,这一条例基本属于沿用 1922 年北洋政府的规则,其针对外籍医师的管理也与北洋时期一致,仍只规定凡在国外领有医师证书,经外交部证明即可。② 1931 年 5 月,内政部公布了《外籍医师领证办法》,办法规定了外籍医师领照的具体步骤和必需手续:外籍医师具领医师证书,应先将毕业文凭、证明资格文件,送就近该国领事查核,请其出一证明书。俟取得证明书后,连同履历书、半身二寸相片两张,证书费五元,印花税洋二元,缴由所在地之该管官署(卫生局,如无卫生局地方,公安局或县市政府),呈出主管机关,转报内政部卫生署验收后,核给证书。③

虽然已有明确的领证办法,但外籍医师前往注册登记的人数非常有限,绝大多数的外籍医师并未遵照《医师暂行条例》登记领证。1932 年,内政部卫生署曾编印《全国登记医师名录》一册,刊印了自 1929 年开始医师登记以来至 1932 年间在卫生署登记的医师名单。据其统计,外籍医师登记仅得

---

① 《广州市政府取缔外国籍医生条例》,《中医杂志》1927 年第 5 期,第 115~116 页。
② 《医师暂行条例》,陈明光主编:《中国卫生法规史料选编(1912—1949.9)》,上海医科大学出版社,1996 年,第 631 页。
③ 《外籍医师领证办法》,陈明光主编:《中国卫生法规史料选编(1912—1949.9)》,上海医科大学出版社,1996 年,第 643 页。

107 人,登记人数"与实际相差尤巨"。① 显然,外籍医师并不怎么理会中国政府的规定。因注册登记效果不佳,1933 年 5 月,卫生署只得再度下令,督促外籍医师限期呈领证书。

> 凡医师开业,不论国籍如何,按《医师暂行条例》之规定,均应先行呈领部证,其已开业而尚未领部证者,亦应照章补领。否则不得执行医师业务,查医师暂行条例施行迄今,已逾四载,各地外籍医师遵章领证者仍不乏人,特由内政部咨请各省市政府训令各省民政厅转饬所属,查明当地外籍医师未经领证人数,限期令其遵照条例规定,请领部证,并咨请外交部转函各国公使查照云。②

因领事裁判权未得收回,外籍医师对政府法令置若罔闻,无疑反映出国家治权不完整状态下在医药卫生管理方面的尴尬与无奈。《医师暂行条例》在规范外籍医师方面所起到的效果显然无法令人满意。基于此,中国医师群体一方面积极促使政府出台管理办法,另一方面则努力通过职业团体的渠道谋求对外籍医师加以约束。1934 年,全国医师联合会第三次全国医师代表大会上,上海市医师公会代表宋国宾即提出"请政府管理外籍开业医师案",要求全国医界力促政府通过"外医开业条例",对外籍医师在华业务做严厉管理。宋国宾并为此拟订了外医开业条例备采办法:一、留华二年以上,二、精谙华语,三、有正式之资格,四、如无正式资格须经严格之考试合格。具有以上资格者,得在华中央卫生署登记,当地医师公会入会。③ 对此提案,胡定安认为"既照此办法实行并不能谓为有严厉管理之意",主张政府应对外籍医师"速订定详细条例以管理之",具体方法"可采自上海医师公会所提办法,加以补充而详细审订之"。④ 第三次大会虽原则上通过了

---

① 内政部卫生署编印:《全国登记医师名录》,1932 年。

② 《卫生消息》,《中华医学杂志》第 19 卷第 5 期,1933 年 5 月,第 760 页。

③ 宋国宾:《请政府管理外籍开业医师案》,《医药评论》第 6 卷第 2 期,1934 年 2 月,第 8~9 页。

④ 胡定安:《管理外籍开业医师刍议》,《医事汇刊》1934 年第 19 期,1934 年 4 月,评论,第 129 页;《胡定安医事言论集》,第 149~152 页。

此提案,但并未得以贯彻推行。1936 年全国医师联合会第四次代表大会上,更多的医师公会认识到外籍医师在华行医的问题,纷纷提出议案要求对其管理。南京医师公会提议"请大会建议立法院于厘订医师法时将'行医'职不列在通商行为内,以限制外籍医师在我国行医案";上海医师公会提议"请求政府速颁外籍医师开业条例案";西京医师公会提议"呈请卫生署对于教会医院医师亦应照医师登记办法一律登记不合格则严加取缔案"。经第四次大会会商通过决议:1. 请卫生署照国人登记办法厉行外籍医师登记否则取缔之。2. 凡外籍医师在我国某地开业必须入该地医师公会始能开业,俾会中得以随时审察其学识经验于该地施治是否人地相宜,倘有不宜之处,会中可以陈明当地主管机关撤销其开业执照。① 第四次大会对外籍医师的管理显然有了比较具体的策略,但不幸的是,随后抗日战争的全面爆发让这些举措都化成了泡影。

抗战期间,南京政府西迁重庆,法令虽仅行于国统区,但法规的制定与实施不仅前承战前,而且在战争期间也得以续行。1942 年,南京政府考试院颁行了《专门职业及技术人员考试法》,对各种专门职业技术人员,如律师、会计师、医师等的考试任用作出了明确规定。但是这一法规所针对的对象仅是中国籍公民。该法十一条规定"非中华民国国民应专门职业或技术人员考试者另以法律定之"。② 这样,外籍医务人员的规范管理仍无法可依。有鉴于此,考试院于1944 年 7 月 28 日公布了《外国人应医事人员检核办法》,内容要点如下:1. 外国人依专门职业及技术人员考试法第十一条之规定,经考试院许可应医事人员之检核者,依本办法办理。2. 凡外国人拟在中国境内执行医师药剂师牙医师护士及药剂生业务者,应依本办法声请检核,并请领执业证书。前项检核,除审查证件外,并应面试中国语言,但受中央行政或卫生医疗机关或公立学校聘用,或在教会经主管机关许可设立之医疗机关服务者,免予面试。3. 检核及格领有证书者,始得向卫生署请

---

① 《全国医师联合会第四次代表大会议决案一览表》,《医事汇刊》1936 年第 27 期,1936 年 4 月,第 145 页。

② 彭勃、徐颂陶主编:《中华人事行政法律大典》,中国人事出版社,1995 年,第 1348～1349 页。

领执业证书。4. 医事人员检核资格,依附表之规定。(从略)5. 声请医事人员检核,应缴规定之五款证件。前项第二款保证书,应以有考试法施行细则第十一条第二项关于高等或普通考试保证人员资格者一人,或由各该国驻华使馆出具之。声请检核,得以通讯为之。6. 证明学历,应缴验毕业证书,如不能缴验时,应提出规定三款之一之证明。7. 已领有外国医事人员执业证书,声请检核者,应缴验所领之证书,及中文译本。8. 外国人在本办法施行前,已领有中国政府发给医事人员证书者,免予检核。① 在此基础上,同年 11 月 29 日,国民政府卫生署制定并施行了《外籍医事人员领证办法》,进一步完善了外籍医事人员的领证制度。② 至于该办法实施后的效果若何,因笔者掌握的具体材料有限,尚难从实践的层面对其作出评价。

---

① 《外国人应医事人员检核办法》,《湖北省政府公报》1945 年第 514 期,第 7 页;陈天锡:《迟庄回忆录》第三编,第 342 页,收沈云龙主编:《近代中国史料丛刊续编》第(25)辑,文海出版社,1974 年。

② 《外籍医事人员领证办法》,曾宪章编:《卫生法规》,大东书局,1947 年,第 41 页。

# 第六章　民国社会团体对
# 医事纠纷的参与


## 第一节　近代医事团体对医事纠纷的
## 参与:以医师公会为中心

### 一、近代医事团体的兴起

传教士在医学传教过程中,为协调传教力量提高传教效率,组织并发展了近代中国的医事团体。近代最早的医事团体可追溯到 1838 年。是年 2 月,郭雷枢、伯驾、裨治文(E. C. Bridgman)等人在广州发起成立了"中华医务传教会"(The Medical Missionary Society in China),会议选举郭雷枢为会长、伯驾与裨治文为副会长。中华医务传教会是世界上第一个将医学和传教事业紧密结合的组织,以"鼓励在中国人中行医,并提供机会进行基督教的慈善活动和社会服务"为宗旨。伯驾曾说:"'治疗病人'是我们的座右铭——同时构成我们行动的指令,以及我们的目标。"①该会在中国医学活动主要是给传教医生提供资助,帮助其择地开办医院或诊所。该会在初期取得了一定的成绩,但随后即因内部分歧而趋于分裂。由于传教医师数量的持续增长,1886 年,博恒理(H. W. Boone)、嘉约翰等人倡导成立了中华基督教博医会(Chinese Medical Missionary Association),嘉约翰出任该会第一

---

① *Chinese Repository*,Vol. VII,p. 32.

任会长。中华基督教博医会是一个纯粹的学术性团体,被公认为是中国近代医学团体的嚆矢,其宗旨在于"在中国人之间促进医学科学的发展,交流在华传教医师的经验,促进互相帮助","培养并促进医学科学的发展"。[①]博医会按华东、华西、华南、华北将中国划分为若干事工区,将各教派分散在全国的医学传教士和医生联系在一起,以进行医疗器械的联合设置和医务工作的协作,促进教会事业的发展。中国博医会设有名词统一、编译、医学研究、医院行政等专业委员会,主要活动包括编译医学书籍、倡导并推行医学名词的统一、提倡公共卫生、推广医学教育、举行医学学术会议、出版《博医会报》等。除博医会外,传教士还成立有其他医事团体。比如 1909 年 8 月,在美国卫理公会护士信宝珠(Simpson C. E.)的倡议下,传教士在庐山牯岭筹建"中国中部护士联合会",后改名为"中国护士会",于 8 月 31 日正式成立,选举哈特女士(G. H. Hart)为会长。该会主要工作是制定统一护士学校的课程和编译教材、办理护士学校注册、组织毕业生会考和颁发毕业证书等。翌年又增设专题研究委员会,负责护士教育的策划和管理实施,为以后中国护士教育工作奠定基础。

20 世纪以来,接受西式医学教育的中国医生越来越多,中国医师也逐步意识到建立医事团体意义重大。中国近代的医学团体按其性质可分为学术团体和职业团体两大类,前者多致力于宣传、普及现代医学知识和扩大医药影响,后者则侧重于交流学术、沟通同业、保障和维护医生合法权益。[②]从时间上来看,率先建立的是学术团体,民国最早成立也是最有影响力的医药类学术团体当推中华医学会。1915 年 2 月,伍连德、颜福庆、俞凤宾等人假出席博医会年会之机在上海集会,成立"中华医学会",推举颜福庆为会长,伍连德为书记,会所暂设俞凤宾诊所。学会以"巩固医家交谊,尊重医德医权、普及医学卫生、联络华洋医界"为宗旨。同年 7 月,中华医学会获北京政府教育部批准立案。1916 年召开第一次大会,选举伍连德为会长,

① *Chinese Medical Missionary Journal*, Vol. 11, p. 886.
② 徐天民、程之范、李传俊等:《中西方医学伦理学比较研究》,北京医科大学、中国协和医科大学联合出版社,1998 年,第 119～124 页。

并成立有编辑部、会员部、医学名词部、公共卫生部负责具体工作。此后,中华医学会组织不断扩大,在全国各地成立多处分会,会员人数激剧增长,并逐渐替代博医会成为中国西医界的代表。1932 年 4 月,博医会与中华医学会合并,沿用中华医学会之名,举牛惠生为会长。两会合并后,中外会员达2767 人,成为民国影响最大的医学团体。除中华医学会外,民国时期还有诸多其他医事学术团体。如 1915 年 5 月,汤尔和、侯希民发起创办了中华民国医药学会,该组织的会员主要是在德国和日本留学的中国医生,中国西医学校毕业的西医也加入其中。再如中国生理学会、中国微生物学会、中国病理学会、中国眼科学会、中国防痨协会、热带病研究所、中国卫生教育社、心理卫生学会等也都是民国较有影响的学术团体。①

医界职业团体产生的时间则稍晚。即便领医界风气之先的上海,也直到 1925 年 11 月才成立医师公会,这也是中国第一个医师公会。南京国民政府时期,为积极推进近代医事行政,卫生行政部门曾下令要求各地组建医师公会,以协助卫生当局对医师进行管理。30 年代,各地医师公会陆续得以建立。譬如 1931 年秋成立了济南医师公会,1934 年成立了广西医师公会。到 1945 年底,虽受抗战影响许多医师公会被迫中断,但其时全国仍有医师公会 58 个,会员 1972 人。② 作为新的自由职业团体,民国时期的医师公会在医界、社会与国家之间扮演了较重要的社会角色。③

中医的团体化也在近代西方医学的节节进逼中催生。1902 年,余伯陶、

---

① 有关医药卫生团体的统计,可参见陈邦贤:《中国医学史》,团结出版社,2006 年,第 310～311 页。

② 因抗战时期,许多省市尚处于沦陷区,情况特殊,以致许多团体无法统计,故而社会部统计处在进行统计编制时即称:"全国实有人民团体及会员,当不只此数。"仅据此种不完全统计所得,1943 年呈社会部备案医师公会共有 45 个,会员 1682 人。至 1945 年底,全国共有医师公会 58 个,会员 1972 人。其中,省(市)医师公会 4 个,会员 152 人。县(市)医师公会 54 个,会员 1820 人。秦孝仪主编:《抗战建国史料——社会建设(四)》,台湾《革命文献》第 99 辑,"中央"文物供应社经销,1984 年,第 328、449 页。

③ 徐小群评论说:"当自由职业团体开始发挥社会和政治作用,他们在与传统精英不同的基础上充当国家和社会利益的中介和调解人。民国时期城市精英团体自称代表公共利益不是一件新鲜事,但是自由职业社团被国家正式承认为公共社团则具有重要的意义。"参见徐小群:《民国时期的国家与社会:自由职业团体在上海的兴起(1912—1937)》,新星出版社,2007 年,第 12～13 页。

李平书、陈莲舫、蔡小香等人发起组织了"上海医会"。上海医会是近代最早的中医药学术团体之一,该会成员包括当时在上海行医的中医名流,宗旨在于整顿和改良中医,抵御西医冲击。1907年,周雪樵、蔡小香、丁福保、何廉臣等在上海创办"中国医学会",由蔡小香任会长。该会宗旨为"改良医学,博采东西国医理,发明新理新法,取集思广益之效。"①除上述团体外,清末成立的中医团体还有北京梁家园医学会、江苏太仓医学会、杭州医学会、南京医学会、江阴医学研究会、绍兴医学会、医学世界社、中西医学研究会等。这些学术性医会的组织与思想反映出在西医东渐的过程中,中医面对西医的竞争与挑战时所产生的改良主义观念。当然,就"中"、"西"交流的角度而言,这无疑是其时整个社会思潮在医界的反映。② 与西医类同,除学术性的团体外,中医在30年代也积极组织成立职业性的团体。30年代初,在中医药遭到限制的环境下,按照国民政府社会部制订的《文化团体组织大纲》规定,不少医药团体奉国民党省(市)、县党部命令,相继改组为中医公会。至1945年底,全国共有各级中医师公会244个,会员20746人。③ 1945年10月25日,全国中医师公会联合会于重庆成立,全国各省、市代表百余人出席成立大会,会期一天,选出第一届理监事,郑曼青当选第一任理事长。与传统医界相比,清季以来的传统中医涌现出大量近代意义的医药团体,这些团体在促进中医研究、普及中医常识、保障中医利益等方面发挥着积极的作用。

## 二、医师公会的兴起

北洋时期,医师公会成立甚少。其中最有代表性的是上海医师公会。

---

① 《中国医学会章程》,《医学报》,1907年。转引自邓铁涛:《中医近代史》,广东高等教育出版社,1999年,第353页。

② 赵洪钧:《近代中西医论争史》,安徽科学技术出版社,1989年,第77页。

③ 1943年呈社会部备案的中医师公会共126个,会员13875人。1945年底统计中医师公会共244人个,会员20746人。其中省(市)中医师公会6个,会员425人。县(市)中医师公会238个,会员20321人。秦孝仪主编:《抗战建国史料——社会建设(四)》,台湾《革命文献》第99辑,中央文物供应社经销,1984年,第328、450页。另,邓铁涛著《中医近代史》转引《新中华医药月刊》称:"1945年呈报社会部备案的中医公会仅148个,会员14840人。"言出《新中华医药月刊》1945年第1期,第5~6页。详见邓铁涛:《中医近代史》,广东高等教育出版社,1999年,第263页。《新中华医药月刊》所引数据不知源于何处,待考。

该会是近代建立最早、影响较大、最具代表性的西医职业团体。上海医师公会由蔡禹门、庞京周、汪企张、余云岫、徐乃礼等发起,成立于1925年11月1日。1930年10月改上海市医师公会,设有编辑、学术演讲和民众卫生等专门委员会。1943年12月改名上海特别市医师公会,翌年5月设立医事问题研究会。1946年复用上海市医师公会名称。会址在西藏路545号上海时疫医院内。发行《新医与社会》等刊物。该会于1951年解散。该会成立时有会员80余人,1946年达1800余人,1949年增至3208人。①

南京国民政府成立后,为加强对医师的管理,于1928年颁行了《管理医师暂行条例》。这一条例虽然以医师执业登记为主要内容,但也涉及医事职业团体的问题。该条例第二十一条即规定"医师于业务上如有不正当行为,或精神有异状不能执行业务时,应由该官署交由地方医师会审议后,暂令停止营业"。② 这一规定反映出,在卫生行政当局观念中地方医师会应该在管理医师方面担负起相当重要的职责。不过,在此之前的医师公会带有相当大的随意性,各医师会之间的组织方式、宗旨、任务都有较大的差异。在这一条例中,地方医师如何组织,究竟应该在国家与医家之间承担何种职责并没有明确的规定。

直到1929年,国民政府方才出台了专门针对医师团体的规则。是年10月25日,《医师会规则》于国民政府行政院核准备案。据此规则,凡领有卫生部医师证书执行业务的医师,都应设立医师会。凡是各市县医师人数达十人以上时,应依其执行业务之市县,设立市县医师会。市县医师会,依其市县所属之省,设立省医师会。该规则除规定医师会的组织办法外,还明确了医师会的职权。规则第十七条规定,医师会得议决或施行之事项包括:1. 规定于法令或会章之事项;2. 关于管辖官署之医事、卫生咨询事项;3. 关于医事、卫生建议于管辖官署事项;4. 关于医事、卫生研究事项;5. 关于医疗救济事项。第二十二条规定医师会对于会员,得依会章及大会议决,施

---

① 《上海卫生志》编纂委员会编:《上海卫生志》第十四篇第三章第一节,上海社会科学院出版社出版发行,1998年。

② 《管理医师暂行条例》,陈明光主编:《中国卫生法规史料选编(1912—1949.9)》,上海医科大学出版社,1996年。

行申诫等各项之惩戒。①

此后数年,全国各地纷纷筹设医师公会。1931 年第二次全国医师代表大会上,上海市医师公会提出"劝告各省市设立医师公会案",呼吁"应设法广通声气,以唤起各区市中之医师。其在该区市中之未有医师公会设立者劝其设立。将来于感情之联络,精神之团结,力量之扶持,大有裨益"。②1934 年,广西亦成立医师公会,其"成立"过程颇为真实地反映了民国各地医师公会成立的盛况及广西成立医师公会的初衷。该会"成立纪事"称:

> 近年以来,国中科学医师,渐次增多,各处医药事业,亦次第发展。各省市医师为促进社会卫生事业,保障行医业务并联络感情起见,均先后组织医师公会。例如京沪苏浙平津汉粤川滇皖湘哈鲁豫赣等处,皆有公会之成立。而上海复有全国医师联合会之领导。诚以医师公会为法定自由执业团体之一,为人民组织中重要之公团,不特攸关民生,且与文化上亦有莫大之关系。广西各界同仁,有鉴于此,经几度之磋商,遂于十二月五日组织成立广西医师公会。③

在广西医师看来,医师公会的成立乃是为"促进社会卫生事业"及"保障行医业务并联络感情"。而就成立时间来看,广西医师公会的成立显然已算落后。广西医界正是看到"京沪苏浙平津汉粤川滇皖湘哈鲁豫赣等处皆有公会成立",因此才不甘人后,积极组织成立本省医师公会。

30 年代广泛成立的医师公会也存在一定问题,芜湖医师公会便注意到"今各地公会皆自由组合,会章既不统一,名称又不一致,会员出入公会无关轻重,公会精神涣散,似有若无。考其原因,实由公会本身职权不巩固之所致也"。因此,在第三次全国医师代表大会上,芜湖医师公会的代表便发

---

① 《医师会规则》(1929 年 10 月 25 日行政院核准备案),陈明光主编:《中国卫生法规史料选编(1912—1949.9)》,上海医科大学出版社,1996 年,第 637~638 页。

② 《医事汇刊》1931 年第 9 期,提案,第 21 页。

③ 《广西医师公会成立纪事》,《医事汇刊》1934 年第 19 期,时闻,第 281 页。

出了"提高公会职权"的呼声。① 如何通过提高公会地位,扩大职能以切实保障会员医师利益,很快成为医界关注的焦点之一。上海医师公会意识到"科学医在我国之不发达,由于医界之不能团结。故欲医界之团结,各省各地当多设医师公会,使关于科学医之宣传,医学卫生常识之推进于社会由公会提挈进行,然后不致杂乱无序,而渐收其效"。鉴于公会纷设的基础,医界渐有要求政府制订"医师公会法"的呼吁。上海医师公会在第三次全国医师代表大会上即对医师公会法草案提出意见:1. 查各地之医师公会有名西医公会者,因而要求于医师公会法中划一医会名称;2. 关于医事卫生各种法规之订定应征询医会意见;3. 开业医师必须加入公会方准开业;4. 医事讼案法官应咨询医会贡献意见以供参考;5. 应明定会员应遵守之信条;6. 医会每年度之预决算毋需报告该管官署。② 无疑,理想的医师公会既是辅助卫生行政不可或缺的重要力量,又是相对独立能对医师有所保障的职业组织。

20 世纪 30 年代兴起的医师公会,随着 1942 年《非常时期人民团体组织法》及 1943 年《医师法》的颁行乃成为遵法规立案的正式组织。在 1943 年颁行的《医师法》中,公会的职能得到进一步加强。《医师法》第九条明确规定"医师非加入所在地医师公会不得开业"。加入医师公会竟成为开业的必要条件,医师公会对医师的管理职能由是进一步扩大。此外,《医师法》更专辟第五章对"公会"组织办法及职责给予法律确定。按此规定,医师公会分市县公会及省公会,另得设全国公会联合会于国府所在地。医师公会以现行行政区域为各自区域,在同一区域内,同级公会以一个为限,但中医得另组中医公会。同一区域有开业医师九人以上可发起组织市县医师公会,不满九人者得加入邻近区域之公会或共同组织。省公会之设立应由该省内县市医师公会五个以上发起,及全体过半数之同意组织。县市公会不足五单位者,得联合二个以上之省共同组织。全国医师联合会,则应由省或行政院直辖市医师公

---

① 《提高公会职权与健全会员资格案》,《医事汇刊》1934 年第 18 期,议案,第 57～60 页。
② 卢翲:《医师公会法亟宜颁布及关于该会法原则草案之意见》,《医事汇刊》1935 年第 24 期,1935 年 7 月,第 309～311 页。

会七个以上发起,及全体过半数之同意组织。① 市县医师公会的组织方式同时强化了公会独揽医业组织的绝对性,而全国性的联合会则将各医师公会联合一体,成为一个政府认可且又充分自由的全国职业联合体。

　　中医方面的情况颇为复杂,虽然中医方面早就有诸多的研究团体,但职业组织的建立则甚晚。《医界春秋》评论说:"溯吾中国医师,向无团体,闭关自守,各自为政,始为西医侵略,攻击频仍,针已入肉,病而后醒,舍团结不足以御外侮,非联络不足以资图存。由是各省市县,始有中医公会等之设。"②具体来说,直到 1929 年西医发起所谓"废除旧医案",才使得中医有了较清醒的认识,一改以前一盘散沙的状态,开始团结在一起以作抗争。在余云岫等抛出所谓"废止中医案"后,全国各地中医药团体及报社、商会纷纷致电南京,表示反对。上海市中医协会首先发起召开上海医药团体代表联席会议,邀集神州医药总会、中华医药联合会、上海中国医学院、《医界春秋》社等 40 余个团体代表商讨对策,组织成立上海医药团体联合会以采取统一行动,并联合全国医界同仁于 1929 年 3 月 17 日在上海成立全国医药团体总联合会。在"废医风潮"后,中医界意识到职业团体的组织实与医界前途休戚相关,许多地方始着手成立中医公会(或国医公会),比如南京中医公会和上海国医公会都是在"3·17"后成立。以上海国医公会为例,"3·17"后不久,鉴于当时上海中医界团体较多,但缺乏统一的行业组织,分散而不利团结,因此有人提出将原来的神州医药总会、中华医药总会、上海中医学会以及上海中医协会等各分散团体合并,并广泛动员市区与郊县广大开业同道共同参加,成立上海市国医公会。此举得到了上海中医界各派耆老和广大同道的大力支持,1929 年成立的上海市国医公会成为当时上海最大的,也是唯一的中医药职业团体,有会员近千人。③ 在上海、北平、南京等地国医公会建立之后,其他各地国医界也受到刺激,开始有健全组织的

---

　　①　《医师法》,陈明光主编:《中国卫生法规史料选编(1912—1949.9)》,上海医科大学出版社,1996 年,第 670 页。

　　②　方富健:《希望全国国医亟宜组织联合会》,《医界春秋》第 8 年第 8 号第 92 期,1934 年 8 月,第 2 页。

　　③　朱鹤皋:《症治精华》,上海中华书局,1942 年。

做法。1931年,浙省中医协会与杭州医学公会合并成立杭州国医公会,在该会发起筹备的呈文中即称:"鉴于国医界缺乏组织健全之团体,爰仿上海北平汉口各市成立并遵照颁布手续联合市区同业五十人以上为发起人,发起组织杭州市国医公会,以固结团体,保障业务,改进国医学术,指导民众卫生为宗旨。"①当时不少公会因是在他会刺激下迅速成立,故而筹备既不充分,规则亦不尽合理,颇有"应景"之感。方富健就注意到这些中医公会"转瞬五分之热度已过,团如沙散",至于"医学之应如何发振,医德之应如何光大,及医权之保障,医药之整理"等问题,"均属沉寂无闻,毫无建树"。②

中医方面除国医公会外,民国还有国医馆及各地国医分馆。国医馆的性质往往是亦官亦民,游居于官、民之间。"3·17"之后,中医颇感卫生部对中医管理的歧视,因此中医群体开始积极推动国医馆的成立,希望由国医馆来负责中医管理。全国医药总会执委裘吉生、蒋文芳等决定呈请国府仿国术馆例设国医馆,"规定国医馆有管理全国中医中药事宜之权,而便另辟途径,摆脱桎梏"。③ 1930年1月,设立国医馆的提案呈送国府,2月文官处开示准予备案,交卫生部审核,却被卫生部以馆章需要修改为由押下。5月7日,国民党中央执行委员会第226次中央政治会议上,行政院院长谭延闿联合陈立夫、焦易堂等中委7人,重提此案,最终获得通过。同提案附上的国医馆简章规定,国医馆以提倡国医国药、发扬固有学术及国产药物为宗旨,职权范围限于"改进国医、研究国药、管理国医药事务"。④ 经多次会议筹备,1931年3月17日中央国医馆宣告成立。随后,国民政府于1931年8月31日颁行了《中央国医馆组织章程》和《中央国医馆各省市分馆组织大纲》。据《中央国医馆各省市分馆组织大纲》,各省市国医分馆由中央国医馆派筹备员筹备成立,并由中央国医馆指派分馆馆长进行分馆一切事务,各省市国医分馆经费得呈请所在省市政府补助,不足之数由分馆董

---

① 《杭州市国医公会年刊》,1931年,第80页。

② 方富健:《希望全国国医亟宜组织联合会》,《医界春秋》第8年第8号第92期,1934年8月,第2页。

③ 《国医馆问题》,《全国医师团体总联合会会务汇编》,铅印,1931年,第86页。

④ 《国医馆简章》,《全国医药团体总联合会会务汇编》,铅印,1931年,第88页。

事会募集。① 1932 年 11 月 6 日,中央国医馆第 12 次理事会常会通过《各县市设立国医支馆暂行办法》。之后,各地国医分馆纷纷筹设。至 1936 年 10 月,全国已成立 37 处分馆,另有 80 余处在筹备中。中医界这种叠床架屋的组织方式导致了各地国医分馆与国医公会在组织上的混乱。民国医家张忍庵就批评说:"查国医馆与国医公会,其关系向无明白规定,往往发生冲突,势不两立,殊非国医界良好现象。兹仅就一市而言,国医公会系全市国医之集团,而国医分馆又代表全市国医,势均力敌,国医个人莫知所从。盖国医馆由上而下,国医公会由下而上,两非沿接,实皆缺憾。"基于这一认识,张氏亦提出建议希望在两者间建立起新型的两位一体关系。② 抗战期间,国医馆工作陷入停顿。③

1941 年 5 月 9 日,行政院颁布《中医公会组织规则》。按此规定,中医公会以研究中医医药、增进公共福利并谋中医医药之发展为宗旨。中医公会的任务包括改进中医中药、增进国民健康及指导医药常识、指导会员执业业务之调查统计、设计及协助社会医疗救济、组织各项中医中药研究会讲演会、举办中医补习学校或其他关于中医中药的公共事业。同时,规则也对中医公会的分级和组织原则进行了规定,中医公会分县市中医公会、院辖市中医公会及全省中医公会联合会。中医公会依行政区域设立,同一区域内每级公会一个为限,凡领中医证书执行业务中医人数达十人以上应依执业区域设立院辖或县市中医公会。省中医公会联合会应以该省内县市中医公会 3 个以上之发起召集设立大会,拟定章程呈请该主管机关,转报社会部

---

① 《中央国医馆各省市分馆组织大纲》,梁峻编著:《中国中医考试史论》,中医古籍出版社,2004 年,第 369 ~ 370 页。

② 张忍庵:《建议改订国医馆与国医公会之关系》,《国医公报》1936 年第 3 卷第 10 期,选载,第 5 页。所谓"两位一体",张氏表述为:"国医馆宜建设于国医公会上,以国医公会之意志为意志,将国医公会原有行政事项,交由国医馆办理,而自居于议事地位。所有国医馆馆长人选,由国医公会推选加倍名额,呈由上级国医馆圈定,庶使国医人才,无所遏抑,而上级国医馆命令,又易于遵行。同时,经费办法,各地国医馆皆极感困难,似亦宜依照办党办法。不要以党养党员,而要以党员养党。其在国医馆,不要以国医养国医,而要以国医养国医馆。国医馆之国医,即国医公会之国医,则国医之经费,亦即国医公会之经费,权利义务,理有应得。"

③ 有关中央国医馆的详细情况,可参见李剑:《中央国医馆的成立及其历史作用》,《广州中医药大学学报》1992 年第 2 期,第 116 ~ 120 页;赵洪钧:《近代中西医论争史》,安徽科学技术出版社,1989 年,第 118 ~ 121 页。

及卫生署备案。① 很显然,依据这一规则,中医公会也将和医师公会一样,发展成为政府认可的在所属地区具有排他性的唯一职业团体。这一趋势在随后一系列的国家法规中得到强化。1942 年《非常时期人民团体组织法》及 1943 年《医师法》颁行之后,"中医师公会"正式成为遵法规立案的正式组织,其职能也得到进一步加强。② 1944 年 8 月,国民政府行政院发布训令,"医师法业经公布,其内容包括中医师在内,并经明文规定得另组中医师公会。此后中医师公会之组织自应以前法为依据,原有之中医公会组织规则已不适用,应予废除"。③ 据《医师法》的要求,各地中医师公会得以改组或另组,同时取得与医师公会同等的地位与权利。1945 年 10 月 25 日,全国中医在重庆成立"全国中医师公会联合会",进一步促进了战后市县中医公会的恢复和发展。

### 三、参与医事纠纷

民国时期,医师职业团体在国家、社会与病患塑造了一种新的模式。与传统社会相较,医师公会在民国的兴起及其在民国社会的作用凸显出明显的"近代性"特征。南京国民政府时期,医师公会对医事纠纷的参与,以及医师公会对医事纠纷走向的影响无不说明医师公会在医事纠纷中的重要作用,也深刻体现出国家、医师与病患的互动性关系。

南京国民政府时期大量成立的医师公会,一方面既是国家加强医界管理的辅助性团体,另一方面也是医界维护医师权益的重要组织。医师公会的兴起,其中尤为重要的一条即在于维护医师的权益,基本上任何医师公会都在宗旨中写有"保障会员权利"之类的内容。全国医师联合会第四届全国代表大会通过关于"医师公会组织通则"一案,更是明确规定各公会组织

---

① 《中医公会组织规则》(民国三十年五月九日行政院公布),蔡鸿源主编:《民国法规集成》(43),黄山书社,第 214 页。

② 将中医与西医统称为"医师",乃始于 1943 年《医师法》。在此之前,一般而言称西医为"医师",称中医为"医士",中医亦自称为"国医"。其时的任何称呼大多都因其"立场"与"色彩",遭到过广泛质疑。

③ 行政院训令,四川省档案馆,卷宗号:113—597,宣汉县政府呈报中医公会会员、职员简历表、卫生救济事规约等。

应定名为某某(地方)医师公会,其宗旨为策进学术、砥砺医德、协赞公共卫生,保障会员权益。① 在此通则指导之下,各地医师公会的宗旨都大同小异。重庆市医师公会会章有以下五点:1. 共策学术之进步;2. 勖勉医师之道德;3. 促进社会医药教育;4. 协助地方卫生事宜;5. 保障会员业务权利。② 闽侯医师公会的宗旨与重庆市医师公会几无差异,仅将第3、4两点合二为一,在其宗旨最后一条也明确规定"保障会员职业之权利发扬互助精神"。③ 中医组织的职业公会对会员权益的保障也很明确,1945年成立的全国中医师联合会,其章程第四条第四项就规定:全国中医师联合会任务之一即关于诊务之调查、调处及解释事项。④

据掌握的材料来看,医师公会"维护会员权益"的宗旨在实践上得到了很好的贯彻。会员医师发生医疗诉讼,医师公会及其相关的机构便可能参与其间。医师公会或作中间人帮助医患双方进行调节,或在诉讼案件中针对专业问题进行医事鉴定,或发表通电及宣言造成舆论以呼吁保障医权。可以说,医师公会在医事纠纷中的参与是多方位的,其作用也相当明显。加入公会的医师即言"在医师保障法令未颁布前,所有全国医师应加入业务所在地医师公会,认为自身唯一保障团体,会员之仰仗公会,尤婴儿之依赖父母"。⑤ 将医师与公会之关系喻为婴儿与父母,由此可见公会在保障会员权益方面的重大作用。⑥ 在众多医师公会中,上海医师公

---

① 《全国医师联合会公布之两条文》,《医药评论》第9卷第2期,第23页。

② 《重庆市医师公会会章》,《医事汇刊》1933年第16期,会章,第59页。

③ 《闽侯医师公会章程》,《医事汇刊》1935年第23期,章程,第282页。

④ 《中华民国全国中医师公会联合会章程》,梁峻编著:《中国中医考试史论》,中医古籍出版社,2004年,第375页。

⑤ 《提高公会职权与健全会员资格案》,《医事汇刊》1934年第18期,议案,第57—60页。

⑥ 相反,对那些没有加入医师公会而行医的医家来说,在《医师法》颁行之后,不入公会而擅自业医的做法已属不合法规。若再遇到医疗诉讼,可能就会失去团体的保障。对病家来说也是如此,若病家延医未请公会会员诊治,则公会也可能不受理纠纷。1936年初,江阴有吴姓病家初请某医(非公会会员)医治,后又延请会员某医诊治,不幸孩子病故。病家疑是前医诊误,提请江阴医师公会处置。4月15日,江阴医师公会函送全国医师联合会,对非会员医师纠纷案件处置方式征求医师联合会意见。全国医师联合会于5月1日复函江阴县医师公会,即称"经全国医师联合会第四届第三次执行委员会议决,凡不涉保障会员职业权利之范围者自无受理之必要"。《江阴县医师公会函请解释医事纠纷案》,《医事汇刊》1936年第28期,1936年7月,第285~286页。

会无疑是成立最早、会员最多、最为活跃的组织之一。1946 年 10 月 29 日，上海市医师公会专门成立医务保障委员会。① 该委员会任务主要有二：一是调解会员间之医事纠纷，一是调解会员与病家间之医事纠纷。② 据统计，1947 年 6 月至 9 月底的 4 个月间，上海医师公会医务保障委员会就调处医事纠纷 10 起。透过该会参与调处的医事纠纷，也大致可以看到医事职业团体在医事纠纷中所扮演的角色。该会受理并参与调处的医事纠纷如表 6.1：

**表 6.1　上海医师公会医务保障委员会调处医事纠纷一览表**
**（1947 年 6 月—1947 年 9 月）③**

| 时间 | 案件 | 调处情况 |
|---|---|---|
| 6 月 17 日 | 黄克芳医师诊治病人杨鲁川身死纠纷一案 | |
| 6 月 19 日 | 南洋医院医师郭至德诊治柯培耀身死纠纷一案 | 全体理事及监事及医务保障委员出席旁听并提供意见，判决无罪 |
| 6 月 10 日④ | 唐少云诊治凌润生身死纠纷一案 | 不起诉处分 |
| 7 月 16 日 | 饶有勋诊治病婴死亡纠纷一案 | 派员参观检验尸体，不起诉处分 |
| 6 月 30 日⑤ | 西门妇孺医院对于诊治病人俞沈氏身死一案 | 医务保障委员会处理 |
| 8 月 27 日 | 陆坤豪医师诊治产妇潘吴氏，经治后即告死亡案 | 检验尸体时由金问淇理事出席，检验当场由检察官宣告不起诉处分 |
| 8 月至 9 月 | 上海时疫医院为诊治病人致滑稽界利用电台对该院进行恶意宣传 | 经瞿总干事调解了结 |

---

① 《上海市医师公会三十五年份工作总结报告》，上海档案馆，Q6—5—455：上海市社会局上海市医师公会卷第 2 册。
② 《上海市医师公会医务保障委员会办事细则》，上海档案馆，Q6—5—455：上海市社会局上海市医师公会卷第 3 册。
③ 《秋季会员大会秩序册》，《医讯》第 1 卷第 4 期，1947 年 10 月 30 日，第 5 页。
④ 6 月 10 日，为唐少云诊治凌润生身死案发时间，业务保障委员会的处理时间不详，据推断应在 6 月中下旬。
⑤ 6 月 30 日为案发时间，业务保障委员会的处理时间不详，据推断应在 7 月中下旬。

续表

| 时间 | 案件 | 调处情况 |
|------|------|----------|
| 8月至9月 | 李家忠割治病人顾康龙脾藏不治身死一案 | 医务保障委员会数度召集专门委员开会研讨,与医院联合会专家会同讨论,最后出具对于检察官判决全文中三点提供学理上意见藉供参考。被告无罪 |
| 9月30日 | 胡顺庆因诊治病孩吴弟弟腹泻身死一案 | 检验尸体由王副总干事出席参观 |
| 9月 | 响应南京市立医院刁案纠纷钱明熙医师判处徒刑一案 | 表示愤慨,发表通电及宣言 |

通过表6.1也可以看出,医师公会对医事纠纷的参与有多种方式。例如,医师公会可以为法院提供专业意见、提供医学上的鉴定、出席尸体的检剖、为被告医师提供学理及舆论上的支援等。各纠纷的实际情况各不相同,医师公会的参与方式也不尽一致。兹以1947年9月发生的钱明熙医讼案为例略作说明。钱明熙医师因诉讼案件被南京地方法院判刑,上海医师公会认为南京地方法院法官蔑视法医及医事机关出示的人证、物证,又无确切反证而任意判决,对钱案判罚表示强烈不满。因此,上海医师公会特电请司法行政部、卫生部、首都高等法院、全国医师公会联合会及各地医师公会,以上海二千余名医师的名义通电要求对钱案主持公道。电文称:

　　各院部会钧鉴:读京、沪各报,并接各地医事团体函电,对南京地方法院法官蔑视法医及医事机关,人证物证又无确切反证,而任意判决南京市立医院医师钱明熙以过失杀人,处刑一年六月,均抱异常愤激。以为今后将使医家失法律保障,危病致群医袖手,影响所至,阻碍科学建设,危及民族健康,腾笑国际医界,本公会群情惶惑,人人自危。仰祈钧(院、部,会),力持公道,维护方萌医学,不胜祷切之至。上海市医师公会理事长余云岫率二千会员同叩,真印。①

---

①　《本会对南京市立医院刁案之代电及宣言》,《医讯》第1卷第3期,1947年9月30日,第3页。

随后,上海医师公会更发表《宣言》,认为"不幸而此事发生,于国际观瞻之首都,国家领导之院□,国库设置之机关,国校出身之医师,更不幸而为地方法院,判处徒刑,是膏自毁教育之誉,自塞医学之途,自损法律之严,自曝政治之弱,实不可谓非我医界法界之一大损失,一大耻辱也"。"鉴于案情出入之重大,吾医今后之困难,尤关科学前途之隆替,国际地位之浮沉",上海医师公会"不惮四处采集材料,日夜相互推敲",进而对钱案提出十点医学及法律意见,并号召"全国科学医同人一致兴起,注意此案之结果,作正义之奋斗"。①

中医方面,国医公会(后称中医师公会)也积极参与医疗诉讼。仅就鉴定药方而言,1934年上海市国医公会第五届年会即有如下报告:

> 本会除遵照成案对于个人名义请求鉴定药方概行谢绝外,迭准江苏上海地方法院两次函请鉴定吴县鲍蕉芬医士药方及刘杨氏等评议书,季森医士药方,两次杨大筛子所服药方、鹿角霜之性质,吴阿福医士药方,蒋渭伦案内药物及药方,殷震一医士药方等。又准上海第一特区地方法院函请鉴定柯圣沧医士处方,江苏高等法院函请鉴定陈宝庭案内医学情形,及上海市公安局函请鉴定窦伯雄医士药方等案,均经执监会分别推举委员组织临时鉴定会鉴定及交审查科审查,制定评语,复由执监会通过先后函复。②

1936年,该会再为张阿六案、唐正余案、刘佑良案等案"推举鉴定委员会举行会议,并邀本市各学术团体代表列席共同鉴定,作公正之评判"。③ 除鉴定药方外,上海国医公会也为会员提供纠纷保障。同在1936年,蒋建良、丁

---

① 《本会对南京市立医院刁案之代电及宣言》,《医讯》第1卷第3期,1947年9月30日,第3～6页。

② 《鉴定药方案》,盛心如、蒋文芳等编:《上海市国医公会第五届会员大会纪念特刊》,上海市国医公会,1934年12月,会务报告,第4页。

③ 《鉴定药方案》,《上海市国医公会第七届会员大会纪念特刊》,上海市国医公会,1936年,第12页。

健候等公会会员即因"受病家之滋扰,意欲敲诈,报告到会,要求保障",上海国医公会即"分别派员调查或致函允予保障",经公会之调解,"纠纷因是而瓦解冰消矣"。①

　　除直接参与医事纠纷的调处外,医师公会也注意到一些极易引发纠纷的因素,并作出一定的防范措施。例如,民国时期引发医患纠纷的重要原因之一便是"诊金"的支付。一些病家延医治病,往往视病情的效果而决定是否付费,若不幸病人身死,病家往往不会支付诊金。而医家则认为病有医有不医,医生只能尽力而为,并不能保证治愈,因此医疗行为一旦开始,无论其结果若何,病家皆有必要支付诊金。医患之间因"诊金"问题的认识分歧往往导致纠纷的出现。一些医师公会也注意到这一问题,因此提出凡遇"诊金"问题,都由公会统一出面进行裁决。另外,公会的成立也有利于形成更为规范的行业伦理,尽可能杜绝医界同道间相互攻讦,避免恶意竞争的发生。宋国宾医师即说:"医师公会的设立,就是完全在解决职业上所发生的问题的。因为同道之间每每有着非道义的竞争,会诊是可以不守规律的,诊金是可以随意高低的,病人是可以任情掠夺的,广告是可以尽量狂吹的,这样强者是可以得志了,而弱者不是坐受摧残吗? 于是公会就是本着为团体谋幸福,为职业解纠纷的宗旨。一方宣传道德的信条,一方明定权利的界限。使得大家皆知道对己对人的正当方法,庶几可收互不侵犯的效果。"②

　　不过,医事团体也并非对医家一味偏袒,在民国时期某些医疗诉讼案件中也存在着别样的景象。1933 年底,河南开封国医分馆馆长陈松坪为江西人黄壮飞治病时,因误用剧药,结果致黄壮飞身死,黄氏亲属随即将陈松坪控于地方法院。因病家不满病人因治而亡,故而在讣闻中有经国医馆馆长陈某误治之语。③ 河南开封国医公会即因病家讣闻中所言牵涉整个国医界名誉,引起公愤,遂假医药研究会地址开全体大会,迫令陈松坪自动辞职。

---

① 《保障会员案》,《上海市国医公会第七届会员大会纪念特刊》,上海市国医公会,1936 年,第 13 页。
② 宋国宾:《职业医学》,《医事汇刊》1934 年第 19 期,1934 年 4 月,第 126 页。
③ 这是民国讣告中惯常采用的叙事方式,许多讣闻中的这种既定俗成并不是指责医家的过失要求医家承担责任,而多是表达"人事已尽"、"天命难违"的宿命论观念。

国医公会的逼宫行为,在陈松坪看来完全是"乘机攫取馆长地位",因此陈氏在自己发表的宣言中指责国医公会"散布流言,竟尔颠倒是非,从中挑唆"。国医公会则愈益愤激,由刘子云,释详九,刘秀甫,周耀龙等以公会名义,将陈松坪呈控开封地方法院。① 显然,在此案之中,不同的利益群体已将职业组织视为彼此竞争或倾轧的工具。在这种处境之下,医业团体反而成为造成医事诉讼的因素。此案从原本简单的医、患纠纷发展到最后国医公会与国医馆长陈松坪之间颇带"权力"斗争的"诉讼",清楚地表明出医业团体也有其自我的利益诉求,在医患关系中并不一直扮演着维护医家权益的角色。

## 第二节　民国医界的职业忧虑与业务保障

### 一、民国医师群体的职业忧患

近代中国社会,医师群体无疑是最为复杂的社会群体之一。无论是中医群体,还是西医群体,抑或外籍医师群体,都不同程度地存在水平参差不齐,成分复杂的问题。除获得政府认可的正式医师外,民国社会中甚至还存在相当大一部分江湖游医。医界的混乱,无疑会降低医家在病家心目中的地位。医家地位贬低,病家对医家信仰的下降尚在其次,因为病家对医家之不甚信仰无非导致医家业务欠发达,尚不致危害到医家个人安全。更严重之处还在于,民国医界的混乱进一步激化了医患双方的冲突,由此而引发了众多的医讼案件,并对整个医界造成恶劣影响。若医师因不学无术、业务低劣而致病患身死,病家就此向司法机关提起诉讼,这未尝不是病家维护合法权益的办法。针对民国横行江湖的庸医,合理的诉讼要求也不失是对业医者的一种警醒和告诫,在某种程度上将有效防止庸医杀人的悲剧再演。严独鹤即肯定道:"如今有了'业务过失'这四个字,便可用法律对付。使医术浅薄的医生,知所儆戒。使心粗气浮的医生,知所审慎。这就实际上说,自

---

① 《开封国医公会呈控河南国医馆馆长陈松坪》,《光华医药杂志》第1卷第5期。

然是保障民命,有益社会。"①但就民国医讼案件的实际情况来看,一个颇为奇怪的现象是,民国医讼案件中绝大多数案件都以医师无罪而告终。② 换句话说,有大量的医讼案件是对医家的"无理控告"。《申报》的一篇文章评论说:"近年来医病纠纷,耳闻目睹,不知凡几。而大半是不合逻辑的,恃权欺人者有之,无理取闹者有之,藉端敲诈者亦有之。"③

作为医家,旦若遭遇讼案,难免对医家的业务和声誉造成影响。概而言之,其影响主要体现在三个方面:其一,因为讼案往往旷日持久,医家穷于应付,必然使医家本身的业务受到影响。其二,因民国刑诉法的不健全,地方官厅在接到病家控状之后,经常以"侦查"为由随意对医家进行逮捕、监禁,妨害医家人身自由。其三,媒体往往在不分青红皂白的情况下对医讼案件进行报道,并冠以"庸医杀人"的标题以夺人耳目,这给医家的声誉造成极大伤害。④ 以上三点无疑都使医家在诉讼过程中处于非常被动的地位,即使最终胜诉,然"庸医杀人"之声早已甚嚣尘上,医师声誉、业务无不遭到重大损失。在这种处境下,民国医师深为职业环境困扰,屡觉医权受到侵害而未得保障。

引发业医者职业忧虑的原因颇为复杂,除医疗诉讼造成的压力外还存在其他因素,比如同道间的相互攻讦、病家借病以诈骗钱财,恶意者居间挑拨等。这些因素无疑都会给民国的医界带来诸多隐忧,加重业医者的忧患意识。总的来看,民国的业医者面对着很大的职业忧虑乃是不争的事实。时人即注意到:

---

　　① 张少轩:《第三者之医讼观》,《三三医报》1931年第1期,第4页。
　　② 民国著名医家余云岫感慨:"诸君请起来看看! 医事纠纷的事情,月必数起,有的是病家和医家作对,有的是流氓和医家作对,有的是官吏和医家作对,有的是医家和医家作对,在暗中挑拨主持。统计起来,起码有一半以上是无理取闹的。"余云岫:《大家团结起来》,《医讯》1947年9月31日,第1页。
　　③ 《中国医学进步的一大障碍》,《申报》1935年5月16日。
　　④ 范守渊即对新闻纸的这种不失报道提出过批评,并要求报纸"在(医讼案件)未曾正式宣判之前,是非不明、真伪难分之时,万勿听凭原告片面之词而随便刊载,任意传布",以免作为病家的"宣传员","牺牲"了医家的声誉。范守渊:《这也算是一场诉讼》,《医事汇刊》1937年第9卷第1~2期,第9~32页。

病家在或种情况下,每图防害医生名誉,以及其他损害医生业务上种种行为。盛名所享,所见尤多。良因此道崎岖,人心不古,设果薄有虚名,业务稍形发展,则忌刻之徒,咸相睥睨。于是吹毛求疵,藉端寻衅,以逞其私欲者,或竟出于同道,攻人之短以炫己之长者,比比而然。矧因中医为形而上之学,聚讼所在,道旁筑舍,尤易授人乘虚攻击之柄。业医者更多未谙法律,遂致任人播弄,饮恨难伸。①

作为自由职业之一,医师资格的获取和执业行医需要得到政府的认可。反过来,医师无疑也需要政府提供一定的业务保障。虽然民国刑法、民法对普通公民的权利义务有较明确的规定,但医生因职业关系,若仅以刑、民法来加以界定便难免有失偏颇。宋国宾称:"所谓医权云者,有其特殊之立场,为普通人权所不能包括者焉。普通法律对于伤害、威吓,以及使用麻醉毒品,等等,皆须科以重罚。独医家则以业务之关系,对于上说诸项,绝无避免之可能,故医者为之,则决非犯法。虽然,此种现象,在医家虽有特殊之地位,而在法律则尚无规定之明文,于是医家乃日处于犯法之中,而无切实之保障矣。"②针对医界的混乱状况,民国政府虽有进行规范和管理的一系列条例和法规,但总的来看,效果并不突出。民国肇建后的很长一段时间,政府都没有针对中、西医生进行规范管理的法规出台。直到1922年3月,北洋政府内务部才颁布有《管理医师暂行规则》和《管理医士暂行规则》。南京国民政府初期,大体沿袭了北洋时期的医事法规,于1929年颁行了《医师暂行条例》。该条例除附则外,分为"总纲"、"资格"、"领证程序"、"义务"、"惩戒"五章,不过时人认为其内容失之疏略,尚不足以资医权之保障。③ 此后,国民政府虽又多次颁行相关的医事法规,但这些法规大多只强调对医家的管理,却并未对获得医师资格的正式医师的地位和权益提出明确的法律保障。甚至在1943年,国民政府公布的《医师法》中,医师的地位、权利及

① 沈凤祥:《病家毁坏医生名誉之刑事责任》,《光华医学杂志》第1卷第5期,第33页。
② 宋国宾:《医事建设方略》,《中华医学杂志》第20卷第7期,1934年7月,第961~966页。
③ 《全国医师联合会恳请保障医权》,《申报》1936年6月9日。

相关保障也未有提及。

在医疗行政体系未得真正建立前,医师的权益自然不可能得到真正的保障和落实。一方面,病家频频控告;另一方面,医师权益并未得到法律保障。如此一来,医师的职业忧虑可想而知。医师的这种忧虑在以下两个方面有明显的反映。其一,医师在治病时,为"避讼"起见往往"择病而医"。"择病而医"并非民国医家的发明,传统医家为避免遇到死症,"择病而医"亦是其常有手段。民国的医师虽然责任意识更强,但在毫无职业保障的情况之下,"凡执行医事者,咸具戒心,其为明哲保身计,遇疑难急症遑敢接受"。① 其二,民国医事团体中往往自发成立专门性的组织以维医权。在医师与社会的互动关系中,鉴于职业的困境,民国的医家往往团结在一起,并通过职业团体的运作来维护自己的权益。

## 二、民国医师群体保障医权的呼吁

出于职业忧患,民国获得执业许可的正式医师开始反思医权的失落并积极争取医权的保障。在对比民国其他自由职业法规与医事法规的基础上,民国医师意识到医权未得保障很大程度上要归咎于中国医事法规的不健全。

> 自政府奠都金陵以后,百废俱兴,其对于各职业团体,明定其保障之法律者,往往而是矣。独对于医业之保障,则始终未有明文之规定,于是全国医界,发生以下两种现象。权利无正式之保障,至不免外界之欺凌。一也。社会无确切之认识,至难得公理之昭著。二也。年来国内医界,纷乱异常,医家与医家之争执,医家与病家之纠纷,层出不穷,胜播人口,此无他,法律无切实之保障,故其应守之规则,应有之权利,不能自明,亦不能为人所了解也。于是一有事端,则社会之不满意于吾

① 上海市档案馆,卷宗号:Q109—1—1390,上海市参议会关于本市医院联合会请向政府建议保障医师人权的档。一篇署名"立信"的文章颇为无奈地说:"不久的将来,除了伤风咳嗽等无关紧要的病症,医师尚敢处方下药外,稍无把握的病症恐怕一般医师本于明哲保身的教训,都要婉言拒绝了"。立信:《如何处理医事案件》,《震旦法律经济杂志》1947年第3卷第11期,第154页。

道者,攻讦沓至,诽谤纷来。吾医界无如之何也。盖医业之情形,最为复杂。其所应守之规则,应享之利益,非普通法律之所能包括无遗。①

同样,时人将欧西先进国家医事法规与中国的医事法规两相对照,清楚看到西方医事制度的严密与中国医事法规的不健全。执业医家的医权不得保障即为中国医事法规不健全的表现。一篇名为《三民主义与医学》的文章提到:

> 各国的医师法规,对于医生所应享有的特殊权利,每每订得很详细精密。因为不如此医师对于职业上就在在的感觉棘手了!我国则不然,社会对于医师,既不能明了其应有之权利,而医生自身呢?也常常不知道他是应享有职业的特殊权利的。于是医权横遭掠夺,甚而至于连普通的民权都被渐渐侵蚀了。现在一二年来的医病纠纷,就可以知道,病家可以非法控告,官厅可以非法逮捕,非法监禁,这不是连普通民权都被侵蚀了的证据吗?②

确如所言,民国虽然相继出台了系列的医事法规,但大多只是针对医界混乱的情况进行整顿、规范和控制,甚少规定医师的特殊权益,缺乏对医权的保障。既然现行医事法规不足以保障医权,那么呼吁健全法规保障医权便成为民国医师保障医权努力的方向之一。宋国宾认为颁布保护新医的法规,实为保障医权当务之急。宋氏言:

> 医为职业之一,其关系于民族健康之前途者,至大且巨,故各国政府对于医师之产生,既有其严密之规定,而对于已开业之医师,则又尽其保护之责任焉。吾国政府则不然,于律师及政府之行政人员皆有保

---

① 《请全国医师联合会组织"医业保障委员会"以保障全国医界权利并处理各地医事纠纷案》,《医药评论》第6卷第2期,1934年2月,第9～10页。

② 《三民主义与医学》,《医药评论》第7卷第1期,1935年1月,第9页。

护之法规,于医师则无之,此甚不可解也。频年以来,医师有无罪而受人控告者矣,有无故而受官厅之非法逮捕者矣! 匪独无特别保护之可言,抑若普通人权而亦不能享受然者,凡吾国道,不将人人自危耶! 政府不欲新医之发展则已,若欲中国有独立之新医,则颁布保护新医之法规,实为当前之急务也。①

除呼吁颁行切实的法律以保障医权,民国医师群体基于自身职业前景与现状的考量,也积极推动其他各类医权保障措施的出台。全国医师联合会曾在二三十年代召开过四次重要的全国医师代表大会,各次会议上均有医权保障的提案,这些提案清晰地反映出民国医界对医权保障的构想。

1929 年 11 月,全国医师联合会召开首次全国医师代表大会。上海县医师会筹备会鉴于"医师暂行条例有罚则而无保障,殊违权利义务对待之旨",又"该条例第 20 条医师之义务规定极严,而全条例中关于医师应得之权利,如如何追偿病家诊金及医师在社会应得之地位等一字不提",故而提起大会电请中央收回《医师暂行条例》,从速颁布医师法明文规定医师对于国家及社会应尽何种义务,应享何种权利,以资职业保障。② 南京医师公会则提议"请卫生部确立保障医师法",要求"关于诊疗上之纠纷宜依据实习室之观察尸体解剖动物试验之结果以断定其是非曲直,不能以人情权势为转移。凡检举或告发者,经科学法律手段审查后认为有诬告之行为者应有反坐法以处分之"。③

1931 年,全国医师联合会召开第二次全国医师代表大会。其中与保障医权相涉的重要提案有:第 11 号提案,南京市医师公会提议"司法机关关于裁判医事纠纷时应征求当地医师公会之意见案"。④ 第 23 号提案,镇江县医师公会所提"拟请政府分别行知司法行政审判各机关关于医师与病家之诉讼应经所在地医师公会或法定之法医审查后始可决定事实"。⑤ 第 36

---

① 宋国宾:《医事建设方略》,《中华医学杂志》第 20 卷第 7 期,1934 年 7 月,第 961~966 页。
② 《医事汇刊》1930 年第 2 期,1930 年 2 月,议案,第 12 页。
③ 《医事汇刊》1930 年第 2 期,1930 年 2 月,议案,第 13~14 页。
④ 《医事汇刊》1931 年第 9 期,1931 年 11 月,提案,第 6 页。
⑤ 《医事汇刊》1931 年第 9 期,1931 年 11 月,提案,第 14 页。

号提案,汪企张代表上海市医师公会所提"在国内有法庭并律师公会之区域由医师公会或会员组织医事护法机关保障人权"。①

1934年全国医师联合会第三次全国医师代表大会上,为保障医业权利、减少医事纠纷,上海医师公会代表提案拟由全国医师联合会组织"医业保障委员会",其职务为:(1)收集各国关于保障医业之法律,条例,著作,详细审核以为规定保障医权条例之参考。(2)拟具条例大纲,贡献政府,以为将来规定医业保障法律之参考材料。并促其早日颁布。(3)成立医事仲裁机关,以处置各地医事纠纷之案件。② 广州市医师公会则考虑到其时"一般社会人士,尤以军政界人,因不明了病理转归及预后之变幻不常,且往往以意气用事,对于无权无力之医师,加以强力恫吓,压迫羁押",故而提议请切实保障医师业务执行,非依法不得逮捕、监禁、处罚。③ 安徽怀甯医师公会则虑及"我国法律仅有医师惩治法,并无保障法",提议"请求制定医师保障法案"。④

1936年,全国医师联合会第四次全国代表大会召开,考虑到"各地会员团体或以省县当局任意苛定条例横征暴敛为苦,或以公安人员恣肆威福滥施职权为累,对于业务上精神上之损失,难以缕述",联合会决议"恳请通令各级主管官吏,以后各地于单行医事卫生法规颁布以前,应就近邀请当地医师公会,派员列席,贡献意见,采纳订定,庶几无偏无倚,易于实行。更请严令公安当局,慎毋滥施职权,对于正式医师,不得逮捕拘禁,或审问处罚等,以崇医业,而重医权"。⑤

通过全国医师联合会四次全国代表大会的提案,可以看到保障医权乃是30年代中国医界的重要议题。在南京国民政府医师保障法规未得制订颁行之前,医界职业团体在推动医权保障方面扮演着至关重要的角色。职

---

① 《医事汇刊》1931年第9期,1931年11月,提案,第23页。

② 《请全国医师联合会组织"医业保障委员会"以保障全国医界权利并处理各地医事纠纷案》,《医药评论》第6卷第2期,1934年2月,第9～10页。

③ 《保障医师业务之执行非依法不得逮捕监禁处罚案》,《医事汇刊》1934年第18期,第90页。

④ 《请求制定医师保障法案》,《医事汇刊》1934年第18期,第101页。

⑤ 《全国医师联合会吁请保障医权》,《申报》1936年6月9日。

业医团一方面积极向政府建言,推动出台相关的医师保障法规,另一方面亦着眼于医师行医实践中所面临的具体问题,试图构筑起较全面的保障体系。

民国医师群体自发保障医权的各种努力中,有两个方面的实践颇有成效,影响较大。一是各类医业保障团体的组织及其在医讼案件参与过程中对医师权益的维护与保障。二是1946~1949年间,针对医师身体自由不得保障的状况,民国医师群体发起了"医权保障运动",较集中地反映了民国医师群体要求职业保障的诉求。

## 三、医业保障团体的组织及运作

医病纠纷的屡屡发生给被讼医家造成较严重的影响,医家辛辛苦苦建立起来的声誉可能就此毁于一旦。为保障医家权利,民国医界遂有医师业务保障委员会的成立。中华医学会医师业务保障委员会(简称医业保障委员会)成立于1933年,是中华医学会下设的一个专门委员会。中华医学会成立于1915年2月5日,会员多为留学英美归国或英美教会在华创办医学校的毕业生,该会是民国影响最大的全国性西医学术团体之一。1933年,中华医学会下设医师业务保障委员会,首任主席为宋国宾,委员会成员有牛惠生、金宝善、谷镜汧、庞京周、徐乃礼、王完白。医师业务保障委员会组织大纲规定委员会设委员七至九人,任期二年,得连选连任,委员由中华医学会理事会聘任,并且互推常务委员。常务委员互推一人为主任委员,一人为秘书,处理日常事务,召集委员会议,开委员会议及于必要召集临时会议时均由主任委员召集。委员会委员按事实分组,每组设正副主任,负初步审查之责,其审议报告书于委员会决议。医师业务保障委员会任务主要有以下四项:1. 审议会员申请审议事项;2. 审议公私机关团体委托审议事项;3. 研究及检讨有关于医事法律各问题事项;4. 向政府建议有关医事业务规程之修整事项。① 根据业务保障委员会的运作实际情况,该委员会也有相应的调整。1935年12月,业务保障委员会议决在有中华医学会分会之地方

---

① 《国内医界动态:中华医学会业务保障委员会组织大纲草案》,《上海医事周刊》1947年13卷18期,第3~4页。

设立业务保障委员会分会。① 1937 年时，业务保障委员会委员已增加为十人，并改主任委员为主席，由大会指定，负召集开会及处理临时发生案件之责任。其任务则更为明确，主要表现在处理纠纷及关注取缔非法行医及不正当医界行为方面。任务有六点：1. 处理会员与同道之纠纷。2. 处理会员与病家之纠纷。3. 处理病家诊金之欠付事务。4. 劝告及警戒江湖医生。5. 建议政府提高医权。6. 建议政府取缔有关医药界之一切不正当行为。通常情况下，业务保障委员会接受会员报告医病案件之后，由主席召集委员会先付审查。若遇必要时，得征求其他专家意见。如认该请求会员确无错误时，得为之具文该地法院，或代延律师辩护，设案情迫切，可由主席酌量情形，随时全权办理。②

　　业务保障委员会最主要的工作集中在维护医师权益方面，特别是在会员遇到医事诉讼时，委员会需针对具体情况及时向法院申明医务界的态度和观点，并协助出具相关医疗鉴定。1935 年 9 月，业务保障委员会出版了《医讼案件汇抄》第 1 集，是书由该会成立以来所处理的案件略加整理汇录而成，"凡一案之事实，两造之讼辞，本会保障之文，法官判决之令，咸于是具焉"③。汇抄收集的案例最早起于 1934 年 2 月，止于 1935 年 7 月，收录该会一年多时间处理的医讼案件 21 起。1937 年，该会又出版了《医讼案件汇抄》第 2 集，收录该会参与的医讼案件 7 起。④ 除此二书集中收录的医讼案件外，该会参与的医讼案件还有很多。如 1939 年该会参与 2 起医讼案件的处理。⑤ 1946 年 9 月至 1947 年 5 月，该会参与处理了 7 起医讼案件。⑥ 就所处理的这些医讼案件来看，业务保障委员会维护医师权益的努力是显

---

① 《医药评论》第 133 期，第 8 卷第 1 期，1936 年 1 月 15 日，第 45～46 页。

② 《中华医学会业务保障委员会办理细则》，中华医学会业务保障委员会编：《医讼案件汇抄》第 2 集，1937 年，第 181 页。

③ 宋国宾：《医讼案件汇抄序》，载宋国宾编：《医讼案件汇抄》第 1 集，中华医学会业务保障委员会印，1935 年。

④ 中华医学会业务保障委员会编：《医讼案件汇抄》第 2 集，中华医学会业务保障委员会印，1937 年。

⑤ 富文寿：《民国廿八年理事会报告》，《中华医学杂志》第 26 卷第 7 期，1940 年 7 月，第 627 页。

⑥ 《中华医学杂志》，1947 年 12 月，第 357～358 页。

而易见的。以1939年处理的2起案件为例,据该委员会报告分别如下:一、西安广仁医院唐文贺医师,因病人死于手术后肺痉塞,曾被病家举控,经业务保障委员会向司法当局提出关于技术上之意见后,唐医师在地方及高等法院咸获胜诉。二、上海人力车夫互助会盛今彦医师,曾询问业务保障委员会,其所诊治腘窝动脉瘤一例,病家诉其玩忽业务是否有法律根据,该委员会当即予以援助,而该案未经起诉即告解决。① 再如1946年9月,病人罗廷左臀部患痈毒一处,延高茂山医师出诊,当验得罗廷原患第二期肺结核,与因痈毒影响而生心肌炎症,诊断结果认为应行切开排脓。得其妻罗朱氏许可后,乃施行十字型切开排脓手术,经过良好。次日往看体温降至卅九度(事前曾高至四十四度),脉搏减少,精神转佳。第三日,罗朱氏邀请高茂山医师前往出诊,至其家始知罗廷已死。罗朱氏以高茂山医师业务上过失致人于死之罪提起诉讼。中华医学会业务保障委员会在接到南昌市医师公会及高茂山来函及附件后,当即将全案送法医孙逵方医师审查,经孙逵方医师鉴定,出具鉴定说明,略谓欲要治罗廷心肌炎及热性脓肿,必须切开排脓施行手术及使用局部麻醉,其诊断上并无错误,施行手术亦无不当,局部麻醉药似不能认为失当,至手术数日后死亡,系意外危险,并非使用麻醉药过量或手术上错误。医师只应负诊治当否之责任,不应负意外危险之责任等语。业务保障委员会随即将此说明书抄寄高医师以备应用。正是在中华医学会业务保障委员会的努力下,最后高茂山医师免予被诉。②

除具体参与医讼案件外,业务保障委员会也积极从事医讼案件及其相关问题研究,为公正合理地解决医讼案件、整顿医界、维护医权正当权益提出建议。如1935年初,业务保障会曾呈请司法部明令各地法院关于医病讼案应请国内正式医学机关鉴定,呈请司法部明令各地法院关于医病讼案应请正式法医剖验以明真相。此外,对于其时医界盛行的虚伪夸大广告,业务保障委员会一方面定期召集新闻界负责人先以口头劝告其不得登载江湖医

---

① 富文寿:《民国廿八年理事会报告》,《中华医学杂志》第26卷第7期,1940年7月,第627页。
② 《中华医学杂志》,1947年12月,第357~358页。

药广告,另一方面对登载有此类广告的医师提出警告和约束,随时注意检举,以免此类广告鱼目混珠愚惑社会。①

中华医学会业务保障委员会无疑是民国时期医界业务保障最有影响力的机构,但民国时期致力于医师权益保障的机构并不仅限于此。其他如上海医事纠纷委员会和上海市医师公会医务保障委员会也是类似于中华医学会业务保障委员会的机构。抗战结束之后,上海市医师公会积极筹备复员,该会于1945年底奉命整理,1946年3月召开成立大会。1946年会10月16日,上海医师公会会同上海市医院联合会及中华医学会上海分会共同发起成立医事纠纷委员会。按其章则,医事纠纷委员会宗旨为"审议上海市医事争议及有关法律问题各事项,贡献意见以备公私各界之参考"。该会设委员九人,三团体理事长为当然委员,其余六人由三团体常务理事中各推二人担任,委员任期均以三团体理事任期为依据。同时,医事纠纷委员会设常务委员三人,分别由三团体理事长担任,主席委员则由常务委员相互推定。此外为便于咨询,该会还聘请法律及法医专家若干人为常年顾问。为研讨医事争议,专设有内科、外科、病理细菌、儿科、产妇科、眼科、耳鼻咽喉科、肺科、泌尿科、骨科、理疗科、药物科、皮肤花柳科、精神病科及其他共十五个专门委员会。章则规定遇有医事纠纷事件发生时得由主席委员或常务委员临时召集会议,由常务委员斟酌情形提交某科或有关各科专门委员共同研讨,或在征求顾问之意见后,再提交委员会作一共同决定,期于医事法律不相抵触。②

除医事纠纷委员会专门处理医疗讼案外,1946年10月29日,上海市医师公会还成立有医务保障委员会。③ 医务保障委员会设委员九人,以常务理事为当然委员外,其他由理事会就理事中加推四人组织之,任期为一

① 《中华医学会业务保障委员会开会记事》,《医药评论》第7卷第3期,1935年3月,第41页。

② 《上海医事纠纷委员会章则》,上海档案馆,Q1—16—114:上海市政府卫生局关于上海医事纠纷委员会文件。

③ 《上海市医师公会三十五年份工作总报告》,上海档案馆,Q6—5—455:上海市社会局上海市医师公会卷,第2册。

年。同时,委员会设常务委员三人,互推一人为主委,负召集开会及处理临时发生案件之责。医务保障委员会的任务主要在调解会员间及会员与病家间的纠纷。① 医务保障委员会成立后,会员因业务发生问题时,由医务保障委员会办理,倘引起医事争议已成法律问题,则由医务保障委员会将全案转交医事纠纷委员会继续处理。② 医务保障委会员成立后,积极参与医事纠纷的调处。自 1947 年 6 月至 10 月底的 5 个月间,医务保障委员会共调处医事纠纷 10 起。③ 1947 年 11 月至 1948 年 3 月底的 5 个月间,该委员会再处理医事纠纷 8 起。④ 医务保障委员会参与的这些调处活动无疑是其作用与价值的重要体现。

## 四、医权保障运动的兴起(1946—1949)

民国时期医家面临的困境颇多,所欲争取的权益范围也非常广泛。譬如医家的诊金、用药的标准、处方的规范、医事纠纷发生后医家的自由、声誉、反控的权利等问题都令医家颇感困扰。特别地,在医患之间产生纠纷,警察机关介入侦查过程中,警察机关往往会对医师及护士骤加羁押,这种做法不仅妨碍医家身体自由,而且无形中也对医家的名誉造成损害。针对警察机关贸然羁押这一情况,民国医家在 40 年代中后期发起了"医权保障运动"。

因对医疗责任的认定不清,民国病家往往在治疗失效后对医家提出控告。警察机关则因侦讯关系,时常将医师及护士等骤加羁押。如此一来,医家不但名誉受损,也往往因羁押而不能再受理业务,影响其他病人。医家对此种控告颇感无奈,尤对警察机关听信病家片面之词,贸然对医师施行羁押多有意见。1947 年间,上海医院联合会、医师公会等团体纷纷向上海市参

---

① 《上海市医师公会医务保障委员会办事细则》,上海档案馆,Q6—5—455:上海市社会局上海市医师公会卷,第 3 册。
② 《上海市医师公会三十五年份工作总报告》,上海档案馆,Q6—5—455:上海市社会局上海市医师公会卷,第 2 册。
③ 《秋季会员大会秩序册》,《医讯》第 1 卷第 4 期,1947 年 10 月 30 日,第 5 页。
④ 《春季会员大会秩序册特刊》,《医讯》第 1 卷第 7 期,1948 年 4 月 30 日,第 6 页。

议会提出议案,恳请对医家身体自由予以保障。1947 年 6 月 6 日,上海市医院联合会致电上海市参议会称:

> 以病者天命难逃,或遇奇突变态,非人力所能挽回,遂致不治身亡。病家未先考求致死因素,一味诿诸医师之过失,诉于法院。而法院依据刑章先行羁押,再事侦查,在法律程度上原无可厚非。而近得之反响则有如下述:一、执行医事之医师负治病之使命,绝非死者唯一之对象,身失自由则其它病人必受牵制,陷入停顿,甚至其它危急之症或继之不治。二、如医师罪行初涉嫌疑,尚未确定,即先羁押,则兔死狐悲。举凡执行医事者,咸具戒心,其为明哲保身计,遇疑难急症遑敢接受。三、现今医务人才颇感缺乏,政府正在竭力培植,如无切实保障,莘莘学子势必裹足莫前,欲求造就全民族保健配比人才恐将因此不能达成。覆按法院必先有羁押之举,不外防其逃亡消灭证据或罪嫌重大端,此在法理上固属应尔。若就实际言,法律不外乎人情则又尽可变通。盖医师有其固定地址职位,凭借身份经严格考覆取得政府执照,方能问世,非若其它自由职业任意转移,易于遁逃。况罪行未定更无逃亡之必要,病者既死,无论是否因手术或药剂之错误,只有剖验而判断,毋虑如普通杀人消灭其证据。至罪嫌果属重大亦莫非过失于法难恕于情可原,其与一般过失杀人究有区别,据此以论是医师触犯罪嫌似可毋庸先行羁押,至为明显。本会深恐后者之不获变通,势必引起前者不良之后果,心所谓危,难安缄默。特电恳钧会俯察与情,建议政府保障医师亦即保健全民族,今后如遇医师因涉过失杀人嫌疑在其罪行未经确定以前,应予交保免先羁押,以资保障而重人权是则幸甚。①

同年,为保障医师公会会员身体自由及维护业务,上海市医师公会委托

---

① 《上海市参议会关于本市医院联合会请向政府建议保障医师人权的档》,上海市档案馆,卷宗号:Q109—1—1390。

会中庞京周、范守渊两参议员在市参议会开会期间提出提案,请对医疗人员身体自由和业务保障。庞、范两人在提交的"请市政府转饬市警察局所属保障医事人员身体自由案"中称:

> 医生对于病家,莫不竭智尽忠,悉心诊治,以求病人之痊愈。遇有因病情严重,治疗失效,而致死亡者,在所难免。然病人之家属,每有因感情冲动,或别有企图,罔顾事实,窃以"庸医杀人"一类罪名向本市警察局所属各机关贸然控诉,警察机关亦以侦讯关系,每将医师及护士等骤加羁押。此种情形,医师对于病家之死亡,如系过失致死自有其个人对于法律上之责任。在是非不白,责任未明之前,即将医师护士等加以拘押,则医师所有之诊疗工作,及医院内全部医务,势必停顿,其他所治病人,既无法诊治,影响市民健康甚巨,应否请市府转饬注意保障医师个人自由,谨请公决。①

无论是上海医院联合会的建议,还是医师公会的提案,持论的依据除了贸然羁押给医家及病患造成重大影响外,其核心点恐怕还在案件尚处于侦查阶段,孰是孰非尚未分明,随意羁押有违法理。针对这一问题,医师公会提交的提案给出的办法是"办理类似此种案件之警察机关应注意事实经过,切勿以病家一面之词而加以拘押。如医生有因过失致死之嫌,应饬原告人正式向法院提起控诉。如警察局认为案情重大者,亦应准予交保先行释放,以免影响其他病家。"②由于该提案甚合情理,上海市参议会于卫字第 8 号通过此案。1947 年 8 月,上海市政府训令警察局遵照执行。

据相关的资料来看,警察机关对医师及护士贸然羁押的情形在民国时期应是较为普遍的现象。这种情况不仅在上海频发,在广州、重庆等地也时

---

① 《上海市参议会请市政府所属保障机构医疗技术人员身体自由的档》,上海市档案馆,卷宗号:Q109—1—167。

② 《上海市参议会请市政府所属保障机构医疗技术人员身体自由的档》,上海市档案馆,卷宗号:Q109—1—167。

有发生,从而引起当地医师群体的抗议。以广州为例,因为医案纠纷所引起之诉讼或无理拘押事件,层见叠出,使得业医者人人自危。医家凡是遇及"病症危难沉重者,与自觉其可能引起医案之患者",颇多忌惮,不敢贸然施医,因此病家最佳救治之机会,或因延误而死亡。为此,1948年,广州兴起了"医权保障运动"。广州多家报刊曾刊载牙科医学研究会副会长池方《医权保障运动》一文,倡行医权保障。池氏从法律之角度立论,提出两点意见:

> 其一,医师因业务上关系而致人死亡或伤害者,在刑法上属于业务过失,其罪较普通过失为重。但所谓过失之解释,在刑法第十四条为"应注意,能注意,而不注意",惟究竟何者为"应"为"能"为"不",自当以各种业务之学术进度及当时之实际情形以为断。查医学在各种技术中较为繁难复杂,且吾人知识范围有限,近代医学进步,日新月异,倘一旦发生医案诉讼,则恐非司法官或法医师少数人所能正确鉴定者。为慎重罪刑及保障医事人员业务起见,本人以为苟有此类事件发生,应由公私立医学机构团体,或该业务法团,共同加以缜密之研究,然后根据其事实处断,方足以成信。

> 其二,查刑事被告,依刑法诉讼法之规定,非经合法传唤,或犯罪嫌疑重大,而无一定住所,或有逃亡之虞等法定原因者,不得径行拘提或羁押。又执行拘捕或逮捕,应注意被告之身体及名誉。查依法执业的医事从业人员,均有其职业上之身份,居所,及领有法定之执业证明文件自无逃亡之虞,依照上开各法条,则其罪既未经上开之医术机关证明之前,自不应遽加拘提,或羁押以保障其身体名誉,纵其间具有必须拘提或羁押之原因者,为保障人权起见,亦应励行交保付保,以符立法本旨。①

显然,问题的关键仍在司法机关对医师轻意"拘提羁押"。池氏立足于

---

① 池方:《医权保障运动》,《牙科学报》1948年第2卷第8期,第13页。

刑法认为司法机关之举，显然有违刑律，系对医家人权之侵犯，进而要求司法机关切实执行法律，以使医事从业人员得合法之保障。

总的来说，时人注意到刑法"业务过失"罪事实上导致了医家业务的调整，而在医师的业务过失未被法院以确定的裁判正式认定以前，医师是推定为无罪的，医师的身体，自由和名誉都应予以适当的保障。就身体与自由言，即指警察机关不得随意拘提或羁押，而就名誉言，则更多指其时的媒介在案件审结前不应作耸人听闻的报道，毁坏医家极为看重的声誉。一篇署名"立信"的文章就指出：

　　有罪裁判未确定前，医师不应被警署检察或司法机关羁押。现行刑事诉讼法以被告有第七十六条所定之情形且有必要者为限，得予羁押。第七十六条列举之各种情形中，以无一定之住居所或有逃亡之虞最为适用，医师均系有正当职业及地位之人，自非第七十六条所谓无一定之住居所或有逃亡之虞之人。关于此点，似应由医业团体呈请司法行政最高当局通令全国法院对于医师为刑事被告之案件一概勿予羁押。

　　有罪裁判未确定前，报章不得记载医事案件之内容。医事案件大都无理取闹或出于泄愤之目的，通常均以检察官不起诉处分或法院无罪判决而终结。可是一经报章披露，医师名誉已受打击，终身贻人口实。同时，病人或其家属，抓住这个弱点，往往以诉讼为要挟工具，假如医事案件禁止记载，是非真相，必有大白之一日，医师亦不畏与病家对簿公庭了。这一点似应在出版法内设法补充。①

中医方面事实上也面临着同样的问题。1947年上海参议会期间，中医师陈存仁也提交"保障医师身体自由"一案，并获通过。1948年春，重庆中医师公会春季会员大会经会员医师一致提议，"佥以本市应援照上海市参议会参议员陈存仁提请通过之保障医师身体自由一案成例分向渝市当局申

_____

① 立信：《如果处理医事案件》，《震旦法律经济杂志》1947年第3卷第11期，第154页。

请准予依照施行"。① 1948 年 3 月 8 日,南汇县参议会开第四次大会,参议员中医师张延仁提出"请县政府转饬警察局所属保障医疗人员身体自由案",并有张秉陶、徐秋琴两中医师联署,最后此案也获南汇县参议会一致通过。②

"医权保障运动"意图所在多集中于司法机关之执法不得对医师径行"拘提羁押",但显然医权保障的范围并不囿于此。民国医师群体保障医权的呼声已久,但从实践来看,政府行政举措与医界理想之间差距明显,效果不甚理想。1948 年全国医师公会第二次大会上,上海医师公会曾针对"医师治病不愈或死亡,病家辄诬之于法,报章辄诬为庸医杀人"的老问题再次提出议案,要求政府保障,免致医师及社会损失。提案办法如下:

　　甲、呈请司法院及司法行政部(一)明令各法院遇有医病纠纷案件,承办之推检,应注意医师之身体名誉职业而多加保障。(二)遇有医学上稍涉专门之问题必须详征专家意见。(三)案件尚未三审判决确定以前对于医师不得轻作不利于被告之任何处置。(四)如遇含有敲诈性之告诉人应谕知诬告之责任。

　　乙、呈请行政院社会部新闻局指令各地新闻界嗣后遇有医事纠纷案件在法院未判决以前,请勿随意刊登庸医杀人等妨害医师之名誉标题。

　　丙、建议立法院修改有关法令,今后如遇医病纠纷案件应采用专家陪审制度以昭郑重。③

---

　　① 上海市档案馆,Q109—1—167:上海市参议会请市政府所属保障机构医疗技术人员身体自由的档。

　　② 《医讯:南汇县参议会决议"保障医疗人员身体自由案"》,《南汇医学月刊》1948 年第 2 卷第 6 期,第 2 页。就张延仁所提议案来看,此案与上海市医师公会向上海市参议会提请之议案于行文、内容上几乎全然雷同,唯一不同处可能就在于提案对象一是向上海市参议会,一则是向南汇县参议会。显然,张延仁的议案受到上海市医师公会提案影响甚巨。

　　③ 《一般事件提案六件》,《医讯》第 1 卷第 6 期,1948 年 2 月 29 日,第 8～9 页。

上海医师公会提案给出的办法无疑全面集中地反映了其时医界"医权保障"运动的目标所在,然而回顾民国医界医权保障的进程,不难发现,民国医家面对的问题基本没有改变。执业医师们除可以医师公会等医事团体为奥援外,他们直接面对的社会、律法、病家并没有显著的差别,医师的担心与焦虑同样未曾得到缓解和消除。

## 第三节 医事鉴定机构的科学化与制度化

### 一、从仵作到法医

宋理宗淳祐七年(1247),湖南提刑充大使行府参议官宋慈总结融合前人成果,写成《洗冤集录》一书。这本著作内容包括检验总说、疑难杂说、初检、复检、验尸、四时变动、验骨、自缢、溺死、自刑、杀伤、火死、跌死、服毒及其他各种死共53项,可谓集古代检验法之大成。《洗冤集录》自问世以来便受到历代官司检验的重视,成为官司检验的重要参考。清康熙三十三年(1694),大清律例馆更是组织人力对《洗冤集录》进行修订,考证古书达数十种,定本为《律例馆校正洗冤录》(即后世惯称之《洗冤录》),"钦颁"全国,要求各地"永远遵行"。① 沈家本称"凡职斯役者,莫不习之,非此书无以决难决之狱,是以群奉为圭臬焉"。② 在西洋近世检验方法传入中国并对其形成挑战之前,《洗冤录》无疑是清代审理刑狱、司法断谳的金科玉律。

以《洗冤录》为指导,清代形成了以一套仵作验尸的司法检验制度。虽

---

① 《律例馆校正洗冤录》,又称校正本《洗冤录》,即后世惯称之《洗冤录》。刊于康熙33年(1694),多以单行本刊行,或将此书附于大清律例之后。卷一为总论;卷二为各种窒息死、损伤和烫伤;卷三为中毒、病死、急死、诸种钝器伤与雷击死;卷四论急救。该书是大清律例馆以宋慈著《洗冤集录》为主,以王明德《洗冤录补》为辅,采各家之书汇编而成。《洗冤录》经刑部颁行后,成为清代法医检验中不可侵犯的官书。该书问世后,清代就不再有单独著述的系统法医学著作。参见李经纬、程之范主编:《中国医学百科全书》,医学史卷,上海科学技术出版社,1987年,第213页。
② 沈家本:《王穆伯佑新注无冤录序》,《历代刑法考,附寄簃文存》,中华书局,1985年,第2215页。

然根据清制,司法检验主要由各州县官负责,①但因地方官缺乏足够的训练,并不具备验尸所要求的专业技术及实践知识,往往倚重仵作验尸。② 仵作在清雍正年间成为规制。雍正三年,清政府允令各地招募仵作,"大州县额设三名,中州县二名,小州县一名。仍各再募一、二名,令其跟随学习,预备顶补"。与之同时,清政府还规定了仵作的养成办法,"各给《洗冤录》一本,选委明白刑书一名,为之逐细讲解,务使晓畅熟习,当场无误。将各州县皂隶裁去数名,以其工食分别拨给,资其养瞻"。③ 除"州、县平日督令仵作悉心讲读《洗冤录》"以外,该府、州必须对仵作"每年提考一次",根据考核结果分别予以奖惩。考试的办法是"令每人讲解《洗冤录》一节,如果讲解明白,当堂从优给赏。倘讲解悖谬,即分别责革,饬令勒限学习及另募充补"。④

仵作验尸制度在清末司法改良时始有变化。新政期间,部分地方督抚注意到检验于司法之部最为重要,但却操之于地位低下的仵作之手,甚为不合,故而要求改良。⑤ 宣统元年,清政府正式下令建立检验学习所,改仵作

① 清律规定,检验应由各级"正印官"负责,对于检验之法,"凡为牧令悉当留心,讲究熟习",凡遇报命案,应"传集仵作刑书,单骑简从,亲经相验"。田文镜:《钦颁州县事宜》,引自郭成伟主编:《官箴书点评与官箴文化研究》,北京,中国法制出版社2000年版,第117页。但在"正印官"公出之时,则可委近县的正任官代验。若邻县遥远,或亦他出,方许派通判、县丞等官,但不得滥派杂职,通判等官验尸后,仍由正任官负责审判。大清律例曾有规制:"黔、蜀等省遇有命案,其府、州、县原无佐贰,及虽有佐贰而不同城者,印官公出,准令经历、知事、吏目、典史等官,酌带谙练仵作,速往如法相验,写立伤单report明,印官回身查验填图通报。"(清)吴坛:《大清律例通考》,马建石、杨育堂等校注,中国政法大学出版社,1992年,第1102页。关于清代的司法检验制度可参见瞿同祖:《清代的地方政府》,法律出版社,2003年;闫晓君:《清代的司法检验》,《中国刑事法杂志》2005年第5期。
② 瞿同祖的研究提供了一幅通常的验尸图景:许多州县官都力图避免接触尸体,只是坐在远远的棚子里,而将检验完全交给仵作。他们仅仅根据仵作所报称的检验发现逐一登记在表格上。然后要求仵作签押,具结保证没有疏漏和虚伪之事。瞿同祖:《清代的地方政府》,法律出版社,2003年,第200页。
③ 清高宗敕撰:《清朝文献通考》卷二十三职役三,商务印书馆,1936年,第5055页。
④ 马建石、杨育棠主编:《大清律例通考校注》,中国政法大学出版社,1992年,第1103页。
⑤ 光绪三十四年(1908年),东三省总督徐世昌和吉林巡抚朱尔宝曾联衔奏请举办检验吏学习所,改各属原设仵作为检验吏并比照吏员给予出身。奏折称"刑事案内之检验于司法部中最为重要……例载各州县分别繁简额设仵作名数,各给洗冤录一部,选明白刑书代为逐细讲解,由该管府州随时提考,立法本极周详,惟是仵作一项旧例视为贱役,稍知自爱者每不屑为……刻吉省审判检察各厅以次成立,现拟于高等审判厅内附设检验学习所一区,调各属识字仵作并招考本省20岁以上聪颖子弟若干入所肄习,除洗冤录应行研究外,附课生理剖解等学,择其普通浅近关系检验者,派员逐日讲解,并陈列骨殖模型标本以资目验,定期一年毕业,发给文凭,分派各州县。承充仵作改名

为检验吏并给予出身,具体做法是"调取各属识字件作,并招考本省二十岁以上聪颖子弟若干名,责令检察长督同入所肄习。仍照例各给洗冤录一部,派员讲解"。与原有件作的培养方式稍有不同的是,检验吏除以《洗冤录》为必习课程外,对"生理、解剖等学,亦应择其普通浅近关系检验者附入课程,并陈列骨殖模型标本籍资考证"。此外,考虑到件作地位低下,人所贱视,清政府亦同时"饬部核议准将检验吏即原设件作作照刑科吏员一体给予出身"。② 钦旨颁行后,奉天、云南、吉林、贵州、闽浙等地奉旨陆续开始筹办检验学习所,不过办理效果却不理想,更谈不上借此革新旧有司法检验。③ 推究原委,清末司法检验的变革徒具其表,检验人员的选拔考核、所习知识体系没有根本性变化乃是改良停滞不前的主要原因。虽然检验吏学习所也讲授部分生理、解剖常识,但清季官方仍反对进行尸体解剖,检验仍停留在体表层面。检验人员虽改"件作"之名为"检验吏",地位由"役"变为"吏",但其学识、水平、检验方法一仍其旧,没有实质性变化。另外,各地筹设检验吏学习所之时,清政府已危如累卵、情势危急,政局困顿之中,地方政府自然无暇顾及其余。

民初及北洋时期基本沿袭清政府做法,在各省分别设立检验学习所,培植司法检验人员,但情况仍不尽如人意。南京国民政府成立前夕,陶彙曾在《中国司法制度》中谈到检验吏时曾说:

> 检验死伤疾病原因的事务,旧由件作行之。现在法院及审判处县知事兼理司法公署常设检验吏,仍多以件作充任。宣统元年,奉天提法

---

为检验吏,优给工食并比照刑书一体给予出身以资鼓励。"《东三省总督徐世昌吉林巡抚朱家宝奏吉省创设检验学习所等摺》,《政治官报》第 335 号,光绪三十四年九月初七。

② 《法部会奏议覆东督奏吉省拟设检验学习所改件作为检验吏给予出身摺》,《大清法规大全·法律部》卷八,台北,考正出版社,1972 年,第 1884～1886 页。

③ 《东三省总督锡良奉天巡抚程德全奏筹设检验学习所请将经费作正开销折》,《政治官报》第 697 号,宣统元年八月二十二日。《护理云滇总督沈秉堃改件作为检验吏给予出身片》,《政治官报》第 780 号,宣统元年十一月十五日。《吉林巡抚陈昭常奏吉林创办检验学习所并开办日期折》,《政治官报》第 821 期,宣统元年十二月二十七日。《贵州巡抚庞鸿书奏筹设检验传习所大概情形折》,《政治官报》第 917 号,宣统二年四月十二日。《闽浙总督松寿奏筹设检验学习所办法折》,《政治官报》第 1025 号,宣统二年八月初二日。

司曾奏准筹设检验学习所,宣统二年改称高等检验学堂,民二民八先后续办。别省设立同样学校的还少。①

各地办理情况各异,造成司法检验人员参差不齐,因此到陶氏撰文的 1926 年前后,大多数地方仍然由旧式仵作充任司法检验人员。就陶氏的观察推论,北洋时期的司法检验基本还是沿用传统验尸旧法,实际尊奉的也还是《洗冤录》。②

尽管司法检验一仍其旧,但从清末到民国,知识精英不断对旧时司法检验提出质疑和批评。特别是伴随近世西方法医学及司法检验制度的传入,③知识精英基于近代西方科学知识,以近代法医学理论为指导,逐渐对《洗冤录》及传统检验制度有了全新的认识。正是在这种批评和否定声中,司法检验的近代化渐成共识。

就司法检验的从业人员来看,司法检验主要操持于仵作与检验吏。这两类人员都存在素养低下、能力不足的问题,这无疑影响到司法检验的准确并左右司法公正。沈秉堃在改仵作为检验吏给予出身的奏折中就称,仵作地位低下,"自好者多不屑为",身充其役者,多不学无术,以致平时则"误执伤痕,颠倒错乱,不一而足;若遇开检重案,无不瞠目束手"。④法部在倡议改仵作为检验吏并给予出身的奏摺中,也直指仵作的"椎鲁无学":

---

① 陶彙曾:《中国司法制度》,上海,商务印书馆,1926 年,第 40 页。

② 虽然北洋时期在司法检验上仍以《洗冤录》为主要之依据,不过其时的司法检验在尸体解剖的规制上还是有所突破,这是近代法医史上值得肯定的事件。

③ 1835 年,美国传教士医生彼得·伯驾在广州开设"眼科医局",因位处十三行内的新豆栏街,故又称"新豆栏医局",这通常被视为近代西医来华之始。1850 年英国传教士医生合信出版《全体新论》,是近代中国第一部完整地介绍西医解剖学的著作。是书出版后,"远近翕然称之,购者不惮重价",影响颇大。1899 年,江南制造局出版了由傅兰雅、赵元益翻译的《法律医学》(*Principles of Medical Jurisprudence*)一书,这本书原本由英国惠连(Wm. A. Guy)与弗里爱(David Ferrier)合著,共十四卷,附图一百八十七幅,是近代中国第一部译印出版的西方法医学著作。书中详细介绍了辨验人身、男女、年纪、辨验亲子、辨验尸体、死因的各种方法与原理。

④ 《护理云滇总督沈秉堃改仵作为检验吏给予出身片》,《政治官报》第 780 号,宣统元年十一月十五日。

---

检验之法,外国责之法医①,中国付之仵作。法医系专门学问,必由学堂毕业,于一切生理、解剖诸术确然经验有得,始能给以文凭,故业此者自待不轻,即人亦不敢贱视。而仵作则系其党私相传授,率皆椎鲁无学。平昔于宋慈洗冤录一书,句读且难,遑论讨论。各该州县既视为无足重轻,故例内所载选明白刑书逐细讲解,及由该管府州随时提考之事,历久几等具文。②

法部的态度很大程度上显示了清政府对清季司法检验人员的不满。也正因为清政府业已注意到仵作能力低下所造成的严重后果,故而才有改仵作为检验吏谋求改良的做法。显然,清政府在司法检验领域的"中"、"西"对比中已意识到近代"专门学问"的重要性,将此观念反求诸己,就很容易发现仵作的培植机制不健全导致其水平低劣,完全不敷应对近代司法检验的变革。

不仅司法检验人员的基本素养欠缺,传统检验制度的另一大问题是,司法检验奉为圭臬的《洗冤录》本身即不乏谬误之处。若再以之为指导进行司法检验,反倒可能造成冤假错案。③ 自清末西方解剖学和法医学传入之

---

① 台湾学者张哲嘉曾认为宣统二年(1909)《贵州巡抚庞鸿书奏筹设检验传习所大概情形折》中最早使用了近代"法医"一词,但显然,庞鸿书的奏折是对清政府法部议覆吉省设立检验学习所并"通行各直省一体遵照"后的回应。宣统元年二月二十二日(1908 年 3 月 24 日)法部所作《法部会奏议覆东督奏吉省拟设检验学习所改仵作为检验吏给予出身摺》中就已开始使用"法医"一词,这一用法较庞氏早一年有余。另就庞鸿书奏折中的叙述来看,无疑也是引自该折。另外,王佑、杨鸿通在1908 年曾合译日本警视厅石川贞吉所著《东西各国刑事民事检验鉴定最新讲义》,取名《实用法医学》,亦有采用"法医"一说。不过,上述皆不是最早使用"法医"一语者。就笔者所见,清末学者吴汝沦(1840—1903)在壬寅六月十二日(1902 年 7 月 16 日)《与李亦元》的信中便使用了"法医"一语。虽不敢言此法为最早,但却较上述提法早了数年。分别参见北京图书馆编:《民国时期总书目(1911—1949)》,书目文献书版社,1985 年,第 279 ~ 280 页;吴汝纶:《与李亦元》,《吴汝纶全集》第 3 册,黄山书社,2002 年,第 396 ~ 397 页;张哲嘉:《"中国传统法医学"的知识性格与操作脉络》,《中央研究院近代史研究所集刊》第 44 期,2004 年,第 1 ~ 30 页。

② 《法部会奏议覆东督奏吉省拟设检验学习所改仵作为检验吏给予出身摺》,《大清法规大全·法律部》卷八,台北,考正出版社,1972 年,第 1884 页。

③ 自《洗冤集录》问世,历代即有不少学者对《洗冤集录》进行订正、注释和增补。清代即出现了《洗冤集补》、《洗冤录集证》、《洗冤录详义》、《洗冤录解》、《洗冤录备考》、《律例馆校正洗冤录》、《洗冤录详义》等著作,这些订正与增补工作本身即说明司法检验知识需要不断更新和完善。不过这些补正性的著作大都以《洗冤集录》为蓝本作细节的完善与补充,其原则与方法也不出《洗冤集录》之范畴,并不对其构成实质性的挑战。

后，国人在观察西方检验制度的同时，以西学知识体系为参照，逐渐对《洗冤录》提出质疑。吴汝纶观察日本的医学集会后就感慨道：

> 东京医家集会者近百人，可谓盛会。而弟所心服者，尤在法医。法医者，检视生死伤病以出入囚罪，近年问刑衙门获益尤多。吾国所凭《洗冤录》忤作等，直儿戏耳。①

与吴汝纶的判断大致类似，沈家本也注意到，在清末"向见为西学者，深诋《洗冤录》之无当于用"。② 不过可以肯定，这一时期的"为西学者"大多只是简单地对比中西，附会他说，很少真正在学理上对《洗冤录》提出驳斥。③ 第一位以近代法医学理论为基础，对传统法医学提出的质疑的是王佑。王佑留学日本，1908 年曾与杨鸿通两人合译日本警视厅石川贞吉所著《东西各国刑事民事检验鉴定最新讲义》，取名《实用法医学》。他在对朝鲜本《平冤录》的考订中，以近代法医学的观点对传统检验的某些问题提出过质疑和批评。④ 到二三十年代，近代法医学著述日益增多，学者对《洗冤录》的驳议也越来越多。1924 年，同济大学欧本海（Dr. Oppenheim）博士撰写了《对

---

① 吴汝纶：《与李亦元》，《吴汝纶全集》第 3 册，黄山书社，2002 年，第 396～397 页。

② 沈家本：《王穆伯佑新注无冤录序》，《历代刑法考·附寄簃文存》，中华书局，1985 年，第 2217 页。沈家本并不否定《洗冤录》的意义，沈氏认为《洗冤录》由"数百年经验而成"，应"固者通之，疑者析之，缺者补之，伪者正之，辨别疑似，剖析毫釐，并荟萃众说，参稽成牍"。对比西学，沈氏主张"汇通"，他认为"中说多出于经验，西学多本于学理"，"经验与学理，正两相需也"。

③ 这一时期西方解剖学及法医学著述已经在中国刊行，同时，因为领事裁判权的原因，租界早已有近代西式的法医检验实践，这给中国士人提供了观察和对比"中"、"西"的机会。清末，陈其元曾感受到中西方对人体解剖看法的差异："同治壬申春，余在上海县任，闻英国领事官某病卒。适因公事出城，过其门，见洋人聚集甚众，以为送殓也。然外国例：死者不吊。因使人问之，则曰：'领事以嗽疾死，医士以为必嗽断一筋所致，故剖其胸腹视之。人之聚观以此也。'向来外国人身死，若医士不能悉其病源，则必剖割视之，察其病所在，乃笔之书，家人从不之阻，亦并无以为戚者。余阅《南史》：沛郡唐赐饮比村唐氏酒还，得病，吐蛊二十余物。赐妻张从赐临终言，剖验五脏，悉皆糜碎。尚书顾觊之议张忍行剐腹，子副又不禁止，论母子弃市。刘勰争之不能得，诏：如觊之议，垂为科例。由外国观之，张氏母子岂非冤死哉！"参见（清）陈其元：《庸闲斋笔记》，近代中国史料丛刊续辑，117，台湾文海出版社，第 200 页。从官方的举动上看，清政府在清末的司法改革中并没有否定《洗冤录》的权威性，而只是对忤作进行改良。

④ 沈家本：《王穆伯佑新注无冤录序》，《历代刑法考·附寄簃文存》，中华书局，1985 年，第 2215～2217 页。

于洗冤录之意见》一文，系统讨论了《洗冤录》的优点、缺点及谬误之处。1932 年，林几考虑到司法界和未经现代法医学系统训练的检验人员中，《洗冤录》的影响仍然很大，因此特别在司法部法医研究所开设了《洗冤录驳议》课，用现代法医理论和技术对《洗冤录》进行系统的辩驳。①

另外，制度建设的滞后也是近代检验弊病百出的症结所在。近代以来，声、光、电、气各学齐头并进，司法案件的复杂性已远超以前，旧有《洗冤录》因认识论上的缺陷，已无法对既有案件作充分、准确的阐释。但传统检验制度依然抱守残缺，以致无法适应新的需要，这反过来又使得检验工作停滞不前。清政府将《律例馆校正洗冤录》"钦颁"全国，要求各地"永远遵行"，这种将检验书籍法令化的做法并不利于法医检验的进步。一方面，因有法令化的官书，地方官或检验人员在检验实践中往往形成一套错误的理念，即只要完全遵行规定程式进行检验，即便出错，也可逃避罪责。道光朝的姚德豫在《洗冤录解》中就批评经刑部审定、皇帝批准的检骨图格，称"官以其执有成书，无可穷诘，以致案悬莫结者多矣"。② 另一方面，书籍法令化的做法也使得司法检验严格束缚在颁布的条令框架之中，导致检验人员墨守成规，以致"延至今日，犹凭藉于千余年前宋人经验所录，非科学之洗冤录，以为刑检之蓝本"。③

最为敏感的尸体解剖则更能说明制度制约的问题。国人受"身体发肤，受之父母，不敢毁伤"及"医乃仁术"等观念的影响，对人体解剖学不甚了解，传统法医检验只能以尸表检验为主，不允许对尸体进行剖验。1884年，清廷海军士兵李荣被日本警察殴打致死，中日双方官员莅场，请外国医师进行解剖鉴定，才是中国司法解剖之始。但此次解剖验尸仅是个别性事件，并未影响到中国的司法检验制度。光绪二十九年颁布的《大学堂章程》

① 郑钟璇：《林几教授和他的〈洗冤录驳议〉》，《法医学杂志》1991 年第 7 卷第 4 期，第 145 ~ 148 页。有关林几对《洗冤录》的驳斥，亦可参见闫晓君：《出土文献与古代司法检验史研究》，文物出版社，2005 年，第 249 ~ 253 页。

② 姚德豫：《洗冤录解》道光二十年，转引自贾静涛：《中国古代法医学史》，群众出版社，1984年，第 116 页。

③ 林几：《最近法医学界鉴定之进步》，《中华医学杂志》第 12 卷第 3 期，第 221 页。

指出:"在外国尚有解剖学、组织学,中国风俗礼教不同,不能相强,但以模型解剖之可也。"①民国肇建,民国政府于 1912 年 4 月颁布了《刑事诉讼律》,该律法注意到"非解剖不足以断定犯罪之事实真相者,例如中毒致死案件,非实验尸体或解剖断不能举示证迹",故而明文规定"检验得发掘坟墓,解剖尸体,并实验其余必要处分"。但同时,该律又指出:"解剖究属非常处分,非遇不得已情形不宜草率从事。"②直到 1913 年,经汤尔和提议,北洋政府内务部颁行《尸体解剖规则》,规定对死体死因不明及无主之尸体,认为有对剖验研究之必要者,得施剖验,才使得尸体解剖得到国家制度的保障。不过因受传统观念的影响,正常的尸体解剖往往受到干扰,进展不顺。

　　传统检验制度存在的种种缺陷导致检验的不确,不仅不能保障司法公正,更造成司法案件的复杂化。因检验吏自身能力的欠缺,加之其所宗奉的又是"洗冤不足,沉冤有余"的《洗冤录》,势必导致许多检验结论疑团丛生,给案件的审理带来负面影响,民国时期"王佐才暴死案"和"江苏无锡刘案"均因对尸检结论的争议成为轰动一时的疑案。③ 在此背景下,知识界对比西方尸体检验制度的高效精准,深感旧时仵作验尸制度的不足,纷纷呼吁推进近代法医事业以利司法之进行。④

## 二、近代法医事业的推进

　　近代法医业的推进,关键体现在对法医人才的造就和养成上。传统司法检验之所以不尽如人意,原因就在于司法检验操之于素养不足的检验吏之手,因此欲求司法公正,首当其冲的问题便是培养法医以取代检验吏。早在

---

①　《奏定大学堂章程》,舒新城编:《中国近代教育史资料》中册,人民教育出版社,1981 年,第 592～593 页。

②　《刑事诉讼律》,商务印书馆,1913 年,第 50 页。

③　王佐才案及无锡刘案可参见《验尸要闻》,《民国医学杂志》1923 年第 1 卷,第 76 页。《江苏无锡刘案之汇志》,《民国医学杂志》1924 年第 2 卷第 1 期,第 46 页。

④　1926 年,部分医界人士即向司法部上书,要求废除旧法验尸作为改良司法的一项重要措施,并提出具体的建议:"先在司法部设立卫生专处,筹设法医专校,召取医学毕业生若干名,使之学习法医,聘请病理名师、法医专家、为之指导;并参与各地剖验,从事实习。更须设药学专科,造就裁判化学专员。数年之后,人才辈出,不患用无其才矣。"整个民国,法医的数量一直不敷满足司法检验的需要,因此造就法医的呼吁几乎贯穿了整个民国。

民初,时人即已意识到"裁判医学"的重要性,因此在医学教育中引入相关课程。1912 年 11 月,教育部规定医学专门学校的课程共设 48 门,内中列有系统解剖学、局部解剖学、病理解剖学、裁判医学、裁判医学实习等近代法医学课程。① 药学专门学校则设有裁判化学、裁判化学实习及细菌学、药品鉴定学等相关课程。② 1915 年,国立北京医学专门学校及江苏、浙江省立医药专门学校也列有裁判医学课程,药科则列有裁判化学课程。同年 9 月,教育部公布的"高等文官考试命令"规定,医学专科第三试科目中有法医学一科,制药专科第二试科目中有裁判化学,第三试科目中有裁判化学实习。③ 不过,这些都只是在医、药学课程上增设法医学的相关课程,所培养的学生也非以"法医"为目标,"法医学"并没有独立出来成为专门的学科。④

　　至 20 世纪 20 年代,培植法医人才以应司法之需的呼声日渐高涨。究其原因,一方面固然是因为地方司法中的传统检验方法确有亟待改良的必要,另一方面则也明显受到 20 年代收回领事裁判权的刺激。早在清末,因领事裁判权的关系,在租界即有采用西法以法医作司法检验。20 年代,西方列强借口"中国司法不良",企图继续维持治外法权。在此背景下,医、法两界人士纷纷提出司法改良,发展法医学的要求。近代法医学之父林几博士就曾专门撰文讨论《司法改良与法医学之关系》,明确提出"改良法医应成为司法革新目标之一",他同时也注意到当时法医人才的培养极不理想,"在各地国立或省立医校,亦未设有法医学专科。就是北京医科大学,亦不过把他附在病理教室,作为一门功课而已",故须急速"栽培法医学专家"。⑤ 1925 年,浙江高等审检两厅为养成法医专门人才,以充实地方司

---

　　① 《教育部公布医学专门学校规程》,1912 年 11 月 22 日部令第 25 号,《中华教育界》1913 年 6 月号,法令,第 80~82 页。
　　② 《教育部公布药学专门学校规程》,1912 年 11 月 22 日部令第 26 号,《中华教育界》1913 年 6 月号,法令,第 82~83 页。
　　③ 贾静涛:《世界法医学与法科学史》,科学出版社,2000 年,第 277 页。
　　④ 据《第一次中国教育年鉴》统计,民国初年有医学专门学校 15 所,并未见有专门的法医学校。周邦道:《第一次中国教育年鉴》丙编,教育概况,开明书店,1934 年,第 151~152 页。
　　⑤ 林几:《司法改良与法医学之关系》,晨报社编辑处:《晨报六周纪念增刊》,1924 年 12 月 1 日,第 48~53 页。目下的法医史的论著,多比附成说,认为林几 1924 年在《北京晨报》发表《收回领事裁判权与法医学之关系》一义,提出了上述意见。然查 1924 年《北京晨报》并无该文,估为本文之误。

法,筹备委托医学专校开设法医专习班。① 1926 年,部分医界人士向司法部上书,明确要求将废除旧法验尸作为改良司法的一项重要措施,而达此目标的关键即在培植法医人才,具体做法是"先在司法部设立卫生专处,筹设法医专校,召取医学毕业生若干名,使之学习法医,聘请病理名师、法医专家为之指导;并参与各地剖验,从事实习。更须设药学专科,造就裁判化学专员。""数年之后,人才辈出,不患用无其才矣"。② 总的来说,当时的法医教育基本上沿着上述思路在努力,只是其效果离"人才辈出"的设想相去甚远。

南京国民政府成立之后,司法改革的任务更为迫切。鉴于法医人才的严重缺乏,法、医两界不断呼吁要求设立专门学校,以养成法医。1928 年,安徽高等法院检察处以"各院县死伤案件检验失当,罪刑出入定谳难求,为病民害事之最",因而致函京津,希望能派遣法医一名,但结果却是一吏难求。鉴于法医人才的缺乏,安徽高等法院检察处提出,"非筹设法医学校不足以养人才,非养成检验人才不足以言救济"。③ 江苏省政府及江苏高等法院也向中央政府提交了《速养成法医人才提案》,中央政治会议经审议交中央大学办理。在此背景下,林几鉴于"我国国宇辽阔,人才缺乏,各地医师分配尚未普及(何况法医)","今为应时势之要求,此项人才之栽培及实验室之建设,更属刻不容缓",受托完成了《拟议创立中央大学法医学科意见书》,向国民政府提出发展法医学教育事业的系统方案,建议在上海、北京、汉口、广州、重庆、奉天等地建设六个法医专科,培养法医人才,兼及法医鉴定工作。④ 因中央大学法医科未克办成,这项计划未能实施。1929 年初,浙江高等法院院长呈拟在浙江医学专门学校附设法医专修班,俟学生毕业后分发各法院服务,并提高其待遇。此一方法得到司法行政部的赞赏,1929 年 7 月,司法行政部即刻训令在全国推行,通饬各省高等法院仿办。⑤ 1930 年 7 月,司法行政部接受中央卫生委员会第二次全体大会关于培植法医人

---

① 《浙省请设法医专习班》,《法律评论》1925 年第 87 号,第 9 页。
② 《致司法部之呈文》,《民国医学杂志》1926 年第 1 期,第 2 页。
③ 《安徽高等法院检察处请设法医学校》,《法律评论》1928 年第 6 卷第 10 号,第 9～10 页。
④ 《拟议创立中央大学法医学科意见书》,《中华医学杂志》第 14 卷第 6 期,1928 年,第 205 页。
⑤ 《法部再促各省筹设法医专修班》,《法律评论》1930 年第 7 卷第 42 号,第 15 页。

才改进国内法医事业之决议案,再度令饬各省高等法院在各省立医药专门学校内附设法医专修班,一再令催各省务必克期筹设。① 不过,哪怕只是在现有医校的基础上附设法医专修班,也是困难重重。除少数几省有所响应外,"所有华北各省多因经费困难师资缺乏,并未一体筹办。"②法医人才极度匮乏的状况并未得到明显改善。

1930 年,林几博士在北平医学院首建法医学教研室,既办案件,又培养人才。1932 年,北方诸省,由冀、鲁、晋、豫四省高等法院共同委托北平大学医学院利用该学院法医学教室之人员与设备筹办北平法医人员养成所,以养成下级法医检验人员,招考曾卒业于各医学之助手、练习生及旧检验吏,授以法医学基础学识,藉供各级法院检验人员之需。③ 迨至 1934 年,教育部始颁令规定国内各大学及专门以上学校课目,法医一门,列为医科之必要科,并法科之选科,近代法医学教育之基础于此方才奠立。④

培养人才的同时,南京国民政府也试图建立近代法医检验机构,其中成绩最为显著的当属法医研究所的设立。1929 年,司法行政部委派孙逵方筹备法医研究所。1930 年,司法行政部所设上海第一特区地方法院法医筹备处,选址真茹,决定自建验尸所及医院。⑤ 该项工程仿照巴黎法医检验所样式,于 1930 年 9 月开始修建。⑥ 1930 年 11 月 3 日,司法行政部训令法医研究所筹备主任孙逵方前往美、法、意、德、比、瑞士、西班牙等国考察法医事业,兼采办仪器。⑦ 1932 年,林几教授奉司法部之命接任筹备。1932 年 8 月 1 日,"司法行政部法医研究所"正式成立。⑧ 法医研究所主要任务是培养法医人才,承办全国各地法医检验,开展科学研究。按其设立之初的计

①　《司法行政部推行法医事业》,《法律评论》1930 年第 7 卷第 47 号,第 16 页。
②　《部令冀鲁晋豫筹设法医人员养成所》,《法律评论》1932 年第 9 卷第 31、32 号,第 21～23 页。
③　《部令冀鲁晋豫筹设法医人员养成所》,《法律评论》1932 年第 9 卷第 31、32 号,第 21～23 页。
④　宋大仁:《中国法医学简史》,《中华医学杂志》第 22 卷第 12 期,1936 年 12 月,第 1273 页。
⑤　《法医筹备处将自建验尸所》,《法律评论》1930 年第 7 卷第 41 号,第 13 页。
⑥　《上海法医检验所剋期成立》,《法律评论》1930 年第 8 卷第 12 号,第 29 页。
⑦　《法部派员往各国考察法医》,《法律评论》1930 年第 8 卷第 6 号,第 24 页。
⑧　《司法行政部设法医院研究所》,《法律评论》1932 年第 9 卷第 47 号,第 30 页。

划,主要分三期进行,第一期专办检验工作,第二期将创设学校以造就法医专门人才,第三期则办理科学警察,并设立精神病院,将来人才充实后,并拟在南京汉口等处逐步设立分所。①

法医研究所是中国历史上第一个由政府设立的法医学鉴定机构,该所除负责鉴定全国各地法院送检的疑难案件外,还负责培训医学院的毕业生,毕业后就任各省、市法院的法医师。1933年夏,法医研究所开始招收医师为研究员。规定凡在国内外专门以上学校修习医学或化学期满得有毕业证书者得入所研究,招收名额暂定10名,一年半结业,发给法医师证书,派往各地法院服务。② 1934年12月,第一届学生毕业17名,由司法行政部发给法医师证书,分发各省服务,可谓中国近代法医师之始。除陈伟、鲍孝威二员,经宪兵司令部调回,于锡蛮、陈安良二员经广东高等法院聘用,陈康颐一员经法医研究所呈准留所服务,均毋庸分发外,其余诸生全部分配至全国各地从事法医工作。③

1933—1935年,林几就职两年半期间,"检验案件亦有数千起"。林氏后"因患十二指肠溃疡,便血月余,不堪再负重任",故而卸任法医研究所所长职,由司法行政部派孙逵方继任。④ 1935年5月11日,曾在法国留学多年的孙逵方在法医研究所宣誓就职,接任法医研究所所长。

1936年,鉴于法医学之范围愈为广泛,"解决一切案件,自非一二人之学力所能胜利,应集合多数人之专门学问,始能应付一切",司法行政部乃以法医研究所为主体,聘请国内名流成立"法医学审议会"。⑤ 法医学审议会划分内科、外科、理化和病理学四组,每组设组员若干人,正副主任各一人,组员及正副主任由常务委员会提名。经全体大会推定,第一组正主任富

---

① 《法部筹办法医研究所近闻》,《法律评论》1931年第8卷第37号,第25～26页。

② 《司法行政部法医研究所研究员章程》(1932年12月17日),司法行政部公报处:《司法行政公报》,1932年,第23～24期,第43页。

③ 其中,吕瑞泉、陈礽基分发江苏,汪继祖、蔡炳南分发浙江,张积钟、张树槐分发山东,谢志昌分发湖南,张成铠分发广西,李新民分发河北,蔡嘉惠分发河南,王思俭分发湖北、胡师瑗分发四川服务。《法部分发法医研究所第一届毕业生》,《法律评论》1935年12卷第16号,第16～17页。

④ 《法医月刊》1935年第14期,第76页。

⑤ 《法医学审议成立大会》,《中华医学杂志》第22卷第9期,第800～802页。

文寿,副主任邝安坤,第二组正主任曹晨涛,副主任王逸慧,第三组正主任赵承嘏,副主任曾广方。第四组正主任孙逵方,副主任郭琦元。法医学审议会并设办事员若干人,得调用法医研究所职员兼任,其职务由常务委员分配。该会委员有邝安坤、富文涛、乐文照、牛惠生、曹晨涛、朱恒璧、赵承嘏、曾广方、王逸慧、沈成武、潘承诰、孙逵方、郭琦元、颜福庆、翁之龙、金宝善、柳世昌、胡宣明、余岩,顾问为胡正祥、李清茂、胡懋廉、刘永纯、程慕颐、陈鸿康、梁翰芬,①皆一时之选,显示出该所在法医鉴定领域的权威地位和宏大抱负。遗憾的是,该会成立不久日军即全面侵华,法医研究所被毁于日军飞机轰炸,研究所被迫迁往重庆歌乐山。②

总的来看,尽管南京国民政府试图推进近代法医事业,并于30年代逐步确立近代法医制度,但就全国的司法实践来看,其效果不甚理想。各省法医训练办理有限,再加之中国地方广博,法院与时俱增,以致整个民国时期“法医人才终感不敷分派”,“各省县司法机关,仍不免有以旧时检验吏充任者”。③ 1945年抗战结束后,虽然法医事业得以继续推行,法、教两部甚至还联合制订了法医人才五年训练计划,以栽培法医师和司法检验员。④ 中央大学医学院也于1945年春受法部委托,用科学方法设班训练司法检验员。但由于国民政府在大陆统治的后期政治腐败,法医人员待遇低下,前途莫测,“有志法医者均裹足不前,而已造就的法医师亦相率离去”,至全国解放时,中国法医人才仍寥寥无几。⑤

## 三、民国法医事业的困境

民国造就法医人才的意图无非是以近世西方科学检验取代传统以《洗冤录》为指导的旧式检验,以确保司法审理的公正和威严。尽管在30年

---

① 《法医学审议成立大会》,《中华医学杂志》第22卷第9期,第800~802页。
② 黄瑞亭:《中国近现代法医发展史》,福建教育出版社,1997年,第414页。
③ 魏立功:《我国法医概况》,《中华医学杂志》第25卷第12期,1939年12月,第1066~1067页。
④ 林几:《二十年来法医学之进步》,《中华医学杂志》第32卷第6期,1946年6月。
⑤ 陈康颐:《中国法医学史》,《医史杂志》1952年第4卷第1期,第6页;贾静涛:《世界法医学与法科学史》,科学出版社,2000年,第278页。

代,近代法医制度已经基本建立,民国的法医事业可谓小有成就,但如果注意到民国司法检验的地方实践,则不难发现民国的司法检验却是检验吏与法医"新旧并存",不仅旧法检验未予破除,且因其余绪所在,以致使新式法医不得独立。

民国的法医数量甚少,法医"不敷任用,偏僻之区,因陋就简,在所不免"。① 法医在数量上根本无法与检验吏相提并论,这致使法医在地方司法检验系统中只能居于"边缘",作用大受影响。据1935年全国司法会议的统计,全国曾在学校受检验教育的检验人员仅147人,旧式检验人员则有559人,几乎是法医的4倍。各省检验人员统计数据详见表6.2。

表6.2　1935年全国各省检验人员概况表②

| 省别 | 曾在学校受过检验教育者 | 以仵作改充者 | 随同刑幕老吏学习检验者 | 合计 |
|---|---|---|---|---|
| 江苏 | 29 | 20 | 3 | 52 |
| 浙江 | 8 | 33 | 44 | 85 |
| 安徽 | 2 | 11 | 10 | 23 |
| 河南 | 1 | 61 | 42 | 104 |
| 福建 | 4 | 21 | 6 | 31 |
| 河北 | 7 | 12 | 3 | 22 |
| 湖南 | 11 | 49 | 8 | 68 |
| 陕西 | 2 | 27 | 46 | 75 |
| 察哈尔 | 2 | 10 | 4 | 16 |
| 山西 | 25 | 24 | 49 | 96 |
| 湖北 | 28 | 5 | 24 | 57 |
| 江西 | 12 | 14 | 26 | 52 |
| 东省特区 | 5 | | | 5 |
| 黑龙江 | 11 | 4 | 3 | 18 |
| 合计 | 147 | 291 | 268 | 706 |

---

① 万友竹:《法医论》,《社会医报》1931年,第153期,第2432页。
② 明仲祺:《我国法医前途的展望》,《东方杂志》第33卷第7号,第185页。

从充任检验人员的来源上看,真正在学校受过检验教育的数量极少,全国仅
147 人。各省方面,数量最多的江苏省也不过 29 人,遑论内陆及边疆省份。
若将为数不多的新式检验人员平均分派至各地方法院,各省所得不过三四
名,市即不敷任用,至于县以下僻远之地,司法检验显然不能冀望于法医。一
旦这些地方"有命案发生",就只能"凭仵作检验之报告,为唯一之根据"。①

　　整个民国时期,法医匮乏的问题一直存在,多数地方司法检验实际上都
操控在旧式检验人员手里。这些检验人员不是以仵作改充者,就是随同刑
幕老吏学习者,大多数都是从旧体系中"转型"而来。他们虽在由"旧"转
"新"的过程中学习了一些近世科学检验的皮毛,但其"学问"与方法的根柢
还是《洗冤录》中的那一套,因此严格地讲,他们中的大多数人并不具备近
代法医知识。因法医甚少,实力微弱,而旧体系下的旧式检验人员依然存
在,这就形成了民国司法检验人员"新"弱"旧"强的格局。林几 1946 年的
评论就颇能说明问题,林氏说:


　　　　惟一般检验员皆罕受科学之训练,其学识多出于旧式仵作私人之
　　传授,虽法冤录之尸表征象,亦常疏忽不明。适国内法政学校多缺法医
　　学讲座,致法官对新法检验既难得悉,旧法皮毛亦全不知。于是一遇检
　　验尸伤,概委诸检验员之手,遂至案多冤抑,讼累莫决,故此时实乃吾华
　　检政最困难时期,亦即新旧检法学术交替之时代也。②


虽然林几把"新旧交替"这一时期视为"吾华检政最困难时期"颇值得商榷,
不过这样的评论出自一位法医学权威之口,倒确实能反映当时法医及法医
学尴尬无奈的处境。

　　在科学医学发展日新月异的时代,多数地方司法检验尚处在以《洗冤
录》为指导的旧体制之中,这种制度设置与实践的不一致极易引发冲突。
特别自 30 年代以降,西医已渐成为近代医疗卫生事业中的中坚力量,这就

---

① 坚匏:《为培植法医人才进一解》,《社会医报》1932 年,第 180 期,第 3499～3500 页。
② 林几:《二十年来法医学之进步》,《中华医学杂志》第 32 卷第 6 期,1946 年 6 月。

引发了一个问题,若有牵涉西医的案件,则难免出现以旧式检验之法评骘新式西医的做法(如前述安徽宿县赵光元案),这不但无助于案件的公正审理,也易引起西医群体的抗议与反对。如果这种以检验吏评骘西医的做法反映了民国时期因法医数量不敷任用的无奈,那么那些已有法医的地区,司法检验是否就比较理想呢? 揆诸史实,其答案也不尽如人意。

相较于旧式检验人员,法医在当时可谓鹤立鸡群,其知识储备、检验技术都较旧式检验人员更胜一筹。不过,恰是这种"卓尔不群"使得法医在介入长期由检验吏与法官合作的司法检验领域时,不可避免地陷入了复杂的"权势"斗争。旧式检验吏与法官身处既定的社会环境中,都构筑起了各自的利益链条,而法医的介入无疑打破了原先的"共生"关系,从而引发社会关系和司法秩序的重建。在此重建过程中,检验吏和法官基于传统的知识结构、认知观念、社会关系甚至是个人利益,无疑会以苛刻的眼光注视着法医,审视各自与法医的关系。

就法官与法医的关系来看,法官欲求司法公正、审理有度,本应倚重法医为其奥援,不过事实并非如此。民国部分法官存在素养不足的问题,他们对法医学缺乏了解,反将《洗冤录》奉为圭臬。另外,法医工作较为严谨,操作繁琐,又自视甚高,曲高和寡,不为法官欢迎,造成法官多偏信检验吏而不信法医的局面。姚致强就观察到:

> 内地法医之工作,并不甚多,主要系验烟验伤及疑难之验尸(内时有精神病鉴定,奸犯鉴定等)。普通验伤验尸,尚委之检验吏。彼等出去验尸,并兼带书记官及庶务职务,在法官甚觉便利。而法医则因地位上之关系,曲高鸣寡,自与不同。且法医验尸,务求详细精确,有时尚藉种种之器械,费时较多,决不含糊了事,在脑袋冬烘之法官,反觉有所不便。……有些法官,对于洗冤录之旧说,反倒头头是道,信若圭臬。而与之谈法医学,则目瞪口呆,信疑参半,这或者缺乏科学知识之故。并且内地民众,对于解剖一层,目为残忍,有时甚不易施行。①

---

① 姚致强:《近年来我国法医之鸟瞰》,《社会医报》1933 年,第 190 期,第 3961 页。

法医自视为"科学菁英"的恃才傲物反倒成了民国法医在司法实践中的障碍,这很是有些"木秀于林,风必摧之"的味道。而另一方面,民国法医的不得志似与法官对"科学检验"的信仰不坚也有莫大的关系。司法改良本应是一个系统性的工程,如果没有相关司法人员观念与意识的革新,仅依靠法医的努力实际并不能真正改变旧有的检验体制,也不能直接促进司法的进步。法官对法医的"信疑参半",不但折射出民国地方司法实践中系统性改革的困难,也反映出民国社会对"法医价值"的认识实际上也相当浅薄。总的说来,虽然民国的社会风俗与思想观念较晚清已相对开明,但传统习俗与既定观念对司法检验仍影响深刻。诚如姚氏所言,法官对法医尚"信疑参半",而民众于"解剖一层,目为残忍",致使其"不易施行",1924年上海地方的解剖实践就颇能说明这一问题。

1924年,上海地方法院检察厅检察长车显庭"每感法院检验工作尚沿《洗冤录》之旧说,检验吏之臆断以折狱,疑点既多,冤抑难免",认为"检验之手续,不若解剖之完备",故而委托同济大学病理教室和宝隆医院订立验尸契约,办理法医疑难案件,为期一年。① 这项工作本来极具进步意义,然而因为当时社会习惯难以接受尸体解剖,却遭到社会一般人士的误解与反对。律师陈奎棠称在《申报》上发表文章攻击说:

> 今日之验尸倘无《洗冤录》以相参考,以相检验,则委托该医校剖解以明冤宜也。而今参考之书昭昭具在,乃必舍我千年沿用惯常之经验,一变而为解剖。无论解剖之所得,未必胜于检验。即或胜之,而人民心所勿欲,被害之家属,壅以不闻,纵欲为之洗冤,亦何冤之可雪? 况遗尸遗骨,既为习惯所重视,又为法律所保护,徒欲雪死者之冤,以致检验死者之尸,事实出于万不得已。今若死者之冤,可无庸毁坏其尸体,即依我固有之检验,已可昭雪无疑,乃亦必舍检验而从事解剖,是奚啻

---

① 《代与陈律师论法医剖验书》,余云岫:《医学革命论集》,上海,社会医报馆,1932年,第244~250页。

疾视尸体之完好，而故意毁损之哉？①

《申报》刊发陈氏是文本身就颇能传递出社会舆论的态度。尽管陈文出台之后，即遭到余云岫等现代西医的反对，黄胜白甚而指斥陈文"与今日科学背道而驰，荒谬达于极点"。② 以今日的眼光视之，现代派的西医在论战中高举"科学"的大旗，自然赢得论争的胜利。然而颇为吊诡的是，由于尸体解剖与传统观念扞格不入，由此引起的社会风潮使上海地方法院倍感压力，检察厅最终以经费问题为由不再继续，"科学"检验却是向传统作了妥协。

法医不仅与法官关系复杂，挟"科学"之威的"新"式法医的赴任更是引起旧式检验吏的恐慌，从而引发"新"、"旧"的竞争和矛盾。这种竞争既是职业饭碗的竞争，同时也是两种新旧不同的检验方式、认知观念的冲突。法医姚致强在苏州亲历的一件事，就颇能说明法医与检验吏之间势如水火的态势。

> 有一次发生一可疑命案，为郑重探究起见，检察官请我同去。该尸系一妇人，昨夜尚吃晚饭，康健如恒。其夫为一纱厂中工人，夫妇二人，各卧一床，房中并无他人。据其夫供称，于早晨五时，我呼伊起床煮饭，视之已气绝。该尸之外表所见，体格中等，营养佳良，颜面稍肿胀，呈紫红色……余一见知系窒息，但同去尚去一检验吏，则云颈部之痕，以就眠时未将衣领解松压迫而成，其死因为产后血崩。余当时以既两说各岐，恐不足以信群众，乃主张解剖，但后尸母再四不愿，检察官只得含糊了事。内地民众之知识幼稚也如此，可胜感叹。而当时检验吏，竟联络一苏州野鸡日报，妄向法医攻击，如"结果徒劳了尸体，其责任谁负之"，"何苏州之多事耶"其立言甚不值识者一笑。但其他各报，则甚同情，且有誉法医办事甚精细审慎者，舆论界乃有此种现象，可叹！可叹！自此以后，余再绝对不愿与检验吏同出，在法官以为中西合璧，犹新医

① 陈奎棠：《陈律师请弗剖验之呈文》，《申报》1925 年 7 月 16 日。
② 《代与陈律师论法医剖验书》，余云岫：《医学革命论集》，社会医报馆，1932 年，第 249 页。

与旧医之会诊,实则根本水火不相容,无从合作。处此过渡时代之法医,实最不易对付一切,解剖一事,在内地甚不易举也。①

民国司法机构改良的本意,是欲以法医来弥补检验吏的不足,以求能"中西合璧"。但在民国的基层司法实践中,"法医"与"检验吏"之间显然并非单纯只是在"会检"上势不两立,两者的水火不容提示出彼此在观念信仰、知识结构、方法手段上都有着根本性的冲突,相互难以融合。在彼此的权势争斗中,法医似已陷入泥淖而难有立锥之地。法医虽然孤芳自赏,自认品流不凡,但在司法实践中所获认可反而较低,甚至在一些地方法医成为趋"新"的一种名目,只是"备而不用"。② 本来法医职业在世俗观念中就极为敏感,"一般法官和民众把他们看作旧式检验吏仵作们没有什么两样",③再加在司法实践中,检验吏往往颠倒黑白、混淆是非,并对法医肆意攻击,这对法医的自信心打击甚大。姚致强受此挫折后,即誓言不再与检验吏同出,部分反应更激的法医更有愤然离职之举。姚氏说:"年来同事中,颇有弃法医而改就临床医生者。大多数心目中,法医不过为短时之计。"④这导致出现一个怪圈:即一方面法医培养艰难,而另一方面法医人才却在不断流失。

法医四面碰壁、饱受排挤的现象自然引起法医的强烈不满,易景戴就提出要想真正摆脱这种恶俗的社会关系之泥淖,必得由国家保障法医,使之有"独立"的地位。易氏说:

> 为补救厥弊计,则法医独立之说,似不能不极图成立,果有独立之目的可达,而法官自大之念始蹶,法医牵制之害始除,然后科学之精神乃见,而司法神圣事业,方足以折服人心。倘不此之图,吾恐充当法医

---

① 姚致强:《近年来我国法医之鸟瞰》,《社会医报》1933 年,第 190 期,第 3960 ~ 3964 页。

② 易景戴:《法医独立论》,《社会医药报》1934 年第 6 期,第 1 ~ 3 页。

③ 徐诵明:《怎样作法医师及法医在中国之出路》,《法医月刊》1934 年 6 月,第 2 页。

④ 姚致强进而分析说,法医之所以离职概有以下两类原因:"甲、目下之法医待遇不丰,在内地法院不过六七十金。而司法当局迟迟未公布待遇法医专条。乙、有些人对于法医无真正认识,法医因系代替检验吏之职务,往往舆论界囿于因袭观念,而藐视法医。"姚致强:《近年来我国法医之鸟瞰》,《社会医报》第 190 期,第 3960 ~ 3964 页。

者,此后固日见其少,即现时所仅存之法医,亦将退避三舍也。①

在易景戴看来,法医地位低下,四处饱受欺侮,并不能仅仅归咎于个人,问题的根源在国家制度不健全,法医因无制度性的保障而难获独立。在 30 年代,类似建言颇多,法医界一直呼吁国民政府颁行相关的法医专条,以期对法医事业有所保障。但整个民国时期,并没有专门针对法医颁行制度加以保障。② 究竟是国民政府认为没有必要加以保障,抑或是其他原因,不得而知。但可以确知的是,缺乏制度保障的法医事业,无疑会遭遇更多的困难。

## 第四节　其他社会群体对医事纠纷的介入

### 一、媒介的介入与影响

新闻媒介的兴起无疑是近代以来极富标志性的事件。媒介兴起所引发的社会舆论对于社会观念的革新也具有极深刻的意义。就医事而言,近代以降医家地位的坠落恐怕多少与新闻媒介的聒噪密切相关。近代报刊上,有关"庸医杀人"的报道可谓层出不穷。虽然实际的庸医杀人案件远没有媒体宣扬的那么严重,然而借着媒介的力量,"庸医杀人"的报道实际上愈来愈给受众造成一种"医界混乱、医德败坏、医术低劣"的"刻板成见"。特别是西学与中学形成竞争并在新文化运动中逐步取得压倒性的优势后,"庸医"竟渐成中医的代名词,中医学亦成为舆论声中急需打倒与淘汰的旧学。无疑,这一认知既是国人在遭遇西方冲击后反思的结果,也是近代大众传播方式的产物。

讨论近代媒介与医学观念革新的彼此关系无疑相对宏大,倘若从细部入眼具体分析传媒中所涉医事内容,则不难发现大众媒介对于常规医事活

---

① 易景戴:《法医独立论》,载《社会医药报》1934 年第 6 期,第 1～3 页。
② 事实上,近代中国的国家制度的确立大多受西方近代性的影响,急遽之下制定的律法规章与中国实情难免有些"文不对题"之感。就"医"而论,近代医事法规的建立多强调国家对医家的管理和控制,却忽略了制度建设中应有的"责权对等"原则,故而往往缺乏制度性的保障。

动的意义主要体现在普及医学常识和介绍医疗信息两个方面。普及医学常识主要通过报刊上固定的栏目加以介绍，而介绍医疗信息则主要通过广告的形式出现。笼统地讲，这两个方面与医事诉讼都有一定的关系。不难注意到，民国医家经常抱怨的问题之一便是病家缺乏医学常识，因医学常识的缺乏，便会形成观念上的误会，易于造成医事纠纷。至于广告方面，民国医事广告之多也是一大特色，医疗广告中存在大量不负责的虚伪夸张广告，这些广告所鼓吹的"神效"与实践的疗效实有天壤之别，故而也是易于引发纠纷的原因之一。不过严格来说，介绍医学常识乃是提高民众卫生知识、革新医疗观念的积极尝试，而那些虚伪夸大的广告则无疑是混乱医界的害群之马，故而本节仅就民国医事广告中的某些问题略作铺陈。

随着近代商业的迅速发展和大众传媒的日益发达，广告在商业活动中发挥着越来越大的宣传和刺激效用。广告的宣传作用日益显现，要求刊登广告的人群也越来越多，各报刊登载广告的版面也相应增多。据戈公振统计，1925年的《申报》全张面积为5850英寸，广告的版面即占2498英寸，新闻的版面仅为1825英寸。同时北京的《晨报》全张面积为2880英寸，广告版面多至1258英寸，新闻只占949英寸。天津《益世报》全张面积为4864英寸，广告版面占3016英寸，新闻仅占955英寸。[①] 就戈氏的统计观之，20年代的主流刊物中，广告的面积已较新闻篇幅为多，消费主义的盛行可见一斑。

颇富深意的是，其时盛行的广告中，医药广告所占比例最高。早在同治年间，《申报》上就已经到处是药品、药方的广告了。[②] 1925的《申报》广告中，医药类的广告共69次，占面积758英寸。同年北京《晨报》中，医药广告共32次，面积327英寸。天津《益世报》的医药广告48次，面积1426英寸。[③] 对比其时三报的广告版面，医药类广告所占面积分别占各报广告的

①　戈公振：《中国报学史》，商务印书馆，1927年，第225～226页。
②　史景迁：《中国纵横：一个汉学家的学术探索之旅》，上海远东出版社，2005年，第255页。关于民国《申报》医疗广告的具体内容及诉求方式，可参见台湾学者黄克武的研究，本文不再赘言。黄克武：《从申报医药广告看民初上海的医疗文化与社会生活，1912—1926》，《中央研究院近代史研究所集刊》第17期，1988年。
③　戈公振：《中国报学史》，商务印书馆，1927年，第226～227页。

30%,34%,47%,其量之众,其势之盛,蔚为壮观。胡安邦观察说,上海《新闻报》《申报》上"关于医业之广告,每占巨大之地位"。① 与之同时,各类刊物中所附带之医药类副刊也多若牛毛。据汪企张统计,1935年上海各类日报中医药副刊竟达18种之多。② 难怪汤蠡舟惊呼:"医药广告之多,为各种广告之冠,医学附刊之多,亦为各种附刊之首。甚至在一种报纸之上,竟有医药附刊八九种之多,实开世界之新记录也。"③民国医药广告之多之盛已是毋庸置疑的事实。

毫无疑问,医药广告的登载有利于病家及时了解医药信息,为病家解除病痛提供了便利。但因政府缺乏对医药广告进行有序管理,故而导致大量登载的医药广告中,存在着相当严重的虚伪夸大、坑蒙拐骗现象。汤蠡舟在讽刺中国的医药广告创下世界纪录的同时,也一针见血地指出这些打广告的医家"大多利用广告为骗人之工具,利用附刊为诱人之利器"。"所谓某某专门等于一无所长,经验丰富就是初出茅庐。药效之能越毒越震者,实滑天下之大稽。功效之能得于意想之外者,无异暗示其药用之不可靠。若某病之须服某药,须请某医治疗等等,尤为露骨之尤者也。"④郁慕侠在《上海鳞爪》中对当时的医事广告有这样的描述:

> 有一种医生,他的学术很平庸,信誉又很浅薄,因此顾客寥寥,门可罗雀。于是想出一条妙计来,专在广告上面用工夫。他们登起广告来,常常要登载全版或半版,广告上面的措辞更说得天花乱坠,自吹自唱,那么一来,生意自会兴隆,门庭定卜如市了。
>
> 广告措辞不但说来活龙活现,好看煞人,而且同时更罗致几十位社会闻人,替他列名介绍。这种广告一登出,还怕病人不源源而来么?因为上海地方大、人数多,生了病请不到好医生,确是不少,今看见这种措

---

① 胡安邦:《国医开业术》,胡室医室,1933年,第32页。
② 《最近本埠日报中医药副刊统计的观察》,《医药评论》,1935年6月,第7卷第6期,第5页。
③ 汤蠡舟:《医药与报纸》,《医药评论》第8卷第1期,1935年1月,第3页。
④ 汤蠡舟:《医药与报纸》,《医药评论》第8卷第1期,1935年1月,第3页。

辞生动的大广告,那得不怦怦心动快来就教呢![①]

在药品方面,许多药店往往低价购入药材原料,略为加工,即假广告威力,虚张声势,以渔其利。讽刺小说《医界镜》中,胡镜苏利用小鱼研成粉末加糖制成"燕窝糖精"后,便暗地请了许多人,做起糖精的赞词登在报上,或托名那一省有病的人吃了糖精,宿病皆除,或说某某虚弱的人,吃了糖精,精神强健的话。如此招摇壮骗,结果使得"燕窝糖精"之名几遍数省。[②] 虽然小说并非现实,但却也深刻反映出其时药品广告存在的问题。真实的情况又如何呢? 时人观察到,《申报》上的广告"有许多招徕顾客,往往言过其实。特别是药品的广告,说得天花乱坠,而其效果却实在有限"。[③] 针对许多药店利用广告以谋其利的现象,吴霁棠无不痛恨地写道:"卖药者还有一种更巧妙的方法,便是捏造虚伪的鸣谢书或证明书,来做宣传的材料,狡猾欺诈的手段,真是卑鄙已极! 有时花费许多金钱,来搜罗证明书,这种一本万利的勾当,宣传费却占了很重要的位置,当'百龄机'一出世的时候,在上海一埠的宣传费就是十万元,这是何等惊人的数目呢?"[④]

除了虚伪夸张之外,许多医药广告也存在内容混乱、趣味低下的问题。民国时期与"性"事相涉的医药广告便大量充斥版面,以致有人评论说,中国报纸的广告,就是中国社会恶浊颓靡的广告。随便拾一张报来看看,上边的广告,除了纸烟,颜料,就是药品。药品之中,最占多数的,不是治花柳病的,就是治虚弱劳伤的。[⑤] 而治疗的广告,则多欺名盗世,假借名义,自我吹嘘。吴霁棠感慨道:"我们试展开中国的报纸看看,医药广告几乎占了大部分的篇幅,上面的宣传,真是说得天花乱坠,不是说:'祖传秘方立愈……',便是说'经某某博士监制,专治……几服包好'"。[⑥] 另一位医家范守渊亦有同感:"翻开报纸的医药广告来一看,就可以见到几乎无处不是夸大鼓惑

---

① 郁慕侠:《上海鳞爪》,民国史料笔记丛刊,上海书店出版社,1998年,第190页。
② (清)儒林医隐:《医界镜》,内蒙古人民出版社,1998年,第102~106页。
③ 徐载平:《清末四十年申报史料》,新华出版社,1988年,第79页。
④ 吴霁棠:《报纸上的医药广告》,《壬申医学》第1卷第2期,第9页。
⑤ 《中国报纸的广告》,《曙光》第1卷第2期,第60页。
⑥ 吴霁棠:《报纸上的医药广告》,《壬申医学》第1卷第2期,第9页。

的欺骗广告:不是三天包愈的白浊丸,就是五日断根的梅毒针。什么'包愈包医','限日除根',什么'出立保单','永保不发'。五花八门,希希奇奇,无一不是离开科学的欺骗,违反事实的夸大"。①

　　医药广告的泛滥无疑是民国社会的一大问题,上海市卫生局意识到,"查本市各报,滥登虚伪医药夸张广告,并有假宣传医药卫生常识之名义,特辟副刊,登载种种变相医药广告性质之文字,乖离事实,贻误病家,莫此为甚"。② 医药广告与民众健康密切相关,医药广告的泛滥势会对社会造成巨大危害。本为造福于命的医药事业,渐有转变成为谋财害命的工具之可能,这也引起了社会的紧张与忧虑。《申报》的一篇文章就说:"上海地方,五洋杂处,良莠不齐,作奸犯科,巧于趋避,尤其是医药事业,原为造福人群之工具。然而,有为欺世骗财之徒,假借名义,虚构宣传,人民损失金钱之事尚小,摧残民族繁衍之害实大,社会清议,同深隐忧。"③对病患来说,因为虚伪广告的错误引导,极易偏听误信,导致医疗事故的发生。为保障民命起见,民国医界及广告界试图通过行业自律的方式来抵制虚伪医药广告④,民国

---

　　① 范守渊:《新闻界应有的觉醒》,《医药评论》第 5 卷第 1 期,1923 年 1 月,第 5 页。
　　② 《上海社会、公安、卫生局通告》,《社会医药报》第 4 卷第 4 期,第 600 页。
　　③ 《审查医药广告》,《申报》1928 年 11 月 22 日。
　　④ 1933 年,署名为"憨公"的一位医家即撰文批评那些"商业化的医药广告",认为医界"对于这样的败群之马,不能再不加以一种警告与制裁了"。憨公:《商业化的广告》,《广济医刊》第 10 卷第 9 号,第 1～2 页。1936 年,全国医师联合会向卫生署呈文称"报章夸大宣传医药文字日益恶劣",恳请卫生署转呈行政院严厉禁绝。参见《呈卫生署为报章夸大宣传医药文字日益恶劣恳请转呈行政院严厉禁绝由》,《医药汇刊》1936 年第 27 期,会务,第 191 页。医药团体既然已注意到医药广告存在的种种问题,因此在一些职业性的公约中也明文规定其会员不得乱登广告。中华西医公会医师信条即称"江湖手段广告宣传虽可邀誉于一时,若用劣药廉价施送名义低降自身之人格"。全国医师联合会及上海医师公会信条中也规定医师"不为夸大广告,不营非议不财"。参见《中华西医公会第二次全国代表大会特刊》,卷宗号:Y4—1—0000632,上海档案馆藏。宋国宾:《医师信条》,《申报》1936 年 5 月 26 日。《上海市医师公会为呈请备案向社会局报送的申请书》,卷宗号:Q6—18—298—1,上海档案馆藏。报界对广告的登载亦提出了一些自律性的要求。1920 年 5 月,全国报界联合会在广州召开的第二次常会通过了《劝勿登载有恶影响社会之广告案》,呼吁各报馆禁止登载各类不良广告。参见戈公振:《中国报学史》,商务印书馆,1927 年,第 221 页。上海日报公会于 1930 年 9 月公决逐步拒绝登淫猥药物广告,其具体办理步骤如下:关于医药广告事,兹经敝会各会员报馆开会决定逐步办理,目前先分两类:第一类即行拒绝刊登者:壮阳种子药品、通经停孕药品、避孕药品器物、返老还童药品、预防花柳药品器物、直接间接宣传教授关于生殖器病之知识者。第二类即行修改其广告之文字者:白浊药、梅毒药、白带药、遗精药、戒烟药、花柳及戒烟药其他花柳药品。见《伪市府整顿伪医药品违章广告宣传办法》,卷宗号:Q235—1—91,上海档案馆藏。

卫生行政部门也陆续出台了打击虚伪夸张广告的举措。①

不仅医学常识和医药广告会对医事活动产生影响,媒介的新闻报道及评论也时常参与医事诉讼,并不时发挥其"舆论"力量,影响着医事诉讼的处理。这种影响主要表现在两个方面:一方面,许多医讼案件的审结,往往屈从于舆论压力。原控在案件审结之前,便利用媒体事先制造"舆论"以掌握主动。1934年,顾宗文为潘氏医病,潘氏因病势沉重不治,潘氏之妻不愿给付诊金,更将顾宗文以业务过失告至捕房。法医尚在检验期间,各报记者即纷纷取材于病家,以讹传讹,谓"病者于注射后,尚能唤呼啊吓一声等词",罪咎于顾氏。② 民国医家对报界这种只求新闻轰动而不顾事实真相的报道多有非议,特别是新闻媒体因其传播广泛,有着引导舆论风气的功效,故而在案件尚未审理前便大肆报道,不但有失客观公正,而且可能对案件的公正审结造成压力。范守渊就新闻媒介对案件审结的影响有过生动的描述,范氏说:

> 胡乱发表不正确的消息,刊发反乎事实的新闻,无论是新闻记者的有心或无意,都会使社会上的人们发生不正确的见解、错误的观念……似乎传布一件医讼事件的消息,发表医事纠纷的新闻,其重要性,较之普通一般的新闻消息,宜加以留情,加以考虑的必要。留情病家控告医师时,被告者的医师之是否被诬,考虑原告者病家之所以控告医师,是否合乎事实,是否因片面的不理解本身事件之故,而出于误会,抑是否系出于病家的存心不良、借题敲诈。不然,因为新闻记者所据为发表出去的事实,多属是根据原告者一面之词理,很会代了原告者的病家做了

---

① 上海市地方当局专门针对社会上医药广告宣传泛滥的规范管理始于1929年。是年4月23日,上海市颁行了《上海市取缔淫猥药物宣传品暂行规则》。按此规则,凡宣传药物有避孕打胎壮阳等之效验者,宣传医治生殖器病之功能者以及其他医药器物之经卫生局指明禁止者均在取缔之列。对于刊载此类广告的报纸,由公安、卫生二局酌量情节告诫停止刊登或扣留刊物并处以二十元以下之罚锾。对于违反规则规定的个人店铺或医院一则告诫停止刊登或散布,二则处以十元以上二十元以下之罚锾并将宣传品及宣传药物没收销毁。遇有情节重大者移送法院惩治。参见上海档案馆,卷宗号:Q235—1—91,《伪市府整顿伪医药品违章广告宣传办法》。

② 顾宗文:《意外纠纷记》,《申报》1934年11月9日。

宣传员,把被告的医师先做了无抵抗的名誉上的牺牲品。

……

希望诸位,凡遇到医讼事件时,应待医讼案件经公正的法院宣判之后才去发表。凡在未曾正式宣判之前,是非不明、真伪难分之时,万勿听凭原告片面之词而随便刊载,任意传布才是。①

正是基于这样的考虑,在上海医师公会秋季大会上,即有程瀚章提出议案,要求医师公会函告社会各报对于病家与医界讼案在未经法院判决之前不得渲染,以维医师信誉。程氏在提案中指出:

近来世道沦夷,人心不古,往往有不法病家,或受人怂恿,借不治之病,诬陷医师之玩忽业务而与讼者,其手段在利用医师深恐社会宣传堕其信誉,乃不惜委曲求全,出资和解,长此以往,开业医师,在在有被人敲诈之危险。提议人尝综合本埠各报社会新闻中所载此项新闻,细考其事件之来由,及依法判决之结果,其咎多不在医家,然医家因此受金钱上及精神,名誉上之损失,恐属不少,而未经法院审判一度登载各报而自行和解者,亦非少数。然设若各报社记者,不将此类新闻广为渲染,则医家方面,苟理直气壮,自无委曲求全之必要,而病家诬陷之黔技,势必自穷,敲诈之机会,当然减少。如果咎在医家,则各报不妨待法院依法判罪之后,始行登载其事实,则记者之责职之尽,而医家亦无所冤屈,固不必画蛇添足于未判是非之前,广为宣扬也。②

尽管早在30年代医界即注意到媒体与医界的互动性关系,并对报界提出了来自医界的要求,但就其后的报道情况来看,就种缺乏约束力的要求根本不可能对媒介起到多少制约作用。

---

① 范守渊:《这也算是一场诉讼》,《医事汇刊》第9卷第1~2期,1937年,第9~32页。
② 程瀚章:《凡关于病家与医界讼案在未经法院判决之前各报不得渲染以维医师信誉(上海医师公会秋季大会提案)》,《社会医报》1930年第129期,第1410页。

　　另外,新闻媒介与医事诉讼的关系还表现在医师被控以及医事诉讼的审理结果往往引发医界舆论的反弹,对审理不满者藉媒体大发牢骚,更甚者则号召通电全国、游行请愿,要求重新审理。汪元臣与裔瑞昌医讼案审结后,宋国宾即发表有《为汪元臣医师鸣不平》,姜振勋也在《时事新报》上发表《汪元臣其不免于罚乎》的文章为汪氏叫屈。① 尹乐仁医师讼案发生后,宋国宾在《申报》上发表《南通尹乐仁医师被控感言》,对其被控表示不满,鼓励尹乐仁医师"倔强到底、誓与周旋",并声称"吾人亦必出全力以为之助"。② 1933 年11 月 1 日,《申报》刊载律师田鹤鸣控告俞松筠新闻后,瞿绍衡也专门撰文对其诉状进行学理分析,以澄清俞案事实。③ 类似的情况还发生王懋溥医讼案中,王懋溥因业务上过失杀人,被丽水地方法院处有期徒刑一年两个月。王氏不服,向丽水高分院提起上诉。在上诉过程之中,"处州医学界同人,记为法院判决,似欠医学根据",故而通过媒体向全国同道呼吁声援。④

　　因为新闻报道可能失实,形成的舆论导向又时常影响司法的公正审理。民国医界精英就此也有建言,例如范守渊就希望报界同仁尽可能经过调查再发表报道,免得成了病家的"宣传员"。⑤ 宋国宾着眼于其时的司法建设,认为讼案"应由法官延聘专家审查,按其诊病记录及治疗经过,以为鉴定。若根据报纸之嬉笑评论与失实记载,以定是非,则敲诈诬陷之事将层出不穷,医业前途,实堪危懼"。⑥ 俞松筠则注意到医病纠纷已偏离正轨,因而呼吁医、法二界迅速组织医事诉讼"公断处",凡正式医师被控者,应先受"公断处"公断,一经公断曲直后,再受法律裁判。若在控诉未判之前先公然侮

　　① 宋国宾:《为汪元臣医师鸣不平》,宋国宾编:《医讼案件汇抄》第 1 集,中华医学会业务保障委员会,第 232 ~ 234 页。姜振勋:《汪元臣其不免于罚乎》,《时事新报》1931 年 9 月 23 日。
　　② 宋国宾:《南通尹乐仁医师被控感言》,宋国宾编:《医讼案件汇抄》第 1 集,中华医学会业务保障委员会,第 46 ~ 47 页。
　　③ 瞿绍衡:《对于田鹤鸣律师因其妻田顾林一女士产后染病身亡控俞松筠医师业务上过失致妇染痢致死之我见》,宋国宾编:《医讼案件汇抄》第 1 集,中华医学会业务保障委员会,第 258 ~ 261 页。
　　④ 《浙江省立处州医院医事纠纷:医师王懋溥被判徒刑一年两月,丽水医学界向全国同道呼籲声援》,《西南医学杂志》1948 年第 6 卷第 4 期,第 6 页。
　　⑤ 范守渊:《这也算是一场诉讼》,《医事汇刊》1937 年,第 9 卷第 1 ~ 2 期,第 9 ~ 32 页。
　　⑥ 宋国宾:《为汪元臣医师鸣不平》,宋国宾编:《医讼案件汇抄》第 1 集,中华医学会业务保障委员会,1935 年 9 月,第 233 ~ 234 页。

辱者,应受相当之处罚。如此,"则吾正式新医,虽未得医政之保障,但亦可防止非法之侮辱"。① 不过,上述构想仅仅是医界领袖的一种期望,新闻媒介对于医事纠纷的介入并不因此而改变。

## 二、司法公正:医师陪审制度的呼吁

陪审制度是国民裁判制度的重要组成部分,是国民参与事实审判的一种途径。西方陪审制度进入中国主要有两个渠道,其一是因领事裁判权的存在,西方列强在中国设立法院实施西方司法程序。如 1868 年上海道与英美领事签订《上海洋泾浜设官会审章程》,对华洋诉讼处理作出规定:"华洋互控案件审断,必须两得其平,按约办理,不得各怀意见。如系有领事管束之洋人,仍须按约办理;倘系无这件事管事之洋人,则由委员自行审断。仍邀一外国官员陪审,一面详报上海道查核。"②领事裁判权及公审会廨的存在为中国参审人员和诉讼当事人提供了一个了解和观察西方陪审制的窗口。陪审制度进入中国的另一个途径是近代来华的外国人和较早游历西洋的中国人对陪审制度的介绍。考"陪审制度"一词,系由英文 Jury System 佚译而来,该词最早出现在 1856 年英国人编译的英汉对译教科书《智环启蒙》中。该书第 146 课即专述陪审制度,曰:"陪审听讼论——陪审诉讼,乃不列颠之良法也。其例乃审司坐堂判事时,则有民间十二人,陪坐听审,以断被告之人有罪与否。其十二人,宜听讼辞,辩证据,察诉供,然后定拟其罪之有无,上告审司,于是审司照法案。"③清廷的某些驻外使节在驻外期间也对陪审制度有所了解,例如张德彝在观察了西方法庭审判之后,就描述了所见的陪审情形:"其承审官十二人,昂然上坐,两造立于左右五步外。事有不平,悉听十二人译断。断之不决,另请十二人,无有刑讯。"④另外,孙中山

---

① 俞松筠:《医讼应需公断——解决医病相讼之正轨》,《医事汇刊》1934 年第 20 期,第 314～316 页。
② 何志辉:《清末民事诉讼法制现代化背景研究》,载陈刚主编:《中国民事诉讼法制百年进程》(清末时期第一卷),中国法制出版社,2004 年,第 33 页。
③ 转引自李启成:《晚清各级审判厅研究》,北京大学出版社,2004 年,第 200 页。
④ 转引自李启成:《晚清各级审判厅研究》,北京大学出版社,2004 年,第 200 页。

于 1898 年在《致香港总督历数满清政府罪状并拟订平治章程转商各国赞成书》中，也呼吁"平其政刑"，主张"大小讼务，仿欧美之法，立陪审人员"。①

新政期间，负责清末修律的沈家本和伍廷芳对西方陪审制度都极为推崇。经两人努力，1906 年，《大清刑事民事诉讼法草案》纳入了"陪审"一词。有关陪审制度的规定在《草案》第四章第二节之中，共计 27 条，涵盖了民事诉讼和刑事诉讼，对陪审制度适用的案件范围、陪审员的选择和参加审议的程序做了详细规定。因为大胆地引入了西方司法体制中极具近代民主意义的内容，因而陪审制度受到礼教派强烈的反对。在《草案》下发到各省将军、都统等地方官员讨论的过程中，27 条陪审制度的规定中，被驳诉的就达 13 条之多，湖广总督张之洞的驳议就达 11 条。② 因朝廷大臣及封疆大吏的强烈反对，近代陪审制度的施行也就此搁浅。③

清末修律对陪审制度的移植虽然以失败告终，但律法民主的思想也对民国司法制度的运作产生了一定影响。1912 年 5 月，唐绍仪内阁公布的施政方针，其中之一就是在司法上励行陪审制度和辩护制度。④ 中国近代法制史上所谓"民国第一案"的姚荣泽案中⑤，也依稀可见陪审团在司法审判中的运作过程。伍廷芳与陈其美就陪审人员的组成和审判方式的激烈争执，也反映出民初已有陪审制度的初步尝试。⑥ 1925 年 11 月，国民政府曾公布《特别陪审条例》，专适用于特别刑事审判所审判关于特别刑事条例第十八条第十九条之案件。⑦ 1927 年，武汉国民政府提出建立参审制和陪审

---

①　转引自张大庆：《中国近代疾病社会史》，山东教育出版社，2006 年，第 216 页。

②　关于张之洞对陪审制度的驳议，可参见赵彬纂辑，陈刚点校：《诉讼法驳议部居》，载陈刚主编：《中国民事诉讼法制百年进程》（清末时期第一卷），中国法制出版社，2004 年，第 186～193 页。

③　朱勇：《中国法制史》，法律出版社，1999 年，第 491～492 页。

④　姚琦：《唐绍仪内阁述评》，《贵州大学学报》1995 年第 1 期。

⑤　1911 年农历 9 月 24 日，江苏省淮安革命党人周实、阮式二人为响应武昌起义宣布淮安脱离清朝而独立。9 月 27 日，周、阮两二被光复后任山阳县司法长的姚荣泽令县团练杀害。1912 年初，据周实、阮式家属告发，沪军都督陈其美"以旧官僚残杀革命志士的严重事件"向孙中山电请把姚荣泽押解到上海进行审讯。

⑥　参见韩秀桃：《民国元年的司法论争及其启示——以审理姚荣泽案件为个案》，载《法学家》2003 年第 2 期。亦可见韩秀桃：《司法独立与近代中国》，清华大学出版社，2003 年。

⑦　《特别陪审条例》，中国第二历史档案馆编：《中华民国国民政府公报》第 3 册，中华民国史档案资料影印丛书，档案出版社，1994 年。

制的方案,并制定《参审陪审条例》,共计 32 条。第 2 条明确规定:"县、市法院及中央法院,设陪审员,参与事实之审判。"但该法并未真正实施。①1929 年,司法院院长王宠惠在国民党第三届二中全会上作《关于司法改良计划事项十八年三中全会大会之司法院工作报告》,提出了司法官党化、保障司法官独立、采用陪审制度等 13 项计划。②1929 年 8 月 17 日,国民政府颁布《反革命案件陪审暂行法》,规定在暂行反革命治罪法施行期间法院受理反革命案件时,得依规定适用陪审制。关于政治案件的陪审暂行法,规定的陪审官资格是 25 岁以上的国民党党员,该法于 1931 年废止。③1934 年,国民党中央委员兼司法副院长覃振从欧美考察回国后,正式提议于国民政府司法体系下试行陪审制度,"以辅助法院之不及,及防止法官越权"。该提案经五中全会议决,交政治会议转立法院参考,但最后也无下文。1935年 7 月,国民政府修正实施的《刑事诉讼法》和《民事诉讼法》中,并没有建立陪审制度。由此观之,虽早在清季就有陪审之议,但陪审制度在近代"终未成为一般制度"。④

就医界而言,医界对医师陪审制度的呼吁主要集中在 20 世纪 30 年代。1931 年,严独鹤在《新闻报》上即撰文称,医药诉讼难以审断,故需成立"医药审查委员会","倘遇到法庭上发生医药讼案,便请这个会中的委员,秉公审察,秉公判断"。⑤严氏所倡议的这个"医药审查委员会"颇有些医师陪

---

① 张晋藩:《中国法制史》,群众出版社,1982 年,第 341、418 页。
② 转引自张仁善:《国民政府时期司法独立的理论创意、制度构建与实践障碍》,《法律史学研究》第 1 辑,中国法制出版社,2004 年,第 235 页。
③ 《反革命案件陪审暂行法》,中国第二历史档案馆编:《中华民国国民政府公报》第 30 册,中华民国史档案资料影印丛书,档案出版社,1994 年。
④ 苏永钦:《司法改革的再改革》,台湾月旦出版社股份有限公司,1998 年,第 79 页。
⑤ 张少轩:《第三者之医讼观》,《现代国医》1931 年第 1 期,第 4 页。张氏在这篇文章中转述了严独鹤在《新闻报》上的言论。严氏称:"法官自然是了解法理的,但未必会懂医理。对于医药诉讼,自觉难以审判。所以据我的意见,像上海这样大都市,最好要成立一个特别机关,叫做'医药审查委员会'。这个'医药审查委员会'中的人物,又最好是深明医理,而又并不挂牌行道的(人选确是很难了)。以免顾全同道的感情,有所偏袒。倘遇到法庭上发生医药讼案,便请这个会中的委员,秉公审察,秉公判断。并将审察和判断的结果,公告社会,以明无私人。由他们判断的结果,如其错在医生的,老实不客气,按照玩忽业例,分别轻重处罪。如其曲在控告人的,他老实不客气,按照诬告例,分别轻重处罪。这样一来,病家得了保障,医家也得了保障,岂非是两全之道呢。"

审的模样。与普通案件的参与陪审不同,医界更看重医疗诉讼的特殊性和专门性,强调医师参与陪审将有助于医诉案件审判的公正性和权威性。1934 年覃振提出试行陪审制后不久,鉴于医师和病家纠纷时有发生,医事诉讼频频发生,为保障医师权益,预防法官越权,宋国宾医师就提出"医师陪审"的建议。① 宋氏言:

> 近来医病纠纷,日甚一日,有风起云涌,不可遏止之势。受理之法院,被控之医家,以医学为至专门之学术,非普通法律条文所能判断无余,于是往往以该案之经过情形要求国内之正式医学机构作学理上之鉴定。此种鉴定之工作,与覃氏所说"辅助法院之调查,减少法官之劳力"之宗旨,若合符节,此固陪审制度之初步阶梯也。惟此种鉴定之文字,仅为书面之根据,法官于判决时,是否即以此项文字为依据,殊未可必。不幸而法官仍以武断之态度时,则此种鉴定之工作,不亦等于虚劳,而医界之冤狱,不亦终归消灭乎? 须知法官判断一案,根据诉状之理由者十分之三四,根据当庭之辩论者十分之六七,苟其诉状之理由虽充,而当庭辩论时限于口才,或法官所问未能得其要点,则仍难免于败诉。职是之故,此专门家之陪审所以至关重要也。吾人为维护公理,平反冤狱起见,于正式医学机关文字之鉴定外,当再进一步要求陪审。陪审者之资格,应为深通医学而又兼明法律之学者,一面可以辅助法字审问时之不到,一面可以纠正法官之轻表同情于任何一方,如此则庶几可达覃氏所说之"预防法官越权",而保人民自由之目的。用敢略书所见,以备司法行政者之采择焉。②

在宋氏看来,因医学至为专门,法院若以普通案件方式审理难以对医疗纠纷案件作出公正判断,故而需要组织"深通医理而又兼明法律之学者"成立陪审团,既可"辅助法院之调查",又可"预防法官越权"。宋氏的提议得到其

---

① 季南:《医案陪审的补充》,《医事公论》第 2 卷第 6 期,第 18 页。
② 宋国宾:《医案陪审之建议》,《申报医药周刊》第 101 期,《申报》1934 年 12 月 3 日。

时医界的支持,医师普遍认为,"医师的病人的纠纷,数见不鲜,医事诉讼,时有所闻,陪审制度,本来是国民陪审,则医案应由医师陪审,自属毫无疑义。"①除宋国宾所言的理由外,季南还提及实行医师陪审制度的其它四点理由:一、医案由医师陪审,能够贯彻直接审理主义,不致仅恃鉴定,有陷于间接审理之憾。二、医案由医师陪审,那就认定的事实,不致越出学理的范围,事实既有正确的认定,法律的适用,也可以获得适当的标准。三、陪审医师在判断事实以后,可以深悉裁判官适用法律的理由,于是事实的认定,法律的援用,尤其能实理正谊和公平。四、采用医师陪审的裁判,原被告易于心悦诚服,上诉案件因而减少。②

1934 年 3 月 26 日,全国医师联合会在杭州市医师药师协会交来函件的基础上提请司法行政部"请饬令各级法院对医药案件当尽量聘由专家参加陪审",呈文称:

> 呈为恳请通饬各地各级法院办理有关医药问题之案件为慎重起见,除应有法医及裁判化学家外,当尽量聘由医药专家参加探讨或陪审并切实加以科学的检验证明免致遗误而昭公允事。窃属会会员团体杭州市医师药师协会第一〇二号公函内开:"维东西科学先进各邦凡法院审理有关医药案件例有医药专家参加陪审,是种制度在吾国尚未见诸实行,故各地各级法院审理是项案件,每多失却真理,囵囵判罪,误谬时见即在小数聘有法医之法院亦复往往仅凭个人肉眼的直觉而不从事病理细菌及化学的检验,草率鉴定,矧法官本乏医药专识,即执此以起诉以定谳,致当事人坐是而蒙不白之冤者,不知凡几,此固属法医之故意颟顸自欺欺人,设法庭而有陪审制度则不得为其蒙蔽矣,顾有时如病理解剖之检验细菌之培养化学之裁判,非法医个人能力这所及者,则须多方委托各地之医药专家,其共同研究合作,俾明真相。设该地尚无法医者,则应由法院或兼理司法之县政府聘由医药专家,依据科学真谛参

---

① 季南:《医案陪审的补充》,《医事公论》第 2 卷第 6 期,第 18 页。
② 季南:《医案陪审的补充》,《医事公论》第 2 卷第 6 期,第 18 页。

加探讨,免致遗误。惟本提案关系整个医药团体,非本会局部的问题,自当提请钧会鉴核,转呈司法行政部加以采纳一等由准此。"窃维司法独立,原指独立精神而言,非独断独行之谓,是故诉讼案件有关专门学术者应嘱托专家为之鉴定,况医药学识尤为近世科学结品,虽法院原有法医之设,但分工之细,长于此者即不能兼长乎。彼一般法医家及裁判化学家平日专攻法医学及裁判化学,且虞不逮,则法医学裁判以外之医药各科,奚暇兼事深造,如遇讼案涉及医药问题者,不独法官无由解决,恐法医家及裁判化学家亦难胜鉴定之任。然则欲藉法律以明是非,解纠纷而不有其他医药专家参加相助,其不可能也。无待耆□矣,属会深感杭州医师药师协会之意见切中时弊,不敢壅于上闻,理合据实转呈仰恳大部迅予鉴核通饬各地各级法院嗣后办事有医药案件为慎重起见,除应有法医及裁判化学家外,当尽量聘由医药专家参加探讨或陪审,并切实加以自觉的检验证明,免致遗误而昭公允,实为公便。①

4月6日,司法行政部作出批复,以"现行法令并无根据"为由,要求"应毋庸议"。② 虽然医界及法学界都有呼吁组织陪审制度的建议,但是因陪审制度与现行法令尚有制度上的抵牾,故而陪审制度在民国时期并未施行。

---

① 《为请饬令各级法院对于医药案件当尽量聘由医事专家参加陪审呈司法行政部文》,《医事汇刊》1934 年第 19 期,文电,第 220~221 页。
② 《为请饬令各级法院对于医药案件当尽量聘由医事专家参加陪审呈司法行政部文》,《医事汇刊》1934 年第 19 期,文电,第 221 页。

# 第七章　民国职业伦理的确立与
# 医患关系的重塑

## 第一节　近代职业伦理的构建

### 一、从"行道"到"开业"

"悬壶济世",这通常是一位中医开业时,各方好友恭颂敬称的溢美之词。但"悬壶"是否就能"济世"呢? 显然并非如此。不过,这一俗称却彰显了社会对医家的期待,"悬壶"只是手段,而"济世"则是目的。同样地,"业医"在旧时往往被称为"行道",可见拿药开方做医生只是方式,而"道"才是根本性的诉求。那什么才是"道"呢? 吴克潜解释说:

> 吾中华之以医济世者,皆称行道。诊富贵同也,诊贫贱同也,未闻以其富贵而谄之,未闻以其贫贱而鄙之。甚焉者,富贵者以千百金来,掉首而不顾者有之。贫贱者不名一文,则斥资折节以为之治。彼以为富贵力能延医,则天下之大,何求而不得,何以我为? 贫贱则无可告诉,病必将陷于绝境,我正宜舍富贵就贫贱以求广济世人也。故医者仁术也,行其道者也。①

---

① 吴克潜:《吴克潜序》,胡安邦:《国医开业术》,上海国医研究学社,1933年,第1页。

在吴氏看来,医"道"显然是指医家不阿谀富贵,不鄙视贫贱,救死扶伤的精神,是以一言蔽之曰"医者仁术,行其道也"。吴氏的看法无疑代表了传统医家普遍性的价值认同,医家的"仁"即是其"道"。医家最看重的,当是从儒家的精神系统中转借于医道中的"仁",而"仁"也成为医家道德体系中的核心价值。作一名医生,最重要的是要有"仁心",这是业中医者的"立足之点","终不可摇"的根基。① 宋国宾即言:

> 古谓仁人,舍夫医者,救人于危亡之中,释其痛苦,而复之于健康。传染有所不避,辛苦有所不辞。深夜应诊,则风霜暴露,肌骨为寒。终日奔驰,则手足胼胝,精力交瘁。故夫医者,本恻隐之心肠,为爱人之职业。医乃"仁术",古有明言,是其立场,本于伦理,彰彰明甚。②

唯基于此,理想的"医家"无疑都是仁心仁术,良医良相。至于脱离了"仁"的"术",则反为传统医学价值所排斥。秦伯未在讨论"道"与"术"的关系时就说:"道无术不行,信然。然术无道亦不长。盖医贵知道,道为本,术为标。修道而能行者,可以终吾身,传至身后而勿衰。赖术而行者,充其量蒙蔽一时,及死而止而已"。③ 显然,在传统的儒医看来,"道"无疑占据了最核心、最根本的位置。

不过,应该清楚地看到,"济世"与"行道"显然只是一种理想的状态。"仁心仁术"既是业医者必须天天恪守的"道德准则",也是传统业医者孜孜以求的至高境界。另外,就医家与社会的关系来说,这一认同也反映出社会对医家所扮演的社会角色的期望与理想。然而事实上,医家的背景、出身都非常复杂,各医怀抱的价值观念也不尽划一,故而真正能"济世"、"行道"的医,毕竟只有极少数。许半龙就注意到医家可分为数类:"医之功,前贤媲之良相,其上者,著书立说以传天下后世。其次创学校以乐育英才,设医院

---

① 吴克潜:《吴克潜序》,胡安邦:《国医开业术》,上海国医研究学社,1933 年,第 2 页。
② 宋国宾:《医德与医权》,《申报》1934 年 3 月 19 日。
③ 秦伯未:《秦伯未序》,胡安邦:《国医开业术》,上海国医研究学社,1933 年,第 3 页。

以博施济众。至于孜孜为一已行道抑末矣。而江湖之流,复有所谓术者,取媚于世,靡靡从风,医道益不可问"。① 虽同操其业,表面同是"行道",但是核心的价值观念一旦丢失,那么"此道"就非"彼道"了。

不可否认,任何时代的"医"家肯定都存在或此或彼的问题,对于"义"与"利"的纠结也会困扰每位"行道"的医家。如果说传统社会对利益的追求尚存顾虑,那么自清末社会渐趋商业化,利益追求渐成合理化的要求之时,医界传统"仁心仁术"的价值认同渐受浸蚀显然已是不可避免。翻开清末的各类报章杂志,"医道沦丧"的哀号几乎就不绝于耳。以《申报》所载论医的文字来看,晚清医道衰落,医家品德低下几成共识。譬如时人对比"古时之医"的形象,说"古称医者意也,必研求之,审慎之,神明而变化之,然后可以得手应心,立见功效"。② 而晚清之医显然与古时之医相去甚远,"今之医则不然,叩以望闻问切则茫然也,语以虚实表里则昧然也。文理尚未清顺,脉案半属模糊,惟恃摘取汤头歌括医宗必读诸成方,略为加减。一试不效,另易他方。"③上述对比虽是针对古今医家的研求精神而发,然而"技术沦丧"的背后其实反射出的恰是社会对医家"道德沦丧"的忧虑。在舆论看来,恰恰是医"道"之殇,导致医家心态趋于功利,进而敷衍塞责以致医术不精。当然,晚清之医也未必就不若古时之医,各时代言说中的"古医"多多少少都带有些理想主义的色彩,更多的是一种理想化的"诉求"。不过,在晚清"数千年未有之大变局"的时代背景下,医界的混乱、喧嚣及医德的败坏却也是不争的事实。

商业性对传统医界的影响也可以从医家角色的转换中窥得一斑。以往医家挂牌行医,通常都称为"行道",更多地反映出医家的道德诉求和社会关怀,而清季以后医界往往将挂牌行医的行为称之为"开业"。吴克僭描述这一现象说:"西医入而医风为之一变,于是易行道而名为开业矣。开业者,以医为业者也。以医为业,则不能不计及利之有无,是同化于西医

---

① 许半龙:《许半龙序》,胡安邦:《国医开业术》,上海国医研究学社,1933 年,第 5 页。
② 《谈医》,《申报》光绪十五年六月初三日,1889 年 6 月 30 日,第 5817 号。
③ 《谈医》,《申报》光绪十五年六月初三日,1889 年 6 月 30 日,第 5817 号。

矣"。① 在吴氏看来,似乎西医才是促使传统医家以医为业的始作俑者,吴氏将中医的这一转变归咎于西医虽值得商榷,不过却也深刻地反映出西医来华之后对传统行医模式的冲击和影响。语言学家认为,词汇的流行往往是词汇产生并进而获得语言共同体认同的过程。从"行道"转为"开业",虽说"开业"一语可能是西医率先使用,但从西医的使用再到传统医界的普遍接受,这一过程无疑也显示出近代中医的诉求渐渐从"道"第一性转到了对"利益"的追求上来。同时,在"行道"到"开业"的转变过程中,医家的身份和自我认同也不可避免地发生改变。知非就评论说"自从医学陷入职业的窘境以后,从前以医为'行道'的人们,现在都以医为业了"。② 这里的"业"显然揭橥着医家的身份已经职业化成为专门的技术人员。医家既作稻粱之谋,那么就不得不考虑开业的营生与策略。于是乎,如何招揽病人,如何自高声望便相应地成为近代医家必须重视的问题。围绕这些问题,清末及民国时期传统医界出现了大量类似于行医指南的"开业术",这些开业术虽是介绍医界的"潜规则",但其意图无非是教授医家如何在竞争激烈的环境中生存与发展。这些开业术的流行,也反映出那个以"行道"为价值认同的时代已经逝去,近代医家的身份认同与关注焦点都发生了新的转移。

近代医家的诉求既由"行道"转为"营业",那么医家的伦理道德与社会责任也会随之发生变化。很现实的问题是,医家在行医的过程中不得不更多地考虑自己的商业利益。当治疗与利益发生矛盾时,可能责任感就要屈从于利益心,医家的选择就极易落下重利而轻义的口实。清季出版的讽刺小说《医界镜》中所反映的种种医界丑态,虽为虚写,可能却着实言有所指,不失为清末医界从传统向近代过渡期间的真实写照。民国时期,王完白仍还批评说"吾国旧习,医家之责任心甚轻。一遇危症,即不负责任。以另清高明为卸责之地。故社会对医家甚轻视。古代巫医并称,今则医卜星相,同位于江湖术士之列"。③

面对医界道德的沦丧,清季医家不时也发出"振兴医道"的呼吁。然

---

① 吴克潜:《吴克潜序》,胡安邦:《国医开业术》,上海国医研究学社,1933 年,第 1 页。
② 知非:《新医学在社会上的信誉问题》,《医事公论》1934 年第 18 号,第 16 页。
③ 王完白:《医师之责任》,《医药评论》第 5 卷第 4 期,1933 年 4 月,第 11 页。

而,其时医界所理解的"道"只是历代医家理想模式下的"仁心仁术",传统医界及社会所亟亟期盼的无非也只是古时之"道"的重新降生罢了。在新的社会变局下,传统之"道"显然已无法面对新的医界环境。"振兴医道"的幻想既无力挽救崩坏的旧医界,也不可能为医界圈定并确立起新的责任范围。总的看来,传统模式下的医、病双方在20世纪前基本上没有可能建立起责权对应的关系。

## 二、职业伦理的确立

事实上,最早将"职业"理念引入中国的并不是20世纪30年代在职业舞台上光芒绽放的西医师们,而是早期来华的传教医师。这些早期来华的传教医师大多在欧美国家接受了系统的医学训练,有着强烈的献身精神,来华传教医师所展现的观念、行为、医学伦理差不多就是西方医疗观念和价值体系在中国的一次翻版。正因此,在那些传教医生的故事中,我们不时地发现他们的身上闪耀着与中国传统医界截然不同的"光芒"。前文所述的胡美、启尔德,孙绍鸿医师,在面对危症时,他们都试图承担起医生的责任,展现了他们作为医生"救死扶伤"的伦理道德。传教医师身上体现出来的道德感与责任感,可谓是西方医学体系中医师职业道德与责任意识在近代中国社会的最早实践。

透过清末民初的历史文献,我们今天可以对传教士医师为主体的西医有大致的了解。虽然清末社会仍有较多的民众对西医的手术深感恐惧,但随着"科学"观念的深入人心,社会对西医的信任也日久弥坚。西医给社会的形象也从以前的"西不如中"到"各有所长",再到"西胜于中"。西医对技术的执著、对科学的严谨,无不让士人刮目相看。西医在清季的兴起,也为士人提供了可资参照的对象。清季士人将中医与西医两相对比,就清楚看到中医在当时的道德困境。有鉴于传统医道败坏、医患关系恶化的医界环境,知识精英不乏振兴医道的呼吁。在早期会通中西的医家那里,他们更从西方医学的具体实践中观察到中、西医伦理道德的差别,并有了择善而从的想法。对西医职业伦理有相当了解的丁福保就提出过"对同业的义务",建议中医们不要妄议同行。丁氏认为医家对同道的"义务",绝不下于他们对病家的义务。① 另外,医家对国家也负有责任,丁氏说医之目的,"终不外救济世人疾苦",但又不仅仅局限于此一狭小范围,"盖固负有维持一国富强之责任也"。②

在西方医学的竞争与刺激下,部分医家更多是从医学传统中整理和发现近代医德观念。近代名医裘吉生就非常强调医德,认为"医生以道德为第一,学其次"。"盖医为司命,虽学问渊博而诊治草率从事,不啻大盗之不操戈矛,杀人于不知不觉中。"③裘氏于1923年左右曾手订医"十德"贴于座右,并令三三医院内人人必须做到。裘氏十德指:

> 1. 见重症应用重药者,切勿顾忌,所谓救病如救火。2. 急诊请诊虽深夜须急往。3. 凡诊贫病更宜和蔼周到。4. 诊妇女病,至深房必须病家有人陪同,为女医者亦然。5. 立方须写简明脉案,使病家可知。6. 写方字勿过草。7. 不可毁谤同道。8. 勿自售秘药,如备药店所不卖之要药,方子必须公开。9. 病者一到,即宜诊治。10. 遇危重病人勿在当面复绝。④

裘吉生不仅倡导医家应该遵守医德,他还对败坏医界风气的行为进行批评,要学医者切切戒之。在裘氏看来,医界的恶习有以下数条:

> 为顾全自己名誉,遇危重之病反用轻药,以免遭人评论;逢人请诊假作忙碌,必迟迟而去,使病者望眼欲穿,以致轻病转重,重病转危;写脉案大做其文章;见病人,提出已经服过他医药方,多言指斥。必待病人坐满诊室,然后出而临诊,置多数呻吟于不顾。⑤

---

① 丁福保:《医士之义务》,《中西医学报》1910年第1期,第3~6页。
② 丁福保:《论医之目的》,《安亭旅沪同乡报》1910年第2期,第2~3页。
③ 裘诗庭编著:《裘吉生医文集》,人民卫生出版社,2006年,第236页。
④ 裘诗庭编著:《裘吉生医文集》,人民卫生出版社,2006年,第46~47页。
⑤ 裘诗庭编著:《裘吉生医文集》,人民卫生出版社,2006年,第47页。

裘氏眼中所见的医界恶习与清末医界的风气可谓如出一辙,医家惯用的伎俩和手段也近一致。这些"恶习"归结起来,可以看到问题之症结还在于这些医家多是"利己"的,而裘氏十德所列各条则多是基于病家的利益为出发点。不过显然,"三三医室"这种道德规范只限于近代医家的局部,是极个别的行为,在20年代并不具有普遍性的意义。这其中最大的问题恐怕就在于"三三医室"所倡导的"十德",守与不守全赖乎个人。这种道德约束由于没有普遍的强制性,社会上一般医家并不遵行。这种情况要到30年代近代医学职业团体兴起后才有所改善。

南京国民政府建立后,以"科学医"为核心的近代卫生医疗行政体系逐步得以确立,国家意志通过卫生行政的渠道开始渗透并逐步对医界加以控制。近代卫生医疗行政体系确立的进程中,医生群体不断被整合、规范,医家的考试制度和执业制度也逐步得以建立,医家的职业化进程大大加速。与之同时,西式的医家职业道德、医业伦理、责权意识也得以重塑,逐步奠定了现代医家的权责观念与职业品德。

在商业化已渐普遍,竞争更为激烈的民国社会中,医家追"名"逐"利"几乎成为行医必不可少的行医之"术"。在同业竞争激烈的上海,柳一萍告诫那些怀揣发财梦的医生们,你切记着:理想中要做高尚道德的医生,在上海决不会成功。上海所成功的所谓有名的时医,都是卖去了道德,买进了上海应用的宝贝,才得有今日。① 周稣甫观察民国的中医批评说:

> 试观今日各大都市之中,悬壶问世,高价待聘者若干人,此医也则近于营商。广告传单,争奇炫异者若干人,此医也则近于市侩。衣丽策肥,奔走权贵者若干人,此医也则近于趋附小人。其次失业商贾,落魄官僚,文理未通,而滥厕医林者,尤比比皆是。至叩其临证心得,立方妙用,则往往南辕北辙,方剂滥施。如此类者,其所业之学虽不精,而欺人之术则甚巧,活人之技虽不足,而自活之谋则有余。老子曰,天下熙熙,皆以利来,天下攘攘,皆以利往,嗟呼,率天下之业医者,而皆趋于利之

---

① 柳一萍:《上海行医的几种法门》,《光华医药杂志》第1卷第1期,第41页。

一途,诚无怪致招东亚病夫病国之议也。①

西医医德也存在同样的问题,余云岫批评说:"医德之于今日,扫地尽矣,其
琐屑吾不忍摘也,撮其大要,不外欺病人攫金钱而已矣"。② 如果医家不顾
病人利益,而追求纯粹的经济利益,那么医生与商人就毫无区别。正因此,
医家的地位亦为社会所轻视,一位医生就哀叹道:"在中国的小说戏剧,以
及近几年自制的影片里,凡有医师这个角色的地方几乎全是丑角"。③

　　正是在这种道德沦丧,医界混乱的处境下,一些医学精英急欲改变"巫
医同列"的社会地位和"丑化"的社会角色,于是伴随近代卫生医疗体系的
推进展开了一系列针对医家的整顿与规范。医界伦理的重建即是其中重要
的一环。南京国民政府时期,部分医界精英基于近代西方权责精神开始提
倡医学伦理,试图从西方医业伦理中引申出近代医界职业规范,重建医病关
系而自重于社会。民国时期的各类医药杂志上,西方医学职业伦理的知识
被广泛登载。1912 年,俞凤宾就在伍连德的建议下翻译有美国医学会医德
准则,其后《美国医学道德主义条例》、《巴黎医师公会信条》、《希波克拉底
誓言》等西方医学伦理理论和道德准则陆续被介绍,这无疑为中国医界的
反求诸己提供了"他者"的参照。1933 年,宋国宾出版了《医业伦理学》一
书,在中国医界中首次张起了"医学伦理"的大旗。从对职业伦理的提倡到
作为学问的"医学伦理学"的形成,这既是民国医界职业化发展的必然要
求,也反映出民国医界重建医家社会关系的急切之情。《医业伦理学》一书
共分为四篇,分别从医师的人格、医师与病人、医师与同道、医师与社会四个
方面进行了论述。在宋氏看来,医师的道德、责任也应该在上述四个维度中
得以体现,医师不仅仅是治病救人,同样也对行业、社会负有应尽的职责。
特别是最后一点,宋国宾将医师与国家、社会联系在一起,这虽未必是宋氏
首创,却明显是时代语境下医师职业伦理的体现。

---

　　①　周龢甫:《医德说》,《国医正言》1934 年第 1 期,论坛,第 6 页。
　　②　余云岫:《砭新医》,余岩著、祖述宪编注:《余云岫中医研究与批判》,安徽大学出版社,
2006 年,第 371 页。
　　③　魁:《关于"医师之妻"》,《医学周刊集》第 6 卷第 1 期,第 95 页。

随着近代立法的完善、医药团体的建立及医师职业化进程的推进,医师的职业伦理也随之得以确立。首先,国家立法对医家的业务范围和基本原则有所规定,这在国家层面明确了医师职业的伦理和道德底线。自北洋政府始,政府卫生行政部门就陆续颁布有一系列针对中、西医的条例,这些条例虽然效用不一,但重要的是这些条例是以"国家制度"的面貌出现,对医家基本的伦理准则做了约束和规范。比如,北洋时期出台的《管理医师暂行规则》其中就有医师不得因请托、贿赂伪造证书,或用药物及其他方法堕胎,也不得登载及散布虚伪夸张之广告、不得滥用鸦片、吗啡等剧毒药品等规定。① 民国时期卫生行政部门所有针对医家的管理法规,其中都在一定程度上规定了医家的基本业务范围和应尽职责。这类通过部门法规,甚至国家法律规定性的"责任与义务"自然构成医家职业伦理的基本内容。这一特征在 1943 年 9 月南京国民政府颁布的《医师法》中表现尤为明显。作为近代第一部针对医师与医事的"法",《医师法》第三章即以"义务"为名,在第十条至第二十三条中全面规定了医师应尽的义务。② 《医师法》的出台无疑反映出国家意志对医师职业伦理的基本态度。

另外,30 年代各类医团组织广泛建立,医家职业化进程大大提速,很多职业性的医团组织也明确规定了会员的业医原则,并颁行了职业信条。例如 1931 年出台的"上海市医师公会医师信条"即包括二十条,分为"医师对于自己之信条"、"医师对于病人之信条"、"医师对于同道之信条"、"医师对于公众之信条"、"医师对于学术之信条"五部分。③ 1936 年春全国医师联合会假汉口召开第四次大会,经专门委员张森玉、吴纪舜、姜振勋、朱恒璧、宋国宾反复讨论,订有"全国医师信条"十条,可看作是当时全国职业医

---

① 陈明光主编:《中国卫生法规史料选编(1912—1949.9)》,上海医科大学出版社,1996 年,第 620～622 页。

② 陈明光主编:《中国卫生法规史料选编(1912—1949.9)》,上海医科大学出版社,1996 年,第 668～671 页。

③ 《上海市医师公会会员录》,《上海市医师公会为呈请备案向社会局报送的申请书》,上海市档案馆,案卷号:Q6—18—298—1。

师最基本的职业伦理构想。①　在西医的刺激与示范之下,中医群体在职业化的进程中也纷纷出台了相应的团体信条。广德县中医协进会在1928年曾颁行过一份《整顿医业规程》,此规程凡十五条,对中医的开方、用药、诊金都做过简要的规定,大致界定了医家的责任范围和伦理原则。②　1933年上海国医公会也制定有《国医公约》十八条,系统规定了中医师的责任与义务,并规定"凡属当地国医,均需加入公会,遵守公约"。③　对比裘吉生"三三医室"的"行医十德",以及胡安邦在《国医开业术》中提及袁菊泉的"行医十知"④,可以看到传统的医德提倡,只能将希望完全寄托在医家的个人修养之上,而此时期因职业组织的建立,共同的职业伦理规范遂成为可能。与之同时,药业团体也积极拟定药业信条。宋国宾医师就拟定有药业信条十条,该信条虽不足全面反映药业职业伦理的全部内容,但透过它也不难判读其基本精神。⑤

　　在卫生行政与医界团体的共同努力下,医家的职业伦理在30年代得以基本确立。民国医界的职业伦理大致有以下几个特点:

　　首先,民国医界试图树立起明确的"责权"观念。无论是西医还是中医,医界都企望透过伦理规范传达这样一种信念:即医家不仅对病人、而且

---

　　①　其时所订《医师信条》如下:一、不为夸大广告,不营非义之财;二、不无故拒绝应诊,不歧视贫苦阶级;三、不为人堕胎,不滥施手术,不滥用新药及秘方;四、不徇私情签给不正确之医事证书;五、不毁谤同道,不作非道义之竞争;六、应严守医药秘密;七、应加入开业所在地之医师公会,遇有纠纷报告公会处理;八、应参加国际战争时之救护工作;九、应协助卫生机关报告传染病之流行及指导民众以消毒隔离诸法;十、应辅助贫苦病人,免费施诊。宋国宾:《医师信条》,《申报》1936年5月26日。

　　②　例如此规程明确规定:"医士列方,字迹不宜太草,总以便于认识者为准;医士所开方药,以普通官名为主,不可忘立别名,以杜错误;医士治病,有用膏丸散等药,须开单向药肆购买。如经医生自备者,亦不可有欺诈勒索情事。凡初到之医士,须在本会登记,遵守会规方许行道,否则不准悬壶。"详见钱春榆拟:《广德县中医协进会呈请整顿医业规程呈文》,《三三医报》1928年第25期,第21～23页。

　　③　《上海国医公会改选大会记》,《光华医药杂志》1934年第3期,第56～57页。

　　④　参见胡安邦:《国医开业术》,胡氏医室,1933年,第22页。

　　⑤　宋氏所谓药业,包括药师、药商、店员在内。药业信条如下:一、不装伪药劣货;二、不售仇货;三、不于暗中出售无医师处方之违禁药品及器械;四、不以佣金诱惑医师;五、不于病家前任意批评医师处方;六、不私自任意改变医师处方,若遇医师处方有错误时设法通知该医改正;七、不行使医师职权暗中处方给药;八、不泄漏药业秘密;九、不为夸大广告;十、不诽谤同业为非道义之竞争。宋国宾:《药业信条》,《医药导报》第2卷第10期,1937年1月,"言论",第9～10页。

对社会、国家应负有道德及业务的责任。对比清季医家的"避责",民国医界对"责任"的承担反映出民国医界对既定医疗环境和医患关系力行革新的愿望。他们试图树立起一种新的形象,进而营造出理想的社会关系(包括医患关系)。此外,民国职业伦理也注意到传统医界往往不重视对医家合法权益的保障,因此提出要保障医家权益。医权本为医师应有之权利,医师对社会承担相应责任的同时,自然亦应享有自身的合法权益。宋国宾在《职业伦理学》中就颇费篇幅专门讨论了医家的权益。① 宋氏在另外一篇专门讨论"权责"问题的《医德与医权》中明确提出若医师"道德修养不足,则作奸犯科,无所不可"。反之,如果"权利之订定不明,则刀俎鱼肉,人强我弱,而道德反为处世之大累"。② 宋氏归纳医师应有五权,即有开业,加入公会,接收诊金,保持病人,介绍药品权。③ 惟因医生职属专业,故而医生的医权便呈现出新的特点。医家汪企张在宋国宾的基础上,更以法学的眼光立论,提出医师所应享有之新的五权,即有使用麻醉品、使用利器切割人体、监禁并侵人自由、堕胎、猥亵行为之权。④ 而针对其时医家轻意被控的现象,医界也提出了许多理想性的建议以维持保障医家的权益。姚惠安即提出:"以后凡引用法律的条款,来控业医者,必须有深知医学者出而作负责任的证明,在司法方面,方可予以裁判或受理"。⑤ 针对医患纠纷中,警察机关时常对医师及护士贸然羁押的情况,医界团体则积极建言要求"在其罪行未经确定以前,应予交保免先羁押,以资保障而重人权"。⑥ 尽管民国医界试图对医家的"责任"与"权利"作出明确的界定,但民国医界"权责对等"的诉求并不宜过高估量。因为"权责"对等只是理想的社会状态,而在社会实践中并不存在绝对与必然的权责对等。纵观近代的医界伦理实践,特别是中国近代的医事法规,政府所关注者都集中在对业医者的管理和控制方面,

---

① 宋国宾:《医业伦理学》,上海,国光印书局,1933年。
② 宋国宾:《医德与医权》,《医事汇刊》第19期,1934年,第123～124页。
③ 宋国宾:《医师之五权》,《申报医药周刊》第58期,载《申报》1934年1月29日。
④ 汪企张:《医权申义补遗》,《医事汇刊》第19期,1934年,第121～123页。
⑤ 姚惠安:《医界应请法律救济的一个重要问题》,《光华医药杂志》第3卷第1期,第20页。
⑥ 《上海市参议会关于本市医院联合会请向政府建议保障医师人权的档》,上海市档案馆,卷宗号:Q109—1—1390。

对医家职业权利的保障则不甚措意。① 民国医界法规这种责、权不对等的状况显然有碍民国医界的正常发展。只是,与传统医家在国家与医家的关系中屡居被动的状况不同,民国的医家已通过职业团体的渠道开始群体性地自我表达,呈现出较为积极主动的面相。

其次,民国医界的职业伦理强调医家的"职业性"。与传统医家所仰望而极力提倡的"仁心仁术"一类的纯粹道德诉求不同,近代医家颇强调"职业性"的特征。例如在诊金问题上,受传统"行道"而非"谋利"思想的影响,医界往往耻言业"医",医家若看重诊金,则多留下"见利忘义"的坏名声。30 年代的现代派医家就明确提出,医家虽有"救死扶伤"的义务,但也有追求"合法利益"的权利。宋国宾称"医者清高自守,慈善为怀,不抱金钱主义,不含营业性质,固非惟利是视者,然而医亦职业也,个人恃之以生存,家属赖之以赡养,则其需要索酬金亦是自然之理"。② 显然,作为"职业"的医家,通过医疗业务获得物质报酬乃是其职业特征之一。再如在职业组织方面,民国医界要求所有职业医生都必须加入公会,遵守公会约章,这种做法一方面有助于形成专业化的团队进而规范医界保障民众权益,另一方面入会医家也可以通过职业组织提高自身地位,保障职业利益。此外,现代派医家对职业性的强调也表现在医家虽有服务于公共卫生的责任,但这种服务却有别于传统医家的施医善举。施医济民的慈善事业在以往被视为是医家仁心仁术的善举,但在现代职业医家眼中,这类慈善事业则理应由国家负责,医家虽可施诊,却不是必需的。汪企张就认为:"一般经济上落伍之平民,救济职责,虽难言绝不在医师,而究其症结之所在,则决不在是"。③ 医家对公共卫生的责任应体现在协助地方卫生行政的实施和民众医学常识的普及方面,强调医家对预防保健、卫生知识普及和协助卫生行政的责任。

---

① 以《医师法》为例,俞松筠就批评说,"全文一大半都是限制医师活动的,而且限制得相当严格。""我们希望医师法对我们有切实的保障,而现在这一部《医师法》却使我们很失望"。俞松筠:《现行法律与医师》,自印。

② 宋国宾:《职业医学》,《医事汇刊》第 19 期,1934 年 4 月。

③ 汪企张:《论本市卫生当局之限制医师诊金令》,载汪企张:《鵂鶹斋医言》,诊疗医报社,1935 年,第 55 页。

最后,民国医家的职业伦理体现出明显的时代特征。随着西方医学观念的传入,特别是"公共卫生"与"预防医学"的引入可以说在医学领域重新定位了国家、医家与普通民众之间的关系。医界渐渐注意到国家卫生行政对全国民众的卫生健康保障实负有不可推卸的责任。医家的责任范围也从传统单纯的治病救人扩展到参与公共卫生、预防医学等各个领域,肩负起对国家、社会的责任。三四十年代的医团信条或医家责任中都极为强调医家对国家、社会的责任。宋国宾即指出:

> 医生不是专替人诊病就算了事的,在国家方面,一切的卫生行政,在在与医生有关,在社会方面,一切的卫生事业,亦无一不与医生有关。……医生不单是民众健康的导师,实在是民族强弱的操纵者。……近年来中国的医界可谓纷乱达于极顶了,有忝职业的欺骗手段,有损道义的同道竞争,一幕一幕的层出不穷。这就是医生根本没有能够了解自己的责任和地位,也就是根本没有一种共守的标准行为。①

纵览其时各医学团体所列医家信条,我们可以看到 30 年代医家的责任已较传统的治病救人有很大的突破。彼时各种信条种类甚多,但却多包有"医家对公众的责任"一章,概述医家对国家、社会的责任。而在国家危急的战争时期,医家也要承担国防上的重任。陈果夫撰文分析说作为医家应负有七个层面的责任,其中第一大责任便是医家需是国防上负责的一员。② 庞京周医师在重庆遭日军突袭的 1940 年,还专门译出过德国吉兰医师的《医师在防空救护处之任务》,以供医界同仁参考。③

有必要指出的是,近代医界伦理的确立乃是国家、医界及社会诸方面共同作用的结果,它一直处于动态的变化之中。尽管医业伦理的核心理念可

---

① 宋国宾:《医德》,《申报》1933 年 2 月 20 日。
② 陈果夫:《当今医者的责任》,《医事公论》(创刊号),1933 年第 1 期,第 6 页。
③ 庞京周译:《医师在防空救护处之任务》,《同济医学周刊》第 7 卷第 4 期,第 58～60 页。

能较为明确,但其边界疆域并不稳定,各方的认同也不尽划一。比如在谈到什么是民国医家的"责任"之时,我们就首先发现"责任"一词在认同上存在着差异。宋国宾即说:"责任之意,有精神与法律之分焉。"①"责任"至少包含两种意义,一方面是指医基于人道主义原则的职业道德,另一方面则是指医家要承担医疗事件的责任,对医疗行为负责。其次,就医事纠纷的实际情况来看,医病双方对医家应负的"法律责任"的范围认识也有不同。范守渊即明确指出:"由于多数病家,不明医疗真相,以为每医师均负有愈病之责,却不知医师在责任上说,只能负医疗之责,而断无负愈病甚至有病必愈的非分之责"。② 最后,"责任"事实上也受政治制度、技术进步等因素的影响而处于不断变化的状态。以"堕胎"的观念为例,在传统社会,"堕胎"乃是社会生活中常用的节育方式之一。然至民国,在法律与社会观念的共同编织下,"堕胎"已成为"不道德"的社会陋习之一。"堕胎"行为不仅受到社会观念的谴责,而且成为法律打击的对象。至于因技术进步而引起的"责任"变化,宋国宾有过精辟的分析,宋氏说:

> 医业责任,非绝对不可变易者也。随历史之衍递,环境之变迁,医学之进步而易其趋焉。故有于古则是,于今则非者。如古代开刀不知消毒,非其过也,以当时无消毒之法也。若居今之世,而亦开刀不知消毒,则为不可宽恕之过失矣。亦有于此则是,于彼则非者,如内地医师虽明知某症非某药不可治,而交通阻碍,无法致之,非其过也。若都市医师不知而不用,或知之而故不用,则亦不可宽恕之过失矣。故责任云者,易其时,易其地而不同焉,固未可执一成之法,而绳古今天下之人也。③

---

① 宋国宾:《医业伦理学》,国光印书局,1933 年,第 107 页。宋国宾更强调"精神责任",他讲:"孟子曰:生于其心,害于其事。盖一切之内心举动,举足以影响于外表上之行业,故医者所负精神上之责任,实有超于法律责任之上者。"

② 范守渊:《这也算一场医讼》,《医事汇刊》第 9 卷第 1 期,第 9～32 页。

③ 宋国宾:《医业伦理学》,国光印书局,1933 年,第 106～107 页。

显然,"责任"乃是一个历史的、变化的概念,它随时而变、随势而变,因此医家、社会与病人事实上几乎不可能对此达成完全一致的共识,而这种彼此认识的分歧则可能是医患纠纷的症结所在。

总的来看,尽管民国时期的医界团体也出台了一些基本的行业规范和执业信条,但因民国卫生行政不得力,医界四处充斥着未得执照的江湖医生,职业伦理的约束范围和力度都极为有限。民国医家虽然意识到职业伦理在理论上居于最基础的地位,但在医学实践中职业伦理的遵行仍多依靠医家的道德底线与社会良心。甚而在其时众多医生心目中,压根就不知道医生行医还是要讲道德的。[1] 一些医学院及医学生也缺乏职业修养的训练,开业后迅速被社会同化。朱恒璧就敏锐观察道:"自科学新医为国人注意后,医校之设已逾数十,研究讲习观感一新,各校课程纯驳互见,惜伦理一科多数医校未曾注意,以致习医者在校时既乏熏陶,毕业后又少素养。坐是而社会信仰之心理,几与江湖郎中等量齐观。"[2]从时间上看,近代中国的医学职业伦理乃是近代医学发展到一定阶段医界被迫的补救性措施。而就其发展来看,也由于"整个医界团体组织犹未至健全,制裁能力薄弱,联络互助,未免因失精神",以致"新旧医有背于信条之事实无可讳言",[3]民国医界的"职业伦理"并未体现出理想中的作用。即使是在各团体颁行医药信条之后,也有部分医家因为信条之规定可能妨碍其营业之收入,故而不予执行,甚而提请职业团体废除职业信条。[4] 上述种种情况,无不反映出职业伦理的确立是一个复杂漫长的过程。

---

① 宋国宾:《医德》,《申报》1933年2月20日。

② 《朱恒璧序》,宋国宾:《医业伦理学》,国光印书局,1933年,序,第1页。

③ 《胡定安序》,宋国宾:《医业伦理学》,国光印书局,1933年,序,第3页。

④ 针对时人提议废除信条,宋国宾批评说:"今之提议废除者,其意若曰信条之束缚太甚,营业之发展有妨,不知医既为业,当有力谋发展之可能,特发展之途径有正当与否之分耳。提高吾之道德,增进吾之技能,成效既著,声誉自彰,人格既高,信仰自众。虽欲其不发展不可得也,此与信条乎何妨?"宋国宾:《告提议废除旧医信条者》,《医药评论》第132期,第7卷第12期,1935年12月15日,第1~2页。

## 第二节　医疗模式与医疗习惯

### 一、塑造"现代病人"

早在西医泛槎来华之前,传统医界基于医学实践已提出要注意医家与病家之间的关系,提示医家在治病之时应该考虑病家的心态,以便采取相应的治疗方式以求达到最佳的治疗效果。明代医家李中梓在《不失人情论》中即对此"人情"有过精辟的阐述:

> 所谓病人之情者,五脏各有所偏,七情各有所胜。阳脏者宜凉,阴脏者宜热,耐毒者缓剂无功,不耐毒者峻剂有害。此脏气之不同也。动静各有欣厌,饮食各有爱憎。性好吉者,危言见非;意多忧者,慰安云伪。未信者忠告难行,善疑者深言则忌。此好恶之不同也。富者多任性而禁戒勿遵,贵者多自遵而骄恣悖理,此交际之不同也。贫者衣食不周,况乎药饵?贱者焦劳不适,怀抱可知,此调治之不同也。有良言甫信,谬说更新,多歧亡羊,终成画饼,此无主之为害也。有最畏出奇,惟求稳当,车薪杯水,难免败亡,此过慎之为害也。有境缘不偶,营求未遂,深情牵挂,良药难医,此得失之为害也。有性急者遭迟病,更医而致杂投;有性缓者遭急病,濡滞而成难挽,此缓急之为害也。有参术沾唇惧补,心先痞塞;硝黄入口畏攻,神即飘扬,此成心之为害也。有讳疾不言,有隐情难告,甚而故隐病状,试医以脉,不知自古神圣,未有舍望闻问而独凭一脉者。且如气口脉盛则知伤食,至于何日受伤,所伤何物,岂能以脉知哉?此皆病人之情,不可不察也。①

诚如李中梓所论,病家在治疗过程中心态复杂,而且会对治疗效果产生重要

---

①　(明)李中梓:《不失人情论》,李中梓著,顾宏平校注:《医宗必读》,中国中医药出版社,1998年,第8页。

影响。如果病家积极配合,那么自然可能对治疗产生正面的效果。但如果病家颇为消极,则极可能对治疗产生副作用,甚至导致治疗失败。从这一意义上讲,医疗当然并不仅仅是医生诊治拿药治疗的过程,诊病也需察言观色的"诊人"。

清代医家徐大椿敏锐地洞察到病人对治疗效果也负有相当的责任,他曾在《医学源流论》中指陈病家有十大误。① 这十大误均系病家在择医而治过程中的通病,因病家错误的观念往往导致病者最终无治,徐氏因此说"天下之病,误于医家者固多,误于病家者尤多。医家而误,易良医可也;病家而误,其弊不可胜穷"。② 徐氏更推论而言:"人之误药而死,半由于天命,半由于病家,医者不过依违顺命,以成其死,并非造谋之人。故杀人之罪,医者不受也。"③徐氏所论虽不尽客观,但在传统病家占据主导的医病模式中,病家囿于社会观念、医学常识的局限确实对病的治愈有很大的影响。

西医入华以后,在"科学"指引下一路高歌猛进。不过,尽管民国的医界变化巨大,但病人的心态和积习却积重难返。西医在中国操业以来,便发现其所理解的科学观念往往与中国病人的积习发生严重冲突。甚而,原本是因病家的不信仰、不合作或错误行为导致的事故,病家却要归咎于医家。

---

① 有不问医之高下,即延以治病,其误一也;有以耳为目,闻人誉某医,即信为真,不考其实,其误二也;有平日相熟之人,务取其便,又虑别延他人,觉情面有亏,而其人又叨任不辞,希图酬谢,古人所谓以性命当人情,其误三也;有远方邪人,假称名医,高谈阔论,欺骗愚人,遂不复详察,信其欺妄,其误四也;有因至亲密友或势位之人,荐引一人,情分难却,勉强延请,其误五也;更有病家戚友,偶阅医书,自以为医理颇通,每见立方,必妄生议论,私改药味,善则归己,过则归人(按:疑此漏"其误六也")。或各荐一医,互相毁谤,遂成党援,甚者各立门户,如不从己,反幸灾乐祸,以期必胜,不顾病者之死生,其误七也;又或病势方转,未收全功,病者正疑见效太迟,忽而谗言蜂起,中道变更,又换他医,遂至危笃,反咎前人,其误八也;又有病变不常,朝当桂附,暮当芩连;又有纯虚之体,其症反宜用硝黄;大实之人,其症反宜用参术。病不知,以为怪僻,不从其说,反信庸医,其误九也;又有吝惜钱财,惟贱是取,况名医皆自作主张,不肯从我,反不若某某等和易近人,柔顺受商,酬谢可略。扁鹊云:轻身重财不治。其误十也。(清)徐大椿编撰,万方整理:《病家论》,《医学源流论》,人民卫生出版社,2007年,第102~104页。

② (清)徐大椿编撰,万方整理:《病家论》,《医学源流论》,人民卫生出版社,2007年,第102页。

③ (清)徐大椿编撰,万方整理:《医者误人无罪论》,《医学源流论》,人民卫生出版社,2007年,第104页。

因此,许多现代派西医都发出了"中国病人不够资格"的感叹。西医范守渊感叹地说"中国病人之多,称雄世界,到处都是病夫;但真正够得上资格做病人的,却又实在太少了"。① 胡适也说过类似的话,胡适在1935年为《人与医学》一书作序时强调:

> 尤其是我们中国人更应该读这样的一部书。为什么呢? 因为我们实在太缺乏新医学的常识了。我们至今还保留着的许多传统的信仰和习惯,平时往往使我们不爱护身体,不讲求卫生,有病时往往使我们胡乱投医吃药,甚至于使我们信任那些不曾脱离巫术的方法,甚至于使我们反对科学的医学。到了危急的时候,我们也许勉强去进一个新式医院;然而我们的愚昧往往使我们不了解医生,不了解看护,不了解医院的规矩。老实说,多数的中国人至今还不配做病人! 不配生病的人,一旦有了病,可就危险了!②

这种观察无疑激发民国医家对"中国病人"加以改造的雄心。尽管传统中医也曾注意到相关问题并对病家提出过很多劝诫,不过近代医学精英并不满足于此。民国医师事实上已经明确意识到,病家在正常和谐的医患关系中居于非常核心的位置。"病人者医师之对象,疾病之治愈,医师与病人,各有其应负之责任。有良好之医师,而无良好之病人,亦犹有有为之政府而无可教之民众也。其不能收相须以成之功,而致两败俱伤之地,可断言矣"。③ 在民国医家看来,要构筑理想的医患关系重新树立起医患间的相互信仰,并不能只依靠医家单方面的努力,也需要对病家加以规范,培养出"现代"精神的"合格"病人。

对近代医家来说,"合格"的病人,首先是对"病"要抱有正确的观念。

① 雷祥麟:《负责任的医生与有信仰的病人》,李建民主编:《生命与医疗》,中国大百科全书出版社,2005年,第490页。
② 胡适:《人与医学的中译本序》,西格里斯著:《人与医学》,顾谦吉译,商务印书馆,1947年,第6页。
③ 恪三:《良好之病人》,《医药评论》第8卷第2期,1936年,第6~7页。

民国医家批评病人的一大原因,即在于病人对治愈怀抱了过高的期望。事实上,现代医学并不如江湖郎中,可以夸下海口包医包治。要知道病不是一概都治得好。病者亦应当知道医师不是万能的,并不是什么医师都能治一切病。① 30 年代的医家经常抱怨那些江湖郎中对病人动辄包医包治,以致病家不自觉地形成了"天下没有不能治的病"的错误观念。谢筠寿就注意到病家的观念中有一种"是病皆有药"的信仰,因此他对医家的医术能否令病人满意深表怀疑。谢氏转而告诫病人说,世上难有真正满意的医术,而且医师能力所及的地方也往往因人事万变,环境不一等因素存在变化。② 谢氏所言无疑是要病家降低期待,对医病关系有较正确的理解。虽然有些医家也注意到,事实上医家与病家对治愈同样怀抱期望,两者事实上并不矛盾,但"在病人他是不明白病的情形,并且多是主观的人,企望心很重的"。③正因为病家有这样"重"的企望,这给医家的施治造成很大的压力。因此,30 年代的医家反复强调医家事实上只是对正确合理的治疗手段负责,并不对治疗的结果负责。范守渊即批评病家说:"(病人)一旦害病,延医诊治,便多认为医生负有'愈病'的责任,甚至以为负有'有病必愈'的责任。其实医生的责任只在'治病'。认为医生有'愈病'之责,尤其是有'有病必愈'之责,这观念是绝大的错误。"④

其次,病人在治疗过程中,要绝对的信仰、服从医生的权威,并严格遵守医院的各项制度。在传统"择医而治"的治疗过程中,病人完全在治疗的过程中居于主导,他们以挑剔的眼光注视着医家的一举一动。于是,在治疗过程中产生了诸如"试诊"、"换医"、"会诊"等诸多现象。而这些举动恰恰是为近代西医难以接受,猛烈批评的地方。宋国宾便说:

> 病人无医药常识,其所恃为南针者,惟有医师,医师诊病之际,必告病人以所应遵守及禁忌之点,病人苟绝对服从医师之言语,则不患病之

---

① 不平:《忠告病者》,《医学周刊集》第 4 卷,第 227 页。
② 谢筠寿:《医师的能力与满意的医术》,《医药评论》1934 年第 6 卷第 2 期,第 5~7 页。
③ 不平:《忠告病者》,《医学周刊集》第 4 卷,第 227 页。
④ 范守渊:《这也算一场医讼》,《医事汇刊》第 9 卷第 1 期,第 31 页。

不愈。不然,则师心自用,枝节横生,岂非病人所负服从之责任,大于医师治疗之责任乎? 余每见一般不守规则之病人,往往一知半解,自命知医,受诊之际,则妄与医辩,既诊之后,又故违医言,卒致病生变化,甚且有不起之危险。此不能服从之过也。①

孟宪荩则从另一方面阐述了病人应该信仰和服从医生,他说:

> 病人对于某医生如果不信任,最好是不请他治疗。既然信任他,请他医治,就要听医生的关于治疗上的命令。如此医生方能充分的发挥其治疗技术,方能满足的达到其治疗之目的。②

很显然,西医试图摆脱传统医界所形成的既定治疗模式,重新确立起西医的"权威性"。③ 在这种新的治疗模式中,医生要成为绝对权威的家长,病人是需要看顾的孩子,病人必须服从医生的权威。不仅如此,病人还应该完全遵守医院的规章制度,"因为医院的规则就好像国家的法律,一个人不守规则,不但于他个人有害,同时还可影响他人。"④当然,西医通过制度化的举措对"病人"进行的塑造也并非完全出于西医的一相情愿。针对彼时医患纠纷愈演愈烈的现状,西医也自我提醒在治疗过程中需要完善必备之手续以免遭诉讼。一位医家就提醒说不论遇有任何手术都要病者或直系亲属填写志愿书。⑤ 可见,西医的"制度化"也受到既存医患关系的制约,只不过当填写志愿书这一方式制度化后,它自然又反过来对"病家"形成新的约束与规范。

---

① 恪三:《良好之病人》,《医药评论》1936 年,第 8 卷 2 期,第 6 ~ 7 页。
② 孟宪荩:《医生对于病者之希望》,《大众医刊》1934 年第 27 期,第 4 页。
③ 当然,这种以医生占据主导的治疗模式在今日也饱受批评。因西医所建立起来的权威性,导致治疗模式中家长制的专制主义情绪比比皆是。这种治疗模式的过渡发展,导致今日病家完全处于被宰制的地位,只得任凭现代派的医生用手术刀划过自己的身体。
④ 常珞铭:《怎样作病人》,《医学月刊》第 2 卷第 9 期,第 45 ~ 46 页。
⑤ 苍龙:《关于医病纠纷方面之法律常识》,《医事通讯》第 1 卷第 1 期,1947 年 7 月 31 日,第 1 页。

　　除上述的两点外,西医还训导病人要具备其他各项素养。医家告诫病人应该有足够的耐心,要接受医院作为医疗的主要场地,要遵守医院的各项规章制度,不应在治疗中途随意换医。西医通过不断地批评旧有的医疗积习,提倡符合资格的"现代病人",建立起新的文化权威。例如余瀎就批评病人常有的一些毛病,他说:"有许多人得病,不肯请医生治,不是勉强忍耐,就是乱出主意,喝姜汤吃大黄,扎针拔罐,一味滥求,不闹到危险难治地步不止。"① 杨济时则建言,病者应该对于病的概念和态度有正确的认识。病人不宜急躁,要理解检查的重要,尊重医士的忠告,且不可对医治失望轻听人言以致乱投药石。② 类似的告诫乃至于要求,从民国时期各类期刊的"医学常识"栏目到各家医院张贴栏中的"病人须知"都可以读到,内容包罗万象,既包括在医院所进行的治疗行为,也包括普通人日常的诸多生活习惯。③ 一言以蔽之,从病人生病之始,西医就力图进行全程的干预,在病人各个不同的阶段,西医都试图建立起与传统医疗方式不同的模式,进而构筑起全新的医患关系。民国医界对病人的干预与训导建立在一个共同的认知论基础之上:即西方的生物医学是科学与现代的,它代表了民国医疗卫生事业发展的方向。④

　　西医对"现代病人"的塑造是在西方医学模式主导下医家对治疗对象的内在要求。不过,对"现代病人"的塑造乃是一种理想的境界,它反映了新的医学模式中医家对理想化医患关系的冀望。不管民国的病人是否达到

---

　　① 余瀎:《对于病家积习之感言》,《医学周刊集》第 3 卷,第 201 页。
　　② 杨济时:《病人和治病者》,《医学周刊集》第 1 卷,第 16 页。
　　③ 这类"卫生常识"和"病人须知"在其时的医药期刊上随处可见。此处略举一例以窥全豹,《医学周刊集》第一期即载有《病人住院须知》一文,文章之写作即鉴于"病者因缺乏医学常识与医院发生误会之处甚多","欲根本免除此种误会,舍推广教育普及医学常识外,其道末由","兹特将医院诊断及治疗之手续,略述于左,俾众周知,以冀免除误会"。全文意义之核心即是要规劝中国病人了解医院之流程,遵守医院规章。参见李振翩:《病人住院须知》,《医学周刊集》第 1 卷,第 35~37 页。
　　④ 在民国中、西医话语竞争的语境下,西医欲图建立起来的这种"医患关系",显然是极力与传统划清界限的自我表述。特别是在"科学"理性的标榜下,西医极力摆脱与极力塑造的模式似乎都定义清楚、界限分明。但如果稍微与其时主流的观点保持一定距离,那么西方医学及其所塑造的模式是否真的"天经地义"绝对恰当呢? 民国时期的医界对此并未有较清楚的认识。只是当西方医学发展到今日出入无人之境的地步,我们反思西医及其相关的医疗行为、医疗制度及其塑造的医患关系时,我们才陡然发现,这套制度与操作模式也未必完美。

医家的"理想",民国的医疗活动仍在继续。事实上,在实际的医患关系演进中,西医模式主导性的确立已经在无形中影响和塑造了新的医病关系。西方医学体系所持有的目标、价值观、知识和技术在认识论上都与传统医学截然不同,这自然也决定了两套医学体系在医学实践中的分道扬镳。无论是在知识领域,还是在实践的具体"场域"之中,西方医学与传统医学的不同特征都决定了不同医学文化体系下的医患关系特点迥异。[①] 一个简单的例证即是,传统医学"望闻问切"的过程,显然不能仅仅理解为一个诊断的过程,它更是一个与病患理解与沟通、倾听与抚慰的过程。但在认为疾病是由官能和生理状况不正常造成和界定的医学模式下,其诊断和治疗都倚赖于个体物理特征的精确观察,而且因为患病者无法自己评估自己的官能和生理状况,这一医学体系也大多不会倾听患者的抱怨和陈述。[②] 故而在民国医生呼吁"现代病人"的同时,作为一种新的医疗文化模式,西医事实上已经不自觉地部分改变了原有的医患关系。

## 二、医疗习惯的影响

期望归于期望,尽管西医在 20 世纪 30 年代试图通过文化权威的建立

---

① 一般认为,医学体系中往往包含了三个基本方面:一是独特的知识与实践领域;二是社会化的方式——将这个领域的知识传授给专业人士和其他人;三是这个领域的活动得以展开的一个场域。[美]罗伯特·汉(Robert Hahn)著:《疾病与治疗:人类学怎么看》(*Sickness and Healing:An Anthropological Perspective*),禾木译,东方出版中心,2010 年,导言,第 5 页。

② 凯博文(Arthur Kleinman)注意到,在临床叙述中,病人往往有一个通常是冗长的,并且总是紧张的关于生活史的叙述。病人并不期望医生提出问题或打断他们,但却期待医生通过紧张的聆听参与到叙述中去。[美]凯博文:《苦痛和疾病的社会根源:现代中国的抑郁、神经衰弱和病痛》(*Social Origins of Distress and Disease:Neurasthenia,Depression and pian in Modern China*),上海三联书店,2008 年,第 12 页。传统社会,人们对疾病的文化理解使得任何疾病都有一个隐藏其后的"故事",这个"故事"企望以日常生活史的叙述方式对"病症"作出病者自我的文化阐释。因此,"倾听"并通过"倾听"进入并了解病人的文化心理,应是病患沟通最重要的手段之一。不过这种"倾听"多在传统医学中见到,在技术决定论至上的西方医学中"倾听"则多在技术主义与效率至上的原则下被忽略。[美]罗伯特·汉著:《疾病与治疗:人类学怎么看》,禾木译,东方出版中心,2010 年,第 11 页。当然,今日对西方医学的反思已经促使西方医学人类学注意到"病人"主体性的重要,德尔班科(Delbanco)就强调要"通过引入病人的观点来丰富医患关系",在医学治疗进程中更多地融入人文关怀。Delbanco,T. L.,"Enriching the doctor-patient relationship by inviting the patient's perspective",*Annals of Internal Medicine*,pp. 116,414～418。

营造一种全新的医患关系,甚至在 1929 年发起"废除中医"运动,试图通过"政治"手段来解决问题。但即使是在 30 年代南京国民政府确立起以西医为主导的医疗卫生体系后,西医的数量仍是少数,而且分布极不均衡。此外,普通民众对西医的信仰也存在一个漫长的接受过程,因此到底有多少民众真正信仰西医实在是一个很大的疑问。西医们即注意到民众思想的陈旧以及旧医的反对构成了科学新医发展的阻碍,故而在南京国民政府时期持续有"医学革命"的呼声。范守渊即在一篇文章中说道:

> 　　科学新医之应时代环境的要求输入到我国,已有长久年月。然究何故至今新医的发展,仍然异常迟滞,新医的建树,仍然十分的幼稚呢?这一方面由于我们广大国民的智识幼稚,既无是非的识别能力,又乏进取的科学精神。直至今,对于这医学的观念,还流连于过去伪玄医学的桥头。对于科学新医的见地还抱着不接不离的模棱态度。一方面又加上反动旧医早看透了这种情势,就利用这守旧成性的群众心理,麻木不仁的民众意识,来努力造谣,来拼命宣传,以阻碍一般无知民众的接受新医。因此,科学新医的发展,就受了个大障碍了。新医发展的延缓,新医建设的幼稚,便是受了这屏障的阻碍之故咧。①

范氏所称旧医对科学医的发展造成了阻碍,反映出其时的医界存在着两套医学资源或医疗模式的相互竞争。尽管西医标榜"科学",但民众尚无法迅速从传统的医疗模式转变适应新的医学形式,因此社会实际之状况往往与西医的急迫期望相距甚远。当然,在民众积习甚深的状况之下,一个和谐匹配的医患关系也需冀望于西医的耐心与本土化。民国著名的西医程翰章就指出西医"科学"的普及远远不够,在普及不足的区域,西医远未取得胜利。而西医之不普及一方面固然是病家的思想陈旧,另一方面也因为许多西医食洋不化造成医患隔膜。程氏在《西医浅说》中讲:

---

① 范守渊:《医学革命的必然性》,《新医药》第 2 卷第 10 期,1934 年 12 月,第 892 页。

社会对西医缺少信仰的原因,实由于社会对西医缺少认识。有资格的西医,他自己学问很好,经验也很充足,但是他治病的行为太西洋化,处方全用西文,病家不知所用何药,医家亦从不为之详细说明,使病人认为玄秘,这种情形很可能阻碍科学医的推行。无资格的西医,略懂一些医药的皮毛,指鹿为马,信口雌黄,以流品的复杂,愈使社会对西医的认识加上一层翳障。①

西医的自识甚高与病患所持有的医疗文化积习明显构成民国医界不合节拍的双重变奏。哈贝马斯(Habermans.J)曾分析说,理解过程发生在文化上根深蒂固的预先理解之背景中,行动者往往从他们自己所解释的生活世界的视野出发,行动者真正的沟通必得沟通双方共享经验背景。② 但就民国的西医来看,民国医家与病人间存在知识背景、疾病观念等认识论的巨大“落差”,医病双方在经验背景上的差异不但将影响双方对医疗效果的判读进而埋藏下医疗纠纷的隐患,而且也阻碍新的医学体系的确立。此外,整个民国医界,西医大多集中在各大中城市,乡村社会的医疗服务大多操之于中医及江湖医生之手,这种不平衡性对于西医试图在全国范围内确立起近代医

---

① 程瀚章:《西医浅说》,商务印书馆,1933 年,第 36 页。基于此种认识,民国医界在塑造“现代病人”的同时也针对医生的“资格”提出了更具备的要求。程瀚章同样也注意到要促进社会对西医的信仰,医家要从三大方面致力营造和谐的医患关系。程氏说:“要推行西医,非努力促进社会的信仰西医不可。要促进社会的信仰,这使命除去西医自己,是无人担负的。第一,希望西医应自重。没有资格的,国家当然应该取缔他。有资格的,诊疗疾病的时候,一刻不能离着科学,应该验血的,无论如何是非验不可。应该光学检查的,无论如何非检不可。然并非是一意孤行着。医者对于病家,仍宜有和蔼的态度,向他们恳切地说明,使之心悦诚服;舌敝唇焦而仍不见从,那就不必过强,然言者谆谆,人非木石,听者亦未必完全藐藐的。第二,西医对于病家要特别忠实。江湖一派伪药欺人,固非西医所宜,然西医还应该推进一层,努力节减病家的经济,而予以怜悯的同情。在医疗中所取的宗旨和所用的药材,除特别情形外,应当十二分公开,要知事愈秘密,愈多疑窦,愈公开,愈了解。疑窦多则信心少,了解足则信心坚。所以要使社会对西医增加信仰,非忠实地把诊疗经过公开不可。第三,西医应该宣传。宣传的意思,并非替自己大吹大擂,登报扬名之谓。所宣传的,为保健防病护疾的常识和新医学所发明的介绍,务使社会对于科学医有相当的注意,日久月累,对于西医当然有信仰心了。”程瀚章:《西医浅说》,商务印书馆,1933 年,第 36～37 页。
② 国内史学界对哈贝马斯的认识多偏重其对“公共领域”的分析,不过哈氏的“交往行为理论”对理解纠纷和冲突似更具有指导意义。[德]哈贝马斯(Habermans.J.):《交往行为理论:第一卷 行为合理性与社会合理化》,曹卫东译,上海人民出版社,2004 年。

疗卫生体系的努力来说无疑也是一个极大的挑战。

在新旧医学的竞争之中,"病人"无疑是最重要的资源,而病人如何选择医家则成为新旧医争夺之关键。西医通过"政治力量"试图迅速确立起以西医为主导的近代医疗体系,通过国家政治的安排进而垄断病家资源,但中医师及支持中医的人却不断强调病人不当被剥夺选择医生的权利。① 于是我们看到,传统医界饱受西医批评的"择医"现象在民国的医疗实践中还是经常出现。作为西医出身的孙中山,在住院期间就曾要求转由中医陆仲安诊治。② 许多病人"一医不治,遂转求他医"的现象并没有在西医的反复批评声中绝迹。更有甚者,一些病家还采取"执两用中"的态度游走于中、西医之间。陈果夫认为"中医西医,各执成见,惟我病人,优劣可判"。③ 陈果夫的态度显示出病家成为评介医家的标准,"身体"成为病家最有发言权的根据与武器。于是在民国社会出现一个奇怪的现象,部分民众对西医怀有坚定的信仰,相信其"速效"的神话,但亦有相当大部分人群对中医情有独钟,认为中医才能标本兼治。甚至也不乏实用主义的做法,将身体拿作试验田,"中"、"西"都拿来试试。特别是这种实用主义的"选择"似乎与传统社会病家的做派并无区别,病家在医患关系中仍占据了绝对的主导。选择权的争斗表面上看虽是自由择医的问题,但实际上反映出西医所欲建立的以医生为主导的医疗模式并不顺利,传统的就医观念与医疗模式对医患关系的走向有着深刻的影响。

病家面对中医与西医,不仅存在信仰与选择上的两难,许多病家也不自觉地将传统的医疗习惯带入到新的医疗模式中。例如中医治疗过程中病家广泛存在的"试医"之举也被病家带进了西医的治疗过程。余云岫就说:

---

① 雷祥麟:《负责任的医生与有信仰的病人:中西医论争与医病关系在民国时期的转变》,李建民主编:《生命与医疗》,台湾学者中国史研究论丛,中国大百科全书出版社,2005 年,第493 页。

② 孙中山死前数月,中、西医曾就孙氏之病轮番施治并引发其时思想界与医界的彼此争论,相关研究可参见皮国立:《民初医疗、医生与病人之一隅——孙中山之死与中西医论争》,胡春慧、周惠民主编:《两岸三地历史学研究生论文发表会论文集(2006)》,国立政治大学历史学系、香港珠海书院亚洲研究中心出版,2007 年,第215~242 页。

③ 陈果夫:《医政漫谈续篇》,台北,正中书局,1950 年,第14 页。

　　余悬壶沪上,十年于兹矣。遇有善怒多倦不眠虚怯之病人,彼必先
自述曰:我肝火也。若为之匡其谬误曰:肝无火也,真肝之病,不如是
也,此乃精神衰弱也,则漠然不应。虽为之详细解说,以至舌敝唇焦,犹
是疑信参半。若直应之曰:唯唯,此诚肝火也,则如土委地,欢喜欣受而
去者,比比然也。如之,何医者不乐行此耶! 是以今世新医,亦有只按
脉处方者矣,以为对付不彻底之社会,如是而已足也。此虽玩世不恭,
亦社会有以迫之使然,愤激而出此也。①

或许,恰是这种无法割裂的医疗习惯,才使得现代派西医对传统病人的种种
"恶习"深感愤激,从而萌生出改造病人的愿望。不过,从余氏的论述中也
不难看到,病家的积习事实上对医家也造成了很大的反作用。在"改造"中
国病人的同时,西医也不自觉地为中国病人所"改造"。为赢得病家的信
任,一些西医被迫需要按病人的意志来执行业务。以前述中西医"会诊"为
例,西医本应对与中医的同共"会诊"极为反感,但是也被迫要屈服于病家
的意志。陈果夫回忆他医治肺病的经历说:

　　有一次我在西医诊病的时候,想到了中国医学的好处,并且同时要
请中医试行诊治,这位西医也不反对,因为他的心理希望我好全和我自
己一样的急迫。我服了中医的药,同时仍旧服西医的药,自以为双管齐
下可以速愈,那里晓得不到十天的功夫,咳嗽反而加剧。②

陈果夫随后意识到"我们相信一个医生,只要认他的治法对的,应该相信到
底"。不过,陈氏抱定的信仰,却并不管这位医生是中医,还是西医。另外,
他的坚定信仰也是有前提的,那便是病家要先认定"他的治法是对的"。且
不论何种"治法是对的"对病家来说是极困难的判断,陈果夫所谓坚定的信
仰无疑还是由病家主导的。在病家尚具有很大影响力的情况之下,医家的

---

① 余云岫:《六气论》,《医学革命论选》,第143~151页。
② 陈果夫:《你的病好了吗?》,《政治评论》1932年第3期,第30页。

治疗方法与手段会被迫作出调整。陈果夫同时也谈到病人对医家用药的影响。陈氏说：

> 我这一次生病,家里的人都晓得我自己有点主意,所以尽管商量,但是最后决定,还是要我自己。最初请什么医生,由我自己决定。后来到了上海和医生交情日深,天天谈话,渐渐地应该用什么药,医生反要听我的选择了,天下哪有这个道理,但是竟有这种事实。①

显然,陈果夫已经成为一位"久病成良医"的病人。面对这样的病人,医家的权威不可避免地受到挑战。医家的用药与治疗可能都受到"病人"苛刻的审视,从而出现"屈从"的现象。西医的"屈从"并非只是在陈果夫这位"老病人"身上出现。庞京周就注意到其时医界出现了所谓"新医的旧医化"现象,(西医)只用一个听筒,一支体温表,三个指头来诊病,只用几种丸剂和注射药来治病。究其原因,"不外乎新医保持自身的业务发展,去迁就了社会上的心理","病家不赞成开刀的,新医也说开刀太猛烈了。病家问脉上有没有风寒食积,新医也胡乱说上几句似是而非的脉理"。② 这种情况当不在少数,民国医家广泛盛行"开业术"一类的指南主要即是医家谄媚欺诈、迎合病家的经验之谈。

由此看来,民国医病关系的调整是医者、病家,甚至包括国家与社会几方相互作用、共同调整的结果,并不如西医或中医单方面预期中的变化。近代医家在改变病人择医观念与就医习惯的同时,病家对双方关系的调整也起到较重要的作用,医家在"改造"病人的同时,可能也为病人所"改造"。不过需要指出,病家有对医家进行改造之可能,乃是基于病家尚握有足够的话语权。在中西医竞争的时代,病家既是中西医争夺的对象,自然也是有权力选择的"消费者"。然而当病家丧失这种选择权时,自然便再难成为医病关系中的主导者。反观中国医疗环境发展之历程,尽管中医群体在40年代

① 陈果夫:《你的病好了吗?》,《政治评论》1932年第3期,第30页。
② 庞京周:《论新医不应为环境逼迫而旧医化》,《医药评论》第13期,1929年7月,第5页。

初于法理上取得了与西医一样的"平等"地位(特别以 1943 年《医师法》为代表),但随着整个西式医疗体系的确立与深入,在"科学"话语的渗透之下,西医无论在政治上,还是在医疗实践中都逐渐取得压倒性的优势。中医虽未被彻底击倒,但却被迫以"科学化"的姿态出现,并且学习西医的组织化与制度模式。与之同时,随着近代实验医学的迅猛发展,疾病的定义也从依靠传统医界的"望闻问切"转变到西医的仪器检测,病人的自感症状不再成为确诊的重要依据,而医师日益专门化的术语更完全脱离了病人的日常生活。重心渐失的医界导致病家在强大的现代医学体制下被现代医学知识日益边缘,他们只能处于无序、边缘、弱势的地位,再也难以在治疗过程中参考病人的意见。更为关键的是,现代医学分科之细、研究之深以致在医学研究者的显微镜中全是细菌,原本作为医疗活动核心的"人"的主体性要不是被降低,要不就已然荡然无存。[1] 雷祥麟即洞见性地指出,这些结构性的因素,使得现代医院中虽然病人摩肩擦踵,但自主的、完整的人却消失于医学宇宙之中。伴随传统"病人"角色的消失,一个全新的、被动的、现代的"病患"诞生了。他/她对自己的病情完全无能为力,唯一能做的便只有等待与忍耐。[2]

---

[1]　福柯通过对话语(Discourse)的分析对权力与知识的关系有精辟的论述,并由此思路转向到对精神病、临床医学、疯癫史等问题的研究。相关的研究可参见[法]米歇尔·福柯:《规训与惩罚:监狱的诞生》,刘北成译,三联书店,2003 年;《临床医学的诞生》,刘北成译,译林出版社,2001 年;《疯癫与文明:理性时代的疯癫史》,三联书店,2004 年。

[2]　雷祥麟:《负责任的医生与有信仰的病人:中西医论争与医病关系在民国时期的转变》,李建民主编:《生命与医疗》,台湾学者中国史研究论丛,中国大百科全书出版社,2005 年,第 487 页。

# 结　　论

　　无论是清季还是民国,围绕着医事行为的冲突和矛盾似乎总是存在。医事纠纷最直接地反映了医家与病家彼此交恶的关系。虽然我们很难将个别纠纷中医患关系恶化的特点上升为近代医界普遍性的问题,但是透过这些纠纷,我们却不难从中看出民国时期医患关系调整与变迁的脉络,并进而理解国家制度与社会文化如何渗入民国医界并对今日的医疗环境产生重大影响。

　　清季由于政府卫生行政的缺失,民间业医者基本上处于一种自由放任的状态。在这种医疗环境之下,医家对病人的处置方式实际上不可能得到严格的规范。清代医家在病人危急的关头,可以选择拒诊,闭门不出。即便在诊病的过程中,医家也可以置病患的痛苦不顾拂袖而去。虽然拒诊要遭到舆论的谴责,但对医家来说,却成功地避免了遭遇"死症"的危险,而且医家并不会因为避而不医遭到行政或律法处罚。《申报》所载陈曲江的案例以及《医界镜》中对医家的描述即是如此。虽然在《申报》及谴责小说中,这些医家作为医德缺失的反面形象受到抨击,但事实上却说明医家应诊与否在清季并不是医师必尽的义务。应诊与否只是整个清代医疗过程中细微的侧面,类似此类危害病患的医疗行为可能在整个医疗过程中屡见不鲜。清代出版了大量的医学著作,其中一些著作专门教导后来者如何成为一名"好"医生。清代的医学大家徐灵胎,在他的《医学源流论》中就专门谈到想要成为一位好医生,要时刻提防遇上"死症"。徐氏给出的方法之一实际上就是拒诊以逃避责任。还有一些著作对医家临症的应变给予肯定,暗示在特定的医患关系之下,应该"察言观色",甚而在开药的时候要有所"斟酌"。

很难说这些医学著作中的训诫之词到底是讲述行医治病的经验之谈,还是传授应付病家的投机之术。不过,透过清季医界医患之间这些细微的现象,当不难判断其时的医界虽多受医患间互动关系的制约,但因未得任何的制度规范,医家对病人的处置往往有很大的随意性,这种随意性极可能对病患的权利造成伤害。

民国时期,在近代医疗卫生行政体系逐步建立的背景之下,传统医、患关系已不可避免地加入了新的因素。在卫生行政方面,南京国民政府积极推进近代卫生行政体制,加强对医界的规范与控制,逐步完善针对医生的考试和执业登记制度。司法建设方面,南京国民政府成立以后援用北洋政府的《暂行新刑律》,同时制定自己的刑法典,于 1928 年 3 月公布了《中华民国刑法》,这是南京国民政府的第一部刑法。1935 年初,南京国民政府又公布了其第二部刑法,称为新刑法。刑法典的颁行对医患关系有着直接的制约和调整作用。此外,民国时期医家的职业化进程对医生的权利和业务也有新的规范,而伴随医学常识的普及,病患的医病观念也可能发生转变,这无疑会促使传统的医患关系发生部分的变化。清代的医生可以拒不应诊,但民国的医生如果拒诊,就可能会遭到停业的处罚。① 进而在今天,医生不能随意拒诊已发展成为医家最基本的职业素养。这种变化提示我们,医患间的彼此关系并非一成不变,整个医疗环境事实上也一直处在动态的变化过程之中。这种动态性,在医界外部要受到社会制度、经济发展、认知水平等因素的制约与影响,而在内部则受到医生群体、患者群体及医疗水平等多方面因素的左右。

医事纠纷的实质乃是医患关系的冲突。反过来讲,医、患关系的状况影响和制约着医事纠纷。医患关系既可以理解为医生或病患的个人关系,也可以指特定时空下医生群体与病患群体间的社会关系。作为一种社会关系,医患关系无疑存在着历史变化的可能,是一个历史动态的过程。从清季

---

① 虽然也不排除有部分医生在特殊情况之下往往拒不应诊,但这通常是有特殊的原因。例如在 20 世纪 40 年代,上海即多发绑架医师案,因为担心一些绑匪伪装成病人进行绑架,医生对陌生病人的出诊要求便可能会拒诊。但一般而论,医生不得轻言拒诊已是极普遍的行医准则。

到民国,医患关系虽然较为稳定的存在,但显然发生了较重大的变化。其中尤为重要的一点在于在近代推进医药卫生行政体制的背景下,医家已逐步形成较职业化的权责观念。诚如前面所作的对比,清代医家根本不用为拒诊负责,而在民国,医家若是拒诊则要面临停业的危险。既然医家的责任在不同时代有所不同,那么医家的"权利",以及相对应的病家的"观念"也势必会发生变化,正是这种互动与变化,建构起民国乃至于今天的医患关系,并左右同时代的医疗环境。

总的来说,医患关系的调整涉及医家与病家两方面。在医家的一面,从清季到民国医疗环境的转化过程来看,因为受到西医群体的影响和冲击,职业化的步伐在 20 年代大大加速,以至在 30 年代医家职业化已经获得了不俗的成绩,这种职业化的进程加速了近代医患关系的调整力度。① 例如,30年代医界对医业伦理的呼吁即可视为医界希望重塑形象并建立起新的医患关系的诸多诉求之一。针对其时医界的种种问题,伴随着近代医事制度的转型以及医家职业化的进程,医家已日益觉察到近代"医业伦理"的重要性,并希望通过医业伦理来规范医界,重塑医家在病人心目的地位。1933年,宋国宾专门出版了《医业伦理学》一书。宋氏在自序中说:

> 余游巴黎,深讶彼邦之于医师崇高其地位,优厚其待遇,而于其平日之一言一动一举一止,观察之又恐其不严也。而医者之自待,待同道、待病人,其文深密严刻,一若不如此,不足为医然者。于是吾又知夫医与同道与社会其相安于无事者,不为无故也。回国以后,静观国内之医界,则纷如乱丝,莫可究诘,同道之争论,医病之纠纷,日充耳而不休也。盖为名医,易为良医,难必其人格学识可为群伦之表,始足以当良医之名而无惭然,然则其平日之所修养固大有学在,又岂仅关于一针一灸一处方一手术也哉。夫伦理之义示人以为人之道也。医师伦理云

---

① 关于医界的职业化进程,可参见徐小群:《民国时期的国家与社会:自由职业团体在上海的兴起(1912—1937)》,新星出版社,2007 年。

者,示医师以为医之道也。①

在宋氏看来,为医之道并不简单是纯粹的道德说教,也不仅仅是医师个人的人格修养问题,医业伦理广泛地牵涉医师与同道、医师与病患的关系问题。只有处理好医业伦理,才可能使"医与同道与社会其相安于无事"。就 30 年代的实践来看,在医师职业化的背景下,大多数医学团体都明确颁行会员信条,以类似行业规范的方式来对医界加以规范。其中最典型的便是医师公会,各医师公会大多公布了公会信条,要求凡入会者都要遵守信条。1932 年上海市医师公会修订的医师信条,即对医家责任和权利作出明确规定。② 这一医师信条所调整的还远不止医患关系,还包括医师对于社会、对于学术、对于同道的行为规范。这些信条和准则显然是传统医界所缺乏,也不必加以遵循的原则,但是在近代职业队伍的建立过程中,却作为从事医业者所必须遵守的职业性规范,这对于医患关系的调整无疑具有重要的意义。

　　病家无疑也是影响医患关系的一个重要"变量"。在医病关系中,"病家"往往是变化的,其观念亦受到各种因素的影响,处于流变的状态。"病家"这种流变状态,在不同的处境之中,自然会与医家发生互动,重新界定彼此的关系。在病家不信仰医家的情况之下,病家往往对医家的行为保持高度的警惕,任何一项医事行为,都可能遭到病家的质疑、反抗,甚至是控

---

　　① 宋国宾:《医业伦理学》,上海,国光印书局,1933 年,自序,第 1 页。

　　② 上海市医师公会医师信条(二十年春年大会通过　二十一年三月执委会修订)。甲、医师对于自己之信条:一、永远不用仇制医药用品。二、不为夸大广告,不营非议不财。乙、医师对于病人之信条:三、病家延请无故不可拒绝应诊。四、无论贫富悉心诊治无所轩轾于其间。五、不事堕胎。六、不滥施手术。七、绝对严守医事秘密。八、弗徇私情发给不正确之医事证书。九、遇诊断困难治疗棘手之病应建议病家增延他医会诊。丙、医师对于同道之信条:十、在非医界友人或病家之前勿任意评谪同道以损其信用而营非道义之竞争。十一、同道遇有争论之端应报告公会处理。十二、本会会员有互相遵守本会信条之义务苟或违反当接受本会之劝告。十三、医师公会有保障会员利益之责凡属本会开业医师不当无故逐出。丁、医师对于公众之信条:十四、诊病之暇宜出其所学对于社会为医药卫生文字之宣传以正确之认识。十五、国际战争之际宜参加救护事业。十六、传染病流行之际宜协助卫生行政机关报告及指导民众以消毒隔离诸法。十七、对于贫苦病人当尽力免费诊治以补国家救济贫民之不足。戊、医师对于学术之信条:十八、温故知新,随科学进化而深造,毋一得自足。十九、开业勿忘研究,诊病当尽量为科学之检查,详细之纪录,以期我国医学有独立之一日。二十、新药介绍,宜出以审慎,非绝对无害者勿试用,非确有效者勿介绍。上海市档案馆,卷宗号:Q6—18—298—1,上海市医师公会为呈请备案向社会局报送的申请书。

诉。这种质疑、反抗和控诉本身无疑就是医、患间相互博弈、重新界定的过程。民国时期,病家动辄对医家提起控诉,医事纠纷增多,从而引起一系列连锁性的"化学反应"。"病家"的这一举动,首先导致了医家对职业的忧虑,进而影响和重塑了医患关系。新的关系中一个重要的结果便是医家往往因为惧怕病家的上控而逃避医责,对病患不敢放手治疗。① 然而这一关系显然不正常,因此又有医家提出要求病家应有所反思,要对医家保持高度信任,不可轻易上控,这样才能使医家在治疗病患之时免除后顾之忧。萧俊逸即说:

> 在昔医士纵有误治,亦不过任怨谤或病家私人之交涉而已,而控告之事,鲜有所闻。所以医士对于难危之病多肯负责医治。夫难危之病,医士能负责治疗,自有相当挽救之效。晚近病家之控告医士,毫不费力。只须用上玩忽业务四字,即可提起上控,纵是非可判,而医士之名誉,首先受毁。以后之业务,必大受影响,由是一般医士咸怀戒心,对于艰危之病,非谢绝不肯处方。即处方亦不过所谓不求有功,但求无过而已。其能不顾一切,甘任怨谤,敢负责放胆用药者,殊不数觏。以此之故,每有病本为可治,只因医士为求慎重起见,不敢放胆用药,致使治疗时机,而卒至不可救药者,比比也。由是观之,病家控告之风愈烈,则病家受其影响而狂死者亦愈多。予愿病家及早觉悟,对于求医,不可盲从,宜择医之可靠者,一心信任之,使医得以尽展所长,委曲设法治疗,如是则医者心无挂虑,当用何药即用何药,庶使一般艰危之病自有相当之效率,其不愈者,亦病势所当然,何怨谤之可言,何控告之言。②

认真研读萧文,不难发现其中实际包含了"医"、"病"之间双向互动的内在

---

① 尽管西医一直呼吁勇担"责任",但以后见之明视之,西医的"避责"之举仍时处可见。今日入院,病人首先多遭医家"恐吓",谓"感冒可以致命","咳嗽也能死人",然后即令全套检查,以机器代替诊断,结果多导致天价医药费,引起医患关系进一步恶化。其实,院方的"恐吓"与"全套检查",无非就是逃避责任罢了。

② 萧俊逸:《病家应有的觉悟》,《医界春秋》,第7年第12号,第84期,1933年11月,第3~4页。

逻辑。由病家的控诉而引发医师的慎重,进而反作用于病家要求病家应该慎重上控。显然,正是这种特定时空处境下医病间的双向互动塑造了其时的医患关系。

观察南京国民政府时期"业务过失"案件,我们发现医事纠纷之所以产生,核心问题在于医患双方对于医家的责任、义务以及权利的认识存在分歧。民国时期一位署名"毅公"的作者就指出,医讼的产生其中一个重要原因即在医患"对于权利义务的无视或误解"。① 从这一角度来看,医事纠纷的历史也是这种观念和认同不断演化的历史。

责任主要由习惯法、刑民事法律等加以规定。在清季的医事纠纷中,医家是否有罪主要由大清刑律据庸医杀人等律令裁决。在民国的医事纠纷中,医家的责任则主要由民国刑法、卫生法规等加以认定。病家之所以控告医家,乃是因为病家认为医家应该对其医事行为负责,但是医家是否应该对此负责呢? 显然,病患与医家对此有不同的回答。一个基本的观念分歧即是,病家往往认为病患交由医家医治,医家即应该对病患的健康负责。然而医家却提出病有治有不治,医家所负责的只能是保证尽其所能地进行治疗,但却不对疗效负完全责任。作为病家而言,如果不能保证治愈疾病,自然不必送医。即便送医,岂不等同于将其作为医学实验品么? 作为医家而论,因为病况复杂且医学水平有限,当然也不能保证药到病除,妙手回春,最多只能尽力而为,尽人事、听天命。显然,无论病家与医家,彼此的出发点都没有问题,然而当两者碰撞在一起,就会因观念的差异引发冲突。借用朱苏力的说法,并非所有的人都生活于或即将生活于同样的"现代","许多人实际上是生活在不同的世界中。人们看的似乎是一个东西,但看到的却又不是一个东西,因为他们所理解的意义很不相同,甚至完全不同"。② 虽然医生和病患面对同样的东西,但是因其理解的意义完全不同,因而导致医生与病人之间很难相互达成共识。哈贝马斯指出,和谐的交往有赖于各方都能共享

---

① 毅公:《医讼》,《社会卫生》第 1 卷第 4,5 期合刊,第 17 页。
② 苏力:《后现代思潮与中国法学和法制》,载朱苏力:《法制及其本土资源》,中国政法大学出版社,第 289 页。

同样的文化经验,但显然,这样的文化与经验共享在医生和病人之间基本上不存在。即便是一位生病的医生,生病前后的角色变化都可能使得他对"疾病"及其治疗的认识和理解发生显著的变化。

如果说病家群体与医家群体聚讼焦点主要集中于彼此责任边际的认定,那么南京国民政府时期,来自国家与社会的"第三方力量"对医事纠纷的介入无疑深刻影响了这种边际的彼此确认,进而制约着医患关系的演变。所谓"第三方力量"在民国时期至少存在着两条来源途径,其一是在社会近代转型过程中,各种社会力量得以大规模地介入医、患之间的矛盾,这种介入打破了医患间传统的封闭空间,将医患纠纷和医患关系纳入社会的公共视野,更使得民国部分的医事纠纷从纯粹的个人纠纷迈向社会,成为一个社会性的问题。在这些社会力量中,特别值得注意的是民国时期近代医学职业团体的兴起,这些医学职业团体对医事纠纷的处理具有极重要的意义。医学职业团体一方面促使传统医家口耳相传的业医道德向着职业道德和职业准则的方向迈进,另一方面也扩大了医家解释疾病的话语权和知识权,并通过"科学"话语延伸了医事行为的正当性。另一条途径则是南京国民政府时期国家力量对医界的规范、引导与控制,其对医患关系及医事纠纷的影响主要表现在国家试图通过一系列的律法规范、行政手段去调节和规范近代的医事行为,并为医生的业务确立起新的责权边界(尽管这种责权关系可能是不对等的)。如1943年颁行的《医师法》即专辟第三章对医师的义务作出明确规定,并在第二十七条规定凡违反规定义务者,由卫生主管官署科以三百元以下罚锾。其触犯刑法者,除应送司法机关依法办理外,并得由卫生署撤销其医师资格。①

南京国民政府时期,社会力量对医事纠纷的广泛参与也成为影响医事纠纷调处的重要因素。在第六章中,我们已经论述了病家、医家群体以及作为第三方的公共力量对医事纠纷的参与。这些社会力量对医事纠纷的参与无疑有助于医事纠纷得以公正合理的解决,但这种参与也存在"过度"的可

---

① 《医师法》(1943年9月22日国民政府公布施行),陈明光主编:《中国卫生法规史料选编(1912—1949.9)》,上海医科大学出版社,1996年,第670页。

能。一旦发生这种情况,难免会给民国医事纠纷的公正处理及医患关系的调整带来负面的影响。就医家群体而言,南京国民政府时期医家的职业化进程加速了近代医学团体的兴起,这些医学团体重要的职责之一便在于保障医权。作为会员的医师在涉讼之后,往往要向医学团体寻求舆论或医学理论上的支持。医学团体在接到会员的保障要求之后,通常会就案件作出专业性的医学阐释,并向司法机关提出审理建议,直接影响司法审理。甚至在司法机关作出审理之后,部分医学团体还会对审结结果在医理上提出异议。医学团体对案件的参与对医师权益的保障具有进步意义,但是如何保证这种参与的适度性,确保原、被告双方的话语平等却是民国医事诉讼中不曾思考过的问题。民国时期医事纠纷中,医家往往有医业团体作为奥援而显得强势,病家则因为不可能机构化、团体化而势必在对抗中处于非常弱势的地位。病家方面,他们似乎在卫生医疗体系的近代转化过程中于纠纷的处理与应对上并没有发生太多的变化。在医疗过程中,民国的病患依然被三姑六婆所包围。病家在遭遇庸医之后,大多选择了隐忍,即使是造成诉讼,最多只能求助于媒介、其他社会团体的支持进而寻求案件的公正裁决。在本书观察的所有样本案件中,仅有极少数的医事案件病家作为一个群体性的力量出现在医患冲突之中。总的来看,病家在纠纷中往往因为医疗专业知识、社会经济地位及组织动员能力等层面的问题而处于相对弱势。此外,其他力量的参与对医事纠纷的处理关系亦非常重大。我们注意到,国民政府时期的新闻媒体、司法机构、鉴定机关,以及其他社会团体都不同程度地参与医事纠纷的调处与审理。这些社会团体的加入虽然有着影响司法公正的"嫌疑",但却使得医事纠纷真正地进入公众视野,其所扮演的监督角色也进一步增强了纠纷案件朝着公正、开放方向发展的可能性。

　　南京国民政府时期国家制度对医患关系的规范与制约同样意义重大。在以往的研究中,学界往往只注意到国家制度建设的一面,强调近代以来国民政府在卫生行政方面自上而下的努力,却忽视了这一过程也存在与社会的互动,更忽视了社会在制度建设中所扮演的重要角色。显然,如何理解国家在近代医疗卫生行政转型过程中所扮演的角色,以及国家制度在医患关系中所体现的意义就成为一个问题。通过南京国民政府时期医事纠纷的研究,我们发现国民政府时期卫生行政的推进,明显强化了对医界的规范与管理,但这种规范与管理同时也是加强国家认同的过程,是近代国家机器对基层社会加强渗透与控制的方式之一。卫生行政通过考医与执业制度的推行,企图达到整顿医界、甄别医家、重建秩序的目的。卫生行政力量甄别医家的过程,既是国家在以公共卫生为核心的近代医疗体系要求下对医家进行管理和规范,并纳入卫生行政管理体系的过程,也是医家通过获取国家的承认获得职业身份及开业许可并反过来强化国家合法性的过程。更甚者,卫生行政力量通过对医家的管理和规范,进而将近代国家机器的触角深入到基层、深入到病家,从根本上塑造了国民对近代性的认同。① 民国时期颁行的一系列医事法规对病家起到了保障作用,以致"许多的病家死了病人,总是要法律来保障生命,同时将一切责任推到医生身上,似乎有法律便不容再有这医生了"。这种"认为死了人便可打官司"的观念虽然在民国时期遭到批评,被认为是病家对法律与法庭的误用。② 但是反过来思考,这种误用岂不恰好说明法律对于普通民众的塑造与影响么? 在医事纠纷中医患双方对民国法律的纯熟运用岂不也反映了民众对于民国法律所规定的现代性的内在认同吗?

再者,"国家"也并非一个固定不变的形象,国家与社会事实上一直居于流动变化的状态。从国家的角度而言,调整医患关系的刑法及卫生法规一直处于不断的更迭与变化之中,卫生法规的更迭多变,卫生行政制度的不稳定,这些因素都使得我们不可能将南京国民政府时期的"国家"视为一个固定的形象。换言之,近代真实存在的那个"国家"本系一个不断近代化、不断调整与变动的实体,并非文本中那个僵化固定的"国家"形象。就社会而论,瞿同祖先生指出:"条文规定是一回事,法律的实施又是一回事。某一法律不一定能执行,成为具文。社会现实与法律条文之间,往往存在一定

---

① 基于城市化带来的人口压力及资本主义工业化的需求,现代社会必然对身体进行管理和控制,权力通过医疗来管理人的身体,通过疾病的诊断和隔离来规范人的身体。可参见福柯《疯癫与文明》、《规训与惩罚》、《临床医学的诞生》三书。福柯所论的主题虽大多以西方现代性为背景,然因现代性的全球扩张,故其所论似也同样适应于稍晚于西方卷入现代性进程的中国。

② 毅公:《医讼》,《社会卫生》第 1 卷第 4、5 期合刊,第 17~18 页。

差距。如果只注重条文,而不注意实施的情况,只能说是条文的、形式的、表面的研究,而不是活动的、功能的研究。"①葛兆光也表达了类似的意思:"法律只是一种规定,实际生活又是另外一回事,研究法律史的人常常按照留下来的法律文书和制度文本,那叫按图索骥。实际上要考虑的是,在真正的生活世界里面,人们是不是真的按照法律制度来过日子?"②既然民众所遵守的只是法律的底线,人们并不是按法律制度来过日子,那么在不同的地域处境之中,特别是在不同的"空间政治"之下,社会对"国家"的认知与理解自然也是流动与片面的,它实际是只是将"国家"的部分形象进行界定,并与之进行互动。既然国家并非固定不变,社会也居于变动的常态,那么国家与社会之间的互动自然也并非固定的对应关系可以解释。这种国家与社会所呈现的流动性以及两者彼此的多样互动恐怕也是造成其时诉讼案件差异性的重要原因之一。

在医药卫生行政渐上轨道的背景下,南京国民政府时期的医事纠纷反映出病家与医家、社会团体与国家制度之间相互制约、相互影响的特点。本书提出将医患关系放在一个历史的动态维度中加以考察,并认为在医病关系双向动态的演化过程中,医患双方对医疗"责任"边际的认定构成了医患关系的核心。既然"责任"的认定属于一个主观的认同范畴,而并非是一个特定存在的客体,那么"责任"就是可变的。也因"责任"的可变性,因而它也存在被反复表达与利用的意义。正是因为在历史实践中医患双方对彼此的权、责边际存在认识上的分歧,才形成医事纠纷,甚至造成司法诉讼。这一看法未必是新的发现,但是将医师、病患的关系看作是一个双向动态的演化过程,在此过程中医病双方经斗争和妥协不断界定彼此的关系及各自责任与权利的边界,似能掌握民国时期医、患双方互动的实质。本书也认为在近代卫生行政体制建立的时代背景之下,国家制度(卫生行政与民国法律)以及社会团体干预和影响着医患双方关系的互动,进而也对南京国民政府时期医事纠纷有着制约和影响。

---

① 瞿同祖:《中国法律与中国社会》,中华书局,2003 年,导论,第 2 页。
② 葛兆光:《思想史研究课堂讲录:视角、角度与方法》,三联书店,2005 年,第 243 页。

# 附　　录

## 附录一:陶炽孙《中国新医受难史序论》中所载医事诉讼史料

### (1930—1935)

#### 民国十九年(1930)

1. 江西普仁医院,注射白喉血清后身死。

#### 民国二十年(1931)

2. 江苏省立医院,试摇腿手术后强直不能行动。

#### 民国二十二年(1933)

3. 连江福音医院,割脱肠后身死。
4. 合肥基督医院,脑膜炎用过期血清。
5. 尚贤堂妇孺医院,难产身死。
6. 中德产科医院,痢疾身死。

#### 民国二十三年(1934)

7. Engel 医师,手术不美观。

8. 南通乐仁医院,脑膜炎针断身死。

9. 南京中央医院,盲肠炎手术后死。

10. 上海红十字会医院,伤寒送院后死。

11. 尚贤堂妇孺医院,产后发热而死。

12. 芜湖钟寿芝医院,肺炎身死。

13. 林惠贞医师,以死因归于处方不好。

14. 南昌省立医专,手术横痃身死。

15. 宿县民爱医院,猩红热注射血清后死。

16. 南昌医院,鼻瘤手术身死。

17. 冼家齐医师,治瘤身死。

### 民国二十四年(1935)

18. 北平协和医院,子宫癌身死(责备不早手术)。

19. 胡惠德医师,治痢疾。

## 附录二:本书所采用的 169 件医事诉讼案件样本表

| 发生日期 | 地点 | 被告姓名 | 原告姓名 | 案由 | 处置结果 |
|---|---|---|---|---|---|
| 1927 年 7 月 | 杭州 | 王吉人 | 叶桂华 | 玩忽业务致人于死 | 不详 |
| 1928 年 11 月 | 常熟 | 顾见山 | 宣芳 | 业务过失致人于死 | 不详 |
| 1929 年 1 月 | 上海 | 王紫绶 | 张福生 | 控王紫绶玩忽业务、草菅人命,庸医杀人 | 不详 |
| 1929 年 2 月 | 宁波 | 郑蓉荪、董庭瑶 | 张杏荣 | 被控用药杀人 | 不详 |
| 1929 年 7 月 | 长沙 | 梁鸿训 | 刘励清 | 梁用药医治患儿刘宣德致孩身死,孩父控梁医过失杀人 | 长沙地方法院判处罚金五百元,湖南高等法院及最高法院判被告无罪 |
| 1929 | 北平 | 震旦医院 | | 因验血被告 | 不详 |
| 1929 年 | 上海 | 孔锦培 | 范茂华 | 范为孔氏之子包医,结果其子不治身死,孔怀恨于心,公然侮辱。范氏控孔公然侮辱,毁坏名誉 | 不详 |
| 1930 年 6 月 | 上海 | 程立卿 | 唐王氏家属 | 因堕胎致产妇身死被控,逃逸八年后归案,提起公诉 | 不详 |
| 1930 年 12 月 | 九江 | 邓青山 | 彭武敏 | 病者患白喉注射血清后身死 | 刑事部分因大赦撤销,民事部分被告罚两千元,上诉不详 |
| 1931 年 2 月 1 日 | 上海 | 袁文铎 | 陈友明 | 控袁文铎玩忽业务儿戏人命 | 不详 |
| 1931 年 3 月 | 上海 | 蔡幼笙 | 张亭贵 | 控蔡医玩忽伤害,致胎流产 | 不详 |
| 1931 年 3 月 | 上海 | 张亭贵 | 蔡幼笙 | 反诉张亭贵损害名誉及信用 | 不详 |

| 发生日期 | 地点 | 被告姓名 | 原告姓名 | 案由 | 处置结果 |
|---|---|---|---|---|---|
| 1931 年 5 月 | 兰溪 | 陈哲卿 | 兰溪中医药界 | 散布虚伪夸张医药广告及医人致死由 | 不详 |
| 1931 年 7 月 | 镇江 | 汪元臣 | 裔瑞昌 | 病者两股关节不能活动,入院施摇腿手术,左腿股折,愈后身体强直不能起坐行动 | 刑事部分因大赦撤销,民事部分最后判决未详 |
| 1931 年 9 月 28 日 | 上海 | 宝隆医院 | 成燮春 | 控宝隆医院并未病人家属同意,擅动手术,麻醉不全,玩忽业务、致人于死 | 不详 |
| 1931 年 9 月 | 上海 | 高戴氏、王陈氏 |  | 妇人袁氏委高戴氏介绍王陈氏堕胎,袁氏不幸身死 | 不详 |
| 1933 年 1 月 | 合肥 | 郑信坚 | 吴玉符 | 患脑膜炎症,施用过期血清病者身死 | 不起诉处分,原告上诉驳回 |
| 1933 年 1 月 | 福州连江 | 邱邦彦 | 江则珍 | 死者江家明因疝气入院割治,割后腹痛呕吐,两日后入福州协和医院,未几即死 | 连江分庭两次不起诉处分,福建高等法院指令侦查,结果未详 |
| 1933 年 3 月 | 成都 | 胡祖贻 | 袁尚妻 | 庸医杀人 | 不详 |
| 1933 年 4 月 | 上海 | 葛成慧、朱昌亚 | 沈文达 | 入院生产致死 | 和解 |
| 1933 年 4 月 | 上海 | 王何氏 | 唐广裕 | 唐氏之妻临产,请王何氏接生。稳婆玩忽职守,值产妇危急时,忽而他去,致母婴俱死 | 不详 |
| 1933 年 5 月 | 上海 | 郑养山 | 张瑞生 | 张氏之妻怀孕四月后见红,就诊于郑养山,误诊为月经不调用药以致小产 | 用药错误被处罚金三百元 |
| 1933 年 8 月 | 上海 | 俞松筠 | 田鹤鸣 | 入院生产,产后患痫,原告认为乳部用冰不当及灌肠皮带不洁,出院数日后身死 | 被告无罪 |
| 1933 年 9 月 | 江苏 | 刘葆荣 |  | 医院被人捣乱 | 江苏民政厅查办,结果不详 |

| 发生日期 | 地点 | 被告姓名 | 原告姓名 | 案由 | 处置结果 |
|---|---|---|---|---|---|
| 1933 年 10 月 | | 祝阿巧、徐文耀、季郭氏 | | 祝阿巧与徐文耀陈仓暗度合谋堕胎，由季郭氏行堕胎事，致祝阿巧重伤 | 不详 |
| 1933 年 11 月 | 上海崇明 | 陈志余 | 徐国祥 | 过失杀人案 | 上海市国医公会药方鉴定，结果不详 |
| 1933 年 11 月 | 绍兴 | 徐仙槎 | 汪子亭 | 汪氏之子患伤寒救治于徐仙槎，治后身死 | 地方分院宣判处罚金 500 元。二审不详，1935 年 1 月最高法院刑事第六庭裁判原判决撤销，发回浙江高院更为审理 |
| 1933 年底 | 开封 | 陈松坪 | 黄壮飞家属 | 黄壮飞经陈氏医治后身死 | 不详 |
| 1934 年 1 月 | 杭州 | 裘伯壎 | 王小云、王鹤鸣 | 被控业务过失 | 杭县地方法院处罚金二百元，浙江高院判被告无罪。最高法院判原判撤销发回浙高院更为审判 |
| 1934 年 1 月 | 上海 | 某老妪 | | 杨张氏请某老妪堕胎，致杨张氏身死 | 不详 |
| 1934 年 2 月 22 日 | 上海 | 柯圣沧 | 冯鹤卿 | 过失伤害 | 上海国医公会药方鉴定，结果不详 |
| 1934 年 2 月 23 日 | 上海 | 亚兴斯克 | 立凡诺夫 | 控被告业务过失伤害 | 初审无罪，上诉合议庭处罚金一百元，江苏高等法院判被告无罪 |
| 1934 年 2 月 | 南京 | 张芝佩、史久康 | 李国器 | 李氏之女经鼓楼医院诊治后毙命 | 提起公诉，结果不详 |
| 1934 年 2 月 | 南京 | 孙伟 | 孙廉、郑祖穆 | 妨害公务及自由 | 被告无罪，原告撤职 |

续表

| 发生日期 | 地点 | 被告姓名 | 原告姓名 | 案由 | 处置结果 |
|---|---|---|---|---|---|
| 1934 年 3 月 | 上海 | 恩格尔 | Miss Rei-sin | 乳房手术后有碍美观 | 被告无罪 |
| 1934 年 4 月 | 苏州 | 余生佳 | 徐镜清 | 其妻患喉症打马血清殒命 | 刑事不详,民事余生佳赔三千元,徐赔名誉损失一千元 |
| 1934 年 5 月 2 日 | 南京 | 陈华、沈克非 | 安张学骞 | 业务过失致人于死 | 被告无罪 |
| 1934 年 5 月 20 日 | 南京 | 沈克非 | 陈左贞一 | 病人患急性盲肠炎,手术中因使用两重麻醉剂而致身死 | 地方法院判无罪,上诉后未详 |
| 1934 年 5 月 | 武昌 | 叶克城 | 童实秋 | 原告妻姚氏因医毙命 | 不详 |
| 1934 年 5 月 | 成都 | 杨技高 | 刘照青家属 | 刘照青剖腹毙命,家属以医院不合手续擅自施行手术起诉 | 不详 |
| 1934 年 5 月 | 上海 | 宋大仁 | | 为孙李氏治疗见堕胎以除其病根,捕房以宋有打胎嫌疑 | 不详 |
| 1934 年 6 月 | 南通 | 尹乐仁 | 吴小泉 | 病人因患脑膜炎,注射血清时针断脊髓内,病人隔日死 | 地方法院判一千元罚金,江苏高院判被告无罪 |
| 1934 年 6 月 | 上海 | 张陈氏、陈苗氏、汤沈氏 | | 张陈氏与其母陈苗氏请汤沈氏为张陈氏堕胎,张陈氏不幸身死。捕房对汤沈氏提起公诉 | 汤沈氏处一年零六个月、陈苗氏处四个月有期徒刑 |
| 1934 年 7 月 23 日 | 南京 | 王怡 | 许佛我 | 许氏之子定文输血过多而死 | 不详 |
| 1934 年 7 月 26 日 | 上海 | 康视全 | 唐氏夫妇 | 康视全给唐屈氏服药后,示以毒物进行敲诈 | 康视全被拘入捕房,解送法院,结果不详 |
| 1934 年 7 月 | 上海 | 张湘纹、葛成慧 | 李石琳 | 产后翌日发热,第四日出院另延陈景煦医治,一周后身死 | 和解 |
| 1934 年 7 月 | 上海 | 林惠贞 | 徐冬生 | 处方硝酸银四分之一喱和鸦片二分之一喱丸剂内服以治胃病,原告认为处方有误 | 初审二审被告无罪,最高法院尚未判决 |

续表

| 发生日期 | 地点 | 被告姓名 | 原告姓名 | 案由 | 处置结果 |
|---|---|---|---|---|---|
| 1934 年 8 月 | 上海 | 吴旭丹 | 石崧生 | 病者患伤寒已 26 日,命送医院以致肠出血身死 | 和解 |
| 1934 年 8 月 | 芜湖 | 王颐、王幼梅 | 朱友三 | 重性肺炎住院,三日即死。原告认为该护士误将火酒和药水予病人服所致 | 地方法院判二人各处有期徒刑一年,高院判王颐无罪王幼梅处罚金四百元 |
| 1934 年 8 月 | 宿县 | 赵光元 | 董道南 | 病者患猩红热已四日,入院注射浓缩血清二十西西,六时后身死 | 撤销控诉 |
| 1934 年 8 月 | 南昌 | 刘懋淳、叶立勋 | 南昌地方法院检察官 | 死者刘一平患横痃入院割治,两重麻醉后,手术尚未施病者身死。检察官认为麻醉药用近极量所致 | 刘懋淳处二年徒刑,叶立勋处一年徒刑,上诉不详 |
| 1934 年 9 月 | 上海 | 俞杨氏、王医生 |  | 俞杨氏请王医生堕胎,药效过猛以致有生命之虞 | 王医生逃逸,俞杨氏判罚金八十元 |
| 1934 年 10 月 | 江苏吴县 | 蒋渭伦 | 张阿林 | 张氏之妻因腹部隆然,饮食滞呆请中医蒋渭伦诊治,不幸服药后身死,张遂以过失致人死提出控诉 | 国医公会鉴定,结果不详 |
| 1934 年 10 月 | 江苏南通 | 施林生 | 王静峨、王静宜 | 原告之姐体素弱,因旧疾忽发,于 8 月 7 日延施林生医治,服药后日益严重,换医后即亡。原告遂以玩忽业务上控 | 国医公会鉴定结果不详 |
| 1934 年 11 月 5 日 | 上海 | 顾宗文 | 潘某之妻 | 控医生用针不当,或含毒质 | 被告无罪,结果不详 |
| 1934 年 11 月 | 南昌 | 江明 | 余以海 | 死者余年福患鼻瘤入院割治,二重麻醉后,手术尚未施病者身死 | 初审判罪一年六月,上诉不详 |
| 1934 年 12 月 15 日 | 上海 | 王某 | 丁阿仁 | 王某欺骗意思薄弱妇女,滥行刀割,致流血以死 | 王某拘入该管警所讯押,诉至地方法院,结果不详 |

| 发生日期 | 地点 | 被告姓名 | 原告姓名 | 案由 | 处置结果 |
|---|---|---|---|---|---|
| 1934 年 12 月 | 梧州 | 冼家齐 | 江延之 | 江受之患癎,方在检视间,病者忽昏厥,亟施强心针终不救而死 | 地方法院判有期徒刑一年,上诉不详 |
| 1934 年 | 上海 | 沈仲芳 | 夏梅亭 | 玩忽业务,过失致人于死 | 第一特区法院刑二庭判定国医沈仲芳无罪 |
| 1934 年 | 上海吴县 | 鲍蕉芬 | | 不详 | 江苏吴县地方法院受理,上海国医公会药方鉴定,结果不详 |
| 1934 年 | 上海吴县 | 季森医士 | | 不详 | 江苏吴县地方法院受理,上海国医公会药方鉴定,结果不详 |
| 1934 年 | 上海吴县 | | 杨大筛子 | 不详 | 江苏吴县地方法院受理,上海国医公会药方鉴定,结果不详 |
| 1934 年 | 上海吴县 | 吴阿福 | | 不详 | 江苏吴县地方法院受理,上海国医公会药方鉴定,结果不详 |
| 1934 年 | 上海吴县 | 般震一 | | 不详 | 江苏吴县地方法院受理,上海国医公会药方鉴定,结果不详 |
| 1934 年 | 上海 | 陈宝庭 | | 不详 | 江苏高院受理,上海国医公会药方鉴定,结果不详 |
| 1934 年 | 上海 | 窦伯雄 | | 不详 | 上海国医公会药方鉴定,结果不详 |
| 1935 年 1 月 | 上海 | 倪丁氏 | | 擅用鸦片治病,致孩毙命 | 不详 |

续表

| 发生日期 | 地点 | 被告姓名 | 原告姓名 | 案由 | 处置结果 |
|---|---|---|---|---|---|
| 1935 年 3 月 | 上海 | 刘王氏 | | 舞女鲍惠英怀孕,托刘王氏堕胎,不幸致死 | 刘王氏处徒刑一年零六个月,缓刑三年 |
| 1935 年 3 月 | 上海 | 张百庸、马潘氏 | | 陆方氏与张百庸暗结胎珠,商议请马潘氏堕胎,致陆方氏死 | 不详 |
| 1935 年 3 月 | 北平 | 北平协和医院 | 雷德 | 玩忽业务 | 被告无罪,原告承担讼费 |
| 1935 年 5 月 | 上海 | 司徒博 | 吴某 | 吴某之子经拔牙身死,控司徒博业务过失致人身死 | 被告无罪 |
| 1935 年 6 月 | 上海 | 朱叔屏 | 孙胡氏 | 孙胡氏之女惨死,控朱叔屏过失杀人 | 不详 |
| 1935 年 7 月 | 香港 | 胡惠德 | 王约翰夫妇 | 病者患痢疾经医无效,原告商请外医会诊,被告不允,嗣又强劝原告将病者送入该地法国医院,以致病人未得及时救治而死 | 被告无罪 |
| 1935 年 9 月 | 上海 | 胡南山堂药店 | 丁金仁 | 胡南山堂误配药方,致病人病势加重 | 不详 |
| 1935 年 10 月 | 上海 | 陈泽民 | 冯汉文 | 玩忽业务致人于死 | 不起诉 |
| 1935 年 11 月 | 上海 | 陈炳威 | | 冒充医生 | 不详 |
| 1935 年 12 月 | 上海 | 王兴根、收生婆某 | | 王陆氏丧夫多年,与王兴根通奸怀孕,请收生婆堕胎致死 | 不详 |
| 1935 年 12 月 | 上海 | 虞佐唐 | 徐益增 | 误诊认怀孕为闭经,致胎儿下堕。 | 不详 |
| 1935 年 12 月 | 上海 | 沈兆荃 | 郑太慈 | 郑氏之妻临产,请虹口医院产科医生收生,结果产妇及婴儿俱死,郑氏控医家玩忽业务 | 不详 |
| 1935 年 | 南京 | 戚寿南 | 王荫椿 | 误伤寒为疟疾,致不久身死 | 不详 |
| 1936 年 1 月 | 上海 | 邝步扬 | 市卫生局 | 伪造毕业文凭,蒙领医师证照 | 不详 |

| 发生日期 | 地点 | 被告姓名 | 原告姓名 | 案由 | 处置结果 |
|---|---|---|---|---|---|
| 1936 年 3 月 | 简阳 | 李王氏 | 简阳地方法院检察官 | 堕胎罪 | 一审处有期徒刑一年零二个月,二审撤销李王氏罪刑 |
| 1936 年 3 月 | 上海 | 戴李氏、李吴氏 | | 夏周氏怀孕,经戴李氏介绍李吴氏堕胎,不幸殒命 | 不详 |
| 1936 年 4 月 | 长安 | 张哲丞 | 王圣域 | 过失致人于死 | 被告无罪 |
| 1936 年 4 月 | 上海 | 张阿六 | 董福林 | 误用药物杀人 | 上海市国医公会鉴定,结果不详 |
| 1936 年 5 月 6 日 | 上海 | 俞赞臣 | 楼炳鳌 | 控国医俞赞臣用药有误,过失致人死罪 | 不详 |
| 1936 年 5 月 | 汉口 | 欧阳淑清 | 姚李氏 | 被控过失致人死 | 被告无罪 |
| 1936 年 5 月 | 上海 | 苏宏开、钱谢氏、马于氏、王小妹 | | 汪氏与苏宏开姘识怀孕,托钱谢氏,马于氏,王小妹介绍马顾氏堕胎 | 不详 |
| 1936 年 6 月 23 日 | 上海 | 陈澄 | 马董氏 | 控陈医因业务过失致使其子马老大身死 | 陈澄无罪 |
| 1936 年 6 月 | 上海 | | | 陆吴氏因子女过多请王张氏堕胎,致重伤 | |
| 1936 年 6 月 | 上海 | 张凤歧、张凤石 | 钮怀金 | 钮氏诉张氏兄弟诈取财,过失伤害 | 不详 |
| 1936 年 7 月 6 日 | 上海 | 王道仁 | 郑克文、郑潘氏 | 控王道仁冒充医生,将郑潘氏次子药死 | 处刑六个月缓刑两年,并赔偿五百八十元 |
| 1936 年 9 月 9 日 | 上海 | 印人加拉姆新 | 徐长明 | 印人为小孩治目疾,服药后忽死 | 不详 |
| 1936 年 9 月 13 日 | 上海 | 杨张氏 | 张华昌、周香范 | 控杨张氏诈欺取材、庸医杀人 | 不详 |
| 1936 年 9 月 | 上海 | 张昇龄 | 汪易之 | 汪易之妻产后服张昇龄自制药丸后丧命,汪疑药丸有毒,请市公安局查究 | 不详 |
| 1936 年 9 月 | 上海 | 汪龙氏、李姓收生婆 | | 汪龙氏之女经李姓收生婆堕胎身死 | 不详 |

续表

| 发生日期 | 地点 | 被告姓名 | 原告姓名 | 案由 | 处置结果 |
|---|---|---|---|---|---|
| 1936 年 9 月 | 上海 | 奚点、奚孝全 | | 周仁懋之女经奚点、奚孝全堕胎身死 | 奚点逃逸,奚孝全被拘,结果不详 |
| 1936 年 10 月 4 日 | 上海 | 张秀钰 | 唐立文 | 因幼孩患痢疾服药后皮内溃烂,因疑药粉有毒,控张秀钰过失伤害 | 被告无罪,原告上诉驳回 |
| 1936 年 10 月 28 日 | 上海 | 宣仲甫、邵钧等 | | 宣仲甫替倪金堂割治包皮,致倪氏身死 | 宣仲甫因业务过失致人于死,处刑八个月,准予缓刑两年,邵钧处罚金三十元,邱守忠无罪 |
| 1936 年 10 月 | 上海 | 鞠九华、周王氏、周陈氏 | | 蒋二宝与鞠九华珠胎暗结,经周王氏介绍周陈氏堕胎,蒋二宝身死 | 不详 |
| 1936 年 10 月 | 上海 | 王姓收生婆 | | 郑秀英怀孕,雇请王姓收生老妪下药打胎,结果致郑身死 | 不详 |
| 1936 年 11 月 | 苏州 | 王兰孙 | | 被控妨害公务 | 处罚金三十元,如易服劳役,以一元折算一日,缓刑两年,上诉不详 |
| 1936 年 11 月 | 上海 | 大东药房 | | 伪造华安出品戒烟药水黑海星及普达厂百补矮瓜精等在市混售,损害权利 | 经理黄馥棠处徒刑一年零六个月,并科罚金两千元,账房经赓星处刑六个月,陈星观处刑三个月 |
| 1936 年 11 月 | 上海 | 卢启如 | 袁周氏 | 卢启如自称可医小孩奶痨,以金针刺扎,致孩身死 | 不详 |
| 1936 年 | 上海 | 唐正余 | 殷徒氏 | 业务上过失伤害 | 国医公会鉴定 |
| 1936 年 | 上海 | 刘佑良 | 叶世鼎 | 业务上玩忽业务致人堕胎 | 国医公会鉴定 |

| 发生日期 | 地点 | 被告姓名 | 原告姓名 | 案由 | 处置结果 |
|---|---|---|---|---|---|
| 1937 年 2 月 26 日 | 上海 | 钱文辉、万选青 | 王先宗 | 防胎毒一再打针,致小孩毙命,被控业务过失使人致死 | 不详 |
| 1937 年 2 月 | 上海 | 诸心媛、杨钟氏 | | 诸心媛怀孕,由谭彩弟介杨钟氏堕胎 | 诸心媛处罚金三十元,杨钟氏处六月有期徒刑 |
| 1937 年 2 月 | 上海 | 严品征、顾少琴、薛克斌 | | 李静珍请薛克斌代为介绍至达生医院由严品征、顾少琴为其堕胎,结果致李氏身死 | 不详 |
| 1937 年 3 月 10 日 | 上海 | 江二群夫妇 | | 因迷信剪断病孩手指,因流血颇多,遂行抛弃 | 不详 |
| 1937 年 4 月 | 上海 | 许国钧、陈卓人 | 黄开基 | 控许、陈等草菅人命,不分症候,以致其子死于非命 | 不详 |
| 1937 年 6 月 | 上海 | 收生婆王张氏、介绍人李俞氏 | | 董桂珍与人姘识同居致孕,委李俞氏介绍收生婆王张氏代为堕胎,致董桂珍致死 | 王张氏逃逸,处李俞氏帮助堕胎妇女以他法堕胎处徒刑四月 |
| 1938 年 5 月 | 上海 | 漆霖生 | 陈王氏 | 控中医漆霖生以习医为由诱唆陈王氏之女实行同居 | 不详 |
| 1939 年 1 月 | 西安 | 唐文贺 | | 病人术后死亡 | 被告无罪 |
| 1939 年 3 月 | 上海 | 朱文芳 | 刘庆祥 | 刘许氏因小孩过多,无力抚育,请朱文芳堕胎。结果致刘许氏身死 | 朱文芳有期徒刑一年半,民诉部分另行审理,结果不详 |
| 1939 年 7 月 3 日 | 上海 | 王肇邦 | 洪阿毛妻张氏 | 诉王医以非正当之手术,用瓦罐治疮炎法,洵属江湖医生,草菅人命 | 不详 |
| 1939 年 7 月 5 日 | 上海 | 陈德龙 | 张赵氏 | 冒称医生诈骗、菱粉代药索诈巨值 | 处徒刑四月,针药等物没收 |
| 1939 年 7 月 23 日 | 上海 | 蔡安华 | 钟元祥 | 蔡安华以迷信之法用香灰包治致钟元详妻病不治 | 不详 |

续表

| 发生日期 | 地点 | 被告姓名 | 原告姓名 | 案由 | 处置结果 |
|---|---|---|---|---|---|
| 1939 年 8 月 | 上海 | 黄家驷、崔之义 | 俞大同 | 误诊俞氏新生孩肝过大为血瘤,开刀割治,小孩身死,被控玩忽业务 | 不详 |
| 1939 | 上海 | 盛今彦 | | 被控玩忽业务 | 和解未起诉 |
| 1940 年 4 月 | 上海 | 谢家树 | 朱叔香 | 朱叔香控谢家树因过失致其夫于死 | 不详 |
| 1940 年 6 月 | | 毛玉膏、毛周氏 | 简阳地方法院检察官 | 毛玉膏与毛周氏通奸致毛周氏怀孕并堕胎 | 处毛玉膏有期徒刑三月、毛周氏罚金三十元。毛玉膏上诉驳回,毛周氏改为缓期两年执行 |
| 1940 年 11 月 | 上海 | 周朱氏、姚维坤 | | 周朱氏孕后担心失去工作延姚维坤医士堕胎致病重 | 不详 |
| 1940 年 | 海门 | 陈惠民 | | 产妇以小产先经当地收生婆处理,后请陈医师,终败血致死,控诉陈医师业务过失 | 地方法院及高等法院均判被告有罪,具体处罚不详 |
| 1940 年 | 上海 | 张卜熊 | | 为病人施行输血发生诉讼 | 不详 |
| 1941 年 1 月 | 昆明 | 李宝实 | | 因医德被控 | 不详 |
| 1941 年 5 月 | 上海 | 沈徐氏、郑姚氏 | | 沈徐氏因奸情怀孕,暗请郑姚氏堕胎 | 稳婆、奸夫拘押,结果不详 |
| 1941 年 6 月 | 上海 | 徐钟氏 | | 徐钟氏怀孕后不愿生产,经女友李妹妹介绍沙宪贞为之堕胎,徐钟氏重伤 | 处罚金卅元,如易服劳役,以一元折算一日,缓刑两年 |
| 1941 年 9 月 | 成都 | 黄如玉、梁凤林 | 成都地方法院检察官 | 有以文字公然介绍自己为堕胎行为 | 一审各罚被告一千元,二审黄、梁无罪 |
| 1941 年 12 月 | 广汉 | 余陈氏 | 广汉县长兼检察官 | 余陈氏受嘱托堕胎因而致人死 | 处有期徒刑六月,二审维持原判 |

| 发生日期 | 地点 | 被告姓名 | 原告姓名 | 案由 | 处置结果 |
|---|---|---|---|---|---|
| 1942年11月 | 成都 | 张高氏 | 成都地方法院检察官 | 张高氏意图营利,受怀胎妇女之嘱托堕胎而致妇女死亡 | 一审处张高氏五年有期徒刑,二审处徒刑三年 |
| 1946年9月22日 | 南昌 | 高茂山 | 罗朱氏 | 病人术后死亡,医家被控业务上过失致人于死 | 不起诉 |
| 1946年11月23日 | 无锡 | 吴文华 | 死者刘亦如之家属 | 病人术后死亡,病家以过失杀人提起刑事控告,同时提出附带民事控告,要求赔偿损失现金五千万元 | 刑事部分由检定处根据大赦条例停止侦讯,并通知不起诉处分 |
| 1947年1月1日 | 南京 | 许殿乙 | 白瑞 | 手术不当以致病人猝死 | 不详 |
| 1947年3月19日 | 南京 | 钱明熙 | 首都地方法院检察官 | | 初判徒刑一年零六个月,被告不服上诉,高等法院计共开审三次,10月30日将原判撤销,被告无罪 |
| 1947年4月14日 | 上海 | 李家忠、李兆亭 | 死者顾康龙家属 | 因施行摘脾手术,病人身死 | 不详 |
| 1947年5月6日 | 上海 | 仲菁荪 | 陈正卿 | 病人注射多量盐水,不治身死 | 上海地方法院检察处予以不起诉处分 |
| 1947年5月31日前 | 重庆 | 王几道、罗光采 | 西门宗华、钟鉴 | 滥用盘尼西林与可拉杀死小孩 | 根据大赦条例对罪犯不加追究对案情亦不判是非 |
| 1947年6月18日 | 上海 | 黄克芳 | | 因注射致杨鲁川身死,被控过失杀人 | 不详 |
| 1947年6月30日 | 上海 | 西门妇孺医院 | | 俞沈氏因医无效死亡 | 不详 |
| 1947年6月 | 上海 | 郭至德 | | 柯培耀因医无效死亡 | 被告无罪 |
| 1947年6月 | 上海 | 唐少云 | | 凌润生因医无效死亡 | 不起诉处分 |

续表

| 发生日期 | 地点 | 被告姓名 | 原告姓名 | 案由 | 处置结果 |
|---|---|---|---|---|---|
| 1947 年 7 月 16 日 | 上海 | 饶有勋 | 死者家属 | 针治婴孩潘弟弟，致其死亡 | |
| 1947 年 8 月 27 日 | 上海 | 陆坤豪 | | 医师诊治产妇潘吴氏，经治后即告死亡 | 不起诉处分 |
| 1947 年 8 月 | 上海 | 李家忠 | 顾康龙家属 | 割治顾康龙脾藏，因治身死 | 被告无罪 |
| 1947 年 8 月 | 上海 | 胡顺庆 | | 诊治病孩吴弟弟腹泻，病人身死 | 不详 |
| 1947 年 | 上海 | 曹斗才 | | 为王金元治病，滥用西药注射王金元病故 | 不详 |
| 1947 年 | 上海 | 杨海钧 | | | 无罪 |
| 1948 年 1 月 | 兰州 | 康慕仁（英） | 雷仙巴家属 | 施行手术割毙青海藏民雷仙巴 | 不起诉处分 |
| 1948 年 1 月 21 日 | 上海 | 周镜清等 | 谈纪葆 | 为医治谈纪葆发生纠纷 | 被告无罪 |
| 1948 年 3 月 6 日 | 上海 | 吴一鹗 | 徐王氏家属 | 为产妇徐王氏治疗前置胎盘，病人不治身死 | 被告无罪 |
| 1948 年 4 月 | 苏州 | 陆宇安 | | 不详 | 不详 |
| 1948 年 4 月 | 不确 | | 赵傑人家属 | 赵傑人患肺病，打空气针致死 | 不详 |
| 1948 年 4 月 | 上海 | 王以敬 | 彭志信家属 | 割除病人彭志信女士右肾发生纠纷 | 病家撤回诉讼 |
| 1948 年 4 月 | 嘉善 | 王蓝田 | | 诊治病人使用阿刀便，引起诉讼 | 判决六月徒刑 |
| 1948 年 4 月 | 杭州 | 庄桂生 | | 不详 | 不详 |
| 1948 年 8 月 | 上海 | 黄英邦 | 严培舆 | 诊察病人严培舆引起纠纷 | 徒刑六个月 |
| 1948 年 8 月 | 上海 | 徐昌权 | 尤德英 | 徐医诊治尤德英小孩，治疗无效，被控过失致死 | 被告无罪 |
| 1948 年 8 月 | 太仓 | 太仓公医院 | | 不详 | 不详 |
| 1948 年 8 月 | 无锡 | 朱品三 | | 医治纠纷 | 判刑，具体刑罚不详 |
| 1948 年 10 月 | 上海 | 秦桂英 | | 不详 | 判刑，具体刑罚不详 |

| 发生日期 | 地点 | 被告姓名 | 原告姓名 | 案由 | 处置结果 |
|---|---|---|---|---|---|
| 1948 年 10 月 | 上海 | 柏尔 | | 不详 | 不详 |
| 1948 年底 | 上海 | 吴南华 | | 诊治纺建女工赵金大发生纠纷 | 不详 |
| 1948 年底 | 浙江 | 王懋溥 | | 过失杀人 | 一年零两个月 |
| 1949 年 2 月 | 上海 | 王曾漪 | | 接产纠纷 | 不详 |
| 1949 年 2 月 | 上海 | 谭仲涛 | | 诊治病人傅瑞根致成纠纷 | 不起诉处分 |
| 1949 年 3 月 3 日 | 上海 | 周霞珠 | | 为王范氏生产,因难产不治身亡引起纠纷 | 不详 |
| 1949 年 4 月 7 日 | 上海 | 李炳 | | 诊治朱樹美,朱氏不治身死 | 不详 |
| 1949 年 4 月 | 上海 | 潘雍锷 | | 诊治病人发生纠纷 | 不详 |

## 附录三：混乱的上海医界（庞京周绘）

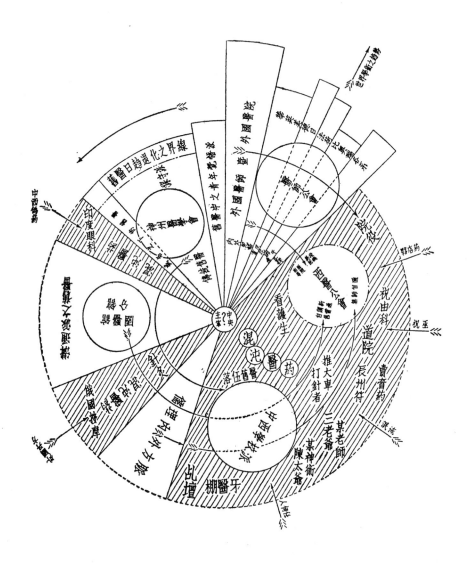

# 参 考 文 献

## 档 案

上海市档案馆民国时期档案

上海卫生局卷（档号：Q400）

上海市警察局卷（档号：Q131）

上海市政府卷（档号：Q1）

上海市社会局卷（档号：Q6）

上海市参议会卷（档号：Q109）

上海高等法院卷（档号：Q187）

中文数据：政协、政党、群众团体卷（档号：Y4）

中文数据：文化、教育、卫生、体育、科研卷（档号：Y8）

四川省档案馆

四川省卫生处档案（全宗号：113）

四川省高院档案（全宗号：167）

巴县档案（缩微片）

成都市档案馆

成都市卫生事务所档案，全宗号34

## 报 刊

Chinese Repository　　　　　Chinese Medical Missionary Journal

《申报》　　　　　　　　《大公报》　　　　　　《东方杂志》

《晨报副镌》　　　　　　《医事汇刊》　　　　　《医讯》

《中华医学杂志》　　　《国医公报》　　　　《光华医药杂志》

《上海医事周报》　　　《医界春秋》　　　　《医药评论》

《医事公论》　　　　　《社会医报》　　　　《神州国医学报》

《医学周刊集》　　　　《西南医学杂志》　　《现代国医》

《牙医学报》　　　　　《南汇医报》　　　　《中西医药》

《三三医报》　　　　　《上海国医学会月报》　《法令周刊》

《法律评论》　　　　　《法医学季刊》　　　《社会医学报》

《社会卫生》　　　　　《法医月刊》　　　　《中西医药》

《广济医刊》　　　　　《卫生半月刊》　　　《卫生白话报》

《绍兴医药学报》　　　《司法行政公报》　　《壬申医学》

《大众医刊》　　　　　《医学月刊》　　　　《医事通讯》

# 著　述

## A　英文类

Edward H. Hume, *Doctors East, Doctors West: An American Physician's Life in China*, New York: W. W. Norton & Company, Inc, 1946.

Fairband, John K., ed., *The Missionary Enterprise in China and America*, Cambridge, Mass.: Harvard University Press, 1974.

Harold Balme, *China and Modern Medicine: A Study in Medical Missionary Development*, London: United Council for Missionary Education, 1921.

Jared M. Diamond, Guns, Germs, and steel: The Fates of Human Societies, W. W. Norton & Company, 1999.

K. Chimin Wong & Wu Lien-Teh, *History Chinese Medicine: Being a Chronic of Medical Happenings in China from Ancient Times to the Present Period*, Shanghai: National Quarantine Service, 1936.

Kilborn, *Our West China Mission, Being An Extensive Summary of The Work during The First Twenty-Five Years of The Canadian Methodist Mission in The Province of Szechwan, Western China*, Toronto: Kessinger Publishing, 1920.

Kwang-Chining Liu edit, *American Missionaries in China: Paper from Harvard Seminars*, Harvard University Press, 1966.

McGillivary, Donald, ed., *A Century of Protestant Missions in China (1807—1907), Being the Centenary Conference Historical Volume*, Shanghai: American Presbyterian Mission Press, 1907.

*Records of the General Conference of the Protestant Missionaries of China held at Shanghai*, May 10 ~ 24, 1877.

*Records of the General Conference of the Protestant Missionaries of China held at Shanghai*, May 7 ~ 20, 1890.

*The China Christian Year Book*, 17^{th} issue, 1931.

William H. McNeil, *plagues and peoples*, Anchor, 1998.


## B  译著

[德]花之安：《自西徂东》，上海书店出版社，2002 年。

[德]哈贝马斯：《交往行为理论：第一卷  行为合理性与社会合理化》，曹卫东译，上海人民出版社，2004 年。

[德]《马克思恩格斯选集》，人民出版社，1995 年。

[法]樊国梁：《燕京开教略》，中篇，救世堂，光绪三十一年。

[法]福柯：《疯癫与文明》，刘北成译，三联书店，1999 年。

[法]福柯：《规训与惩罚》，刘北成译，三联书店，2003 年。

[法]福柯：《临床医学的诞生》，刘北成译，译林出版社，2001 年。

[法]罗塞林·雷伊：《疼痛的历史》，孙畅译，中信出版社，2005 年。

[美]白馥兰：《技术与性别：晚期帝制中国的权力经纬》，江湄、邓京力译，江苏人民出版社，2006 年。

[美]戴蒙德：《枪炮、病菌与钢铁：人类社会的命运》，谢延光译，上海译文出版社，2006 年。

[美]恩格尔哈特：《生命伦理学基础》，范瑞平译，北京大学出版社，2006 年。

[美]费侠莉：《繁盛之阴：中国医学史中的性别，960 ~ 1665》，甄橙译，江苏人民出版社，2006 年。

[美]何伟亚：《英国的课业：19 世纪中国的帝国主义教程》，刘天路译，社会科学文献出版社，2007 年。

[美]黄宗智：《民事审判与民间调解：清代的表达与实践》，中国社会科学出版社，1998 年。

[美]凯博文：《苦痛和疾病的社会根源：现代中国的抑郁、神经衰弱和病痛》，郭金

华译,上海三联书店,2008 年。

[美]罗伯特·达恩顿:《屠猫记:法国文化史钩沉》,吕健忠译,新星出版社,
2006 年。

[美]罗伯特·汉:《疾病与治疗:人类学怎么看》,禾木译,东方出版中心,2010 年。

[美]罗芙芸:《卫生的现代性:中国通商口岸卫生与疾病的含义》,向磊译,江苏人
民出版社,2007 年。

[美]莫里斯:《中华帝国的法律》,朱勇译,江苏人民出版社,1995 年。

[美]苏珊·桑塔格:《疾病的隐喻》,程巍译,上海译文出版社,2003 年。

[美]威廉·科克汉姆:《医学社会学》,杨辉译,华夏出版社,2000 年。

[美]沃林斯基:《健康社会学》,孙牧虹译,社会科学文献出版社,1999 年。

[美]西格里斯:《人与医学》,顾谦吉译,商务印书馆,1936 年。

[日]西田太一郎:《中国刑法史研究》,北京大学出版社,1985 年。

[日]滋贺秀三等:《明清时期的民事审判与民间契约》,法律出版社,1998 年。

[英]威廉·F. 拜纳姆:《19 世纪医学科学史》,曹珍芬译,复旦大学出版社,
2000 年。

[英]卡特赖特:《疾病改变历史》,陈仲丹译,山东画报出版社,2004 年。

[英]马士:《中华帝国对外关系史》,张汇文译,上海书店出版社,2006 年。

[英]麦高温:《中国人的明与暗》,朱涛、倪静译,时事出版社,1998 年。


### C　中文类

(宋)宋慈:《宋提刑洗冤集录》,万有文库,商务印书馆,1937 年。

(清)李冠仙:《知医必辨》,大东书局,1937 年。

(清)儒林医隐:《医界镜》,内蒙古人民出版社,1998 年。

(清)魏息圆:《不用刑审判书》,商务印书馆,1907 年。

(清)魏源:《海国图志》,中册,岳麓书社,1998 年。

(清)祝庆祺等汇著:《刑案汇览全编》,法律出版社,2006 年。

巴金:《家·海的梦》,人民教育出版社、当代世界出版社,2003 年。

《北平市卫生局第一卫生区事务所第十年年报》,1935 年,第 10 期。

蔡元培:《中学修身教科书》,商务印书馆,1919 年。

曹村基、李玉尚:《鼠疫——战争与和平:中国的环境与社会变迁(1230—1960
年)》,山东画报出版社,2006 年。

陈伯熙编著:《上海佚事大观》,上海书店出版社,2000年。

陈邦贤:《中国医学史》,中国文化史类书,第1辑,商务印书馆印,1937年。

陈存仁:《我的医务生涯》,广西师范大学出版社,2007年。

陈刚主编:《中国民事诉讼法制百年进程》(清末时期第1卷),中国法制出版社,2004年。

陈果夫:《卫生之道》,正中书局,1937年。

陈果夫:《医政漫谈》,正中书局,1949年。

陈明光主编:《中国卫生法规史料选编(1912—1949.9)》,上海医科大学出版社,1996年。

陈少怀:《医学上的问题》,商务印书馆,1936年。

陈学恂编:《中国近代教育史资料汇编(留学教育)》,上海教育出版社,2007年。

陈寅恪:《金明馆丛稿二编》,上海古籍出版社,1980年。

程翰章:《西医浅说》,商务印书馆,1933年。

程翰章:《小学生文库第一集:生理卫生类一身体》,商务印书馆,1934年。

褚民谊:《褚民谊最近言论集》,大东书局,1929年。

邓铁涛:《中医近代史》,广东教育出版社,1999年。

东方杂志社:《领事裁判权》,商务印书馆,1923年。

段逸山、孙文钟:《新编医古文》,上海:上海中医药大学出版社,1998年。

丁凤麟、王欣之编:《薛福成选集》,上海人民出版社,1987年。

丁福保:《畴隐居士学术史》,话林精舍出版社发行,1949年。

丁福保:《畴隐士自传》,话林精舍出版社发行,1948年。

丁福保:《结婚与优生学》,医学书局,1940年。

丁福保:《中药浅说》,中学文库,商务印书馆,1947年。

范行准:《中国医学史略》,中医古籍出版社,1986年。

范行准:《中文医学书目录》,中华医学会中华医史学会,1949年。

费孝通:《乡土中国·生育制度》,北京大学出版社,1998年。

傅崇矩:《成都通览》上册,巴蜀书社,1987年。

高仲和:《卫生行政法论》,内务部编译处,1918年。

戈公振:《中国报学史》,商务印书馆,1927年。

葛兆光:《思想史研究课堂讲录:视角、角度与方法》,三联书店,2005年。

郭卫校勘:《违警罚法》,上海法学编译社,1946年。

国民政府卫生部:《卫生法规》,国民卫生部,1928 年。

《国立上海医学院卫生科暨上海市卫生局高桥卫生事务所年报》,1934 年。

《贵州省卫生行政概况》,贵州省政府民政厅,1937 年。

《广州卫生》,广州市卫生局,1936 年。

韩秀桃:《司法独立与近代中国》,清华大学出版社,2003 年。

何小莲:《西医东渐与文化调适》,上海古籍出版社,2006 年。

胡春惠、唐启华编:《两岸三地历史学研究生研讨会论文选集》,2006 年。

胡定安:《胡定安医事言论集》,中国医事改进社,1935 年。

胡定安:《民族与卫生》,商务印书馆,1947 年。

胡定安:《中国卫生行政设施计划》,商务印书馆,1928 年。

胡鸿基:《公共卫生概论》,商务印书馆,1929 年。

黄金麟:《历史、身体、国家——近代中国的身体形成(1895—1937)》,联经出版事业公司,2001 年。

黄瑞亭:《中国近现代法医发展史》,福建教育出版社,1997 年。

贾静涛:《世界法医学与法科学史》,科学出版社,2000 年。

金宝善:《金宝善文集》,北京医科大学公共卫生学院,1991 年,未刊稿。

金子直:《民族卫生》,商务印书馆,1930 年。

李敖:《传统下的独白》,时代文艺出版社,1996 年。

李贵连:《近代中国法制与法学》,北京大学出版社,2002 年。

李经纬等:《中国医学通史》,人民卫生出版社,2000 年。

李明伟著:《清末民初中国城市社会阶层研究(1897—1927)》,社会科学文献出版社,2005 年。

李启成:《晚清各级审判厅研究》,北京大学出版社,2004 年。

李树猷:《濂园医集》,启业书局有限公司,1968 年。

李喜所:《近代中国的留学生》,人民出版社,1987 年。

梁敬錞:《在华领事裁判权论》,商务印书馆,1934 年。

梁峻编著:《中国中医考试史论》,中医古籍出版社,2004 年。

廖育群:《中国古代科学技术史纲·医学卷》,辽宁教育出版社,1996 年。

刘千俊:《听讼要旨》,上海,中国文化服务社,1946 年。

刘洋主编:《徐灵胎医学全书》,中国中医药出版社,1999 年。

鲁迅:《华盖集续编》,人民文学出版社,1980 年。

马伯英:《中国医学文化史》,上海人民出版社,1994 年。

马伯英等著:《中外医学文化交流史——中外医学跨文化传通》,文汇出版社,1993 年。

马允清:《中国卫生制度变迁史》,天津益世报馆,1934 年。

南京市卫生事务所编印:《南京市生命统计联合办事处第一年工作报告:民国二十三年七月至二十四年六月》,1935 年。

内政部编纂:《办理地方卫生须知》,内政丛书:地方自治业务参考丛书(9),商务印书馆,1944 年。

内政部卫生署编印:《全国登记医师名录》,1932 年。

庞京周:《抗战与救护工作》,抗战小丛书,商务印书馆,1938 年。

庞京周:《上海市近十年来医药鸟瞰》,中国科学公司,1933 年。

彭勃、徐颂陶主编:《中华人事行政法律大典》,中国人事出版社,1995 年。

强世功主编:《调解、法制与现代性——中国调解制度研究》,中国法制出版社,2001 年。

邱国珍:《中国民俗通志·医药志》,山东教育出版社,2005 年。

裘诗庭编着:《裘吉生医文集》,人民卫生出版社,2006 年。

瞿同祖:《清代地方政府》,法律出版社,2003 年。

瞿同祖:《中国法律与中国社会》,中华书局,2003 年。

《山西省第八次政治统计司法之部:民国十四年》,山西省政府统计处,1929 年。

《山西省第九次政治统计司法之部:民国十五年》,山西省政府统计处,1929 年。

上海法学编译社:《刑事诉讼指南》,上海会文堂新记书局,1931 年。

上海法学编译社:《中华民国民事诉讼法》,上海会文堂新记书局,1936 年。

上海律师公会执行委员会编:《上海律师公会报告书》,上海律师公会出版,1933 年。

《上海市医院及卫生试验所奠基纪念》,1935 年。

《上海卫生志》编纂委员会编:《上海卫生志》,上海社会科学院出版社,1998 年。

沈干一:《中医浅说》,万有文库,商务印书馆,1935 年。

盛心如、蒋文芳等编:《上海市国医公会第五届会员大会纪念特刊》,上海市国医公会,1934 年。

史景迁:《中国纵横:一个汉学家的学术探索之旅》,上海远东出版社,2005 年。

史全生主编:《中华民国文化史》上册,吉林文史出版社,1990 年。

"司法行政部"刑事司编:《各国刑法汇编》(上册),台湾,司法通讯社,1980年。

宋国宾编:《医讼案件汇抄》(一),中华医学会业务保障委员会,1935年7月。

宋国宾:《医业伦理学》,上海国光印书局,1933年。

《首都平民医院两周年报告》,1933年9月。

待余生:《燕市积弊》,北京古籍出版社,1995年。

《私立北平协和医学院简章》,1930年。

苏萍:《谣言与近代教案》,上海远东出版社,2001年。

苏永钦:《司法改革的再改革》,台湾月旦出版社股份有限公司,1998年。

孙晓楼、赵颐年编著:《领事裁判权问题》,商务印书馆,1937年。

孙逸仙博士医学院筹备委员会编:《广州博济医院创立百周年纪念》,广州岭南大学,1935年。

孙逸仙博士医学院筹备委员会编:《总理开始学医与革命运动五十周年纪念史略》,广州岭南大学,1935年。

陶毓英:《中医维新集》,北平万国道德总会印刷部,1947年。

汤清:《中国基督教百年史》,道声出版社,2001年。

汪励吾:《中国青年之病态》,人生书局,1930年。

王宠惠属稿,国民政府颁行:《中华民国刑法》,中华印书局,1928年。

王笛:《街头文化:成都公共空间、下层民众与地方政治,1870—1930》,中国人民大学出版社,2006年。

王觐:《中华刑法论》,姚建龙勘校,华东政法学院珍藏民国法律名著丛书,中国方正出版社,2005年。

王明伦:《反洋教书文揭帖选》,齐鲁书社,1984年。

王治心:《中国基督教史纲》,上海古籍出版社,2004年。

王祖详:《南京市卫生事务所工作报告:民国二十四年》,1935年12月。

文庠:《移植与超越:民国中医医政》,中国中医药出版社,2007年。

《卫生运动宣传纲要》,中国国民党中央执行委员会宣传部,1929年。

伍连德、伍长耀:《海港检疫管理处报告书》,1933年。

夏东元编:《郑观应集》上册,上海人民出版社,1982年。

夏林根编:《旧上海三百六十行》,华东师范大学出版社,1989年。

谢冠生:《民国二十五年度司法统计》上册,1938年。

谢冠生:《民国二十五年度司法统计》下册,1938年。

徐百齐编:《中华民国法规大全》,商务印书馆,1937 年。

徐天民、程之范、李传俊等:《中西方医学伦理学比较研究》,北京医科大学、中国协和医科大学联合出版社,1998 年。

徐小群:《民国时期的国家与社会——自由职业团体的兴起,1912—1937》,新星出版社,2007 年。

薛建吾:《乡村卫生》,正中书局,1936 年。

阎纯德:《汉学研究》第 8 集,中华书局,2004 年。

严仁英主编:《杨崇瑞博士诞辰百年纪念》,北京医科大学、中国协和医科大学联合出版社,1990 年。

杨念群:《再造"病人"——中西医冲突下的空间政治(1832—1985)》,人民大学出版社,2006 年。

杨念群:《杨念群自选集》,广西师范大学出版社,2000 年。

杨荫杭:《老圃遗文辑》,长江文艺出版社,1993 年。

姚昶绪:《病人看护法》,商务印书馆,1933 年。

姚公鹤:《上海闲话》,商务印书馆,1933 年。

医隐:《聪明误》,社会小说社,宣统元年九月。

郁慕侠:《上海鳞爪》,民国史料笔记丛刊,上海书店出版社,1998 年。

俞松筠:《上海市卫生局概况》,1936 年。

俞松筠:《卫生行政概要》,正中书局,1947 年。

俞松筠:《现行法律与医师》,自印。

余风宾:《卫生要义》,万有文库,商务印书馆,1930 年。

余新忠:《清代江南的瘟疫与社会一项医疗社会史的研究》,中国人民大学出版社,2003 年。

余岩原著、祖述宪编注:《余云岫中医研究与批判》,安徽大学出版社,2006 年。

余云岫:《卫生丛书》,商务印书馆,1920 年。

余云岫:《医学革命论集》,社会医报馆,1928 年。

曾宪章:《卫生法规》,大东书局,1947 年。

臧冬斌:《医疗犯罪比较研究》,中国人民公安大学出版社,2005 年。

张大庆:《中国近代疾病社会史》,山东教育出版社,2006 年。

张德美:《探索与抉择——晚清法律移植研究》,清华大学出版社,2003 年。

张建伟:《刑事诉讼法》,高等教育出版社,2004 年。

张晋藩:《中国法制史》,群众出版社,1982 年。

张镜予:《北京司法部犯罪统计的分析》,燕京大学社会学系出版物丙组第十一号,北京京城印书局,1928 年。

张荣铮等点校:《大清律例》,天津古籍出版社,1993 年。

张泰山:《民国时期的传染病与社会》,社会科学文献出版社,2008 年。

张雪岩、刘龄九编:《田家医药指南》上册,田家丛书,田家社出版,1942 年。

张雪岩、刘龄九编:《田家医药指南》下册,田家丛书,田家社出版,1942 年。

章太炎:《猝病新论》,章氏国学讲习会校印。

赵洪钧:《近代中西医论争史》,安徽科学技术出版社,1989 年。

赵璞珊:《中国古代医学》,中华书局,1983 年。

郑观应:《中外卫生要旨》,1890 年编,1893 年刊行。

郑爱诹编、朱鸿达修正:《中华民国刑法集解》,世界书局,1929 年。

中国史学会主编:《戊戌变法史料》第 2 册,上海人民出版社,1957 年。

《中国卫生教育社第一届年会特刊》,中国卫生教育社出版,正中书局,1936 年。

中华医学会业务保障委员会编:《医讼案件汇抄》第 2 集,1937 年。

《中华归主:中国基督教教育事业统计》下册,中国社会科学出版社,1987 年。

中华卫生教育会:《卫生丛书》,商务印书馆,1920 年。

《中央防疫处报告书》,1932 年。

《中央医院》,行政院新闻局,1947 年。

周积明、宋德金:《中国社会史论》上卷,湖北教育出版社,2000 年。

周作人:《药市语录》,天津庸报社,1941 年。

朱采真:《刑事诉讼法新论》,世界书局,1929 年。

朱鹤皋:《症治精华》,上海中华书局,1942 年。

朱勇:《中国法制史》,法律出版社,1999 年。

# 论　文

曹树基:《国家与地方的公共卫生——以 1918 年山西肺鼠疫流行为中心展开的研究》,《中国社会科学》2006 年第 1 期。

杜志章:《关于医学社会学的理论史考》,《史学月刊》2006 年第 2 期。

郭文华:《台湾医疗史研究的回顾:以学术脉络为中心的探讨》,《台湾史料研究》1995 年。

韩秀桃:《民国元年的司法论争及其启示——以审理姚荣泽案件为个案》,《法学家》2003年第2期。

黄克武:《从申报的医药广告看民初上海的医疗文化与社会生活,1912—1926》,台北"中央"研究院近代史研究所集刊,第17期下册,1988年12月。

雷祥麟:《负责任的医生与有信仰的病人——中西医论争与医病关系在民国时期的转变》,《新史学》1995年第6期。

雷祥麟:《卫生为何不是保卫生命?民国时期的另类的卫生、自我与疾病》,《台湾社会研究季刊》,54(2004)17～59。

李光灿:《从沈家本的奏议和修律看他的法律思想》,《近代史研究》1982年第3期。

李尚仁:《治疗身体,拯救灵魂——十九世纪西方传教医学在中国》,亚洲医学史学会第二次会议暨《宗教与医疗》国际研讨会论文,台北,2004年11月16—20日。

李严成:《民国时期的律师、律师协会与国家法律机关——以20世纪30年代天津律师公会李景光退会案为中心的考察》,《江苏社会科学》2006年第4期。

罗志田:《新旧之间:近代中国的多个世界及"失语"群体》,《四川大学学报》1999年第6期。

马作武:《古代息讼之术探讨》,《武汉大学学报》1998年第2期。

邵京:《说与做:医学人类学批判的尴尬》,《视界》第13辑。

苏萍:《清代妖术恐慌及政府的对策:以两次剪辫谣言为例》,《二十一世纪》2002年12月号。

吴善中:《清光绪二年"妖术"恐慌述论》,《江海学刊》2004年2月。

吴善中、周志初:《"妖术"恐慌中的民教冲突》,《扬州大学学报》2004年5月,第8卷第3期。

吴泽勇:《清末修律中的民事诉讼制度变革》,《比较法研究》2003年第3期。

向仁富:《清末修律原因新探》,《西南民族大学学报》2004年第2期。

尹倩:《近代中国西医群体的产生与发展特点》,《华中师范大学学报》第46卷第4期,2007年7月。

余新忠:《20世纪以来明清疾疫史研究述评》,《中国史研究动态》2002年10月。

余新忠:《从社会到生命——中国疾病、医疗史探索的过去、现实与可能》,《历史研究》2003年第4期。

余新忠:《关注生命——海峡两岸兴起疾病医疗社会史研究》,《中国社会经济史研究》2001年第3期。

张斌:《浅析民国时期的医事纠纷》,《中国医学伦理学》2003 年 12 月,第 16 卷第 6 期。

张斌:《中华医学会医业保障委员会的建立与影响》,《中华医史杂志》2004 年 1 月,第 34 卷第 1 期。

张鸣:《旧医,还是中医?》,《读书》2002 年第 6 期。

张仁善:《司法腐败与社会失控——以南京国民政府后期为个案的分析》,《江苏社会科学》2003 年第 3 期。

赵秀荣:《英美医疗史研究综述》,《史学月刊》2007 年第 6 期。

郑成林:《中华民国律师协会与 1930 年冤狱赔偿运动》,《江汉论坛》2006 年第 8 期。

祝平一:《身体、灵魂与天主:明末清初西学中人体生理知识》,《新史学》1996 年第 8 期。

朱英、魏文亨:《行业习惯与国家法令——以 1930 年行规讨论案为中心的分析》,《历史研究》2004 年第 6 期。

左玉河:《学理讨论,还是生存抗争——1929 年中医存废之争评析》,《南京大学学报》2004 年第 5 期。

邓杰:《基督教与川康民族地区近代医疗事业:边疆服务中的医疗卫生事业研究(1939—1955)》,四川大学博士论文,2006 年,未刊。

高汉成:《签注视野下的大清刑律草案研究》,中国政法大学博士论文,2005 年,未刊。

郝先中:《近代中医废存之争研究》,华东师范大学博士论文,2005,未刊。

李传斌:《基督教在华医疗事业与近代中国社会(1835—1937)》,苏州大学博士论文,2001 年,未刊。

李玉尚:《环境与人:江南传染病史研究(1820—1953)》,复旦大学博士论文,2004 年,未刊。

# 后　记

　　疾病充满了苦难，因为疾病给生命带来的黑暗与伤痛，人人都想避而远之。当遭遇病痛时，我们往往庆幸自己身处一个"科学"的时代，充满魔力的药片可以不断地"杀死"病菌，减轻痛苦。不过，这也多是我们一相情愿的想法罢了，即便在今天，我们仍对当下的医疗感到沮丧。除了医学水平直接影响到疾病的治愈外，我们也越来越注意到医疗行为的合理选择对疾病治疗的影响。医学是一门高超的艺术，但并非所有的疾病都有幸遇上艺术。当我在无意之中阅读到民国时期个别医事纠纷的材料时，便被其时医生与病患分歧的观念、不休的争执深深吸引。在半个多世纪前的医事纠纷中，我仿佛也依稀看到今天的影子。历史在此时是如此的相似，历史研究的魅力也是如此的迷人。在这种吸引与刺激之下，我急切地想去发现民国医事纠纷中的"秘密"，想弄清楚是什么原因造成这些医事纠纷，为什么民国医界的那些问题在今天仍然存在？

　　现在回头看，当初的想法无疑非常幼稚。选择这样的题目作研究，除了兴趣，再无其他理由。这种冲动很快让我付出了代价。自己对医学素无积累，甚至可以说缺乏必备的"医学常识"，再加上民国医事纠纷的资料查找极为困难，故而研究甫始就困难重重，步履蹒跚，不仅研究的对象"问题"不断，同时自己也对研究本身缺乏足够信心。就是到最后写作完毕，心中也忐忑不安、不甚惶恐，不清楚这项工作是否达到了初先的设想。

　　因为从选题到资料查找都显得困难重重，故而在研究过程中便更能体会到各位师友鼓励、理解与支持的重要。首先要感谢的是我的老师杨天宏先生，跟随先生学史多年，如果没有先生的帮助与指导，我将没有机会完成是项研究。本书从题目的选取、到大纲的拟定以及最后的修改都得到先生的悉心指导。每当研究遇到困难,我便会前往叨扰先生。我已经记不清这样的叨扰有多少次了,只知道每次前往老师的寓所,老师都是热情招待,一谈就是大半天。跟老师学史以来,从老师那里所收获的不仅是知识与学问,更重要的是为人的德行与修养。

在写作及修改过程中,还得到了中山大学吴义雄教授、上海大学陶飞亚教授、北京大学王奇生教授、华中师范大学刘家峰教授、南京大学张生教授、四川大学何一民教授、四川师范大学王川教授、西南交通大学鲜于浩教授的鼓励和指点,他们中肯的意见让我受益匪浅,谨向他们表示诚挚的感谢。在资料的收集过程中,北京大学任羽中博士、同济大学谢波同学、上海图书馆黄薇小姐、香港中文大学曲宁宁博士、华中师范大学张永广博士、徐炳三博士、中国科学院邸笑飞小姐、上海社科院冯志扬博士、上海大学陈睿文小姐、中山大学张龙平博士、崔军锋博士、杨瑞博士、台湾"中央"研究院王超然博士、美国伊利诺大学马吉福(Jeff Kyong-McClain)博士等诸多朋友都曾以不同方式,尽其所能慷慨以助,甚为感念!

多年来,四川大学历史文化学院良好的学术氛围和师友情谊,让人难以忘怀。四川大学历史文化学院陈廷湘教授、四川大学宗教所陈建明教授、博物馆周蜀蓉研究员等老师嘘寒问暖,关怀备至,让我时时感动。他们无论于学术研究、还是日常生活都给了我很大的帮助,其中点滴难以尽言,唯有感谢。此外,也感谢邓杰、黄小童、黄天华、尚季芳、向中银、张雪永、何艳艳、王玉娟、吴佩林、苟德仪、李刚、刘建、罗玲、王立桩、汪洪亮、徐法言、成功伟、张兰星、黄虹、赵均强等同学的关心与帮助,在与他们的交往切磋中,获得的不仅是学问的增进,更重要的是每每在自己意志消沉之时,他们无私的帮助让人燃起了新的希望,获得了坚持的勇气。

如果说本书对学界还有些许贡献的话,那么这些贡献全然离不开诸位师友的帮助和指导。当然,因本人的学识和水平有限,文中还有不少谬误之处,这些责任全在于己。

本书有幸获得国家社科基金资助,这于学术道路上刚刚起步的我来说是一个莫大的鼓励。感谢那些匿名评审的专家、学者,您们的青睐和肯定将激励我继续前进。同时感谢人民出版社于宏雷等编辑为本书的出版所做的具体而细致的工作,他们的耐心、严谨也为本书增色不少。

最后,特别感谢家人予我的无私奉献与默默关怀,没有他们的支持、宽容与理解,我根本不可能有机会完成拙作。即使在5·12大地震中,身处"极重灾区"的家仍然是我最大的依靠。本书的主体部分大多完成于连绵不绝的余震之中。那时,晚上蜗居于救灾帐篷的方寸之间,白天则借寓在一楼的朋友家中,一面紧张地构思写作,一面不得不时刻提防突如其来的余震,随时准备"逃亡"。尽管惶惶不可终日,不过,因为有"家",也才有了温暖、希望和力量。在这场灾难面前,我们的坚守、忍耐与关爱,让我对"家"有了更深刻的理解。

龙 伟

2011 年 8 月

责任编辑:于宏雷
封面设计:徐　晖
版式设计:陈　岩

**图书在版编目(CIP)数据**

民国医事纠纷研究:1927~1949/龙伟 著. -北京:人民出版社,2011.9
ISBN 978-7-01-010171-2

Ⅰ.①民…　Ⅱ.①龙…　Ⅲ.①医疗事故-民事纠纷-法制史-研究-中国-
　1927~1949　Ⅳ.①D922.162

中国版本图书馆 CIP 数据核字(2011)第 163703 号

民国医事纠纷研究

MINGUO YISHI JIUFEN YANJIU

(1927~1949)

龙　伟 著

人民出版社 出版发行

(100706　北京朝阳门内大街 166 号)

北京集惠印刷有限责任公司印刷　新华书店经销

2011 年 9 月第 1 版　2011 年 9 月北京第 1 次印刷
开本:710 毫米×1000 毫米 1/16
印张:26　字数:400 千字

ISBN 978-7-01-010171-2　定价:59.00 元

邮购地址 100706　北京朝阳门内大街 166 号
人民东方图书销售中心　电话 (010)65250042　65289539